DES VERS DE TERRE ET DES HOMMES

DU MÊME AUTEUR

LOMBRICIENS DE FRANCE, ÉCOLOGIE ET SYSTÉMATIQUE, INRA, 1972, disponible chez l'auteur.

ÉCOLOGIE OPÉRATIONNELLE ASSISTÉE PAR ORDINATEUR, Masson, 1990, disponible chez l'auteur.

INTÉGROLOGIE. L'ADRESSAGE DES CONNAISSANCES, OU LE DOIGT SUR LA PLAIE, autoédition, 1996, disponible chez l'auteur.

POUR UN RENOUVEAU DANS L'ENVIRONNEMENT. DE L'ANTISCIENCE À L'INTELLIGENCE ARTIFICIELLE DES SYSTÈMES COMPLEXES, L'Harmattan, 2012.

ISBN 978-2-330-02889-3

MARCEL B. BOUCHÉ

DES VERS DE TERRE ET DES HOMMES

DÉCOUVRIR NOS ÉCOSYSTÈMES FONCTIONNANT À L'ÉNERGIE SOLAIRE

ACTES SUD

Le lecteur trouvera à la fin de l'ouvrage, p. 317, une table des matières détaillée.

SOMMAIRE

PRÉFACE

Quelle est la vraie nature du ver de terre ? Est-il ce héros, encensé par Aristote, Gilbert White et Darwin, qui a permis le développement de nos civilisations en construisant les sols fertiles sur lesquels elles s'appuient… ou ce misérable animal auquel la Bible compare parfois l'homme lorsqu'il se vautre un peu trop dans ses turpitudes, et que les poètes décrivent amoureux benêt d'une étoile ? Est-il cet acteur insignifiant de la vie de nos sols que des scientifiques modernes, qui ont pourtant entendu parler de Darwin, peuvent sans remords persister à ignorer dans leurs modèles de sol de "dernière génération" ?

Reprenant le fil admiratif des observations des glorieux anciens, Marcel Bouché s'est fait l'ami du ver de terre et nous raconte avec simplicité, précision et admiration les mille et une prouesses et inventions de cet animal, pas si misérable que cela. Marcel n'est pas l'ennemi de ses congénères dont il célèbre en douce, page après page, les inventions culinaires, mais il s'enflamme devant la bêtise (qu'il appelle généreusement "myopexpertise") de ceux d'entre eux, agriculteurs, scientifiques ou décideurs, qui méprisent l'intelligence pratique de ce collaborateur infatigable.

Marcel voue une amitié exclusive à tous les lombriciens de la terre, admiratif devant leurs prouesses et s'attristant de voir tant de vertu et d'ingéniosité méprisées par la plupart des humains qui les détruisent sans même y faire attention.

Ce ver est un ami exigeant qui demande une approche subtile pour être vraiment compris. Même si Marcel, comme tout bon spécialiste, a dû sacrifier à la science quelques dizaines de milliers de ses amis, au cours de randonnées à la pelle, il a quand même inventé le microthermomètre enregistreur logé sous la peau pour espionner leurs mouvements, les particules de son dans la nourriture qui révèlent le secret bien gardé de leur incroyable boulimie ou leur usage comme sonde pour mesurer directement dans le sol les transferts des éléments nutritifs, tel l'azote.

Tout jeune jardinier, Marcel Bouché devint ensuite technicien de laboratoire puis chercheur et directeur de recherche. Cette trajectoire atypique explique sans doute l'originalité de la pensée développée : le pragmatisme qui le conduit à proposer des techniques efficaces pour résoudre certains problèmes d'environnement, la rigueur du technicien qui applique les méthodes les mieux adaptées, et la curiosité du chercheur qui promeut un animal généralement considéré comme insignifiant au rang d'acteur essentiel de la vie de nos sols et de notre planète.

Le lombricien, très ancien par sa structure et son histoire, est en même temps très moderne dans sa vulnérabilité à la crise générale de la biodiversité et de l'environnement global et par le potentiel qu'il offre pour en résoudre certains aspects. Pour cela, il faudra l'associer à des technologies innovantes qui reconnaissent la complexité des écosystèmes et la nécessité d'en aborder la gestion avec humilité, prudence et imagination.

L'ouvrage de Marcel Bouché, écrit pour tous les publics, est une contribution essentielle à la nécessaire prise de conscience par l'humanité que la crise globale qu'elle traverse ne se résoudra qu'en changeant radicalement notre vision du monde, substituant la vision écosystémique à l'approche réductionniste hyperspécialisée. Reconnaître que nous sommes partenaires des écosystèmes et de leurs habitants, et non leur propriétaire, est le premier pas vers une solution. À leur époque, Aristote et Darwin nous avaient déjà avertis de cette évidence. Le message actualisé et détaillé de Marcel Bouché est une salutaire piqûre de rappel.

Patrick Lavelle,
professeur à l'université Pierre-et-Marie-Curie (Paris-VI),
membre correspondant de l'Académie des sciences.

AVANT-PROPOS

Parmi les innombrables espèces vivantes qui peuplent la planète, certaines jouent un rôle premier dans le fonctionnement des écosystèmes et dans l'équilibre de la biosphère en général. Parmi elles figurent 7 000 espèces, dont 400 en Europe, de bien nommés "vers de terre", plus brièvement appelés "lombriciens" (et non lombrics), qui rendent, dans l'intimité des sols, d'inestimables services à la Terre.

En collaborant avec l'ensemble des organismes, notamment les plantes, les champignons et les micro-organismes, les vers de terre sont très grandement responsables de la vitalité et de la fertilité du sol, pour lesquelles ils agissent, en toute discrétion, sur de multiples fronts. Mais qui s'intéresse à ces animaux, sinon quelques pêcheurs à la ligne, quelques jardiniers atypiques ou encore quelques agriculteurs férus d'agronomie ? – mais aussi de nombreux prédateurs qui s'en nourrissent, telles les poules ou les bécasses pour lesquelles cette source de nourriture riche en oméga-3 est presque exclusive.

La vie recluse des vers de terre dans les sols ne permet pas de les estimer à leur juste valeur, d'autant qu'ils sont généralement considérés comme hideux, voire dégoûtants. Cette vie souterraine est difficilement observable par nous, les hommes. De plus, les lombriciens s'adonnent à des mœurs que nous jugeons dissolues et en tout cas stupéfiantes. Mangeurs de terre, de débris végétaux et de charognes putrides, ils "dévorent la vie" en creusant leur chemin devant eux. S'ils sont vulnérables, comme tout organisme, ils veillent à leur survie en s'adaptant stoïquement aux événements et aux variations de leur milieu. L'ouvrage décrit leurs curieuses pratiques, notamment la diversité de leurs siestes d'"estivation" lorsque le sol devient inadéquat (trop sec, notamment) et de leur hibernation, finement conduite pour gérer leur température sans besoins nutritionnels ! Autre source d'étonnement, l'auteur nous fait aussi découvrir que certains d'entre eux, pour survivre en des passes difficiles, s'aspergent de leur propre urine pour éviter l'assèchement.

Observer directement la vie du sol
Mais comment imaginer la vie qui grouille sous nos pieds ? Marcel Bouché a eu l'idée d'utiliser les vers de terre comme sondes, non pour explorer l'espace, mais pour observer le sol, sans le perturber, dans la réalité de son fonctionnement. Les résultats sont stupéfiants et bousculent les extrapolations de laboratoire, pour les cycles, de l'azote par exemple.

L'auteur a aussi imaginé une technique permettant d'observer la vitesse du transit intestinal des vers de terre, et ainsi de mesurer l'énorme quantité de terre travaillée biologiquement, de façon infiniment moins grossière et destructrice que par le labour mécanique.

Autre chose très inhabituelle dans cet ouvrage, l'auteur n'assène pas des vérités, il présente le résultat d'observations et les interprétations qu'il en donne. Le monde nouveau de la vie du sol qu'il décrit bouleverse notre vision en nous introduisant, avec son aide et celle des vers de terre, dans le fonctionnement intime des agro-écosystèmes.

Les artisans de la fertilité
Dans un sol en assez bon état et "vivant", on peut recenser jusqu'à 3 tonnes de vers de terre à l'hectare, ce qui équivaut à environ 300 000 individus. À l'échelle de la France, cette masse est vingt fois supérieure à celle des humains. Pour le ver de terre qui vit dans le sol comme un poisson dans l'eau, son bain de terre se prend dans la portion solide des écosystèmes qu'il s'agit de rendre habitable, carrossable et surtout comestible. Et c'est bien là une de ses particularités les plus étonnantes : la terre est à la fois son "gîte" et son "couvert". Vu de la surface, cela nous échappe totalement.

Il existe trois groupes écologiques de lombriciens qui se répartissent les tâches dans les différents niveaux du sol. Les *épigés* occupent en surface les litières des boisements et des prairies, et s'imposent spontanément dans nos tas de détritus et de compost. Ils sont par conséquent absents des terres labourées et nues. Les *endogés* vivent dessous, dans le sol, et creusent des galeries essentiellement horizontales plus ou moins durables. Enfin et surtout, troisième groupe, les *anéciques* sont les plus costauds et les plus longévifs. Ils creusent, jusqu'à 5 mètres de profondeur, des galeries verticales très stables dans lesquelles ils amènent, et parfois stockent, des débris végétaux.

Tous s'attaquent à la matière organique morte, participent à la décomposition et au recyclage des éléments biogènes (azote, phosphore, potasse, etc.) nécessaires à la fertilité des sols. Les anéciques, notamment, la transportent dans le sol et la mettent à disposition des autres organismes décomposeurs. Les vers de terre n'ont pas de dents et ne peuvent donc pas mordre les végétaux et leurs racines, mais ils possèdent un gésier qui, à la manière de celui des poules, broie et malaxe la matière pour la rendre plus digeste à leur profit et à celui d'autres organismes vivants. Ce faisant, les vers de terre assurent un rajeunissement continuel du sol en optimisant significativement sa structure et en y créant une porosité exceptionnelle. Ce colossal travail de terrassement aboutit à la confection d'une immense éponge moelleuse à l'intérieur de laquelle un véritable réseau de galeries se développe tout au long de l'année. Ce réseau peut atteindre 4 000 kilomètres à l'hectare, soit 400 mètres linéaires par mètre carré. Autre constat, mesuré au champ par l'auteur : 1 kilo de vers de terre remue par an environ 270 kilos de terre.

En décompactant le sol, en y créant des pores et en développant les surfaces de contact entre air, eau et solides, les vers de terre permettent une intrication intime de l'atmosphère, de l'hydrosphère et de la biosphère dont les organismes et les racines bénéficient. À cela il faut ajouter l'optimisation des capacités de conservation de la matière organique et de toute la biomasse du sol : champignons, flore et faune du sol. Les vers de terre transportent eux-mêmes ou permettent de disperser eau, nutriments, matières et minéraux de toutes sortes dans les confins de la terre par le réseau de galeries qu'ils laissent libres derrière leur passage. Ainsi, les racines des plantes s'y engouffrent et prospectent plus rapidement de nouveaux horizons.

Ce travail de malaxage, de décomposition et de recyclage vers les plantes fait des vers de terre les principaux artisans de la fertilité du sol et de la fécondité du couple sol-plante. La porosité et la structure spongieuse et aérée qu'ils génèrent permettent une autorégulation qui déborde largement la seule épaisseur du sol pour s'étendre à tout l'agroécosystème. On observe ainsi :

– une régulation hydrique, notamment par le stockage de l'eau, en surface et en profondeur, mise à la disposition des plantes ;

– une régulation biochimique des sols, par leur dépollution et la purification de l'eau ;

– une régulation biologique par hygiénisation des sols et des lombricomposts, limitant la prolifération des pathogènes, notamment ennemis des cultures.

Dans l'élaboration de la fertilité, les vers de terre contribuent pour une très large part à l'optimisation de la matière organique et à l'alimentation des plantes. Dans les sols, les champignons, entre autres, transforment la lignine, les lombriciens et les insectes recyclent les débris végétaux, dont leur cellulose. Si les turricules (les rejets à la surface du sol) sont particulièrement nourriciers, les déjections et excrétions lombriciennes sont un véritable "nectar" souterrain qui nourrit les plantes directement ou *via* des actions microbiennes. En participant à la nutrition directe des plantes et à la formation d'humus, les lombriciens sont donc des agents inégalables de la fertilité, surtout lorsqu'on connaît leur capacité de travail qui, il y a 2 400 ans, faisait dire très justement à Aristote qu'ils sont les "intestins de la terre".

Comment remédier aux dégâts de l'agronomie classique

Les peuplements lombriciens existent et ne sont limités spontanément que par la fertilité qu'ils optimisent, mais celle-ci a cependant des limites, par exemple en raison des roches mères constitutives des sols ou des contraintes climatiques. En ignorant cela et en aveugle, l'agronomie classique détruit plusieurs fois par an la précieuse infrastructure créée par les vers de terre en coopération avec les racines et les micro-organismes. En quelques années, le passage des charrues, l'usage de pesticides et le sol nu ont entraîné un effondrement démographique des lombriciens. Il n'est pas rare de voir leur biomasse passer de 2 000 à 50 kilos par hectare, soit une chute vertigineuse de 97 %.

Comment préserver une telle richesse, et agir pour éviter ce génocide et réenclencher la spirale de la fertilité ? Assurément, en utilisant des techniques de travail du sol nulles ou très superficielles, en maintenant tout au long de l'année des couverts végétaux protecteurs et nourriciers, en variant ces couverts pour diversifier la ressource alimentaire des vers de terre.

Tout cela, nous pouvons dorénavant le décider. Nous pouvons choisir de protéger et d'accroître le plus précieux et le plus autonome de tous nos élevages, celui qui est à la fois une extrémité et une des bases essentielles de la chaîne alimentaire, car à la source du bon épanouissement des plantes. Les vers de terre sont faciles à "élever", c'est spontané et gratuit. Ils peuvent ainsi vivifier naturellement les sols. Nous pouvons décider d'avoir des sols naturellement souples car aérés et contrer ainsi les tassements dus aux roues de nos tracteurs ou au piétinement des troupeaux. Nous pouvons dès aujourd'hui décider d'avoir 30 tonnes de turricules remontées par an, permettant le décolmatage des sols, ou 30 tonnes de sol érodées hors des champs.

Il n'est pas de meilleur exemple que les vers de terre pour illustrer les solidarités et les interdépendances qui existent dans les écosystèmes et pour les recréer dans les agro-écosystèmes. Ils nous montrent comment coopérer, comment ils se répartissent entre différentes espèces les tâches de la fertilisation de la terre, comment ils se partagent les différentes strates du sol et comment ils transforment un substrat médiocre en un milieu vivant. Une façon très étonnante de "dévorer la vie" qui nous montre que tout est passage, transmission et recyclage. Un enseignement qui tient de l'observation d'un être à la fois si rustique et si sophistiqué. Drôles de bêtes, parmi les principaux acteurs anonymes de la transition énergétique et écologique qui s'impose à nous.

BRUNO SIRVEN,
avec la participation d'Alain Canet.

PROLOGUE

Rédiger un ouvrage destiné au grand public sur les vers de terre, mieux nommés lombriciens, ne peut pas se limiter à présenter ces animaux sous le seul angle de leurs propres caractéristiques et de leurs comportements. Première masse animale des terres émergées et souvent évoqués en environnement, ils jouent, dans les écosystèmes, un rôle fondamental qui ne saurait être réduit à leur production de chair au profit de leurs prédateurs, mais tient au fait qu'ils participent, souvent de façon prépondérante, au fonctionnement et à la structuration de nos milieux, que ce soit dans l'économie de l'eau, pour la luxuriance de la végétation, dans la circulation des éléments nutritifs ou toxiques…

Les lombriciens sont des acteurs majeurs dans les écosystèmes auxquels ils appartiennent. Leur rôle central est incompréhensible si le concept d'écosystème n'est pas compris comme tel. Lorsque le livret d'une représentation théâtrale comporte de nombreux intervenants essentiels, il est absurde de ne mettre en scène qu'un seul acteur sans partenaires. Il faut donc impérativement présenter, sans les omissions habituelles, les écosystèmes constituant notre cadre de vie. Pour bien comprendre, il est nécessaire d'accéder à leur genèse, présentée avec celle des lombriciens au deuxième chapitre, et d'y situer la performance des vers de terre, en deuxième partie de l'ouvrage. Que cela soit habituellement ignoré s'explique largement par la perception humaine limitée de nos milieux. Le lecteur est ainsi invité à survoler cette histoire (chapitre II) et à découvrir les multiples facettes des rôles de ces animaux.

Par ailleurs, l'homme exploite les écosystèmes émergés et agit sur eux, et de ce fait modifie profondément le rôle essentiel des lombriciens. Enfin, ces animaux sont utiles à l'homme tant pour la fertilité des écosystèmes dont nous dépendons que pour leurs utilisations, si nous ne les méprisions pas au point de les massacrer (chapitres VII et VIII).

Depuis leur origine très ancienne, les vers de terre se sont diversifiés en milliers d'espèces et, grâce à une longue sélection naturelle, sont devenus des acteurs essentiels en étroite cohérence avec les écosystèmes auxquels ils participent puissamment, car les lombriciens constituent la biomasse animale la plus importante des terres émergées, environ vingt fois celle des hommes. Cela mérite considération.

En revanche, les hommes ne sont qu'une seule espèce de Primates qui ne s'est différenciée que récemment avec l'acquisition de capacités intellectuelles et techniques hors du commun, leur permettant d'importantes activités dans leur environnement. Mais ces capacités les ont, jusqu'à présent, privés de l'aptitude d'évaluer les conséquences de leurs actes dans les écosystèmes où ils vivent, par incompréhension de ceux-ci. Et ici l'étude des lombriciens, *si elle est rigoureuse*, conduit à développer une méthode permettant à l'homme de pénétrer l'intimité du fonctionnement des écosystèmes, ce qui sera développé, avec ses résultats, en deuxième partie de l'ouvrage.

Enfin et surtout, le grand public est particulièrement concerné, souvent sans le savoir, par la relation dans notre environnement entre les humains et les lombriciens. Il s'agit donc essentiellement, ici, de faire connaître ce lien entre les hommes et ces animaux.

Pour décrire cela, l'auteur a dû introduire, comme central, l'écosystème, si ignoré car galvaudé, et, quoique le moins souvent possible, des termes inhabituels qui sont définis dans le texte. De plus, d'autres mots, popularisés par les médias, sont d'usage courant mais toujours impropre ; ils sont cependant nécessaires dans leur sens exact qui est donc rétabli et seul utilisé ici. En conséquence, des mots d'usage assez courant sont précisés et répertoriés dans l'index situé en fin d'ouvrage.

La forme et le fond de cet ouvrage doivent beaucoup aux circonstances ayant conduit à son élaboration.

Ainsi, j'achevais la rédaction difficile, car exigeante, d'un livre relatif à la gestion rigoureuse des connaissances des systèmes complexes en écologie et en environnement[1], cet ouvrage nous permettant de dépasser enfin de multiples malentendus et de nombreuses controverses technoscientifiques, lorsque Henri Trubert, éditeur, me proposa d'écrire un ouvrage général relatif aux vers de terre.

Mon premier sentiment fut négatif. Après tout, j'avais publié, seul ou comme coauteur, plus de deux cents articles scientifiques et un livre, il est vrai ancien (1972) et très technique, sur ce sujet. En acceptant de rédiger le présent ouvrage, j'ai alors réalisé que je n'avais jamais effectué une synthèse moderne des connaissances relatives à ces animaux dans un cadre écologique et environnemental. Cela venait précisément d'être rendu possible grâce au fait que j'avais écarté les démarches

1. *Pour un renouveau dans l'environnement*, L'Harmattan, Paris, 2012.

antiscientifiques qui, jusqu'à maintenant, obscurcissaient notre compréhension de nos milieux de vie.

En rédigeant l'ouvrage, je fus conduit à assembler les pièces d'un puzzle dont, très souvent, je n'avais pas préalablement compris la cohérence. À partir d'un ensemble abstraitement conçu, j'avais en effet souvent peiné pour élaborer les *mesures* de chacune des pièces constitutives, mais je ne m'étais pas rendu compte que peu à peu ces pièces forment finalement aujourd'hui un *ensemble documenté*. Ici, *mesurer* implique de s'écarter des idées reçues qui généralement se substituent aux mesures effectives.

La rédaction a donc fait surgir cet ensemble documenté dans lequel, depuis un lointain passé, se concrétisaient les vers de terre et les écosystèmes auxquels ils participent. Les pièces du puzzle non seulement s'emboîtaient, mais ne prenaient sens qu'en s'assemblant tout en évoluant. Autre surprise : en exigeant la rigueur en écologie et en environnement, je m'étais habitué à un isolement intellectuel résultant de cette rigueur incongrue en ces domaines où règnent l'emphase et l'approximatif. Ici, rien de tel ; ainsi, Alain Canet m'a montré que mon travail pouvait intéresser les praticiens qui développent des formes d'agronomie produisant sans dépendre d'abord des intrants physiques et chimiques, et ce, en se servant des propriétés des agro-écosystèmes (herbacées, ligneux, formes d'humus).

Ici, je veux remercier tous ceux qui ont contribué de façon sensible à cet ouvrage, notamment tous les collègues qui m'ont influencé, critiqué et éclairé au cours d'une longue carrière entièrement dévolue aux vers de terre, à l'écologie authentique et à la recherche de solutions environnementales viables.

Ce livre n'aurait pas vu le jour sans mon épouse qui a surmonté sa propre lassitude de me voir entreprendre un ultime manuscrit. L'ouvrage traitant tout simplement de l'importance des vers de terre, elle a participé à son élaboration de mille manières. Je ne sais ici exprimer ma tendre et profonde gratitude qui va bien au-delà de sa participation à cet ouvrage.

Les critiques et les suggestions de Patrick Lavelle, le préfacier, et de Guy Vannier, directeur de recherche honoraire au CNRS, m'ont conduit à corriger, et souvent à approfondir, bien des facettes de l'ouvrage. Mais je dois une mention particulière à deux relecteurs ayant des pratiques et des cultures bien différentes. Conjointement, ils m'ont aidé à prendre pleinement conscience du fait que ce livre, portant sur la première masse animale de nos écosystèmes, m'a amené à traiter des écosystèmes de manière inhabituellement approfondie. Ici les vers de terre, en tant qu'acteurs majeurs, ne sont pas considérés à part, mais nous éclairent sur le fonctionnement de ces systèmes écologiques.

Ces deux lecteurs remue-méninges sont Antoine Delaunois, ingénieur agronome de la chambre d'agriculture du Tarn, et François

Toutain, directeur de recherche honoraire au CNRS. Je leur dois des refontes et des remises en perspective. J'ai notamment été amené, hors de mon intention initiale, à montrer combien les écosystèmes sont des ensembles en permanence animés par des mouvements pour la plupart invisibles car souterrains. Ils m'ont obligé ainsi à assumer pleinement l'écosystème à partir de faits mesurés sur le réel, concrétisant ainsi les commentaires naturalistes habituels. Ces quantifications, fondées sur l'étude de la réalité, m'ont permis de mieux présenter la diversité des agro-écosystèmes, notamment lorsque l'homme intervient dans les parcelles, les élevages, en foresterie et impacte nos milieux par leur exploitation et par l'apport de déchets et de substances diverses.

Enfin, je veux aussi remercier Aïté Bresson qui a fait une relecture attentive et des remarques pertinentes que j'ai particulièrement appréciées.

Décrire les organes, les structures et les constituants des sols et des écosystèmes, c'est bien, et divers ouvrages y sont consacrés.

Mais ici, dans toute la mesure du possible, *les états de ces constituants sont associés à leur fonctionnement*, par exemple cela porte sur les modalités d'écoulement du sperme dans des organes sexuels diversifiés, sur les aptitudes et les comportements guidant les mouvements des animaux, sur l'évolution des organismes en relation avec les phénomènes paléogéographiques et écosystémiques. Des mesures quantitatives nouvelles de certains de ces fonctionnements animés par l'énergie organique révèlent, dans les sols, des échanges entre les non-vivants et les vivants, et des mouvements massifs insoupçonnés. L'animation réelle de nos écosystèmes apparaît ainsi peu à peu mesurée, hors des spéculations usuelles.

PREMIÈRE PARTIE

APPARITION, ÉVOLUTION ET ÉTABLISSEMENT DES VERS DE TERRE

La première partie de cet ouvrage vise à créer une connivence entre le lecteur et les acteurs à l'œuvre ici : les vers de terre, les hommes et les milieux qui les accueillent.

Le premier chapitre permet de prendre conscience du caractère chaotique des relations entre les hommes et les vers de terre. Chaos qui prend sa source dans les confusions usuelles relatives aux animaux vermiformes, mais surtout dans notre incroyable ignorance de notre environnement.

Le deuxième chapitre présente l'étonnante diversité des vers de terre actuels. Celle-ci résulte de la plus longue évolution connue d'une lignée animale ayant coévolué avec la diversification des écosystèmes où les lombriciens occupent une fonction majeure : celle des animaux consommateurs dominants. Pour la première fois, une fresque évolutive y est reconstituée au gré de la dérive des continents en présentant, par étapes, les acquisitions successives des nouvelles aptitudes et des nouveaux modes de vie de ces animaux.

Le troisième et dernier chapitre de cette première partie distingue, et presque oppose, les aptitudes comportementales des lombriciens et des hommes.

I

PRÉMICES

VOUS AVEZ DIT "VERS DE TERRE" ?

De la perception usuelle des lombriciens

Les vers de terre, ou lombriciens, sont perçus par les hommes selon des points de vue contrastés. Les pêcheurs les apprécient depuis longtemps en tant qu'excellents appâts. Cela ne nous empêche pas de croire, de façon erronée, qu'ils sont des charognards consommateurs de cadavres et sont donc liés à la mort. Si certains agriculteurs les associent encore à la fertilité des sols, les citadins, savants ou non, constituant l'intelligentsia de notre société, ne voient généralement plus dans ces vers que d'humbles organismes : "des animaux si connus que l'on foule aux pieds tous les jours", selon l'expression de l'académicien Cuvier, en 1826. Le statut de ces vers insignifiants n'a peut-être jamais été mieux traduit que par Victor Hugo, dans *Ruy Blas* : "Madame, sous vos pieds dans l'ombre, un homme est là [...], ver de terre amoureux d'une étoile." Les vers de terre ne nous sont donc pas totalement indifférents. Mais, dans l'agitation de nos communications sociales, leur place est effacée, modeste et très souvent ambiguë.

Pour attirer l'attention sur ces vers inesthétiques et si peu communicatifs car se cachant sous terre loin des prises de vues qui dominent notre monde médiatique, l'auteur aurait pu choisir de s'appesantir sur leurs étranges conformations corporelles et le peu que l'on sait de leurs mœurs. Il aurait pu aussi détailler leurs comportements sexuels quelque peu affriolants. En effet, les lombriciens sont, pour la plupart, hermaphrodites, c'est-à-dire ambisexués, à la fois mâles et femelles. De plus, ils copulent comme des homosexuels et se reproduisent en hétérosexuels. Enfin, pour parfaire ce tableau, ils abandonnent leur progéniture, avec indifférence ou, dirait-on, avec indignité !

L'auteur aurait aussi pu, en se plaçant sur un autre plan, affirmer leur *importance* dans nos écosystèmes que nous modifions par l'agriculture ou la déforestation et que nous désorganisons souvent aveuglément avec des moyens physiques, chimiques ou biologiques (plantations de résineux, d'OGM ou d'eucalyptus…) ou que nous protégeons, même maladroitement.

Mais l'*importance proclamée* des organismes dans les écosystèmes n'est souvent fondée que sur quelques critères mis en avant par les spécialistes y attachant de l'*importance* seulement de leurs seuls points de vue focalisés (ce que je décris est important car je l'étudie!). Notons incidemment qu'ici il y a concurrence entre les diverses "importances" (protection des ours, substances chimiques cancérigènes, réchauffement climatique). Où est l'essentiel, le prioritaire? Comment choisir parmi les diverses "importances" mises en avant par les divers spécialistes défendant des perceptions très restreintes parmi une myriade de points de vue réductionnistes? Où est l'importance importante? Celle qui prime?

Quel est donc l'argument public décisif? L'évocation quasi enfantine des risques dus aux loups mangeant les agneaux, l'absence d'évaluation des substances chimiques dont certaines éradiquent les abeilles, la diffusion généralisée des cancérigènes dans nos écosystèmes que nous partageons avec les vers de terre ou l'expression de nos inquiétudes relatives au réchauffement planétaire peut-être lié aux activités humaines?

L'homme moderne développe des technologies relatives à des systèmes simples ou compliqués, tels nos usines, nos réseaux informatiques, le TGV… Tous ces systèmes sont sous contrôle, notamment grâce à l'intelligence artificielle. L'homme intervient également tous les jours, de façon de plus en plus puissante, sur des systèmes complexes spontanés qu'il ne contrôle pas, ou si peu. Il s'agit des écosystèmes où il puise ses ressources primaires, rejette ses déchets et polluants, et où vivent les vers de terre.

Toutefois, en regardant du côté de ses œuvres, souvent enthousiasmantes, l'homme s'éloigne du milieu où il vit car les écosystèmes sont trop complexes pour son entendement. Ses œuvres, tels la tour Eiffel, les prouesses chirurgicales, l'informatique, les avions gros-porteurs, Internet, la conquête de l'espace, le musée du Louvre, la Coupe du monde de football, le téléphone portable…, occupent toute son attention, à peine troublée par la succession de (graves) problèmes environnementaux.

Il n'y a certes pas divorce total. Le citadin apprécie la nature, tant les paysages montagneux que la vie corallienne ou celle des savanes. Il a aussi parfois la nostalgie d'un monde rural révolu. Il désire la protection de la nature et des soins intensifs pour panser les plaies qu'il constate dans nos milieux. Mais cela reste secondaire, ses intérêts multiples sont principalement ailleurs.

L'auteur aurait donc pu, en ignorant les affres sociales et en prenant une posture naturaliste ou académique, décrire les mœurs des vers et magnifier le peu que l'on sait d'eux et de leur diversité. Ce serait déjà spectaculaire pour le lecteur, mais c'était omettre la description des massacres actuels des populations lombriciennes avec leurs conséquences, parfois irrémédiables, pour les hommes. Ce serait ignorer la situation que l'on fait subir à la première masse animale cohabitant avec nous, les humains, et les effets ainsi induits sur notre cadre de vie.

Ne rêvons toutefois pas. Vis-à-vis des lombriciens et de leur rôle essentiel dans nos écosystèmes, les évocations et les admonestations, même de très grande qualité, se noieront mort-nées dans le maelström engendré par les hypermédiatisations actuelles. Elles ne changeront pas la place effacée qu'occupent ces animaux dans les médias et dans les préoccupations humaines, dont celles des décideurs agissant sur nos milieux. Car, dans notre monde, il y a bien plus important que ces humbles vers de terre. À l'instar de leurs étonnantes caractéristiques, qui n'intéressent que quelques naturalistes, leur rôle prépondérant dans les écosystèmes n'éveillera l'attention que de quelques aficionados. Tant l'exposé naturaliste que l'évocation de leur importance sont incongrus.

Un intérêt paradoxal

C'est peut-être l'isolement des hommes dans leur bulle technologique, les ayant coupés pour l'essentiel de tout contact avec le réel où nous vivons, qui constituera le piment de cet ouvrage, son *paradoxe*. Un paradoxe est une opinion, ou une chose, contraire à l'opinion commune, nous dit le *Larousse*. Nous y sommes !

Dans notre monde sophistiqué, les vers de terre ne sont plus perçus comme tels par les hommes, même spécialistes, mais sont soit ignorés, soit représentés dans un monde virtuel reconstruit. Mais, par nature, les lombriciens, de mœurs nocturnes et d'activité souterraine, ne se prêtent pas à ce monde imagé. Ils échappent à notre attention et les commentaires qu'on leur consacre exceptionnellement sont, sauf très rares exceptions, construits à partir d'élucubrations qui mesurent notre éloignement, hélas grandissant, avec notre propre environnement.

Et pourtant, l'homme dépend des vers de terre depuis des centaines de milliers d'années. Mieux, nous avons un cousinage et nos liens parentaux sont très anciens : cela se mesure en centaines de millions d'années. C'est dire que notre cohabitation a préexisté à la différenciation des hommes eux-mêmes et fut celle de nos lointaines lignées ancestrales.

Si la coexistence est congénitale, la relation paradoxalement évanescente des hommes avec les vers de terre résulte uniquement de notre anthropocentrisme. En nous écartant de l'observation de la réalité de nos milieux de vie, nous avons perdu de vue nos principaux commensaux.

C'est donc pour essayer de réduire notre ignorance que l'ouvrage va décrire quelques-uns des paradoxes résultant de l'étrange cohabitation entre des animaux aveugles et des humains à la perception de plus en plus virtuelle.

De façon gastronomique, et en hors-d'œuvre dans ce chapitre assurant la mise en bouche, seront énumérés certains paradoxes… qui seront détaillés dans les plats de résistance que sont les chapitres suivants. Dans le dernier chapitre, les lecteurs auront le plaisir de déguster les saveurs contrastées résultant des incohérences des hommes vis-à-vis de leur propre environnement.

Il y a ver et ver

Le *premier paradoxe* des incohérences humaines résulte de l'idée confuse ou erronée que nous nous faisons des vers de terre, animaux omniprésents dans nos jardins et dans nos champs, quand ce n'est pas dans nos pots de fleurs ! Il y a ver et ver, et nous les confondons, tant Monsieur Tout-le-monde que les scientifiques, hormis les très, très rares spécialistes aptes à identifier les lombriciens. Évoquons quelques traits de la belle confusion qui en résulte.

On signale dans la littérature des travaux égyptiens, chinois ou grecs (Aristote) qui évoquent les vers de terre. J'ajouterai que j'ai pu voir dans la pharmacopée de Lémery, publiée sous le Roi-Soleil, Louis XIV, toute l'importance de ces animaux pour la préparation d'onguents. Mais s'agit-il de lombriciens ou plus probablement de quelconques organismes vermiformes rampant sur et dans le sol ?

Un doute s'instille lorsque le grand Carl von Linné, fondateur des bases modernes de la nomenclature biologique, décrit en 1758 le *Lumbricus terrestris*, ce qui veut dire "ver de terre" en latin, dans la classe des *Vermes* (les vers). Cette description en trois lignes latines indique bien un ver annelé, mais avec des caractères qui n'ont jamais été observés depuis[1] ! Par ailleurs, on constate aussi que le lombric est un serpent décrit en 1819 par le grand zoologiste Lacépède dans son *Complément* aux œuvres de Buffon.

Si les savants pataugent ainsi, le peuple ne s'en sort pas mieux. Est ver de terre tout ce qui est de près ou de loin allongé et qui se glisse sur ou dans la terre, voire hors sol. La confusion est grande et les vers sont associés au pire ! Ainsi, on est rongé par la vermine… or il ne s'agit pas de vers, mais d'insectes parasites de l'homme. Des vers nous infectent, tels les vers intestinaux qui perturbent souvent les enfants ou les ascaris et ténias qui altèrent gravement la santé des hommes, à l'instar des vers de Médine et des vers de la redoutable bilharziose tropicale.

1. Conséquence, lorsqu'en 1972 je publie un livre fondé sur les descriptions compréhensibles, je commets l'erreur de marginaliser la description incompréhensible de Linné. Ayant été rappelé à un ordre indispensable en nomenclature, j'accepte qu'une redescription (1973) permette de fonder enfin la base scientifique des *Lumbricus terrestris*. Cela sauve les meubles et permet de maintenir les dénominations utilisées.

Et les vers ne cessent pas là leurs nuisances ! Ils attaquent nos récoltes, comme les vers gris qui coupent les racines principales de nos salades, les vers blancs qui nuisent à de nombreuses plantes, les vers fils de fer qui minent les pommes de terre, les vers Nématodes qui font des galles raciniennes et transmettent des virus entre plantes, etc.

L'infamie des vers ne s'arrête pas là ! Il y a les vers à bois, ou vrillettes, qui rongent les meubles et minent les poutres des charpentes, et ceux qui envahissent nos aliments (fromage, viande, fruits, etc.). Et que dire des vers peu ragoûtants qui pullulent dans les excréments et les cadavres : ils sont le symbole d'une lugubre destinée.

Cette image négative est reprise dans le monde "branché". Dans le jargon américain, après les "punaises" ("bogues" en français) qui désignent les erreurs de rédaction des logiciels et les "virus" qui les contaminent, les "vers" viennent d'entrer dans le bestiaire des ravageurs des programmes informatiques. Décidément, les vers sont partout et n'ont pas la cote !

Tout cela n'a cependant rien à voir avec les vrais vers de terre. Lamarck montrait dès 1800 que le groupe des vers n'avait aucune réalité comme ensemble animal et que c'était mélanger torchons et serviettes, et souvent prendre des vessies pour des lanternes. Certes, l'ensemble hétéroclite des vers avait été désigné sous le nom latin de *Vermes* par Carl von Linné, mais il regroupait des animaux n'ayant en commun rien d'autre que leur forme allongée, dite justement "vermiforme" ! Lamarck, le fondateur de la classification zoologique, a alors distingué, dans cette multitude vermiforme, des groupes très différents. Citons quelques-uns de ces groupes : les Nématodes, les Cestodes dont le ténia, les Insectes aux larves vermiformes (tels les chenilles, les asticots…). Il regroupe bien à part les vers de terre, avec d'autres vers vivant dans l'eau, dans une classe spécifique : celle des Annélides. Il y a autant de différences entre un ver blanc et un ver de terre qu'entre un crabe et un lapin !

À la fin du XIXe siècle, les vers de terre seront, parmi les Annélides, nommés "lombriciens" par Edmond Perrier sur le mode des batraciens (grenouilles, crapauds, salamandres), des sauriens (caïmans, crocodiles, jacaras, etc.) et autres ophidiens (serpents). En français, "lombricien" s'applique aux vrais vers de terre et ce terme évite la confusion avec tous les autres animaux vermiformes nommés "vers". Un ver de terre n'est donc pas un animal quelconque vivant dans la terre, mais un lombricien appartenant à un groupe animal précis. Il est un Annélide de grande taille adapté au sol.

Précisons enfin ici que, lorsque l'on parle du lombric, on parle d'une espèce précise, le *Lumbricus terrestris* des initiés, alors que "lombricien" désigne tout ver de terre en général.

Donc, *se méfier des imitations* ! Il y a ver et ver, ou mieux, en ce qui nous concerne ici, des vers imprécisés et des lombriciens bien définis. C'est la raison pour laquelle, afin de nous écarter de la confusion générale, nous suivrons ici la proposition que fit Edmond Perrier en nommant dans ce qui suit "lombriciens" les vrais vers de terre, des Annélides terricoles. Est écarté aussi "lombric" qui ne s'applique qu'à une seule espèce alors qu'il y a des dizaines, voire des centaines, de milliers d'espèces de lombriciens dont la diversité sera décrite au deuxième chapitre.

L'ENVIRONNEMENT EST PARTOUT ET NULLE PART, HÉLAS !

La myopie environnementale

Après avoir dissipé le *premier paradoxe* relatif à la confusion entre vers, décrivons maintenant un *deuxième paradoxe* qui a trait à notre myopie vis-à-vis de notre environnement. À elle seule, d'ailleurs, notre ignorance des lombriciens témoigne de notre méconnaissance générale des écosystèmes dans lesquels nous vivons.

Cette assertion doit être justifiée. Les lombriciens constituent la première masse animale cohabitant avec l'homme, et de très loin ! Ils agissent dans nos écosystèmes naturels avec des masses actives vivantes qui sont, en moyenne et en France, de l'ordre de la tonne à l'hectare alors que les mammifères sauvages, tels les sangliers, souris, cerfs, renards, ne représentent ensemble que quelques kilogrammes et alors que les oiseaux qui enchantent nos espaces ne dépassent qu'à peine le millième de la masse vive des vers de terre.

Pour étudier cette faune lombricienne qui domine le fonctionnement animal de nos milieux, il n'y a eu au monde que quatre ou cinq chercheurs les étudiant à plein temps pendant le XIXe siècle et le début du XXe siècle. À la fin du XXe siècle, une quinzaine de chercheurs ont étudié ces animaux. Dans quelles conditions ? Celles d'un bel imbroglio intellectuel !

En effet, pendant cette période de deux siècles de développement scientifique, notre connaissance de notre environnement a subi une profonde mutation. Depuis le début du XIXe siècle, puis en s'accélérant sans arrêt et de façon exponentielle, les sciences et les techniques ont acquis des savoirs de plus en plus massifs (en quantité) et détaillés (approfondis). Comme la capacité du cerveau des spécialistes (dénommés présentement scientifiques, ingénieurs, techniciens et praticiens, voire experts) n'a pas augmenté pendant ces deux siècles, l'aptitude à saisir, comprendre et critiquer les savoirs acquis s'est focalisée sur ce que maîtrise effectivement (c'est-à-dire non superficiellement) ce cerveau humain. Si l'aptitude de chaque spécialiste s'est approfondie, c'est au détriment du domaine couvert ; par exemple, l'auteur ne maîtrise qu'une partie des connaissances relatives aux vers de terre et que certains aspects de la problématique environnementale.

Avec le progrès des connaissances, l'hyperspécialisation est le seul recours pour individuellement approfondir et maîtriser une connaissance nécessairement de plus en plus étroite. En conséquence, l'expert est de plus en plus myope ; il maîtrise avec rigueur et précision certains aspects minuscules, mais ne perçoit hors ceux-ci qu'un domaine d'autant plus flou que ce domaine s'éloigne de son hyperspécialisation. Cette myopie de l'expert, cette "myopexpertise" du spécialiste, est générale et a pour conséquence l'éclatement du savoir en une myriade de spécialités cultivant chacune isolément son jargon et ses acquis.

En conséquence, la communication entre ces multiples spécialités se heurte à des barrières de tous ordres et cette incommunicabilité, toujours occultée en environnement, n'a été surmontée que récemment par la mise en commun des savoirs de chacun grâce à la puissance des ordinateurs mettant en œuvre l'*intelligence artificielle* où chaque spécialiste n'apporte que le savoir qu'il maîtrise… et rien de plus.

Cela fonctionne pour les objets conçus et élaborés par les hommes donc bien connus de ceux-ci, tels les automobiles, les avions, les lanceurs de satellites, pour lesquels des dizaines de milliers de spécialistes sont associés, de proche en proche, à la constitution d'ensembles de connaissances chaque jour plus cohérents. On peut pour ces *systèmes compliqués*, connus et conçus par l'homme, et en y mettant le prix, ordonner nos savoirs par l'intelligence artificielle conçue à l'image de ces systèmes.

Hélas, cela ne fonctionne pas (encore) pour les *systèmes complexes*, et c'est logique ! Les systèmes complexes sont ceux où nous vivons : notre environnement avec ses forêts, ses champs cultivés, ses fonds marins, ses rivières, ses décharges d'ordures… et ses sols où vivent les lombriciens. À la différence des systèmes compliqués, tels les ordinateurs, ils ne sont pas conçus par les hommes et ne sont donc pas connus d'eux. Ils sont largement spontanés, indéfiniment variables et ont une complexité inconnue. On ne peut donc, comme dans l'intelligence artificielle des systèmes compliqués, ordonner nos savoirs à leur image qu'on ignore.

Cette carence rédhibitoire est illustrée par les généralisations grandioses qui donnent l'apparence que nous avons une compétence dans le domaine environnemental alors qu'elles sont produites sans lien avec les savoirs des spécialistes. Ces savoirs ne sont pas pris en compte dans un ensemble cohérent et critiquable, et donc améliorable. Cette carence généralisée est à l'origine de l'explosion des problèmes d'environnement qui ne peuvent être ni évités ni traités. Ici, l'usage est de s'en remettre aux apparences en masquant l'absence d'études rationnelles.

Nous verrons à la fin de l'ouvrage, au chapitre IX, quelques conséquences de cette myopie environnementale perçues notamment grâce aux vers de terre.

À quoi bon…

La myopie environnementale explique un *troisième paradoxe* : la quasi-absence d'études rigoureuses relatives aux lombriciens. En conséquence, la première masse animale vivant sur Terre avec les hommes, bien qu'elle agisse et transforme nos milieux, n'est pratiquement pas étudiée. Quoique, dans les terres émergées, les lombriciens représentent une masse vivante dynamisant nos sols et pesant vingt fois la masse des hommes… et 70 % de celle de tous les autres animaux, ils sont passés quasi inaperçus dans les études modernes.

C'est ainsi que personne ne souligne que Charles Darwin, après avoir accumulé une multitude d'observations au cours de son voyage circummondial de plus de cinq ans et dix mois (1831-1836) sur le voilier *HMS Beagle*, observe les lombriciens de son jardin et présente dès 1837 une communication relative à leur rôle dans la formation de la terre végétale. Pratiquement personne ne relève que ce grand naturaliste accumulera sa vie durant de précieuses connaissances sur les lombriciens et leur consacrera un livre en 1881 qui conclut notamment : "La charrue est une des inventions les plus anciennes et les plus précieuses de l'homme mais, longtemps avant qu'elle existât, le sol était de fait labouré régulièrement par les vers de terre et il ne cessera jamais de l'être encore. Il est permis de douter qu'il y ait beaucoup d'autres animaux qui aient joué dans l'histoire du globe un rôle aussi important que ces créatures, d'une organisation si inférieure[1]."

L'hyperspécialisation actuelle a préféré ne retenir qu'une part infime de l'œuvre du grand naturaliste Darwin en lui attribuant une "théorie de l'évolution" qu'il n'a jamais énoncée. Ce qu'il nous apportait sur la connaissance de nos écosystèmes, *via* la description du travail lombricien n'utilisant que l'énergie solaire fournie par les matières organiques mortes issues des plantes, a été occulté !

Si depuis un premier colloque, en 1969 à Nitra en Slovaquie, un nombre croissant de chercheurs consacrent peu ou prou leurs études aux lombriciens et se réunissent périodiquement, nous sommes loin d'une cohérence et d'un développement critique des connaissances nous permettant la rédaction d'un traité de géodrilologie, la science des vers de terre, et loin d'être capables de dresser un tableau des relations écosystémiques et techniques entre les hommes et les lombriciens.

Alors, en attendant, nous allons essayer de combler des lacunes. Après cette première partie de l'ouvrage consacrée à la genèse, à la diversité et aux aptitudes des vers de terre, nous enchaînerons sur ce que nous savons de leurs divers rôles dans les milieux où nous vivons et agissons souvent en aveugles.

1. Darwin, C. R., 1882 (traduction française de *The Formation of Vegetable Mould through the Action of Worms, with Observations on their Habits*, 1881) – *Rôle des vers de terre dans la formation de la terre végétale*, trad. de l'anglais par M. Lévêque, Reinwald, Paris.

II

DES ORIGINES À NOS JOURS

L'ÉVOLUTION

Entendons-nous bien

Ce chapitre vise à nous permettre de nous représenter comment se sont mis en place à la fois les milieux où nous vivons et la diversité des rôles des lombriciens dans ceux-ci. Il s'agit de parcourir l'évolution reconstituée depuis un passé très lointain jusqu'au présent.

L'évolution n'est rien d'autre que *les changements intervenus au cours du temps*, comme cela fut magnifiquement présenté par Lamarck :

> Les divisions systématiques, classes, ordres, familles, genres et espèces, ainsi que leurs dénominations, sont une œuvre purement artificielle de l'homme. Les espèces ne sont pas toutes contemporaines ; elles sont descendues les unes des autres, et ne possèdent qu'une fixité relative et temporaire : les variétés engendrent des espèces. La diversité des conditions de la vie influe, en les modifiant, sur l'organisation, la forme générale, les organes de l'animal ; on en peut dire autant de l'usage ou du défaut d'usage des organes. Tout d'abord, les animaux et les plantes les plus simples ont seuls été produits, puis les êtres doués d'une organisation plus complexe. L'évolution géologique du globe et son peuplement organique ont eu lieu d'une manière continue et n'ont pas été interrompus par des révolutions violentes. La vie n'est qu'un phénomène physique. Tous les phénomènes vitaux sont dus à des causes mécaniques, soit physiques, soit chimiques, ayant leur raison d'être dans la constitution de la matière organique. Les animaux et les plantes les plus rudimentaires, placés au plus bas degré de l'échelle organique, sont nés et naissent encore aujourd'hui par génération spontanée. Tous les corps vivants ou organismes de la nature sont soumis aux mêmes lois que les corps privés de vie ou inorganiques[1].

1. Lamarck, J.-B. de, 1815 – *Histoire naturelle des animaux sans vertèbres*…, Verdière, Paris.

Rien à redire. Cette définition de l'évolution est bien meilleure que beaucoup de présentations contemporaines. Elle n'a pris qu'une ride : celle relative au fait que "les animaux et les plantes les plus rudimentaires, placés au plus bas degré de l'échelle organique, sont nés et naissent encore aujourd'hui par *génération spontanée*". Comme tous ses contemporains, Lamarck considère la génération spontanée comme le mode de génération des organismes "rudimentaires", les modalités de cette genèse ayant été détaillées par Buffon[1] qui expliqua que le milieu crée le moule externe où se forme l'organisme qui ensuite se développe selon son moule interne ; le milieu programme ainsi l'ébauche de chaque nouvel organisme, comme nous dirions aujourd'hui.

Puis la découverte de la reproduction sexuée chez des êtres "rudimentaires", telles les algues, devait tout au long du XIXe siècle ruiner cette conception. Dès 1859, Darwin[2] propose que la reproduction parentale explique seule l'évolution des organismes en cohérence avec leurs milieux, non pas parce que chaque milieu les a directement "moulés" ou programmés, comme nous dirions aujourd'hui, mais parce qu'il élimine les individus inaptes à s'y reproduire.

Ainsi, comme Lamarck l'a décrit, tout évolue conjointement, cependant le milieu ne formate pas directement les organismes, mais indirectement en sélectionnant les parents viables. La cohérence physique de l'ensemble décrit demeure.

1. De l'évolution et de son cadre

Aux personnes intéressées par le développement des idées relatives à l'évolution depuis Lamarck et Darwin, je recommande la lecture de "L'héritage Darwin", dans les dossiers de *La Recherche* (33, novembre 2008). Elles pourront y constater les ravages de l'hyperspécialisation qui rend les "myopexperts" inaptes à comprendre les relations des organismes avec leurs milieux, ainsi que leur ignorance du fait que Lamarck, non content de poser les bases de toute la zoologie, incluant les Annélides lombriciens, fonda l'évolution générale des milieux terrestres, ces milieux comprenant les organismes. Selon Darwin[3], "Lamarck est le premier qui éveilla par ses conclusions une attention sérieuse sur ce sujet [les progrès de l'opinion relative à l'origine des espèces]. Ce savant, justement célèbre,

1. Buffon, G. L. Leclerc, comte de, 1749 – *Histoire naturelle générale et particulière, avec la description du Cabinet du roy.* 2, *Histoire des animaux*, Imprimerie royale, Paris.
2. Darwin, C. R., 1859 – *The Origin of Species by Means of Natural Selection, or the Preservation of Favoured Races in the Struggle for Life*, J. Murray, Londres (6e éd., 1878).
3. Darwin, C. R., 1876 – *L'Origine des espèces*, trad. de la 6e édition par E. Barbier, Reinwald, Paris.

publia pour la première fois ses opinions en 1801. Il les développa [...]". Les personnes intéressées constateront aussi avec quelles inconséquences les propositions, tant de Lamarck que de Darwin, sont "récupérées" par les tenants du lamarckisme *(sic)* qui ignorent Lamarck. En outre, elles verront que les traducteurs initiaux de Darwin, tant en allemand qu'en français, ont trahi sa pensée.

Au lieu de lire ces deux auteurs dans le cadre des concepts de leurs époques, où leurs pensées s'inscrivaient, on "théorise" de façon quasi romanesque pour aboutir, aux dernières nouvelles, à une "synthèse étendue de l'évolution". Cette "synthèse" ignore la conception de Lamarck selon laquelle l'évolution des milieux expliquait, par génération spontanée il est vrai, l'origine des organismes. Quoique cette conception, habituelle au XVIIIe siècle, ait été démontrée comme infondée à la fin du XIXe siècle, elle est nettement plus pertinente, hormis pour les êtres vivants, que la "synthèse étendue". Celle-ci ignore l'évolution de l'environnement des organismes, seulement évoqué comme facteur "explicatif", flou et antiscientifique, de l'évolution biologique, en l'absence d'intégration des connaissances, de toutes les connaissances, aujourd'hui possible par intelligence artificielle (cf. p. 302). L'avancée initiale de Lamarck, au XVIIIe siècle, sera-t-elle restaurée et complétée à la fin du XXIe siècle ?

Observer l'évolution biologique

Dans un récent entretien, Philippe Janvier, paléontologue au CNRS, a décrit les trois méthodes reconnues permettant de constater l'évolution biologique[1]. D'abord l'étude des fossiles, observés directement dans des couches géologiques datées, témoigne du passé. Ensuite, les caractéristiques des organismes actuels permettent de spéculer sur leurs parentés plus ou moins étroites, reconstituées en généalogie sans datation absolue sérieuse, mais seulement en chronologie relative (voir ces datations et chronologies p. 36, encadré 2). Enfin, le développement individuel peut être considéré comme une rétrospective condensée de la lignée évolutive étudiée, à commencer par l'œuf, être unicellulaire, suivi des différentes figures embryonnaires se succédant et mimant les formes ancestrales.

Ces trois méthodes, fondées au XIXe siècle, ne cessent de se développer et de se confronter de façon critique et stimulante. Si la deuxième se pratique pour les vers de terre, elle a sa carence : en l'absence de fossiles, aucune datation absolue n'est possible par rapport aux strates géologiques. Nous verrons ci-dessous que la superposition de la biogéographie (distribution des organismes sur la Terre) actuelle d'animaux très casaniers, comme les vers de terre, avec la paléogéographie

1. Janvier, P., 2010 – "L'arbre du vivant n'a pas fini d'évoluer", *La Recherche*, dossier 39, p. 6-10.

géologique (distribution de nos continents à la surface du globe) crée une *quatrième méthode*, la biopaléogéographie, retraçant une évolution intrinsèquement datée (cf. l'encadré 4, p. 52).

Suggestion au lecteur
Ici, l'auteur doit prévenir que le texte qui suit est passablement difficile et risque de rebuter nombre de lecteurs. Pourquoi ?

Ce texte très novateur décrit, pour la première fois et de façon synthétique, comment les lombriciens sont devenus aujourd'hui la première biomasse animale de nos écosystèmes, où ils jouent les rôles essentiels qui seront développés dans la deuxième partie de l'ouvrage.

Ce statut zoologique prépondérant dans nos écosystèmes n'est pas né d'hier. Il a été acquis au cours d'un lointain passé repérable depuis quelque 600 à 700 millions d'années. La reconstitution historique présentée ci-dessous porte sur les étapes d'adaptation des Annélides, initialement marins, puis dans les eaux douces et enfin dans les sols. Les diverses lignées d'Annélides ont conservé des caractéristiques marquant des étapes d'adaptation qui se sont faites dans un monde changeant en permanence. Notamment nos îles et continents actuels ne représentent géographiquement que le dernier arrêt sur image d'un film dont les géologues nous restituent le déroulement antérieur de façon de plus en plus véridique et où les vers de terre se sont déplacés sur le globe terrestre, sur des continents à la dérive, telle la séparation de l'Europe-Afrique des Amériques laissant place à l'Atlantique. Les lombriciens, par la biopaléogéographie qu'ils permettent, nous apportent des informations critiques constructives participant à cette reconstitution historique.

La description de leur longue évolution vers leur statut actuel de principaux commensaux de l'homme sur les terres émergées n'est pas aisée. Cette évolution de la Terre et des lombriciens s'adaptant sans cesse conjointement avec toutes les autres caractéristiques des milieux, dont celles des plantes et des climats, est un casse-tête dans la mesure où les ères et événements géologiques, les changements morphologiques des vers de terre et les restructurations des écosystèmes, évidemment concomitants, ne sont familiers à personne.

Quel que soit l'effort de simplification, de schématisation et de clarification de l'auteur, se repérer intellectuellement dans cette évolution s'effectuant dans l'espace-temps de notre Terre mouvante pendant des centaines de millions d'années est une gageure. Pour cette reconstitution historique de l'évolution conjointe des lombriciens et de leurs milieux, un exposé difficile attend donc le lecteur.

Que faire ? Deux solutions :

– aborder, en alpiniste, l'obstacle et faire l'exercice de raisonner dans les cinq dimensions décrites ci-dessous et détaillées ensuite dans les pages 36 à 78 ;

– contourner l'obstacle en acceptant d'emblée que, si les lombriciens sont si importants aujourd'hui, c'est qu'ils ont pu, depuis leurs lointains ancêtres attestés il y a 575 millions d'années, évoluer pour être très performants et prendre aujourd'hui une place majeure dans les écosystèmes. Pour contourner, il faut sauter jusqu'à la page 78, qui décrit la situation actuelle, quitte à, si le besoin s'en fait sentir ultérieurement, revenir sur cette histoire des lombriciens et de leurs milieux.

Une gymnastique intellectuelle en cinq dimensions
Comme évoqué ci-dessus, parcourir l'évolution qui a fait notre monde, et incidemment les vers de terre et les hommes, n'est pas une sinécure. On s'en doute, il nous faut maîtriser le temps en milliers, millions et milliards d'années. Cette dimension ne devient concrète que lorsqu'elle se rapporte aux ères et étages géologiques qui permettent de repérer dans l'espace terrestre ce qui s'est modifié dans les trois dimensions géographiques. Telle portion de la couche terrestre va, lentement à l'échelle de la perception humaine, migrer sur des centaines de kilomètres ou/et, quittant le domaine marin, va émerger, voire se plisser en montagnes. L'évolution des portions de la couche terrestre considérée dans les quatre dimensions du temps et de l'espace (longitude, latitude et altitude) s'accompagne d'une cinquième variable : celle des changements d'état des objets constituant chacune de ces portions.

Cette cinquième dimension va en pratique se dérouler dans l'espace-temps à la manière d'un film dont les acteurs perdurent jusqu'à aujourd'hui, au prix de modifications profondes ; certains, roches et organismes fossilisés, sont sortis de la scène de l'évolution et d'autres, sans fossiles, ont disparu sans laisser d'adresse. Les vedettes ici, comme les Annélides, sont devenues peu à peu des superstars et montrent leurs talents dans des décors toujours renouvelés par les déplacements de nos continents allant de climat en climat et tournoyant au rythme de millions d'années.

Cette évolution doit être décrite depuis les changements d'état de chacun des constituants, des lombriciens ou des milieux, mais pour se représenter ces changements, ni la nomenclature biologique, ni la terminologie des périodes géologiques, ni celle des paléocontinents ne nous sont familières. Pour nous aider à nous y retrouver dans des situations ô combien changeantes, de nombreux encadrés et figures étayent le texte.

Pour montrer que l'importance actuelle des lombriciens n'est pas le fruit fortuit du hasard, mais bien celui de la longue coadaptation de la première masse animale des terres émergées avec les autres composants écosystémiques, les cinq paragraphes suivants (p. 36-78) tentent de brosser une fresque retraçant par étapes l'histoire de ces coévolutions.

LA VIE SURGIT DE LA NUIT DES TEMPS

De l'abiotique au vivant

Les astrophysiciens admettent généralement que notre univers serait né d'une brutale expansion de l'espace-temps, il y a 13,7 milliards d'années. Notre galaxie s'y est formée en incluant la planète Terre, datée de 4550 millions d'années.

Puis, parmi les réactions chimiques ayant eu lieu dans l'eau terrestre, la vie se différencia il y a quelque 3400 millions, voire 3800 millions, d'années, sous forme de Procaryotes (organismes monocellulaires sans noyau, comme les actuelles bactéries). Dans un premier temps, l'énergie qu'utilisent ces organismes est d'origine minérale, essentiellement, semble-t-il, celle des sulfures.

Moins d'un milliard d'années plus tard, la fonction chlorophyllienne existe chez des Procaryotes : les cyanobactéries. Celles-ci, qui sont toujours nos contemporaines, ont laissé des traces géologiques datées d'au moins 2800 millions d'années.

2. Les méthodes de datation géologique

Les géologues parviennent à dater les roches, et donc leurs fossiles, selon deux méthodes.

La *datation relative* considère que les couches des sédiments marins transformées en rochers sont d'autant plus anciennes qu'elles ont été déposées avant les couches supérieures. La comparaison, des fossiles notamment, permet de reconnaître les couches de même époque dans des lieux d'observation différents. Cette méthode ne fait que classer entre plus ancien et plus récent, mais sans âge réellement connu.

La *datation absolue* s'appuie sur des isotopes naturels plus ou moins radioactifs. Cette radioactivité est indépendante des conditions climatiques et des réactions chimiques. Elle modifie l'isotope radioactif en un autre, ainsi produit, de sorte que sa concentration diminue quand le produit augmente. La radioactivité ne dépend que du temps. En choisissant bien son isotope (par exemple le C^{14} pour les carbones organiques des derniers milliers d'années), on peut dater, en conditions favorables, assez précisément les objets ou les roches. Cela permet de donner aux datations relatives l'échelle temporelle qui leur manque.

Ensuite, cela se complique. On admet que certains Procaryotes entrent en symbiose entre eux (plusieurs organismes différents s'associent au point de fusionner dans une grande cellule commune où certains deviennent des mitochondries, des chloroplastes et le noyau). Cette fusion symbiotique crée les Eucaryotes, des organismes ayant un noyau dans leur cellule, à la différence des Procaryotes qui n'en ont pas.

À nouveau, les choses se perfectionnent en se compliquant. Les Eucaryotes se multiplient et certains forment des colonies puis des organismes plus compliqués constitués de plusieurs cellules (pluricellulaires). On vient de mettre en évidence que les pluricellulaires ont laissé des traces dans des roches il y a 2 100 millions d'années. Ils se sont, bien plus tard, différenciés en diverses lignées : algues, champignons, animaux, plantes, etc.

Tout ce monde a continué son évolution jusqu'à nos jours. À la différence des Procaryotes, les Eucaryotes ne vont plus se multiplier par simple division, mais vont aussi acquérir une sexualité organisée qui permet le mélange ordonné des caractères génétiques soumis à la sélection naturelle (c'est-à-dire que seuls les organismes aptes à vivre dans leur milieu peuvent se reproduire et ainsi leur descendance perdurer).

Toutes ces lignées d'organismes, Procaryotes et Eucaryotes unicellulaires ou pluricellulaires, ont aujourd'hui des descendants. La vie a donc une longue histoire : aujourd'hui, les bactéries, les algues, les cyanobactéries, les animaux, les plantes et les champignons nous accompagnent et leurs fonctions dans les écosystèmes n'ont cessé de se développer en se complétant, voire en s'échangeant certaines propriétés *via* des virus porteurs de gènes parasitaires ou parfois complémentaires. Ces fonctions sont très diverses et agissent dans nos milieux sur leurs propriétés physiques, telle la porosité, chimiques, telle l'alcalinité, et biologiques, telle la biodiversité.

Non-vivant, vivant et énergie organique

Nous entrons ici dans un domaine intellectuel où nous voyons la nature double, à la manière d'un ivrogne. Nous dupliquons notre environnement en considérant séparément le non-vivant, tels l'atmosphère, l'eau, les roches, les usines, etc., du vivant. Vie et non-vie apparaissent ainsi bien clairement séparées, quoique notre vision se trouble quand il faut attribuer au non-vivant le bois d'un tronc d'arbre, pourtant matière organique morte, ou lorsque le vivant se pare d'accessoires non vivants, tels nos cheveux ou le sabot d'un cheval. Ainsi, notre vue double devient floue, ne distinguant plus une huître ou un oiseau bien vivants des coquilles et plumes qui sont portées par ces animaux.

Nous sommes ainsi intellectuellement victimes de vouloir à tout prix opposer, distinguer, séparer le vivant du non-vivant. Même si cette distinction est nécessaire, nous avons ici d'excellentes raisons de fusionner notre double vue.

D'abord, en revenant aux sources de la vie, nous apprenons que c'est depuis le non-vivant, probablement en milieu volcanique sous-marin bourré d'énergie chimique et de minéraux poreux sédimentaires, que sont apparus de microscopiques organismes dispersés dans cette soupe minérale, énergétique, aqueuse et gazeuse. La vie est certes apparue, mais saupoudrée, à la manière d'un condiment, dans l'ensemble non vivant qui l'a générée et l'inclut toujours.

Ensuite, en regardant autour de nous, nous constatons que ce qui nous entoure n'a pas changé depuis la genèse de la vie : celle-ci est dispensée et incluse dans la non-vie, que ce soit les feuilles et les oiseaux dans l'atmosphère, la quasi-totalité des micro-organismes et des mycéliums de champignons dans les sols ou la plupart des algues dans les eaux, etc. La vie n'existe qu'étroitement incluse dans le non-vivant.

Vie et non-vie forment donc un ensemble d'éléments intimement mêlés, qui se sont différenciés depuis les origines jusqu'à aujourd'hui. Chaque individu a besoin d'air pour respirer et la composition de l'atmosphère est renouvelée par les organismes. Cet ensemble étroitement intriqué et interactif de composants vivants ou non a reçu un nom. C'est l'écosystème, terme introduit par Tansley en 1935[1] pour s'opposer à la séparation arbitraire des "communautés" biotiques de leur milieu. Dans cet ouvrage, nous reviendrons p. 102-103 et 119-123 sur ce terme pour le préciser, car il fait partie de ces mots galvaudés dénoncés dès le prologue. Mais surtout, dans la deuxième partie, fondant nos divisions intellectuelles qui distinguent si mal le vivant de l'abiotique, nous donnerons la pleine mesure des lombriciens dans le fonctionnement des écosystèmes, mais pas seulement dans celui-ci. La dispersion des organismes dans la matrice non vivante des écosystèmes n'est pas évidente à l'entendement humain, surtout pour ce qui échappe naturellement à notre vision. C'est le cas d'une incroyable myriade de micro-organismes (microbes) qui imprègnent les écosystèmes et littéralement enveloppent les organes visibles, tels les feuilles, les racines, la peau, le tractus intestinal…

Nous mettrons en évidence dans la troisième partie notre propension à donner de l'importance au visuel spectaculaire (par exemple à la catastrophe de Fukushima-Daiichi) alors que nous négligeons la perception permanente et diffuse des cancérigènes dans nos proches milieux. De même, nous imaginons mal les rôles parfois prépondérants des micro-organismes dont certains sont plus petits que des virus, tels les mycoplasmes. Il faut donc ici faire place au monde microbien tel qu'il fut perçu par les premiers microbiologistes, particulièrement les pasteuriens, en citant l'un d'eux :

> On peut avec de l'air et les éléments gazeux qu'il renferme, avec de l'eau et les matières qu'y apportent les pluies, faire vivre et se développer le plus gros chêne dont la masse organique dépasse de plusieurs centaines de fois celle qu'on pouvait trouver toute faite à l'origine, dans le volume de terre où il a enfoncé ses racines. Un chêne, une herbe,

1. Tansley, A. G., 1935 – "The Use and Abuse of Vegetational Concepts and Terms", *Ecology*, 16, 3, p. 284-307.

> un animal nourri d'herbe, un carnivore faisant sa proie d'un herbivore ont été originairement de l'eau, de l'acide carbonique, des sels ammoniacaux, des matières minérales solubles. Mais une fois produite, cette matière organique est devenue solide, insoluble dans l'eau ; elle est immobilisée, incapable d'alimenter une vie végétale nouvelle, et si elle s'éternisait à cet état, si ses éléments ne rentraient pas dans le courant général, dans la circulation aérienne ou aqueuse du globe, l'atmosphère se dépouillerait bientôt de ses éléments organisables, l'eau de ses matériaux nutritifs et la vie deviendrait impossible à la surface du globe. Si donc l'atmosphère et l'eau regagnent incessamment ce que le monde vivant leur enlève sans cesse, si elles gardent leur composition et leurs vertus fécondantes, si, par suite, des générations nouvelles peuvent se succéder sans fin, héritant non seulement de la forme, mais de la matière des générations précédentes, c'est parce qu'au monde des êtres que nous connaissons le mieux est juxtaposé ce monde d'êtres infimes que nous commençons à peine à connaître. Nous y trouvons les agents indispensables du maintien de la vie. ILS SONT BIEN PETITS, dira-t-on, pour une pareille tâche[1].

Depuis ce texte de 1886, bien de l'eau a coulé, mais on peut se demander si la vision humaine des micro-organismes agissant dans les écosystèmes depuis leur origine ne reste pas extrêmement biaisée, comme l'atteste le dossier 41 de *La Recherche* (novembre 2010). À l'évidence, leur importance fonctionnelle effective reste à évaluer dans les écosystèmes.

Pour gérer l'énergie nécessaire à ces fonctions écosystémiques, les organismes se sont différenciés en deux groupes complémentaires.

Premièrement, les *producteurs* (cyanobactéries, algues et plus tard plantes) qui sont capables, grâce à la chlorophylle, de faire la photosynthèse de molécules organiques carbonées et énergétiques à partir d'éléments chimiques simples et de gaz carbonique (CO_2). Les molécules organiques ainsi synthétisées permettent la croissance des organismes. Les éléments chimiques simples incorporés dans ces molécules, par exemple l'azote, le phosphore, etc., sont qualifiés de "biogènes" car ils sont utilisés par la vie. Les producteurs assimilent ces éléments biogènes et, ce faisant, les rendent indisponibles pour les autres producteurs. S'il n'y avait que des producteurs, ils épuiseraient les eaux, y compris du sol, en ces éléments biogènes et la vie s'arrêterait par carence de ces éléments.

Il y a heureusement la deuxième catégorie, celle des *consommateurs* (bactéries, champignons, animaux…) qui regroupe les organismes

1. Duclaux, É., 1886 – *Le Microbe et la maladie*, Masson, Paris. Cité dans *La Recherche*, dossier 41, p. 67-71.

puisant leur énergie non plus depuis la photosynthèse, mais par décomposition des molécules organiques carbonées, synthétisées initialement par les producteurs et ultérieurement par eux-mêmes. Ces molécules fournissent à ces consommateurs à la fois les éléments biogènes et l'énergie organique fixée dans la matière organique.

La matière organique est disponible dans les écosystèmes sous forme d'organismes vivants constituant ensemble la *biomasse*, mais aussi, plus massivement, sous forme de *nécromasse* formée par la matière organique morte plus ou moins modifiée par décomposition de tissus morts.

Les consommateurs, en association avec des réactions chimiques non biologiques, décomposent les molécules organiques constituant la biomasse et la nécromasse. Cette décomposition libère de l'eau, les éléments biogènes simples et le CO_2 qui redeviennent ainsi disponibles, donc assimilables par les producteurs.

En clair, les producteurs introduisent l'énergie et utilisent les éléments biogènes libres, et les consommateurs, usant de l'*énergie organique*, libèrent ces éléments biogènes. Ces deux groupes s'équilibrent fonctionnellement à peu près l'un l'autre depuis des milliers de millions d'années. La vie s'est, en quelque sorte, greffée sur les matières minérales solides, liquides et gazeuses pour s'intriquer dans celles-ci dans les écosystèmes où les êtres vivants apportent leur touche à l'ensemble dans lequel nous vivons. Cette contribution du vivant à ces systèmes porte sur leur fonctionnement (cycles très ouverts de l'énergie, de l'azote, du carbone, etc.) et sur leur structure (sédiments fossiles, travail façonnant des pores et des galeries, dépôts carbonés tel le lignite, etc.). La vie s'est donc incrustée sur Terre tout en se diversifiant.

Considérons maintenant, parmi les consommateurs, le règne animal dont deux lignées nous concernent particulièrement ici, celle des Vertébrés, dont l'homme, et celle des Annélides, dont les lombriciens.

VERS LES LIGNÉES ANIMALES À SUCCÈS

La vie s'est initialement développée dans les mers où le déplacement des organismes peut être largement passif au gré des mouvements de l'eau. Konrad Lorenz, éthologue, Prix Nobel, s'interroge sur la motricité des bactéries répondant à une excitation : "Mais j'attends toujours une réponse des bactériologues à [la question] de savoir s'il existe des micro-organismes incapables de réagir à une excitation[1]." Les mouvements abiotiques des écosystèmes, qui restent de nos jours d'une importance fonctionnelle majeure comme nous le verrons au chapitre IV, ont précédé la vie, et les bactéries à motricité nulle ou très

1. Lorenz, K., 1973 – *Die Rückseite des Spiegels*, trad. par J. Étoré, 1975, *L'Envers du miroir*, Flammarion, Paris.

limitée témoignent que l'aptitude de nombreux organismes à effectuer des mouvements propres a été acquise bien après l'initiation de la vie. Comme nous l'avons vu, les animaux se sont d'abord différenciés dans l'eau en tant qu'Eucaryotes pluricellulaires consommateurs qui ingèrent des matières organiques mortes ou vivantes. Leurs embryons ont au moins deux couches de cellules, l'une externe, de protection, et l'autre interne, de digestion.

Une lignée animale, incluant les ancêtres communs aux lombriciens et aux hommes, va acquérir l'aptitude de se déplacer vers ses sources de nourriture. Les deux couches primitives de cellules, devenues tubulaires dès l'embryon, sont alors complétées par une troisième couche intermédiaire permettant le développement d'organes spécialisés, notamment moteurs. Curieusement, le principal "organe" est un vide, une cavité dénommée "cœlome", creusée dans cette troisième couche de tissus embryonnaires et qui joue un rôle essentiel dans le succès adaptatif de cette lignée évolutive qui inventa probablement simultanément la métamérie et le péristaltisme. Attention, cela devient technique !

La *métamérie* désigne une organisation "en longueur" des animaux, qui se constitue dès l'embryon. Ces animaux se développent à partir des trois couches de cellules qui se différencient à l'avant en ce qui participera à la tête et à l'arrière en un anneau postérieur bien distinct (ou métamère). Puis l'opération se reproduit, la masse cellulaire antérieure produit un nouvel anneau, qui repousse en arrière le premier formé. Et cela se répète. Cette production d'anneaux se poursuit, ajoutant ainsi des métamères à l'individu qui, en s'allongeant, devient un ver tubulaire annelé. À la fin de la croissance, il peut y avoir quelques dizaines, voire centaines, de métamères avec en continu la couche cellulaire externe qui donnera, entre autres, l'épiderme protecteur et la couche interne à l'origine notamment du tube digestif. Quant à la couche cellulaire intermédiaire, elle s'est scindée en séparant chaque métamère par une paroi, le *dissépiment*, chaque métamère se creusant d'une *cavité cœlomique* (cf. fig. 1, p. 42).

Cette organisation s'est conservée excellemment chez les vers Annélides, auxquels appartiennent les vers de terre, et de façon très modifiée chez les hommes dont les anneaux transformés sont encore observables, par exemple les vertèbres et les côtes.

Revenons à nos ancêtres communs, des animaux aptes au fond des mers à se procurer leur nourriture par déplacement vers la provende disponible. Ils peuvent se mettre à l'abri des prédateurs en creusant le sol ou, plus exactement à cette époque, les sédiments minéraux des fonds marins. Il faut, pour comprendre cette vie primitive dans les sédiments marins, revenir maintenant aux caractéristiques ancestrales, cavités cœlomiques et métamères, qui actuellement concernent toujours les vers de terre et les embryons humains.

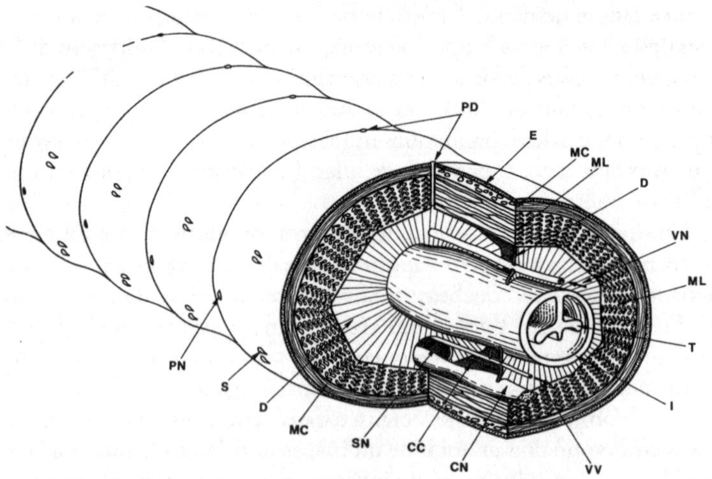

Figure 1. Vue en éclaté d'un segment ordinaire de lombricien. Des parois (dissépiments, D) séparent chaque cavité cœlomique (CC) qui débouche souvent dans le milieu par des pores dorsaux (PD) ; elle est remplie d'un liquide qui ne circule entre les segments que selon l'ouverture/fermeture de sphincters (SN) et sous les pressions exercées par les muscles circulaires constricteurs (MC) et longitudinaux extenseurs (ML). L'ensemble est commandé par la chaîne nerveuse (CN), notamment pour assurer la locomotion à l'aide des soies accrocheuses (S). Le dissépiment est aussi traversé par les veines ventrales (VV) et dorsales (VD), et par l'intestin (I) avec son invagination digestive, le typhlosolis (T).

Le cœlome est une succession longitudinale de cavités cœlomiques communiquant entre elles *via* un sphincter (orifice) par dissépiment. Il est rempli d'un liquide cœlomique, essentiellement de l'eau, qui joue le rôle d'un fluide hydraulique transmettant le travail corporel. Chez les Annélides, dont les lombriciens actuels, une musculature circulaire, associée à la paroi externe du corps, permet en se contractant d'augmenter la pression du liquide cœlomique et de transmettre ainsi la force produite vers une zone de travail en dilatation. Par exemple, la partie avant du corps, qui se glisse entre les particules des sédiments ou du sol, reçoit la pression hydraulique "comprimée" en arrière, ce qui permet d'écarter à l'avant les sédiments et d'ouvrir un terrier. Ainsi, le corps entier est une pompe hydraulique qui concentre l'effort de tout le corps là où le travail de dilatation est nécessaire.

Le *système hydropneumatique annélidien* est donc une succession de cavités cœlomiques constituant autant de sas aux portes (sphincters) ouvertes ou fermées. La pression produite dans une partie du corps est transmise à d'autres, sous contrôle des nerfs commandant chaque sphincter. Tout ce système hydraulique, transmettant la force corporelle par le liquide cœlomique, est coordonné de façon centrale par le cerveau, puis de manière décentralisée *via* une chaîne nerveuse ayant un ganglion cérébroïde (petit cerveau local) de contrôle dans chaque métamère. Ce mécanisme musculaire, nerveux et hydraulique est complété par des soies, qui sont des crochets saillant de la paroi externe de chaque anneau et qui permettent à l'animal de s'accrocher à son terrier (cf. fig. 1, ci-contre). Ce *système hydropneumatique annélidien* développé *via* la métamérie des embryons et larves, et *via* les cavités cœlomiques, permet en outre le péristaltisme.

Le *péristaltisme* est un mode de locomotion essentiel lié à la vie des premiers animaux des sédiments, nos lointains ancêtres. Il permet à l'animal à la fois de s'allonger et de se glisser entre les particules de la partie poreuse de la Terre : la *porosphère* (sédiments et sols[1]). Il permet un déplacement économique en rampant soit dans les terriers, soit en surface.

Le mouvement péristaltique met en jeu alternativement les muscles de contraction (muscles circulaires autour du corps cylindrique qui assure la compression) et les muscles d'extension longitudinaux. Chaque ganglion cérébroïde de chaque métamère ordonne soit la contraction du métamère par les muscles circulaires, soit son extension par les muscles longitudinaux ; ainsi, chaque anneau peut se contracter ou s'allonger. Le tout est coordonné grâce au cerveau qui décide, en fonction des informations reçues depuis l'environnement, s'il faut reculer ou, plus généralement, avancer, par exemple vers la nourriture (cf. chapitre III).

Avec la coordination du cerveau, le déplacement se fait en une succession ondulatoire de segments s'allongeant vers l'avant en se déplissant et de métamères postérieurs qui se contractent en s'accrochant au terrier et qui "poussent" en évacuant le liquide cœlomique sous pression hydraulique vers l'avant. Ensuite, ceux qui se sont avancés s'élargissent en se contractant et s'accrochent sur le substrat solide grâce aux soies, et ceux en arrière se décontractent et s'allongent à leur tour vers l'avant. On observe ainsi ces mouvements péristaltiques qui se déplacent à la manière d'une onde sur tout le corps, alternant contractions et extensions.

Cette façon de ramper sans serpenter sollicite un travail de tous les muscles du corps (longitudinaux et circulaires) pour une locomotion et, si nécessaire, pour une intrusion en force entre les particules solides de la porosphère. Elle est très économique car l'animal repose sans avoir à se porter sur le substrat solide dans lequel il se glisse. L'efficience du système hydropneumatique annélidien explique largement la réussite et le maintien à la première place animale des Annélides dans le fonctionnement des écosystèmes fertiles, comme nous le verrons dans la deuxième partie.

L'économie générale des dépenses énergétiques des Annélides est encore amplifiée par leur mode de vie développé essentiellement au bas des parties fluides des écosystèmes, soit l'eau des mers et des cours

1. Vannier, G., 1970 – "Réactions des microarthropodes aux variations de l'état hydrique des sols", in RCP *40*, *Écologie du sol*, série PBI-CNRS, Paris, p. 24-258.

d'eau, soit l'atmosphère des milieux émergés. Cette position est stratégique pour les animaux : regardons-en les avantages.

Comme nous venons de le voir, l'essentiel de l'énergie organique est captée depuis environ 2 800 millions d'années par la chlorophylle qui n'est fonctionnelle que dans la partie translucide des écosystèmes. C'est sous le soleil et avec de l'eau que les producteurs fixent l'énergie, telles les cyanobactéries, les algues et les plantes. Les produits organiques, synthétisés par les producteurs, sont élaborés dans une position ensoleillée, soit en suspension dans les eaux, soit perchés dans l'air, et tombent finalement *par pesanteur* sur les sédiments ou sur les sols.

Les animaux ayant l'aptitude de fouir dans la porosphère (sédiments ou sol) bénéficient, dans celle-ci, à la fois de la réception par pesanteur de leur manne alimentaire, d'un abri les protégeant de l'attaque de prédateurs et d'un support pour se déplacer économiquement en s'y appuyant sans avoir à se porter. Les Annélides sont protégés dans leurs terriers, s'y déplacent par simple glissement péristaltique et y pénètrent, comme des tunneliers, à l'aide de toute leur force corporelle mobilisée par leur système hydropneumatique annélidien pour creuser. Au plan physique, ils occupent la meilleure place animale des écosystèmes.

Regardons aussi cette place au niveau des échanges alimentaires. Les organismes fixant l'énergie, depuis les cyanobactéries jusqu'aux plantes modernes, forment des produits (cellules, tissus, plus tard branches, feuilles, pétales…) qui sont très partiellement ingérés donc tués par des consommateurs herbivores qui agissent ainsi avant la mort spontanée des végétaux. Plus généralement, les produits issus de la photosynthèse tombent, comme les feuilles mortes, à leur mort naturelle par pesanteur sur la porosphère. Les cadavres des consommateurs herbivores, carnivores et des prédateurs de carnivores achèveront eux aussi leur destinée en chute libre sur la porosphère.

Peu importe que des herbivores ou des carnivores court-circuitent le processus ; les décomposeurs sont là, à l'abri de la porosphère, pour tirer le meilleur parti des produits issus de la photosynthèse initiale. Ces produits choient sur les sédiments et les sols, et deviennent une provende accessible aux animaux ayant un cœlome leur permettant pénétration et progression dans la porosphère grâce au péristaltisme. Ces animaux en position idéale sont par excellence les Annélides, comme nous venons de le voir.

3. Une position écosystémique majeure : la mangeoire en porosphère

Les producteurs sont pour l'essentiel des organismes qui dépendent de la lumière solaire pour effectuer la synthèse chlorophyllienne. Celle-ci permet une production organique qui n'est possible que dans les deux fluides translucides – l'eau et l'air – et dont les produits aboutissent, sous l'effet de la pesanteur, sur ou dans la porosphère, cette couche superficielle solide de la Terre, souvent poreuse. Les pores des sédiments déposés sous l'eau sont remplis de celle-ci, et ceux des sols exondés le sont d'eau et d'air.

L'apport de la production organique à la porosphère par pesanteur peut être accéléré par quatre mécanismes :

– d'abord, par le rôle des herbivores qui consomment algues, cyanobactéries et plantes, et rejettent sur ou dans la porosphère leurs fèces et leurs propres produits (des excrétats, des phanères tels les poils, des organes morts…) ;

– ensuite, par l'eau de pluie qui entraîne dans les cavités des sols des matières organiques solubles ou non ;

– également par les plantes elles-mêmes qui, en assurant le développement des racines et l'alimentation de champignons et bactéries symbiotes, transportent vers la porosphère les produits énergétiques et nutritifs issus de la photosynthèse ;

– enfin, certains animaux, essentiellement les lombriciens, enfouissent dans le sol les matières organiques déposées par gravité sur le sol, telles les litières, les bouses de vache, etc.

Ainsi, l'essentiel des produits issus de la photosynthèse parvient sur ou dans la porosphère qui constitue la principale mangeoire des organismes consommateurs (ceux qui décomposent les matières organiques vivantes ou mortes). La pesanteur est l'une des forces animant le fonctionnement des écosystèmes, comme nous le verrons dans la deuxième partie, au chapitre IV. Sa prégnance dans la structuration de ceux-ci n'est probablement pas la même lorsque les producteurs, les fines particules minérales, les consommateurs dont les herbivores et les éléments biogènes libres flottent en abondance dans l'eau (plancton) ou, en revanche, se maintiennent chichement dans les airs (aérosols, poussières, oiseaux). Quoique nous n'ayons pas d'études comparatives des fonctionnements entre milieux aériens et aquatiques, la porosphère sous l'eau n'a probablement pas la même exclusivité de mangeoire qu'en terre émergée.

Tout cela, des producteurs aux consommateurs, s'est mis graduellement en place sur la Terre et se poursuit encore aujourd'hui, selon un processus dont la reconstitution historique, commune avec notre lignée animale, s'observe dans le développement initial de nos propres embryons et dans ceux des vers de terre. Si nous savons approximativement quand les premiers producteurs, des cyanobactéries probablement, ont laissé leurs premières traces organiques carbonées (2 800 millions d'années), nous savons mal par quelles premières étapes la lignée animale a pu développer la splendide machinerie conservée quasi inchangée chez les Annélides actuels. Ces organismes au corps mou, sans squelette, se décomposent et n'ont pas laissé de traces fossiles, sauf parmi les premières traces animales découvertes à Ediacara (Australie) et datées de 575 millions d'années. Leur développement et la diversité de ces traces témoignent d'une évolution s'étant produite bien antérieurement, probablement au cours de l'Édiacarien, un étage géologique débutant il y a 635 millions d'années.

C'est le premier témoignage de vie animale. Il s'agit, selon James W. Valentine[1], de "restes d'organismes mous, conservés sous forme d'empreintes ou de minces pellicules". Ce sont des "empreintes", des images, des animaux sans squelette ni carapace qui nous ont laissé leurs "photos" sur des sédiments. Ces animaux sont si étranges qu'on considère qu'ils sont énigmatiques (incompréhensibles). On a beaucoup parlé d'eux ; ils ne "correspondent à rien" de ce qui s'observe au Cambrien sur des organismes ayant des organes solides bien fossilisés, il est vrai 33 à 87 millions d'années plus tard. De sorte que récemment on est allé jusqu'à réinterpréter ces premières formes animales comme étant des Vendozoaires qui auraient disparu sans postérité avant le Cambrien ! Oui, mais cela ne colle pas car il y a, parmi ces premiers fossiles, *Marywadea* !

L'empreinte que cet animal nous a laissée nous montre un Annélide Polychète marin moderne, c'est-à-dire avec des anneaux, donc un cœlome métamérisé, avec des soies sur pédoncules latéraux lui permettant de s'accrocher dans les terriers et avec une tête et un anus. C'est peu et c'est beaucoup. Cette photo du passé, quoique floue, ne laisse pas de doute. C'est le seul animal aussi ancien où l'on peut reconnaître l'essentiel des propriétés des Annélides actuels. Par ses caractéristiques, il montre qu'il avait déjà acquis le système hydropneumatique annélidien lui permettant d'occuper la place écosystémique d'un Annélide. Cette place écosystémique est si performante qu'elle ne fut plus jamais abandonnée. Les observations effectuées à Ediacara portent aussi sur des terriers dans les sédiments. Cela témoigne d'une activité de protolombriciens, de vers de sédiments marins datant de 575 millions d'années ! Comme nous allons le voir, c'est le témoignage d'une lignée qui s'est diversifiée dans les mers, puis a étendu son aire aux eaux douces et enfin aux milieux terrestres émergés.

LES ANNÉLIDES QUITTENT LA MER

Des Polychètes aux Oligochètes

Dans le paragraphe précédent, relatif au Précambrien, et plus précisément à l'Édiacarien débutant il y a 635 millions d'années, nous venons de voir que seul, parmi les animaux fossiles d'Ediacara, *Marywadea* n'est pas énigmatique et correspond à un Proto-Annélide observé

1. Valentine, J. W., 1980 – "L'origine des grands groupes d'animaux", *La Recherche*, 112, p. 666-674.

conjointement avec des traces de terriers creusés dans les sédiments marins comme ceux des Annélides actuels.

Les Annélides marins sont des Polychètes, ce qui signifie qu'ils ont en général de très nombreuses (poly-) soies (-chètes), c'est-à-dire des poils leur servant à s'accrocher dans leurs galeries, voire à nager. Pour la plupart, ils se reproduisent de façon très simple : les mâles relâchent leurs spermatozoïdes, et les femelles leurs ovules au gré des flots marins. Tout juste observe-t-on de splendides pariades, parfois phosphorescentes, où mâles et femelles font coïncider dans un même endroit leurs productions respectives pour que la fécondation des ovules, ayant lieu dans l'eau libre, ait plus de chances de se produire. Puis les œufs issus de cette fécondation éclosent et libèrent des larves qui sont mobiles grâce à de petites soies leur permettant de nager. Ces larves vont ensuite croître par l'ajout d'anneaux que nous avons décrits plus haut au sujet de la métamérie, puis s'allonger et devenir des vers marins très variés, creusant souvent les sédiments à l'aide de leur ancestral système hydropneumatique annélidien et se déplaçant par ondulation péristaltique.

Les autres lignées évolutives animales se sont développées en nageant, en flottant ou en rampant sur les sédiments. On sait aujourd'hui que les Proto-Annélides sont à l'origine de la plupart des lignées animales actuelles, depuis les Mollusques dont nous dégustons les huîtres, les Arthropodes dont nous apprécions diversement les qualités (homards, moustiques), jusqu'aux Échinodermes (étoiles de mer, oursins) et aux Vertébrés (du requin à l'homme).

Pour nous y retrouver dans ce qui suit, nous parlerons ici de "vie marine" pour les organismes vivant dans les eaux marines et saumâtres (et qui sont à l'origine de la vie, comme nous venons de le voir) et de "vie terrestre" pour les organismes capables de vivre sur les continents au-dessus du niveau de la mer. Parmi ces derniers seront distingués, d'une part, ceux vivant en eaux douces (ils sont alors qualifiés de dulçaquicoles) et, d'autre part, ceux qui sont établis dans de la terre plus ou moins ferme, les terricoles. Les vers de terre sont évidemment terricoles.

Bien avant l'ère primaire, au Précambrien, des organismes quittent la mer et colonisent les terres émergées. Chaque lignée d'organismes s'adapte à la vie terrestre, en général par l'intermédiaire de formes dulçaquicoles. Les premiers producteurs terrestres, cyanobactéries et l'association symbiotique d'algues et de champignons formant les lichens, produisent par photosynthèse de la matière organique et nourrissent une faune qui, avec les bactéries et les champignons, forme l'essentiel des consommateurs décomposant la matière organique.

Tous les êtres vivants sont alors très fragiles et ne nous ont pas laissé de fossiles. Nous pouvons toutefois décrire par déduction l'adaptation des Annélides à la vie terrestre car on constate que la colonisation des terres émergées par les producteurs, source initiale de la nourriture animale, n'a pas pu être suivie par les Polychètes qui sont restés confinés aux milieux marins jusqu'à nos jours (même dans le lac Baïkal, relique d'une ancienne mer!). Les modes de reproduction et de dispersion des Polychètes sont en effet incompatibles avec la vie terrestre car, en tentant de pénétrer dans les sédiments des rivières, tant leurs gamètes libres dans l'eau (spermatozoïdes et ovules) que leurs larves nageuses sont rejetés à la mer par le flux des eaux douces les balayant vers l'aval.

Après qu'ils ont pleinement tiré parti des progrès permis par le cœlome et la métamérie, deux nouvelles grandes innovations vont alors se produire chez les Annélides ; elles ont pour noms hermaphrodisme et clitellum, et ne s'observent aujourd'hui que chez les Oligochètes, dont les lombriciens, et chez les Achètes ou sangsues.

Parlons d'abord d'une seule de ces innovations fondamentales : le clitellum. On nomme Clitellates l'ensemble des Oligochètes et Achètes, en raison de la présence constante dans ces deux lignées d'un clitellum, un organe annulaire qui sécrète les cocons. Le cocon reçoit, au cours de son excrétion, les gamètes (ovules et spermatozoïdes) des conjoints, puis, une fois déposé et inclus dans les sédiments ou le sol, permet en son sein les fécondations et les développements larvaires à l'abri des flux d'eau douce qui ne peuvent les rejeter vers l'aval. Ainsi, les Clitellates ont initialement colonisé les sédiments des eaux douces avant de conquérir les sols en devenant plus tard proprement terricoles.

D'un point de vue évolutif, et d'une façon générale par rapport à leurs ancêtres marins Polychètes, les Clitellates, en renonçant à la nage, ont réduit le nombre de leurs soies à celles leur permettant de s'accrocher aux vases et aux sols fermes, d'où leur nom d'Oligochètes : peu de (oligo-) soies (-chètes). C'est très probablement de ces Oligochètes que sont issues les sangsues qui ne s'accrochent plus au sol, mais utilisent deux ventouses, chacune à une extrémité du corps, qui leur permettent de se déplacer hors sol en "enjambées", d'un point de fixation à l'autre. Les sangsues ont perdu leurs soies devenues inutiles, comme l'indique leur nom : les Achètes, pas de (a-) soies (-chètes).

La reproduction parentale en milieu terrestre

Ainsi, le passage à la vie terrestre s'est nécessairement accompagné de la *perte de la mobilité dans l'eau* des gamètes (ovules et spermatozoïdes), des larves, des juvéniles et des adultes. Les Oligochètes ont donc une mobilité réduite au déplacement dans leurs terriers creusés dans les sédiments sous eaux douces et dans les sols. En conséquence, ils sont nécessairement casaniers et s'accouplent avec leurs voisins immédiats.

On comprend dès lors que, comparativement aux Polychètes marins, il y a une relative faiblesse du brassage génétique par cette carence de formes mobiles ; la probabilité que les conjoints soient issus de mêmes parents est relativement élevée et peut entraîner une consanguinité dommageable pour la progéniture. Pour réduire ce risque de consanguinité et permettre, au contraire, une diversité génétique favorable à l'adaptation des lignées d'Oligochètes à leurs milieux terrestres, bien des astuces ont été mises en place par la sélection naturelle, et principalement celle de l'autre innovation fondamentale évoquée cidessus : l'hermaphrodisme.

Tous les Oligochètes et sangsues sont *hermaphrodites*, c'est-à-dire qu'ils sont à la fois mâles et femelles ; cette astuce multiplie par deux les géniteurs. Le mot "hermaphrodite" paraît moins barbare lorsqu'on sait qu'il a été fabriqué de façon sympathique en accolant les noms de deux dieux grecs : le dieu Hermès, mâle, guide et messager, et Aphrodite, la déesse de la Beauté. Il faudra s'y faire, tous les lombriciens, étant hermaphrodites, ont les deux sexes sur un même individu. Leurs ancêtres, les Annélides Polychètes marins, sont très rarement hermaphrodites (sauf les Syllidiens) alors que ce caractère est constant chez tous les Annélides terrestres qui, de plus, ont tous un clitellum.

En fait, les deux innovations, hermaphrodisme et clitellum, sont indispensables à la vie terrestre des Annélides et sont probablement apparues dès le Précambrien, comme nous le verrons plus bas. Ces deux adaptations sont liées à la reproduction et, pour bien en comprendre les avantages, décrivons ici les étapes de cette reproduction.

Première étape : l'accouplement. Il est exclusivement masculin par copulation tête-bêche des deux partenaires et par échange de leurs spermes sans les mêler, via leurs organes mâles (fig. 2, p. 50). On peut qualifier cet acte d'homosexuel car toute activité féminine est alors exclue ! Pour corser le tout, le sperme se présente selon deux modalités : soit il est préemballé dans un sac, le spermatophore, soit il est injecté dans des réceptacles du conjoint nommés spermathèques. Les spermatophores sont fixés sur le partenaire, soit accolés comme des sceaux sur un parchemin, soit implantés dans sa peau comme une banderille dans un taureau : c'est de l'amour vache ! À la différence des spermatophores, sacs externes, les spermathèques, organes internes, nourrissent et conservent ainsi longtemps les spermatozoïdes du conjoint.

Les Oligochètes ont en outre des organes mâles annexes qui varient en fonction du mode de transfert du sperme entre conjoints. Par exemple, on observe sur les vers de terre soit un puberculum qui est une zone musculeuse injectant le sperme dans les spermathèques, soit, chez d'autres, un pénis qui exerce la même fonction, ou encore une glande assurant la sécrétion du spermatophore qui emballe le sperme avant sa fixation à l'extérieur du conjoint. Ces modalités sont ellesmêmes variables car elles sont des adaptations à la vie terrestre dans les sédiments meubles ou dans de la terre parfois très ferme.

Revenons à nos individus ayant achevé leurs échanges de sperme. Chacun va effectuer séparément la *deuxième étape* de la reproduction en assurant dorénavant la fonction femelle avec la maturation des ovocytes en ovules.

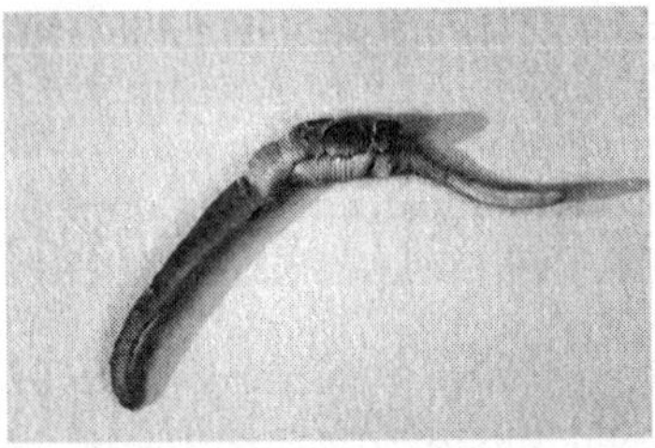

Figure 2. Accouplement tête-bêche de deux Lumbricidae (Dendrobaena sp.). *Notez que c'est sous le clitellum (l'anneau glandulaire saillant) que les puberculums blanchâtres injectent le sperme dans les spermathèques du conjoint.*

Dans une *troisième étape*, quasi simultanée, on note le développement puis le fonctionnement du clitellum, glande cutanée bien visible souvent située à l'arrière du premier tiers de l'animal, qui confirme à l'observateur que le ver est visiblement adulte et apte à la reproduction. Cette glande produit en effet à l'extérieur de l'animal une enveloppe cylindrique : le tube emballage qu'est le cocon.

Notons ici que, dans les formes dulçaquicoles et chez les lombriciens primitifs peu terricoles (Haplotaxidae, Monoligastridae), l'ovule est riche en vitellus, ce qui permet à l'embryon et à la future larve de se développer (reproduction *vitellotrophe*). En revanche, chez les vers de terre, terricoles accomplis, c'est le clitellum qui produit une albumine nutritive farcissant l'enveloppe excrétée en rendant inutile le vitellus de l'ovule (reproduction *clitellotrophe*).

Dans une *quatrième étape*, l'animal se retire en arrière en glissant de l'enveloppe tubulaire excrétée par le clitellum tout en y déposant au passage son (ou ses) ovule(s) et les spermatozoïdes de l'ex-conjoint éjectés depuis les spermathèques ou fournis par des spermatophores décrochés dans l'enveloppe cylindrique du cocon. En se retirant, c'est-à-dire en vidant le cocon de sa propre corpulence, l'animal laisse un tube qui se collapse (se referme) aux deux extrémités en formant un petit cocon en forme de citron. Abandonné dans la porosphère (sédiment ou sol), le cocon contient donc spermatozoïdes, ovule(s) et nourriture.

C'est alors qu'intervient la *cinquième étape* : la fécondation de l'ovule par un spermatozoïde qui donne un œuf évoluant en embryon puis en larve. Cette fécondation est interne au cocon, mais externe aux parents comme chez les ancêtres Polychètes marins. Mais, à la différence des formes marines, les spermatozoïdes et les ovules, puis les embryons se développant en larves ne peuvent plus être entraînés au gré des courants d'eau. L'innovation de l'enveloppe sécrétée par le clitellum a permis aux Annélides, dans leur conquête des eaux douces puis des terres émergées, de protéger ainsi leur progéniture.

Dans l'*ultime étape*, l'embryon se transforme en une larve, puis, à l'éclosion du cocon, sera un juvénile suffisamment viable pour croître dans son milieu jusqu'au stade adulte (cf. fig. 3, ci-contre). Ainsi, la boucle est bouclée et une génération nouvelle est en place.

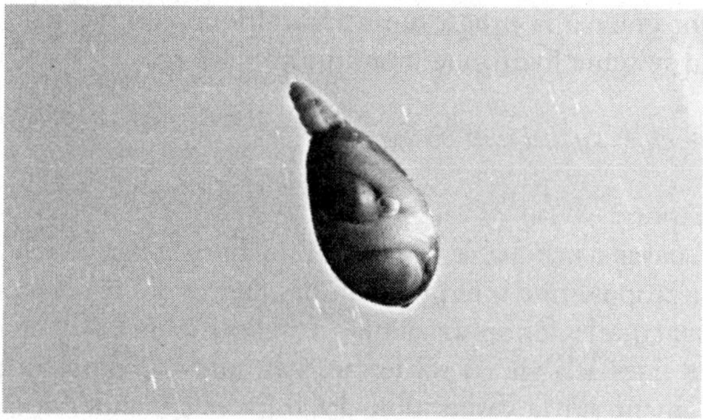

Figure 3. Éclosion hors du cocon d'un lombricien juvénile.

Avant de clore cette description relative aux astuces biologiques de la reproduction lombricienne, il faut parler de la parthénogenèse souvent évoquée. C'est l'aptitude à se reproduire sans activité masculine, l'ovule étant déposé dans le cocon sans spermatozoïdes. Par un processus particulier, la régulation, cet ovule compense l'absence de spermatozoïdes et donne naissance à un embryon viable.

La parthénogenèse a souvent été attribuée aux lombriciens n'ayant pas d'organes d'injection du sperme (puberculums) ou de réception (spermathèques). Il paraissait évident aux auteurs que l'absence de ces organes masculins impliquait *ipso facto* une parthénogenèse. Mais l'auteur a découvert la reproduction par spermatophores ou, plus exactement, a redécouvert ce qui avait déjà été décrit en 1895 puis totalement oublié[1]. Cette reproduction ne nécessite ni puberculum ni spermathèques, mais probablement toujours une glande proéminente autour du pore mâle qui sécrète les spermatophores. Cette observation a été étendue ultérieurement à une longue liste d'espèces de vers de terre considérés, initialement et à tort, comme parthénogénétiques[2]. Après cette mise au point, reste-t-il des vers de terre réellement parthénogénétiques ? Nul ne le sait.

Ainsi, les Annélides ont évolué depuis les mers en Clitellates (ayant un clitellum) qui ont pu pénétrer dans les fleuves et les rivières, sans abandonner au gré des eaux leurs produits séminaux et leur progéniture maintenus dans la porosphère où juvéniles et adultes se

1. Bouché, M. B., 1975 – "La reproduction de *Spermophorodrilus albanianus* nov. gen., nov. sp. (Lumbricidae) explique-t-elle la fonction des spermatophores ?", *Zool. Jb. (Syst.)*, 102, p. 1-11.
2. Bouché, M. B., 1998 – "L'interprétation des caractéristiques lombriciennes", *Documents pédozoologiques et intégrologiques*, 3, 2, p. 119-178.

déplacent grâce à la progression péristaltique permise par la puissance du système hydropneumatique annélidien.

Dater un objet virtuel sans horloge

Une datation ?
Dans un travail remarquable, Ralph O. Brinkhurst et Barrie G. M. Jamieson[1] ont proposé une interprétation des lignées d'Oligochètes, en ne considérant que les formes aquatiques ou celles n'ayant pas de contraintes sélectives dues à la vie en sol ferme. Ces auteurs s'appuient presque exclusivement sur la disposition des organes génitaux, notamment ceux ayant des testicules toujours antérieurs aux ovaires et des canaux déférents débouchant dans le même segment que les testicules (ou un ou plusieurs segments plus en arrière). Sur ces bases anatomiques, ils concluent à la séparation très primitive des Oligochètes dulçaquicoles en deux lignées : les Lumbriculida et les autres Oligochètes (qui donneront les lombriciens) ultérieurement séparés à leur tour en Moniligastrida et Haplotaxida.

L'étonnant, c'est la distribution exclusivement holarctique (Europe, Amérique du Nord et Asie du Nord) des Lumbriculida (à l'exception d'une espèce manifestement transportée récemment par les hommes). Cela implique que cette lignée terrestre a été très tôt restreinte à un territoire émergé au-dessus des mers et séparée des autres Oligochètes qui se sont de fait initialement différenciés sur les autres continents.

4. La datation biopaléogéographique, une innovation en évolution

En effectuant les premières cartographies automatiques d'invertébrés en 1969, l'auteur obtint de l'imprimante, et pour la première fois, les cartes situant les localisations des espèces et sous-espèces de lombriciens de France (135 cartes). Il était hors de propos de reproduire toutes ces cartes séparément dans l'ouvrage alors projeté et publié en 1972. Pour condenser cette information, il choisit de regrouper sur quelques cartes les lombriciens de plusieurs taxons, à condition, pour plus de clarté, que les aires de répartition des taxons ne se recouvrent pas.

De façon très surprenante, les localisations de deux genres, *Scherotheca* et *Prosellodrilus*, comprenant alors respectivement 26 et 11 taxons (espèces et sous-espèces), ne se superposaient jamais, chaque taxon ayant une aire distincte. De façon encore plus inattendue, les filiations supputées (cf. les encadrés 6, p. 59-60, et 7, p. 62-63) entre les taxons à partir de

1. Brinkhurst, R. O., et Jamieson, B. G. M., 1971 – *Aquatic Oligochaeta of the World*, Oliver and Boyd, Édimbourg.

l'étude morphologique des lombriciens se retrouvaient projetées sur les cartes avec des aires adjacentes coïncidant avec des taxons interprétés comme directement apparentés. Cela conduisit à rechercher dans les études géologiques l'âge des aires occupées par les lombriciens. Par exemple, la mer a occupé le Bassin aquitain puis s'en est retirée par étapes géologiquement datées ; ce retrait, permettant aux vers de terre de s'installer dans les terres exondées, a jalonné les étapes de leur colonisation. Constat : les taxons initialement interprétés par morphologie comme "primitifs" sont associés aux territoires les plus anciennement habitables par les lombriciens tandis que les taxons supposés dérivés secondairement, telles les sous-espèces, occupent les espaces les plus récemment colonisables. Ainsi, l'interprétation des filiations supposées de ces lombriciens, impliquant une évolution passée, fut, *via* leur biogéographie actuelle, validée par la paléogéographie géologique à une exception près. Cette exception s'avérera provenir d'une carence d'interprétation géologique, aujourd'hui corrigée ; elle a donc confirmé la règle.

Plus tard, et à l'occasion de la publication d'un ouvrage lié au centenaire de la mort de Darwin, l'auteur fut invité à traiter de la paléogéographie des lombriciens à l'échelle mondiale, ce qu'il présenta en 1981[1]. L'éditeur accepta avec réticence le texte de la communication qui constatait que les reconstitutions géologiques de la tectonique des plaques continentales à la limite Primaire/Secondaire étaient alors fausses pour l'Asie du Sud-Est, les lombriciens actuels obligeant à une tout autre interprétation de ce sous-continent. De fait, quatre ans plus tard, Lin et ses collègues[2] reconsidéraient la paléogéographie de ce territoire à la lumière d'études sur la Chine, ce pays venant de s'ouvrir aux méthodes d'études géologiques modernes.

La méthode biopaléogéographique s'avère donc, lorsqu'elle est bien employée, robuste. Toutefois, elle se heurte à trois restrictions de connaissances. D'abord, les lombriciens sont très peu inventoriés et l'absence de connaissances intégrées rend l'inventaire actuel peu accessible ; la biogéographie est donc floue. Ensuite, les interprétations des filiations sont largement effectuées avec des arguments très fragiles portant sur des opinions ou "théories" justifiées par la présence, ou l'absence, de certains caractères morphologiques ou moléculaires sans tenir compte des contraintes environnementales (pholéoïptomie, voir ci-dessous p. 59) et physiologiques, telles celles des appariements sexuels. Enfin, la géologie remet en cause logiquement ses propres interprétations.

Le territoire propre aux Lumbriculida ne correspond qu'à un seul continent, disparu très anciennement, la Rodinia (un ensemble

1. Bouché, M. B., 1983 – "The Establishment of Earthworm Communities", in J. E. Satchell (dir.), *Earthworm Ecology, from Darwin to Vermiculture*, Chapman and Hall, Londres, p. 431-448.
2. Lin Jin-Lu, Fuller, M., et Zhang Wen-You, 1985 – "Preliminary Phanerozoic Polar Wander Paths for the North and South China Blocks", *Nature*, 313, p. 444-449.

Laurentia-Baltica-Sibéria), constitué il y a quelque 800 millions d'années, puis disloqué à la fin du Précambrien. Leur différenciation daterait donc d'environ 600-545 millions d'années ! Cette interprétation biopaléogéographique (cf. l'encadré 4, p. 52) est évidemment fragile, mais date l'adaptation des Annélides à la vie terrestre dulçaquicole antérieurement à la période finale du Précambrien où, nous l'avons vu plus haut, le fossile *Marywadea* témoigne de l'existence des Annélides. Elle oblige à un aparté méthodologique.

Une méthode

Nous venons, juste ci-dessus, d'évoquer une datation sans objet daté. Les ancêtres des Annélides n'ayant pas de fossiles, seule est prise en compte l'interprétation de leurs filiations nées de l'imagination de ceux qui tentent de reconstituer l'histoire évolutive des Oligochètes, les systématiciens (cf. l'encadré 7, p. 62-63). Leurs interprétations ne sont pas réfutables car elles ne permettent pas de valider concrètement dans le passé. Il faut y croire, ce qui est mystique.

Nous disposons par ailleurs d'une connaissance du passé géologique de la planète, qui est une reconstitution fondée notamment sur des datations relatives et absolues (cf. l'encadré 2, p. 36) et sur le paléomagnétisme. Cela porte surtout sur des roches marines ou volcaniques, ce qui n'arrange pas notre affaire lorsqu'on s'intéresse aux terricoles ! De plus, la limite des aires géologiques est souvent floue ou douteuse et les interprétations paléogéographiques se font par approximations successives, ce qui est normal dans une science exacte.

Nous disposons aussi d'aires de répartition des taxons actuels connus et représentant la descendance des ancêtres Oligochètes évoqués, ce qui laisse beaucoup de place à l'inconnu, la biogéographie lombricienne étant riche en *taxa & terra incognita*.

Le hasard de mes travaux m'a conduit à fusionner ces trois domaines – systématique, paléogéographie et biogéographie présente – pour établir la datation biopaloéogéographique des lombriciens. Cette fusion conduit à considérer logiquement l'évolution au sens de Lamarck, c'est-à-dire globale (cf. p. 31-32) ; ce sont autant les milieux que les organismes dans ceux-ci qui ont évolué de façon étroitement intriquée, indissociable (cf. l'encadré 4, p. 52-53). Après avoir amorcé cette fusion ci-dessus pour le Précambrien, je tente de décrire dans les paragraphes suivants, aussi simplement que possible et avec la même méthode, l'évolution des vers de terre avec celle de leurs milieux jusqu'aux lombriciens actuels. Le mode nouveau d'interprétation de cette évolution oblige à utiliser *simultanément* la paléogéographie, la biogéographie et la systématique lombriciennes. Cela sera facilité par la consultation des tableaux résumant l'évolution des Annélides (cf. l'encadré 6, p. 59-60) et les repères paléogéographiques utilisés (cf. l'encadré 8, p. 65).

L'ACQUISITION DES APTITUDES TERRICOLES

Quitter l'eau douce pour pénétrer dans le sol

Nous venons de voir qu'avant l'ère primaire les Polychètes ont évolué en Clitellates pouvant conquérir *via* les cours d'eau les milieux terrestres. Rappelons qu'ils se sont subdivisés en deux lignées : les Oligochètes et les Achètes ou sangsues. Cette dernière lignée a abouti à des animaux consommant en milieux humides des proies, dont des vers de terre, ou suçant le sang d'animaux, dont l'homme. L'auteur, trop occupé à capturer des vers de terre en milieux tropicaux humides, s'est souvent laissé ponctionner par ces vers sanguinaires. Raison supplémentaire pour les laisser de côté car ils ne nous concernent pas ici directement.

Intéressons-nous donc plutôt à l'autre lignée, celle des Oligochètes, qui a conservé des soies qui témoignent de leur besoin de s'accrocher dans les terriers qu'ils creusent dans la porosphère, depuis les sédiments vaseux jusqu'aux sols indurés. Initialement dulçaquicoles, ces animaux reçoivent depuis les algues et les plantes des apports nutritionnels souvent transportés par l'eau de pluie. Certains vont évoluer pour aller à la conquête des terres fermes et pour se rapprocher ainsi de la mangeoire (cf. l'encadré 3, p. 44-45) alimentée par les plantes croissant sur les sols modérément humides ou temporairement humectés, par exemple lors de la saison des pluies en climat tropical. Aux mêmes époques géologiques, la végétation s'est développée sur les terres émergées : cyanobactéries, lichens avant l'ère primaire, puis mousses, fougères, lycopodes souvent géants, etc., produisant une abondante matière organique consommable.

Cette évolution des Oligochètes dulçaquicoles vers des formes terricoles va se faire selon trois lignées.

D'abord celle des Enchytrés qui sont de petits vers, restés souvent aquatiques. Ils occupent aujourd'hui une place parmi les consommateurs dans les sols humides. Très peu étudiée, cette lignée n'aboutit pas aux lombriciens. Elle occupe des fonctions peu connues et non quantifiées dans nos écosystèmes, mais assurément bien moindres que celles des vers de terre.

Les deux autres lignées sont également issues d'Oligochètes ancestralement dulçaquicoles et ayant une forte parenté. Elles appartiennent toutes deux aux lombriciens.

D'une part, il s'agit d'une famille, les Moniligastridae, nom faisant référence à leur tube digestif ayant une succession de gésiers disposés à la manière des grains d'un chapelet. Cette famille n'occupe aujourd'hui, et de façon quasi ancestrale, que le sud-est de l'Asie qui a été bousculé par la surrection de l'Himalaya, bien après la diversification de cette lignée.

D'autre part, l'autre lignée, celle des Haplotaxida, est à l'origine de tous les autres vers de terre. Elle a donné naissance à la première biomasse animale des terres émergées par un cheminement évolutif souterrain original. Ce cheminement est d'abord celui des Haplotaxidae, la famille fondatrice qui a colonisé, depuis les cours d'eau, les eaux souterraines et les nappes phréatiques en migrant à contre-courant de l'écoulement des eaux de pluie dans les sols et sous-sols. En France, elle est bien connue grâce aux captures effectuées dans les grottes par les spéléologues, mais aussi par des prises réalisées dans les puits traditionnels et les drains agricoles. J'ai ainsi pu observer leur curieux mode de vie dans ces drains ; ces animaux très filiformes y vivent pelotonnés en groupes de plusieurs dizaines ou centaines d'individus et ces pelotes vivantes, ainsi constituées, filtrent très finement les eaux circulant depuis la surface du sol, au point que les drains artificiels mis en place par les agriculteurs dans les champs cultivés sont parfois quasi obturés. De toute évidence, ces animaux tirent parti de la nourriture qui leur parvient transportée par l'eau depuis la surface du sol.

La distribution actuelle de cette famille nous fournit un nouvel argument pour une datation par la méthode biopaléogéographique, quoique celle-ci soit à sa limite de validité tant les arguments biogéographiques et géologiques, qui coïncident, sont fragiles. On constate que la répartition actuelle de ces animaux se superpose avec le futur continent Gondwana à l'étage géologique Ordovicien (500-435 millions d'années, cf. l'encadré 8, p. 65) avant que d'autres continents (Laurentia, Baltica et Sibéria) viennent s'y agréger pour constituer un continent unique, la Pangée, à la fin du Primaire.

Ainsi, vers 480 millions d'années, les Haplotaxidae se seraient installés sur une grande partie de la Terre alors que les Moniligastridae seraient restés confinés dans l'est du Gondwana (piémont du Tibet, sud de la Chine). Ces deux familles conservent actuellement le caractère vitellotrophe hérité de leurs ancêtres dulçaquicoles, c'est-à-dire que leur clitellum n'est qu'une enveloppe recevant spermatozoïdes et ovules… et que leurs ovules contiennent de quoi nourrir le futur embryon : un vitellus comparable à celui des œufs de poules permettant la croissance des poussins.

À côté de la famille "fondatrice" Haplotaxidae, l'ordre Haplotaxida a conservé jusqu'à nos jours trois autres familles exclusivement aquatiques, regroupées dans les Criodrilina, dont nous verrons l'interprétation biopaléogéographique plus bas. Ces Criodrilina ont également des clitellums ne produisant que de simples enveloppes. Il s'agit des Biwadrilidae du Japon, des Alluroididae d'Afrique médio-orientale et des Criodrilidae d'Europe (à l'est des Alpes) et du Proche-Orient (confondus avec des *Hydrilus*, ils ont été signalés par erreur en Afrique du Nord par Pietro Omodeo et Emilia Rota[1]).

Depuis ces familles quasi aquatiques, l'évolution va conduire des lombriciens à devenir proprement terricoles.

1. Omodeo, P., et Rota, E., 2004 – "Observaciones taxonómicas sobre las lombrices de tierra de los Alpes Occidentales", in A. G. Moreno et S. Borges (dir.), *Avances en taxonomía de lombrices de tierra*, Editorial complutense, Madrid, p. 189-220.

5. Plantes résistantes et compétitrices

Les ancêtres des lombriciens n'ont pas évolué seuls. Ils ont nécessairement évolué en parfaite cohérence avec les constituants de leurs milieux et en tant que consommateurs dépendant essentiellement des producteurs, plus spécifiquement des plantes terrestres lorsqu'ils sont devenus terricoles. Or ces plantes, que nous avons décrites au Précambrien comme des agglutinations de cyanobactéries et des symbioses d'algues et de champignons (lichens), ont beaucoup évolué sous forme de mousses, de prêles, de lycopodes et de fougères parfois devenues géantes, puis de plantes "supérieures", d'abord à fruits ouverts (pins, sapins, cycas…) et enfin à fruits fermés (l'essentiel des plantes actuelles).

Quelles que soient les lignées végétales, elles se sont adaptées selon trois modalités, dépendantes de la fertilité des écosystèmes, décrites par John Philip Grime en 1979[1].

Dans la première, l'écosystème est favorable à la vie végétale terrestre, tels les sols riches en éléments biogènes et assimilables grâce à une activité biologique intense optimale sous un climat humide, chaud et ensoleillé. Alors, les plantes croissent rapidement, avec des organes turgescents, riches en eau et peu résistants, afin d'occuper d'urgence avant les autres, dans une compétition effrénée, la position la plus favorable pour capter la lumière solaire. Ces plantes sont dites *compétitrices*, leur seul facteur réellement limitant étant la surface de réception de l'énergie solaire.

Dans la deuxième modalité, l'écosystème limite fortement la croissance végétale pour une raison ou une autre, parfois plusieurs à la fois : pauvreté chimique et biologique des sols, froid, sécheresse, faible luminosité… Alors, les plantes ont une croissance modeste et ne sont concurrentes entre elles que marginalement. Ne pouvant réparer que lentement les préjudices qu'elles subissent de la part des parasites et des herbivores, ces plantes se bardent de défenses chimiques par sécrétion de toxiques, tels les alcaloïdes, de glus telle la résine et de défenses physiques tels les épines ou les dards. Ces plantes sont dites *résistantes*.

Grime décrit une troisième catégorie : les plantes *rudérales* qui survivent longtemps, surtout sous forme de graines, et se développent en un cycle de reproduction très court dans des milieux généralement hostiles, sauf pendant des périodes favorables courtes et aléatoires, tel le désert du Sahara. Sans atteindre à la résistance pluriannuelle des graines des plantes rudérales, certains lombriciens résistent à de longues sécheresses des sols sous forme de cocons qualifiés de *reviviscents*.

Entre les plantes compétitrices et les plantes résistantes, il y a beaucoup d'intermédiaires qui, comme leurs milieux, ne sont pas manichéens, soit très favorables, soit très défavorables à la croissance végétale.

1. Grime, J. P., 1979 – *Plant Strategies and Vegetation Processes*, John Wiley and Sons, Chichester.

Toutefois, distinguer ces deux pôles adaptatifs a beaucoup de sens. Les plantes compétitrices tolèrent les consommateurs les utilisant et produisent une nécromasse facilement décomposable. Vite produits, leurs organes végétaux sont vite décomposés par les consommateurs. En forêts équatoriales et tropicales, les palmes et parfois les feuilles mortes ne se détachent même pas des plantes et la vie du sol "monte" aux arbres : lombriciens et micro-organismes agissent alors sur la nécromasse dans des sols perchés, nommés épiphytes. À l'autre extrême, les plantes résistantes produisent des organes peu décomposables, les débris de végétaux s'accumulant sur les sols où les activités microbienne, lombricienne et biologique en général sont réduites et peu efficientes. Les feuilles de bruyère des landes bretonnes ou les aiguilles de conifère (pins, sapins...) s'amoncellent sur les sols en présence d'organismes les décomposant lentement, procédant ainsi à un recyclage ralenti des éléments biogènes contenus dans leurs produits végétaux. Ici encore, beaucoup d'intermédiaires existent et varient avec les conditions locales et historiques.

S'adapter à la terre ferme

Les formes dulçaquicoles ou subterricoles de l'ordre des Haplotaxida ont donné naissance aux lignées réellement terricoles qui ont quitté la vie aquatique souterraine pour acquérir vraiment les moyens de pénétrer dans le sol... et cette fois *par effraction et sous la contrainte de la vie en galerie.* Cela va se faire par différentes innovations.

Première innovation terricole : disposer d'un *gésier*, c'est-à-dire d'un organe de broyage des aliments issus de végétaux aux constituants de plus en plus résistants selon l'évolution végétale (cf. l'encadré 5, p. 57). En recevant simultanément des végétaux résistants et de petits cailloux jouant le rôle de dents, la poche intestinale musculeuse appelée gésier permet de mouliner les aliments organiques pour en faciliter la digestion. Si les poules (comme tous les oiseaux employant cet artifice) n'ont pas de dents, les lombriciens n'en ont pas non plus car les deux groupes d'animaux n'en ont cure ; c'est inutile, n'en déplaise aux dentistes.

Déjà, certains ancêtres Haplotaxidae disposent d'un gésier qui broie les végétaux, et pratiquement toutes les formes d'Haplotaxida qui conquièrent les sols fermes ont un ou plusieurs gésiers souvent très musculeux. Seule exception : les lombriciens appartenant à des lignées dotées de gésiers, mais qui, n'ingérant plus d'aliments résistants, "perdent" cet organe broyeur. C'est le cas des organismes dont l'évolution aboutit à des "retours à l'eau douce", mais aussi celui des très rares carnivores ingérant d'autres vers de terre n'offrant pas de résistance à la digestion !

Deuxième innovation terricole : cesser d'investir dans le vitellus de chaque ovule, en reportant cette charge coûteuse au clitellum qui, à la place, produit une albumine nutritive destinée aux embryons dont la nutrition est ainsi qualifiée de clitellotrophe. Double gain, les œufs non fécondés n'ont pas été inutilement fourrés de nourriture et la sécrétion d'aliments est reportée en arrière du corps, un avantage pour l'adaptation terricole dont nous parlons ci-dessous.

Troisième innovation terricole : la pholéoïptomie, c'est-à-dire l'adaptation aux contraintes physiques des galeries creusées dans le sol ferme, voire induré. Ce n'est pas une sinécure car il faut se contenir dans les limites spatiales tubulaires de terriers contraignant leur diamètre à la manière d'un corset. Il n'est pas question ici de déborder le diamètre des terriers et il faut rester svelte, étroitement vermiforme ; pas question d'appendices collatéraux à la manière des pattes, des ailes et des nageoires.

Reprenons ces trois innovations, mais dans l'ordre inverse : contrainte des galeries, nutrition de l'embryon et finalement travail des gésiers.

La galerie *(pholeos)* des lombriciens en sols fermes exerce une pression *(iptomais)* de sélection naturelle qui contraint les divers organes des lombriciens à rester dans un espace strictement tubulaire. En clair, un organe très développé à un niveau du "tube corporel" interdit le développement d'autres organes internes à ce même niveau. Cette *pholéoïptomie* (pression de sélection par la galerie) va imposer des options adaptatives s'étalant sur la seule variable disponible, la longueur du corps, et se surimposant en compétition spatiale les unes aux autres. Ces options sont aujourd'hui bien identifiables et permettent de retracer les étapes de l'évolution vers un perfectionnement terricole.

Le franchissement le plus clair d'une étape vers la terricolité est le passage de la reproduction vitellotrophe, caractérisée par un clitellum très mince et peu apparent à la surface du corps de l'animal car ne produisant que l'enveloppe translucide des cocons et pas d'albumine, à la reproduction clitellotrophe, caractérisée par un clitellum bien visible sur l'animal car produisant l'enveloppe et l'albumine qui farcit les cocons et nourrira l'embryon, puis la larve. C'est le passage évident aux vrais vers de terre ; la fonction de nutrition embryonnaire quitte les segments antérieurs des ovaires pour être reportée au clitellum en arrière du corps, libérant ainsi une précieuse place pour le développement de musculatures antérieures travaillant dans les sols fermes et sur les aliments résistants. C'est le passage aux Haplotaxida clitellotrophes qui forment le sous-ordre des Lumbricina.

6. Évolution des Annélides depuis la mer vers la vie terrestre

D'abord dulçaquicoles puis terricoles, les Annélides sont présentés selon une hiérarchie respectant la chronologie de l'adaptation aux milieux. Les dulçaquicole*s* sont en italique, les terricoles en romain, ce qui n'exclut pas des situations intermédiaires et des "retours", par exemple des Enchytrés vers le milieu marin.

Millions d'années	Milieux et nutrition embryonnaire	Classe (-aeta Ordre (-ida) Sous-ordre (-ina) Superfamille (-oidea)	Famille (-idae) Sous-famille (-inae)
700	Marin	**Polychaeta**	
	Eau douce	**Achaeta** *(sangsues)*	
	Vitellotrophes *Eau douce*	**Olichochaeta** Lumbriculida Moniligastrida Haplotaxida ***Tubifina*** ***Haplotaxina*** ***Criodrilina***	 *Lumbriculidae* Moniligastridae *Nombreuses familles dont Enchytraidae* *Haplotaxidae* *Criodrilidae* *Alluroididae* *Biwadrilidae*
400	Clitellotrophes *Eau douce*	***Lumbricina*** Megascolecoidea	 *Ocnerodrilidae* Megascolecidae Octochaetidae Acanthodrilidae
290	Terricoles	Glossoscolecoidea Lumbricoidea	*Almidae* Eudrilidae Glossoscolecoidea Microchaetidae Kynotidae *Sparganophilidae* *Lutodrilidae* Hormogastridae Hormegastrinae Vignysinae Lumbricidae Lumbricinae Diporodrilinae Postandrilinae Spermophorodrilinae

Ces Lumbricina vont ainsi pouvoir s'engager dans une évolution de leur tube digestif. Initialement va se différencier un gésier derrière la bouche pratiquement sans œsophage. Il permet de broyer les aliments, un peu à la manière des humains dont les dents suivent la bouche. Les premiers Lumbricina terricoles introduisent ainsi leurs aliments directement dans un gésier qui les broie grâce à de petits cailloux ingérés faisant fonction de dents et grâce à son muscle masticateur. C'est, du seul point de vue digestif, la configuration la plus simple : ingestion puis broyage suivi immédiatement de la digestion.

Mais toute la nécromasse produite par les végétaux, et accessoirement les animaux, n'est pas ingérable par les lombriciens car certaines plantes "font de la résistance" et la litière qu'elles produisent hérite de ce caractère (cf. l'encadré 5, p. 57). Il y a souvent impossibilité d'ingérer immédiatement des litières résistantes pour des causes chimiques (produits toxiques ou répulsifs) et physiques (feuilles mortes très coriaces, branches, etc.). Les lombriciens doivent alors attendre le "ramollissement" et la détoxication effectués essentiellement par des champignons et des bactéries, mais aussi par les animaux xylophages.

Par ailleurs, les lombriciens vont évoluer vers un partage des tâches entre les diverses espèces. Certaines espèces vont acquérir de grandes tailles avec à la fois une grosse bouche et un gésier volumineux, ce qui leur permet d'ingérer des feuilles coriaces et rigides. Avoir une grande taille implique de creuser des galeries de gros diamètre et nécessite plus de temps pour devenir adulte. Comme chez les autres organismes, il y a un lien entre la taille et la durée de vie. Pensez à la souris et à l'éléphant ou au radis et au séquoia !

Armés de leur gésier, les Lumbricina ont acquis une aptitude stratégique leur permettant de s'établir comme animaux dominants des terres émergées en se réservant une place exclusive dans la mangeoire de la porosphère décrite précédemment (cf. l'encadré 3, p. 44-45). Si tous les lombriciens ingèrent de la nécromasse et des petits cailloux pour assurer le broyage de celle-ci, la plupart ingèrent en outre beaucoup de minéraux du sol (sable, limon, argile). Le broyage et la trituration du gésier produisent une pâtée nutritive organominérale (le lombrimix décrit p. 135) soumise ensuite à la digestion intestinale avant d'être déféquée dans les sols sous forme de déjections.

Cette ingestion massive de minéraux n'est pas une curiosité de comportement zoologique, mais un phénomène écologique majeur portant sur des centaines de tonnes à l'hectare (ou dizaines de kilogrammes au mètre carré) triturées chaque année dans les sols fertiles de la Terre. Nous verrons dans la deuxième partie, lorsque nous traiterons de l'économie de la nature, la portée considérable pour nos écosystèmes de cette activité à la fois physique de brassage et biochimique de digestion.

D'autres animaux se nourrissent de nécromasse : les charognards ingérant les viandes putrides, les coprophages consommant par exemple les bouses de vache, les saprophages moins spécialisés se nourrissant de toute matière en décomposition.

Pour les débris végétaux, chaque digestion est incomplète. La résistance des plantes à la digestion est un problème pour les herbivores mangeant des herbes vives ou mortes, tels les lapins, les antilopes ou les vaches. Seule l'aide des micro-organismes permet de rendre les débris végétaux résistants plus digestes par fermentation accélérée à 37 °C dans la panse (vache) ou le cæcum (lapin), ou lente à température ambiante hors de l'animal après défécation (gazelle). Après cette fermentation, un deuxième transit intestinal permet d'optimiser la digestion.

Les lombriciens font de même. Ils reconsomment, après fermentation microbienne lente dans le sol, une grande quantité de leurs exdéjections. Mais si de plus ils peuvent consommer les déjections des gazelles, des lapins, des vaches et de nombreux autres animaux, ces derniers ne peuvent pas consommer les défécations terreuses des vers de terre. C'est un avantage considérable, quantifié p. 166, mais cela les oblige à vivre dans le sol pour pouvoir se nourrir à la fois dans le sol et en surface. Cette obligation les contraint à être vermiformes alors qu'il leur faut développer des organes de pénétration et de broyage gastrique puissants. Bref, *leurs trois innovations fondamentales*, lombrimix, gésier et soumission à la pholéoïptomie, vont de pair.

7. Taxonomie et systématique

La taxonomie est la dénomination des organismes et leur classement hiérarchique. Ils appartiennent à une espèce, c'est-à-dire à un ensemble d'individus susceptibles de se reproduire entre eux. Les espèces décrites sont largement supputées car, si le taxonomiste décrit une nouvelle espèce lors de la découverte d'individus suffisamment dissemblables de ceux déjà connus, l'étude de la reproduction fait généralement défaut. La description originale d'une espèce nouvelle est la référence ; elle est liée au nom de l'auteur et à l'année de parution imprimée de cette description (exemple : Savigny, 1826). En outre, la nomenclature binomiale l'associe au nom de genre (exemple : *Enterion castaneum*), mais cette interprétation peut changer ; la même espèce s'appelle aujourd'hui *Lumbricus castaneus* (Savigny, 1826).

Pour s'y retrouver dans les millions d'espèces décrites, un classement a été très tôt adopté. Les espèces suffisamment semblables ou supposées apparentées sont regroupées dans un genre, puis, avec le même mode d'interprétation, les genres sont rassemblés en familles, les familles en ordres et les ordres en classes ; le tout est agrémenté de super- (exemple : superfamille) ou de sous- (exemple : sous-ordre) et de quelques autres subdivisions non utilisées ici. On nomme *taxon* toute unité de cette hiérarchie : un genre ou une famille sont des taxons. Ainsi, les taxons sont des niveaux hiérarchiques qui, en ordre décroissant, donnent, pour le règne animal, des classes (dans cet ouvrage Vertébrés et Annélides) divisées en ordres (ici Polychètes, Oligochètes et Achètes) divisés en familles (ici Megascolecidae, Glossoscolescidae, Lumbricidae, etc.) incluant des genres (*Lumbricus*, etc.) regroupant des espèces (telle *Lumbricus castaneus*).

Ces classements résultent de plusieurs *systèmes* d'interprétation. Historiquement, le *Systema Naturae* de Linné (1758), fondé sur les similitudes, décrit l'ordre adopté à la création par Dieu. Affranchi de la référence à la Bible par la Révolution, le fondateur de l'évolution générale, Lamarck[1], considère que les organismes rudimentaires apparaissent individuellement par génération spontanée (cf. p. 32). Le classement par similitude reflète alors la concomitance de l'évolution des milieux et de leurs organismes. En reconnaissant que la reproduction parentale est générale, Darwin[2] considère que seuls les organismes adaptés à leurs milieux peuvent survivre pour se reproduire. Ainsi, la *systématique* devient l'interprétation de l'évolution biologique des taxons en tentant de faire coïncider les taxons avec les parentés. Par exemple, les espèces actuelles d'un même genre sont supposées issues depuis peu (disons quelques millions d'années) d'une même espèce ancestrale qui s'est séparée par évolutions divergentes en plusieurs espèces devenues distinctes. À l'autre extrême, les séparations des ordres, et *a fortiori* des classes, datent de plusieurs centaines de millions d'années, comme décrit plus haut au sujet du Précambrien et du Primaire. Pour retracer l'évolution, les biologistes emploient différents outils d'observation des organismes (étude anatomique, analyse d'ADN, etc.), mais leurs interprétations restent hypothétiques car uniquement fondées sur les organismes actuels. L'étude des fossiles situés dans des niveaux géologiques datables (cf. l'encadré 2, p. 36) permet la validation de ces interprétations, s'il y a des fossiles ! Malgré l'absence de fossiles, les interprétations phylogénétiques des lombriciens peuvent toutefois, et sous conditions, être validées par la datation biopaléogéographique développée dans l'encadré 4, p. 52-53, et dont l'encadré 6, p. 59-60, résume les dénominations hiérarchisées et approximativement datées.

Nous abordons maintenant l'évolution des vrais vers de terre, les Lumbricina, qui sont tous clitellotrophes, très généralement à gésier et toujours soumis à la pholéoïptomie. Nous pouvons à présent comprendre la diversification du monde lombricien. Celle-ci est décrite par l'étude des différentes espèces et est ordonnée selon un ordre taxonomique hiérarchisé (cf. l'encadré 6, p. 59-60). La taxonomie désigne de façon codifiée les divers taxons, ou niveaux hiérarchiques, qui ne sont pas arbitraires, mais classés selon une systématique élaborée pour refléter les différentes étapes de l'évolution de la vie sur Terre (cf. l'encadré 8, p. 65).

L'acquisition de toutes les aptitudes terricoles ne s'est pas faite de façon nécessairement optimale. Certaines lignées de clitellotrophes s'engagent dans des voies évolutives très contraignantes ; elles ont des descendants qui, héritant des caractéristiques limitantes des parents, auront du mal à tirer tout le parti de positions terricoles nouvelles. Être

1. Lamarck, J.-B. de, 1802 – Discours d'ouverture de l'an X, republié dans *Bull. sci. fr. et belg.*, 1906, 40, p. 483-521. Lamarck, J.-B. de, 1815 – *Histoire naturelle des animaux sans vertèbres*, Verdière, Paris.
2. Darwin, C. R., 1859 – *The Origin of Species by Means of Natural Selection…*, *op. cit.*

dans la mangeoire des écosystèmes émergés, c'est-à-dire là où plantes et animaux choient sur le sol à leur mort, est évidemment un avantage stratégique, encore faut-il pouvoir par évolution en tirer tout le parti... et il y a des impasses évolutives.

ÉVOLUER AVEC LA DÉRIVE DES CONTINENTS

Pour suivre la fresque évolutive, le lecteur consultera l'encadré 6, p. 59-60, et, pour se repérer dans l'espace et le temps, l'encadré 8 ci-contre.

Se repérer dans l'espace-temps
Nous avons vu, à la fin du paragraphe consacré au passage des Annélides de la mer au milieu terrestre (cf. p. 52-54), que nous avons un point de repère dans l'espace-temps : la séparation des deux grandes lignées Lumbriculida et Haplotaxida, vivant initialement en eau douce. Cette séparation coïncide avec la dislocation, il y a quelque 650 millions d'années, du supercontinent Rodinia en deux sous-continents migrant par dérive sur le globe sous les effets répétés de tremblements de terre.

Ce phénomène de glissement des continents partant à la dérive est illustré en permanence de nos jours par les tremblements qui affectent notre Terre. Ils ont des conséquences technologiques (centrales nucléaires de Fukushima), entraînent des événements volcaniques et induisent, à l'échelle de millions d'années, un permanent remodelage de notre planète. Il faut donc s'habituer, avec les temps géologiques longs considérés ici, à naviguer intellectuellement sur des pièces de terres émergées dérivant à la surface de notre Terre. Elles se sont emboîtées sur le globe comme les pièces d'un puzzle, d'abord en un supercontinent nommé Rodinia puis, après sa dislocation et le réarrangement des pièces continentales, en un deuxième supercontinent nommé Pangée. La Pangée à son tour disloquée a donné nos continents actuels qui se déplacent encore aujourd'hui sous l'effet de forces décrites par la tectonique des plaques des géologues.

Donc, les premières pièces du supercontinent unique Rodinia disloqué, des continents tout de même, ont embarqué à leur bord des Annélides Clitellates qui ne pouvaient initialement vivre que dans les sédiments d'eau douce. La lignée Haplotaxida a ensuite occupé les cavités souterraines des sols, puis les sols humides et enfin la terre ferme.

Cette dislocation continentale est une "chance" pour dater les étapes d'adaptation des lombriciens, notamment le passage des Oligochètes de la vie en sédiments à celle en sol ferme. En effet, les morceaux continentaux vont, au gré des phénomènes géologiques, se déplacer sur le globe terrestre pendant toute l'ère primaire pour finalement se regrouper dans le deuxième supercontinent unique, la Pangée, constitué à la fin de cette ère ayant duré tout de même quelque 307 millions d'années. Les pièces éclatées du premier supercontinent initial Rodinia, ayant passablement dérivé pendant cette longue période, ne se sont pas recollées dans la Pangée de la même façon qu'à leur origine. Tout cela permet de dater les étapes de l'évolution lombricienne car les Annélides, devenus terrestres, sont restés accrochés, comme des naufragés sur un radeau, aux pièces continentales à la dérive, y ont vécu et s'y sont transformés.

8. Quelques repères temporels et paléogéographiques

(datations en millions d'années par rapport au présent)

ÈRES ET ÉTAGES	*AIRES ET LIEUX CITÉS*
Précambrien avant – 542 (Ediacarien – 635 à – 542)	Rodinia – 800, continent unique disloqué vers – 650 Ediacara – 575, site fossile en Australie
Cambrien – 542 à – 500	
Ordovicien – 500 à – 435	
Silurien – 435 à – 395	
Dévonien – 395 à – 345	
Carbonifère – 345 à – 280	Pangée, continent unique assemblé de – 350 à – 140 Téthys, mer "éclatant" la Pangée de – 365 à – 140, créant ainsi le Gondwana, une supercontinent "sud"
Permien – 280 à – 235 (Murdigabien – 266 à –264)	Aire commune aux Lumbricidae
Trias – 235 à – 195	
Jurassique – 195 à – 141	
Crétacé – 141 à – 65	

Pendant cette longue période, allant de – 542 à – 235 millions d'années, les ancêtres des lombriciens ont évolué globalement de terrestres aquatiques à terricoles vrais… autrement dit, ils sont devenus de vrais vers de terre. Nous disposons ici d'un indice important marquant le passage des Annélides terrestres de la vie dulçaquicole à la vie terricole. Ce passage, déjà amorcé dans les rives marécageuses, les sols boueux et les cours d'eau souterrains, va se jouer vers la fin du Dévonien, il y a environ 340 millions d'années. Regardons cela.

La distribution actuelle des Criodrilina nous donne un repère temporel de cette étape évolutive. Les Criodrilina sont les vitellotrophes les plus semblables aux véritables lombriciens (cf. l'encadré 6, p. 59-60) ; ils occupent actuellement une aire apparemment discontinue : Japon (Biwadrilidae), Europe centrale et orientale plus Proche-Orient (Criodrilidae) et Afrique de l'Est dont le Kenya (Alluroididae). Tout comme leurs probables ancêtres Haplotaxidae, ils ont vécu dans l'ancien continent Gondwana, issu pour l'essentiel de la Rodinia méridionale, observable au Dévonien supérieur (environ 365 millions d'années). Le Gondwana a ultérieurement éclaté en fragments allant aujourd'hui des îles Aléoutiennes et de la Corée à l'ouest de l'Amérique du Sud, *via* l'Afrique, l'Inde, l'Australie et la Chine orientale.

Ce qui nous intéresse ici, c'est que les Criodrilina (cf. l'encadré 6, p. 59-60), directement issus des Haplotaxina, vont être séparés par une première intrusion marine. Dès le Carbonifère supérieur, une mer, la Téthys, va commencer à diviser la Pangée, supercontinent qui achève par ailleurs de se constituer. Cette mer, un énorme golfe “interne” à ce supercontinent unique, va scinder l'aire des Criodrilina en deux : les Criodrilidae “au nord” et l'ensemble des Alluroididae et des Biwadrilidae “au sud”. Nous pouvons ainsi dater le sous-ordre des Criodrilina comme ayant préexisté à cette scission territoriale apparaissant vers – 350 millions d'années.

C'est de ce sous-ordre Criodrilina, ou directement depuis d'Haplotaxina primitifs, qu'est issue la lignée des Lumbricina, celle des lombriciens vrais qui disposent des trois atouts proprement terricoles que nous avons décrits ci-dessus.

D'abord, un système digestif adapté aux plantes des terres fermes, souvent “résistantes” tant mécaniquement que chimiquement, à l'ingestion et au transit intestinal (cf. l'encadré 5, p. 57-58). Ce système digestif comporte un ou plusieurs gésier(s) qui assure(nt) le broyage des aliments et leur mélange avec des minéraux, produisant la mixture organominérale décrite précédemment sous le nom de lombrimix.

Ensuite, la présence dans leur intestin d'un typhlosolis (à l'exception des Kynotidae de Madagascar). Il s'agit d'un organe longitudinal constituant un repli dorsal dans la lumière de l'intestin, accroissant considérablement la surface d'assimilation (cf. fig. 1, p. 42).

Enfin, le report en arrière de la fonction nutritionnelle des embryons et des larves. Il y a transfert de cette fonction depuis les ovaires situés dans le segment 13, relativement antérieur, vers le clitellum qui occupe généralement une position beaucoup plus postérieure. C'est le passage de la vitellotrophie à la clitellotrophie décrit ci-dessus.

Tout était dans la tête : la centralisation sous contrainte

Comme nous l'avons vu, dès le troisième paragraphe de ce chapitre (p. 41) et dans la figure 1 (p. 42), les Annélides ont une organisation répétitive : un double tube avec paroi externe et tube digestif interne, le tout organisé selon une succession de segments (ou métamères) ayant dans chacun d'eux une cavité cœlomique et entre chacun d'eux une paroi, le dissépiment ouvert d'un sphincter. Tout cela participe au système hydropneumatique annélidien.

Cette structure fondamentale est toutefois fortement modifiée vers la tête de l'animal par un processus de "céphalisation", c'est-à-dire que de nombreux organes tendent à se développer et à s'accumuler dans les tout premiers segments pour permettre l'acquisition d'informations par les sens à la fois lors de la progression exploratrice de pénétration dans le milieu et lors du travail musculaire d'ingestion. Cependant ces organes sont limités par la pholéoïptomie, explicitée ci-dessus (p. 59), cette contrainte conduisant à une âpre concurrence spatiale dans les tout premiers segments du ver de terre lors du développement des organes céphaliques.

Ainsi, les organes des sens (perception de la lumière, odorat et goût pour le choix alimentaire) sont logiquement concentrés en avant, en liaison nerveuse avec les ganglions cérébroïdes constituant le cerveau principal. De plus, une forte musculature céphalique assure la pénétration dans des sols souvent très fermes, et permet l'ingestion de terre et d'aliments parfois très résistants (cf. l'encadré 5, p. 57-58). Ce qui est ingéré doit être généralement broyé par des gésiers puissants et volumineux d'implantation initialement céphalique.

Par ailleurs, les organes sexuels sont situés chez les Lumbricina, de façon quasi constante, juste en arrière de la "tête" : les testicules dans les segments 10 et 11 et les ovaires dans le segment 13. Ils sont accompagnés du développement de nombreuses glandes accessoires, souvent volumineuses, qui produisent le sperme ou sécrètent les spermatophores, ou encore facilitent la coaptation des deux conjoints lors de l'accouplement. Cette coaptation nécessite elle-même des organes spécifiques développés sur la paroi externe (pénis, puberculum). Cet ensemble d'accessoires est extrêmement diversifié parmi les dizaines de milliers d'espèces concernées et est associé aux pores mâles où débouchent les spermatozoïdes transportés depuis les testicules : il sera nommé ici l'*attirail masculin* pour le désigner globalement sans avoir à évoquer ses variantes, sauf rares nécessités particulières.

Enfin, pour clore la liste des organes volumineux qui tentent de se faire une place en avant du corps des terricoles, il faut nommer le clitellum qui sécrète les cocons. Bien modeste chez les vitellotrophes, où il n'excrète qu'un simple emballage du cocon, cet organe devient bien encombrant chez les Lumbricina, tous clitellotrophes, car il s'épaissit beaucoup ; c'est le prix à payer pour l'avantage que cette configuration du clitellum apporte aux terricoles, comme cela a été décrit ci-dessus.

Les options et impasses évolutives de la pholéoïptomie

Tous les organes décrits ci-dessus tendent donc à occuper les tout premiers segments. Mais dans la vie en galerie, la forme tubulaire, seule adéquate, va contraindre à un ordre de préséance entre les organes depuis l'avant vers l'arrière. Le développement d'un organe antérieur implique souvent la régression ou le recul d'autres organes vers des segments plus postérieurs.

Ainsi, lorsqu'une lignée lombricienne est engagée dans une voie évolutive, il est possible de suivre son perfectionnement vers des formes plus terricoles à la façon dont les organes s'ordonnent de l'avant vers l'arrière. Plus elle "décentralise" de l'avant vers l'arrière, plus elle comporte des terricoles performants ayant des "têtes" laissant place notamment aux muscles fouisseurs en sols indurés et ménageant de la place à des gésiers puissants capables de broyer les aliments coriaces.

Ces évolutions commencent depuis des formes amphibies pour lesquelles il y a condensation des organes dans la tête ; les contraintes de la pholéoïptomie sont moins prégnantes, probablement en raison de la malléabilité des sédiments vaseux. Puis, en conditions terricoles, la compétition spatiale céphalique va concerner l'évolution du développement de la musculature céphalique, du (des) gésier(s), de l'attirail masculin et du clitellum ; ces organes doivent trouver leur place entre le tube digestif et la paroi externe tout en ménageant les autres fonctions associées : nerveuses, respiratoires et circulatoires. Seules les positions des organes comme le cerveau, les testicules (segments 10 et 11), les ovaires (segment 13) et le pore femelle qui n'est pas accompagné de glandes annexes volumineuses (segment 14) ne changeront pas de place. Cependant, sans changer de position, les ovaires vont changer de structure : une structure différente pour les trois superfamilles de Lumbricina.

Mais, pour le reste, il va y avoir des options évolutives très différentes que nous pouvons souvent suivre à la trace dans l'espace-temps terrestre. Les Lumbricina, ayant acquis une place stratégique enviable dans les écosystèmes avec leur clitellotrophie et leur broyage gastrique, vont en effet occuper toutes les terres émergées, hormis les déserts desséchés ou glacés. Mais cela ne se fera pas sans des évolutions divergentes ne leur permettant souvent, une fois une voie prise (comme un pari sur le futur), de n'avoir que certaines propriétés des lombriciens. Une fois engagée dans une voie, une lignée ne peut en tirer profit qu'en la perfectionnant… Impossible de revenir en arrière pour s'aiguiller vers une autre lignée évolutive. Le train du temps avance inéluctablement!

Un peu d'ordre dans l'ancien continent Gondwana!

Le cadre

Imaginons un immense continent, agrégé au cours du Primaire. Il commence dans l'est de la Sibérie (exactement au niveau du lac Baïkal) et inclut en un seul tenant la Corée, la Chine sauf l'Ouest, l'Indochine, la Thaïlande, l'Indonésie, les Philippines, l'Australie, l'Antarctique, Madagascar, les Indes, l'Asie Mineure, l'Afrique (sauf le Maghreb) et l'Amérique du Sud. Ce continent s'est constitué à partir des fragments continentaux qui ont déjà été évoqués avant le Primaire lors de la différenciation des ancêtres Oligochètes aquatiques Lumbriculida et Haplotaxida. Ce continent se nomme Gondwana.

L'évolution des Haplotaxida

Le doute est permis sur les détails, mais les Haplotaxida (cf. l'encadré 6, p. 59-60) ont engendré les Hoplotaxina, puis les Criodrilina, tous encore aujourd'hui amphibies, c'est-à-dire vivant dans les sédiments des eaux souterraines, des ruisseaux et des zones vaseuses, et enfin les Lumbricina, comprenant trois superfamilles de vrais vers de terre qui ont toutes trois, semble-t-il indépendamment, commencé l'adaptation de leur lignée à partir de familles amphibies.

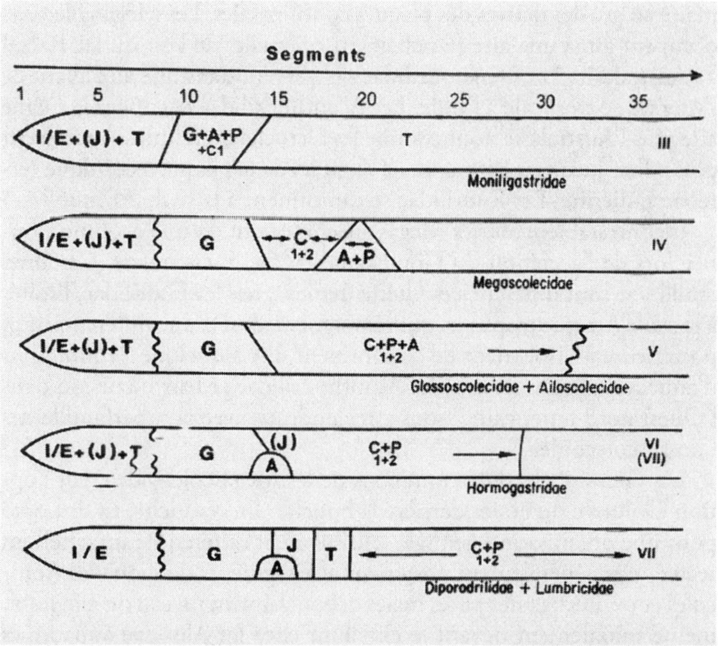

Figure 4. L'évolution vers une vie terricole optimale (cf. l'encadré 6, p. 59-60) s'est faite dans les limites des galeries qui ont contraint à repousser le développement des organes vers l'arrière du corps. Chez les Haplotaxina primitifs (Moniligastridae), tout est antérieur : le clitellum (C1) n'a pas le rôle nutritif qu'il assure chez les clitellotrophes (C1 + 2) en devenant proéminent (cf. fig. 2, p. 50). La position des gonades (G : testicules et ovaires) ne varie pas, mais l'éjaculation (A) et l'attirail masculin (P) reculent après le clitellum (Megascolecidae) ou à son niveau (Glossoscolecidae, Ailoscolecidae). Avec les Hormogastridae, l'amorce d'un jabot (J) oblige à une éjaculation en 15/16, conformation qui se complète d'un post-gésier de trituration des aliments (T) chez les Diporodrilinae et les Lumbricinae qui ne conservent plus antérieurement que les fonctions d'ingestion (I) et de transfert (E) vers le jabot. Dans la lignée Megascolecoidea, le clitellum débute derrière les testicules et est limité en arrière par les pores et l'attirail mâles. Un canal déférent transfère le sperme depuis les testicules jusqu'aux pores mâles situés segment 18, parfois 17. Le développement du clitellum est en quelque sorte coincé entre les gonades et l'attirail masculin.

Deux superfamilles se développent d'abord dans le Gondwana, les Megascolecoidea et les Glossoscolecoidea. Elles ont initialement pris la même option évolutive : un gésier œsophagien, c'est-à-dire derrière la bouche, et une zone où les spermathèques volumineuses trouvent leur place dans le corps en avant des gonades (testicules et ovaires). Elles diffèrent toutefois par les autres options d'organisation terricoles (cf. fig. 4, p. 69).

Les Megascolecoidea occupent aujourd'hui tout l'ex-supercontinent Gondwana, à l'exception de l'Antarctique trop glacé. Ce supercontinent s'est éclaté géographiquement, tout comme cette superfamille lombricienne qui s'est subdivisée en familles qui ont "voyagé" depuis le Primaire au gré des dérives des plaques continentales. Les Megascolecidae occupent ainsi une aire franchement orientale, de l'est du lac Baïkal à l'Australasie. Les Ocnerodrilidae s'observent dans une aire allant de l'Amérique tropicale à l'Inde. Les Acanthodrilidae occupent la même aire plus l'Australasie, tout comme les Octochaetidae qui se retrouvent plus à l'est jusqu'en Birmanie ; il s'agit ici de la plaque tectonique terrestre indienne. Les Eudrilidae se cantonnent à la seule Afrique.

Incontestablement, les Megascolecoidea ont eu une évolution initiée lors de l'accrétion du Gondwana (cf. fig. 5, ci-contre). Certaines familles se sont différenciées ultérieurement, tels les Eudrilidae, limités à la seule Afrique tropicale, qui témoignent ainsi d'une différenciation postérieure à l'isolement de ce continent, il y a quelque 110 millions d'années. Laissons de côté les Acanthodrilidae et leur incursion dans l'Ouest nord-américain ; nous y reviendrons avec la superfamille des Glossoscolecoidea.

Les Glossoscolecoidea ont, comme les Megascolecoidea, fait l'option évolutive du gésier derrière la bouche. En revanche, ils ont opté pour une organisation génitale sensiblement différente : un clitellum reculé, très généralement postérieur aux segments des gonades (testicules et ovaires), et des pores mâles débouchant au niveau du clitellum, même initialement devant le clitellum chez les Almidae aquatiques (primitifs ?), les Kynotidae et les Microchaetidae.

Ainsi s'est mise en place une organisation nouvelle caractérisée par le recul du clitellum. L'attirail masculin est resté antérieur à cet organe et des canaux déférents, véhiculant le sperme depuis les testicules, débouchent dans des puberculums devant ou dans le clitellum. Ces puberculums sont de grandes ventouses externes qui injectent le sperme dans les spermathèques du conjoint ; lesquelles sont minuscules et limitées à l'épaisseur de la paroi externe du corps, pholéoïptomie oblige. Cette organisation nouvelle est beaucoup plus terricole que celle des Megascolecoidea ayant un ordre contraint (cf. fig. 4, p. 69). À chacun sa voie évolutive !

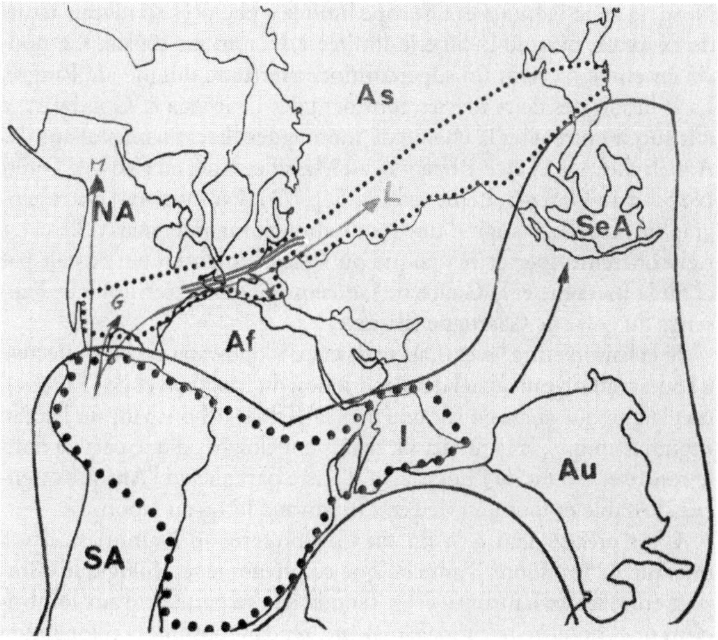

Figure 5. À la fin du Primaire, les plaques continentales alors jointes du Gondwana : Australie (Au), sud et est de l'Asie (SeA), Afrique (Af) et sud de l'Amérique (SA), se heurtent avec un continent du Nord unissant la masse euro-asiatique (As) et le nord des Amériques (NA) en créant la surrection des Monts hercyniens (double trait gris). Ce contact permet des migrations (flèches) depuis leur aire des Megascolecoidea (M, limite en trait plein), des Glossoscolecoidea (G, aire initiale en gros pointillés) et l'expansion au nord-est des Lumbricoidea (L, d'abord dans l'aire à petits pointillés).

L'apparition des Glossoscolecoidea a été simultanée ou postérieure à celle des Megascolecoidea. Constatons qu'il y a eu sur le Gondwana des affinités écologiques et paléogéographiques entre les ancêtres Criodrilina, les genres subaquatiques d'Octochaetidae (Megascolecoidea en zone tropicale à l'est de la Birmanie) et les Almidae (Glossoscolecoidea répartis depuis Sulawesi, en Indonésie médiane, jusqu'à l'Amérique tropicale).

Les Glossoscolecoidea proprement terricoles ne se sont en revanche différenciés que dans l'ouest du Gondwana : les Kynotidae à Madagascar, les Microchaetidae en Afrique du Sud et les Glossoscolescidae dans les Amériques du Sud, centrale et ultérieurement septentrionale, comme nous allons le voir.

À la conquête du Nord-Est!

Au cours du Carbonifère et du Permien repérés dans l'encadré 8, p. 65, un seul continent va graduellement se constituer par l'ajout, au Gondwana, de la Laurussia (approximativement l'Amérique du

Nord, la zone baltique et l'Europe limitée à peu près au niveau actuel de l'Oural), puis de la Sibérie limitée à l'est au lac Baïkal. Ce nouvel ensemble devient un supercontinent terrestre unique : la Pangée. La collision des deux masses continentales Laurussia et Gondwana a fait surgir entre elles la chaîne de montagnes hercyniennes allant des Appalaches à la Galice-Bretagne, au Massif central, aux Vosges-Forêt-Noire et au Hartz-Bohême (cf. fig. 5, p. 71). Par rapport à notre géographie actuelle, il s'agit d'une localisation étonnante, mais celle-ci est très cohérente avec cette époque où l'océan Atlantique n'existait pas et où la Bretagne et la Galice ne faisaient qu'un seul territoire en l'absence du golfe de Gascogne (Biscaye) !

Si la liaison entre les ex-Laurussia et ex-Gondwana est bien effective à l'ouest (au niveau actuel des Amériques, du Maghreb et de l'Europe), un gigantesque golfe, en fait une mer, la Téthys, débouchant sur l'océan mondial unique, la Panthalassa, maintient éloignés d'une part au nord le centre et l'ouest de l'Eurasie, et d'autre part au sud l'Afrique orientale, l'Arabie et tout l'est de l'ex-Gondwana jusqu'au Japon.

C'est précisément à la fin du Carbonifère, au Namurien, il y a quelque 325 millions d'années, que ce phénomène géologique d'impact entre les ex-Laurussia et ex-Gondwana va permettre aux lombriciens une conquête territoriale majeure, rendant possible la colonisation par ce passage depuis l'ex-Gondwana vers l'Amérique du Nord puis l'Europe et enfin la Sibérie. Profitant du lien terrestre formé à l'ouest, les lombriciens migrent dans le nord puis dans l'est de l'ex-Laurussia qui leur offre des écosystèmes aux terres vierges de terricoles. Rien à voir avec les chevauchées équestres que les humains feront quelques centaines de millions d'années plus tard dans leur conquête de l'Ouest états-unien car cette épopée se fit en général au rythme lent du creusement des sols par des lombriciens soumis aux aléas climatiques et aux variations des mers épicontinentales.

Depuis l'Amérique du Sud, les Megascolecoidea (Acanthodrilidae) ont alors colonisé l'ouest de l'Amérique du Nord, tandis que les Glossoscolecoidea en ont colonisé l'Est et ont donné naissance à la troisième superfamille, celle des Lumbricoidea, qui occupa l'Est américain et l'Europe occidentale du Sud (Ibérie, etc.). Depuis ce foyer initial, les Lumbricoidea se sont différenciés et ont occupé, au cours des ères secondaire et tertiaire, les terres libres jusqu'à la Sibérie, ce que nous enseigne leur actuelle biogéographie relativement bien établie (cf. fig. 5, p. 71).

Nous sommes maintenant à la fin de l'ère primaire et nous entrons dans une zone géographique, l'Europe occidentale, où notre connaissance est beaucoup plus dense. Simultanément nous nous rapprochons de l'introduction des caractéristiques des lombriciens terricoles les plus achevés et les plus performants dans les écosystèmes des terres émergées sous le climat tempéré actuel.

Ici un aparté est nécessaire car les références scientifiques exploitables s'accroissent en quantité et en diversité pluridisciplinaire.

Reconstituer avec la distribution actuelle des lombriciens la biopaléogéographie de leurs ascendants est un exercice passionnant car c'est le seul moyen, en l'absence de fossiles, de valider nos interprétations relatives à leur passé. Comme décrit dans l'introduction, la géodrilologie, la science des vers de terre, n'est pas exempte de myopexpertise. Beaucoup de spécialistes se contentent d'interpréter les différences des organes des lombriciens pour les classer selon leurs similitudes.

Tenir compte du fait que les organes observés fonctionnent conjointement (par exemple lors des copulations), sont évolutivement concurrents (par exemple du fait de la pholéoïptomie) et témoignent de l'adaptation aux milieux où les lombriciens vivent est inaccessible aux spécialistes se bornant à la seule comparaison des organes ou des séquences d'ADN. Ne parlons pas du fait que l'idée de soumettre leurs interprétations à des réfutations susceptibles de provenir de disciplines qui leur sont étrangères, telle la géologie (cf. l'encadré 4, p. 52-53), est pour ces myopexperts tout simplement incompréhensible et même cauchemardesque, comme dirait l'un d'eux !

Les reconstitutions biopaléogéographiques sont passionnantes mais difficiles en raison d'imprécisions géologiques, et surtout des carences des données zoogéographiques relatives aux Megascolecoidea et aux Glossoscolecoidea, beaucoup restant à découvrir, à décrire et à interpréter. Toutefois les Lumbricoidea sont relativement mieux connus en Europe occidentale et au Maghreb.

Au plan continental, rappelons que, en ces temps-là, l'Atlantique n'existait pas et que les Amériques "copulaient" avec l'Afrique et l'Europe, de la Namibie à la Norvège ! Toutefois, la Pangée, à peine constituée en un continent unique au cours du Primaire, s'ouvre graduellement en deux dès la fin de cette ère du fait de l'extension, d'est en ouest, de la mer Téthys qui allait du golfe Persique au golfe du Mexique *via* la Méditerranée.

Pour les Lumbricoidea, le franchissement des Monts hercyniens (cf. fig. 5, p. 71), alors fort élevés, ne fut pas une mince affaire. Ils vont occuper l'Amérique du Nord-Est, l'Europe puis la Sibérie occidentale en nous laissant un témoignage détaillé dans le sud-est des États-Unis et en terres méditerranéennes et médio-européennes. Ce témoignage est limité au nord car, depuis cette époque, les régions nord-américaines et nord-européennes ont perdu leur faune septentrionale du fait des récentes glaciations du Quaternaire.

Deux familles de Lumbricoidea sont restées aquatiques : l'unique espèce des Lutodrilidae et les Sparganophilidae qui occupent une aire nord-est américaine et ouest-européenne. Ces anciennes formes aquatiques, à reproduction par spermathèques et puberculums, occupent la même aire américano-européenne que leurs proches cousins terricoles ayant un gésier derrière la bouche : les Ailoscolecidae du Sud-Ouest américain et de l'Europe occidentale.

Une autre famille apparentée, les Hormogastridae, n'existe qu'en Europe occidentale méditerranéenne. En général, dans cette famille, l'attirail masculin s'étire vers l'arrière : il y a report des pores mâles vers le segment 15 et ils ne débouchent plus directement dans les puberculums car ceux-ci ont reculé en restant associés au clitellum. L'écoulement du sperme s'effectue, lors de la copulation, depuis les pores mâles à l'extérieur du corps vers les puberculums (cf. fig. 2, p. 50, et fig. 4, p. 69). Les Hormogastridae possèdent toujours des gésiers derrière la bouche… mais on observe chez l'une des espèces actuelles *(Hormogaster gallica)* le début d'un gésier postérieur aux gonades. C'est l'amorce d'un changement radical rendant possible l'évolution vers des terricoles très performants, les Lumbricinae, grâce au report des gésiers en arrière, qui deviennent ainsi des postgésiers, report qui "libère de la place" dans la tête.

Cette place libérée rend notamment possible le développement de puissants muscles de fouissement du sol et d'ingestion de terre (cf. fig. 4, p. 69). Il y a transfert de la fonction de broyage gastrique à un gésier unique très postérieur (dans les segments 17, 18 et au-delà si nécessaire) et simultanément création d'une fonction d'accumulation des ingestats avant broyage dans un jabot situé usuellement en 15 et 16. Il s'agit d'une néoformation postérieure aux gonades restées à leur place fondamentale (des segments 10 à 13).

Chez les Lumbricidae à postgésier, les différences fondamentales portent essentiellement sur les modes d'accouplement. Chacun de ces modes, ayant des avantages et des inconvénients évolutifs, explique à la fois leur existence et leur survie jusqu'à nos jours, mais aussi leur succès (répartition et domination) actuel. Ces modes d'accouplement correspondent chacun à une sous-famille. Nous allons brièvement les décrire, depuis ceux qui semblent, au vu de leur implantation observable actuellement, les moins performants jusqu'au plus efficace.

Une lignée, les Postandrilinae, conserve l'accouplement direct des Ailoscolecidae (leurs ancêtres ?). La transmission du sperme depuis les testicules s'effectue directement par des canaux internes (les spermiductes) jusqu'aux puberculums, organes d'injection dans les spermathèques. Cela s'est perpétué, malgré l'apparition du postgésier, en concurrence fonctionnelle spatiale avec ces canaux. Ce mode de reproduction souffre d'un inconvénient : les spermiductes sont soumis à la pression de jabots et de gésiers pleins, ce qui implique qu'au moment de l'accouplement ces deux organes sont quasi vides. Vivre d'amour et d'eau fraîche, en quelque sorte ! Cette sous-famille vit aujourd'hui dans l'Ouest européen, des Baléares à la Hongrie, dans un espace périalpin fort ancien qu'elle n'occupe plus que très partiellement.

Les autres voies évolutives ont conduit, lors de la copulation, à excréter le sperme *à l'extérieur du corps*, avant l'ensemble jabot-gésier, au niveau du segment 15, comme le faisaient déjà les Hormogastridae. Deux options ont alors été sélectionnées par l'évolution, soit un abandon de la reproduction avec spermathèques, soit le maintien de ce mode de reproduction.

L'abandon de la reproduction avec spermathèques ne laisse plus possible que la reproduction par spermatophores, avec l'inconvénient que le sperme n'est plus nourri comme dans les spermathèques. Il faut que les fonctions de production des ovules et d'excrétion du cocon s'enchaînent peu après l'accouplement. De fait, on observe toujours des spermatophores sur les individus ayant un clitellum prêt à produire un cocon. Cette option évolutive est propre à la sous-famille des Spermophorodrilinae, dont les diverses espèces occupent un territoire allant du sud-est des États-Unis au Proche-Orient ; elle est donc antérieure à la rupture créant l'Atlantique Nord. Le succès des espèces de cette sous-famille reste limité car il y a, comme pour les Postandrilinae, un gros inconvénient. Vivre d'amour et d'eau fraîche pour les uns, ou pour les autres être contraints à enchaîner la fonction mâle de production de spermatophores, la production d'ovules et l'excrétion du cocon.

Une troisième modalité va contourner ces deux inconvénients au prix d'un invraisemblable stratagème développé par la lignée Lumbricinae, qui va tirer tout le bénéfice de la vie terricole avec à la fois jabot, postgésier et pores dorsaux. Comment ? En excrétant, lors de l'accouplement, le sperme par les pores mâles situés au niveau du segment 15. Ce sperme s'écoule entre les conjoints, donc sans spermiducte, vers les puberculums qui peuvent ainsi être très postérieurs. Puis les puberculums injectent la semence mâle dans les spermathèques. Ce système de copulation est de fait partagé avec une petite sous-famille, les Dipodrilinae, qui n'occupe qu'une étroite aire géographique (Corse, Sardaigne) intéressante par son témoignage biopaléogéographique allant dans le sens d'une différenciation des Lumbricidae depuis des ancêtres de type Hormogastridae[1].

De nombreuses espèces de Lumbricinae ont en outre conservé une reproduction par spermatophores.

Ayant acquis la meilleure structure fonctionnelle connue, les Lumbricinae ont conquis l'Eurasie depuis l'Europe occidentale. Leur aire géographique s'étend du sud-est des États-Unis à l'Extrême-Orient septentrional *via* l'Asie centrale. Cette expansion territoriale est associée à une très grande efficacité écologique, acquise très probablement dès l'ère secondaire, décrite dans la deuxième partie de cet ouvrage.

Les diverses sous-familles de l'importante famille des Lumbricidae n'ont une aire commune connue qu'au Murdigabien, il y a 266-264 millions

1. Bouché, M. B., 1972 – *Lombriciens de France. Écologie et systématique*, INRA, Ann. zool.-écol. anim., publ. 72-2, Paris.

d'années[1]. Depuis, cette aire a occupé un ensemble continental nord-est américain et ouest-européen avant d'être écartelée par l'Atlantique Nord et de perdre toute sa faune septentrionale pendant les récentes glaciations du Quaternaire. En conséquence, seules les espèces endémiques du sud des États-Unis et de l'Europe, restées localement stables, nous informent, par leur biogéographie cohérente avec la paléogéographie géologique, sur les événements qui se sont produits au Secondaire et au Tertiaire (cf. l'encadré 4, p. 52-53, et l'encadré 8, p. 65).

Pas si Secondaire que cela

Si les lombriciens ne nous ont pas laissé de fossiles, les progrès de leur structure fonctionnelle décrits ci-dessus ont permis de laisser des traces de leur activité dans des paléosols. Ainsi, Wilcke, en 1955[2], estime que les lombriciens ont marqué de cette activité les sols en créant le type d'humus le plus fertile, celui des mulls (cf. p. 194), et cela dès le Trias final, il y a plus de 195 millions d'années.

Rappelons qu'une aire commune aux lombriciens ayant des postgésiers, permettant un puissant travail du sol, a pu être reconnue en une aire unique de différenciation des Lumbricoidea à la fin du Primaire. Dans la même interprétation, l'auteur a pu repérer au Toarcien (184-182 millions d'années) un morcellement de cette aire sous les effets de l'ouverture de l'Atlantique Nord et du modelage du Bassin méditerranéen occidental dans les restes de l'ancienne mer Téthys. Tout cela converge pour indiquer que les ancêtres des lombriciens modernes exerçaient leur rôle écosystémique très tôt, dès le début du Secondaire. Depuis, ils se sont différenciés dans chaque sous-famille en genres et en espèces, et ont été chahutés par les multiples événements géologiques intervenant au cours des ères secondaire et tertiaire.

Un tiercé au Tertiaire

La première interprétation biopaléogéographique, décrite dans l'encadré 4 (p. 52-53), a porté essentiellement sur les lombriciens de France durant l'ère tertiaire. Pour l'illustrer, nous ne suivrons ici que l'évolution du genre *Scherotheca* qui s'est très tôt scindé en trois sous-genres.

L'un, constitué notamment de vers de terre géants (cf. fig. 6, ci-contre), occupe actuellement le Pays basque et le Bassin aquitain. J'ai pu reconstituer depuis le piémont pyrénéen la lente colonisation du Bassin aquitain actuel par ces *Scherotheca* ayant occupé les terres libérées par le retrait de la mer qui se trouvait initialement dans ce bassin. Les espèces

1. Bouché, M. B., Qiu, J.-P., et Ouharani, Gh., 2004 – "Génesis de las lombrices norteafricanas y europeas ; paleogeografía deducida de las distribuciones y la filogenia actual de los taxones", in A. G. Moreno et S. Borges (dir.), *Avances en taxonomía de lombrices de tierra*, Complutense, Madrid, p. 361-391 et CD.
2. Wilcke, D. E., 1955 – "Bemerkungen zum Problem des erdzeitlichen Alters des Regenwürmen", *Zoologische Anzeiger*, 154, p. 149-156.

et sous-espèces s'enchaînent dans cet espace avec des caractéristiques découlant les unes des autres et qui marquent par étapes leur propre évolution durant leur cheminement accompagnant le retrait de la mer.

Figure 6. Un anécique géant, Scherotheca nivicola, *sort de son terrier pour se nourrir en surface. Notez son clitellum saillant et sa pigmentation dorsale obscure le camouflant au crépuscule.*

Un autre sous-genre occupant la Catalogne, la Corse et la Sardaigne témoigne d'un ancien territoire continental qui s'est divisé au cours du Secondaire. Les deux îles se sont alors détachées de la Catalogne, du Languedoc et de la Provence, et sont parties à la dérive avec leurs lombriciens.

Un troisième sous-genre, constitué également de vers de terre géants, s'est développé depuis le Languedoc vers la vallée rhodanienne constituée après la surrection des Alpes (vers 13 millions d'années), puis il est passé en Corse lorsque la mer Méditerranée s'est asséchée il y a 6 millions d'années ; en outre, il est remonté vers le nord, où il a subi les effets mortifères des glaciations, comme nous allons le voir.

Un Quaternaire perturbé

J'ai observé dans une carrière de Chaignay, en Côte-d'Or, des paléogaleries verticales dont les parois montrent encore visiblement les empreintes de segments de vers de terre géants. Ces galeries sont remplies d'un limon contenant des fossiles de gastéropodes caractéristiques des steppes périglaciaires, comme me l'a indiqué Jean-Jacques Puységur, paléontologue au CNRS de Dijon. J'ai alors, en 1978, conjecturé que les *Scherotheca*, évoqués ci-dessus, étaient remontés vers le nord au Tertiaire dans les vallées du Rhône et de la Saône et qu'ils furent ensuite décimés par les glaciations du Quaternaire.

Cette hypothèse a été ultérieurement validée par la découverte de *Scherotheca*, témoins survivant dans une zone refuge du sud de l'Alsace où plusieurs autres espèces rares ont, de toute évidence, échappé aux effets mortifères des glaciations du Quaternaire. En dehors de ce refuge, ces glaciations ont éliminé tous les vers de terre au nord de la Loire. Les *Scherotheca* ayant survécu en Alsace appartiennent à une espèce propre à la basse vallée du Rhône et qui a donc occupé une aire beaucoup plus septentrionale qu'actuellement.

Après les glaciations, le Quaternaire est caractérisé par un autre bouleversement majeur : l'expansion humaine. L'homme a transporté des espèces dans les bateaux, soit avec la terre associée aux plantes en pots, soit, pour les dulçaquicoles, avec les réserves d'eau douce. Il est facile de reconnaître les lombriciens, peu nombreux, qui se sont répandus sur Terre grâce aux hommes, surtout dans les zones restées quasi vierges de lombriciens anéciques laboureurs. Ainsi, des spécialistes nord-américains, surpris de voir des sols du nord des États-Unis et du Canada bouleversés par l'activité de lombriciens ignorés anéciques, importés accidentellement, ont décrit un "vermisol", type de sol banal en Europe et dont le type d'humus est un mull.

Les lombriciens se sont non seulement différenciés en de nombreuses lignées dont nous venons de survoler l'histoire et la paléogéographie, mais se sont aussi spécialisés en se partageant la fonction d'animaux consommateurs dominants dans les écosystèmes terrestres émergés. Ils prolongent ainsi, de façon quasi exclusive, une fonction écologique inaugurée il y a près d'un milliard d'années par des Annélides marins primitifs.

LE PARTAGE DES TÂCHES ENTRE VERS DE TERRE

Leurs organes nous informent sur leurs rôles

Dans les paragraphes précédents, l'accent a été mis sur l'évolution dans les milieux marins, puis dans les sédiments sous les eaux douces et enfin dans les sols, des caractéristiques des lignées d'Annélides, puis d'Oligochètes et, parmi ces derniers, de lombriciens. Il en résulte que, dans l'espace géographique, les sols et leurs lombriciens diffèrent en raison de leurs histoires.

Toutefois rien n'a été dit sur la diversité des lombriciens vivant dans un même sol alors qu'il y a usuellement cinq à sept espèces cohabitantes ! Pourquoi plusieurs espèces ? Comment peuvent-elles cohabiter ? Pour comprendre cette diversité d'espèces dont la cohabitation ne se fait pas sans conflits, il faut à la fois reconnaître la pleine compétition entre elles, excluant l'intrus inadapté, et l'impossibilité pour une seule espèce d'assurer toute la *fonction globale* des lombriciens dans nos écosystèmes.

La compétition implique qu'une espèce, localement bien adaptée, élimine toute autre espèce occupant la même place écosystémique. Cela est évident, mais, comme il y a plusieurs espèces, cela nous oblige à reconnaître *a contrario* qu'il y a, pour les lombriciens cohabitant dans un même sol, plusieurs places écosystémiques permettant des activités différentes.

Nous pouvons sans mal imaginer que certaines sont spécialisées dans la consommation de feuilles mortes à la surface du sol, tandis que d'autres ingèrent et digèrent des matières organiques présentes dans le sol lui-même. On peut aussi imaginer que la place fonctionnelle globale des lombriciens dans les écosystèmes non seulement repousse d'autres animaux compétiteurs comme les arthropodes (larves d'insectes, mille-pattes...), mais est ainsi, en pratique, partagée entre lombriciens spécialisés.

Mais voilà, comment le prouver? Des différences entre lombriciens et autres animaux sont effectivement observables, mais comment peut-on quitter le commentaire naturaliste sur ces différences supputées importantes, pour rejoindre les interprétations scientifiquement critiquables?

Ainsi formellement posée dans cet ouvrage et à notre époque, cette question n'a pas été la préoccupation centrale des rares géodrilologues qui ont cherché à comprendre de façon empirique la place des lombriciens dans leurs milieux. Même éludée, cette question reçoit toutefois peu à peu une esquisse de réponse.

Très naturellement, on a d'abord constaté que les diverses espèces n'occupent pas les mêmes microhabitats dans un sol. Cela fut décrit, puis formalisé, par Kenneth E. Lee en 1959 et 1985[1]. Il distingue alors trois *types écologiques* : les lombriciens des litières, ceux du sol superficiel *(topsoil)* et ceux du sol profond *(subsoil)*. Ici, ce ne sont pas les caractéristiques des lombriciens qui sont utilisées pour les caractériser, mais les niveaux du sol où ils se trouvent. On peut certes observer la distribution verticale des vers de terre ; l'ennui, c'est que, comme tous les animaux, les lombriciens changent de position, surtout quand les milieux sont perturbés.

Par une démarche inverse, j'ai considéré la relation lombricien/milieu, *depuis les caractéristiques des lombriciens*, pour en déduire notamment leur position par rapport au sol. Si leurs organes ont évolué dans le temps, ce qui nous a permis de retrouver leur histoire décrite ci-dessus, leurs caractéristiques actuelles nous indiquent aussi leurs aptitudes *présentes* à occuper une place dans les écosystèmes dont la définition ne se réduit pas à celle d'un niveau dans le sol. Par exemple, les animaux ayant une activité en surface ont une pigmentation dont la couleur est quasi semblable au milieu où ils vivent normalement. Cette homochromie est naturellement sélectionnée car elle leur permet d'être moins exposés à

1. Lee, K. E., 1985 – *Earthworms. Their Ecology and Relationships with Soil and Land Use*, Academic Press, Sydney.

la vue de leurs prédateurs. D'une façon générale, ce n'est pas par hasard qu'un caractère observable sur un ver de terre existe ; il est le fruit de la sélection naturelle! J'ai ainsi été amené, en 1971[1], à proposer un premier classement des lombriciens en trois *catégories écologiques*, terme aujourd'hui entré dans l'usage, mais plutôt mal choisi car trop "catégorique". Il s'agit plutôt de pôles adaptatifs, de nombreuses espèces ayant des positions intermédiaires entre les catégories alors définies.

Ce sont les caractéristiques morphologiques (pigmentation, musculature, etc.) et physiologiques, telle l'aptitude à la diapause des lombriciens (cf. l'encadré 9, p. 86-87, et p. 94-96), qui servent de base pour asseoir les catégories et sous-catégories, et qui nous informent sur leurs modes de vie actuels.

Ce classement est, dans sa conception initiale, totalement indépendant de l'interprétation historique décrite dans les paragraphes précédents de ce chapitre. Il s'applique au présent, pas au passé. Des espèces appartenant à des lignées ayant une parenté lointaine peuvent être attribuées à la même catégorie écologique… car, par exemple en des lieux éloignés, elles se sont adaptées à une place écosystémique quasi similaire.

Cela ne signifie pas que les options adaptatives des grandes lignées aient été sans conséquence sur le perfectionnement des catégories écologiques. Par exemple, le fait que les gésiers disparaissent de la partie antérieure du corps a rendu possible le développement d'une musculature céphalique importante chez les Lumbricidae, ce qui est impossible pour les autres familles de vers de terre. Nous le reverrons ci-dessous au sujet des anéciques et paranéciques.

Initialement, *trois catégories écologiques* furent décrites : les endogés, les épigés et les anéciques. Elles témoignent de modes de vie bien différents. Non seulement il y a des intermédiaires, mais il y a aussi des spécialisations à l'intérieur de chacune de ces catégories. Une quatrième, celle des hydrophiles, a dû très tôt les compléter.

Les endogés

Les *endogés* sont des animaux vivant en pleine terre, fuyant la lumière de la surface du sol. Ils ont en général une forme cylindrique avec des extrémités (tête et surtout queue) peu effilées, presque arrondies. Cela est toujours vrai chez les *géophages*, ceux qui consomment de la terre dans les couches du sol assez profondes et relativement pauvres en matière organique. Ces animaux, sans pigment cutané (cf. fig. 9, p. 102), ingèrent de la terre et, après digestion, rejettent généralement leurs défécations dans leurs propres galeries, plus ou moins horizontales, en les rebouchant ainsi partiellement.

1. Bouché, M. B., 1971 – "Relations entre les structures spatiales et fonctionnelles des écosystèmes illustrées par le rôle pédobiologique des vers de terre", in P. Pesson (dir.), *La Vie dans les sols*, Gauthier-Villars, Paris, p. 187-209.

Certains de ces endogés géophages se déplacent dans la masse du sol essentiellement par ingestion de terre ; ce sont des endogés de forme *tubulaire* qui digèrent un sol pauvre en matière organique, donc en nutriments. Cette adaptation est possible grâce à une très grande surface intestinale d'assimilation, accrue par un repli longitudinal en lamelles très développées de la paroi intestinale : le typhlosolis. Le contenu du tube digestif (l'endentère) occupe pratiquement tout le volume du ver de terre, et la paroi externe, très mince, ne peut conserver sa stature comme chez les autres vers de terre en raison d'une musculature pariétale très faible et d'une pression hydrostatique nulle du liquide cœlomique au volume très réduit. L'endentère remplissant presque tout le ver, son intestin s'appuie sur la mince paroi externe qui, elle-même, s'appuie sur le sol. Le corps est pratiquement réduit à un tube à double paroi. Les parois externe et intestinale de ces endogés géophages tubulaires sont si faibles que le poids de l'endentère entraîne la rupture de leurs parois si on les manipule sans précaution hors du sol.

C'est le cas de *Vignysa popi*, dont le déplacement se fait par ingestion du sol, glissement des deux fines parois externe et intestinale entre le sol et le contenu de l'endentère, et défécation en place de la terre. Il n'y a pas à vraiment parler de galeries, mais formation d'un cylindre de sol brassé et redéposé dans la galerie de passage. Ce type d'adaptation, sous cette forme extrême, est rare en Europe, mais pourrait être plus fréquent dans certains sols tropicaux. De fait, Patrick Lavelle m'indique que "la plupart des endogés qu['il] conna[ît] ingèrent la terre par-devant et la rejettent par-derrière, ne laissant pas de galeries continues dans lesquelles se déplacer".

Les endogés comptent de nombreuses formes ordinaires aux fonctions mal définies, mais aussi des animaux très sveltes adaptés à la consommation de racines mortes (et vivantes ?), les *rhizophages*. En outre, il y a des *endogés difformes* connus grâce à *Ailoscolex lacteospumosus*, un cas très particulier où, en dehors de quelques segments céphaliques, le lombricien perd sa morphologie vermiforme pour se présenter comme un sac aux parois molles et déformables, et au contenu cœlomique hypertrophié et laiteux probablement en raison de l'importance d'une colonie bactérienne commensale ou symbiotique emplissant son cœlome. Ce cas, peut-être unique, est en cours d'étude.

Complétons les endogés par la sous-catégorie écologique des *endogés carnivores*, rares et également très particuliers, dont Patrick Lavelle a surpris l'un des individus en train d'ingérer un autre lombricien d'espèce différente. Ils n'ont ni gésier ni typhlosolis, leurs proies étant très digestes. Ces animaux exhalent une odeur camphrée qui doit probablement prévenir tout cannibalisme[1].

1. Lavelle, P., 1981 – "Un ver de terre carnivore des savanes de la moyenne Côte-d'Ivoire : *Agastrodrilus monicae* nov. sp. (Oligochetes – Megascolecidae)", *Rev. écol. biol. sol*, 18, p. 253-258.

Pour distinguer des sous-catégories d'endogés, et faute de s'appuyer sur les caractéristiques intrinsèques des animaux qui fondent normalement les catégories écologiques, on peut se référer à la nécromasse de leur endentère. Autrement dit, on regarde la richesse en matière organique du contenu du tube digestif. Il y a des différences notables, mais c'est très variable dans le temps ; ici, l'étude quantifiée est peu réalisable. Toutefois, un classement approximatif est possible et Patrick Lavelle a proposé en 1983[1] de distinguer les endogés polyhumiques, mésohumiques et oligohumiques, pour les lombriciens à endentère ayant une richesse en nécromasse respectivement élevée, moyenne et basse.

Les épigés

Les *épigés* sont des animaux vivant essentiellement hors du sol minéral, dans ou sur la nécromasse, dans des anfractuosités, dans des litières et sous des écorces et supports divers. Très exposés aux prédateurs (oiseaux, insectes, etc.), ils ont acquis par sélection naturelle une très grande prolificité, pour compenser les pertes démographiques, et une peau pigmentée les aidant à se confondre avec leur milieu (homochromie). Vivant initialement dans la litière aux feuilles mortes rouge brunâtre, ils sont alors pigmentés en rouge vineux (cf. fig. 2, p. 50, et fig. 30, p. 280). Dans d'autres cas, plus rares, ils sont verts comme les plantes qui les accueillent dans les herbages des bords de rivière.

Les épigés sont relativement effilés et se déplacent généralement par mouvements péristaltiques rapides en se glissant dans les espaces des matériaux organiques poreux les entourant. Typiquement leur corps est cylindrique, avec un fort aplatissement ventral, car ils prennent appui non pas dans des galeries, mais sur leur ventre. Grâce à leur pigmentation homochrome avec leur entour, ils se dissimulent des prédateurs qu'ils fuient rapidement, en marche avant ou arrière. Comme ils sont souvent exposés à l'air sec de la surface du sol, ils ont très fréquemment des néphridies (minuscules reins avec vessie) débouchant sur la partie dorsale du corps et dont l'urine leur permet de s'arroser lorsqu'ils sont temporairement asséchés.

Ces adaptations par l'homochromie et l'humectation cutanée sont complétées par une petite taille leur conférant une démographie galopante. Vivant dans des milieux organiques riches dont ils se nourrissent, les juvéniles atteignent rapidement la petite taille des adultes. Tout cela permet de compenser les hécatombes dues à la prédation et à la dessiccation des sols.

Au moins une espèce (*Lumbricus castaneus* Sav.) a un cycle de vie où, en saison sèche, les juvéniles et les adultes sont exterminés tandis que les cocons reviviscents assurent la génération suivante.

1. Lavelle, P., 1983 – "The Structure of Earthworm Communities", in J. E. Satchell (dir.), *Earthworm Ecology from Darwin to Vermiculture*, Chapman and Hall, Londres, p. 449-466.

Les épigés se nourrissent de matières organiques mortes : litière *(straminicoles)*, fèces de mammifères, telles les bouses de vache *(coprophages)*, aubier en décomposition sous l'écorce de troncs pourris *(corticoles)*, etc. Cas rare, *Satchellius mammalis* est un épigé *pholéophile* qui vit dans les galeries des anéciques, souvent sur leur corps, et qui semble se nourrir, au moins partiellement, de leur mucus.

Les épigés *anguiloïdes* constituent une sous-catégorie écologique importante qui mérite ici une mention particulière. Leur nom fait référence à la similitude de leur mode de déplacement avec celui des anguilles. Comme ces poissons, les anguiloïdes se glissent vivement en serpentant à la surface du sol, entre les végétaux, les litières, les aspérités des troncs et branches d'arbres, et dans les pores des lacis raciniens. Ce sont des animaux rigides qui, agressés, fuient les prédateurs en s'arc-boutant sur le sol pour effectuer des sauts successifs par détente de tout leur corps. À la manière des sauterelles, ces sauts successifs les éloignent du danger.

Chez les épigés anguiloïdes, la posture, la paroi du corps et le mode de locomotion sont totalement différents de ceux des autres lombriciens dont le mode primitif et général de locomotion, le mouvement péristaltique, est ici perdu ou marginal. Le corps est cylindrique et rigide, avec une paroi externe à la peau couverte d'une forte cuticule et avec une cavité cœlomique fermée (pas de pores cœlomiques) qui permet une forte turgescence contribuant à la rigidité du corps. Les soies présentent souvent l'originalité d'être très nombreuses, disposées autour du corps en couronne, ce qui permet l'accrochage des animaux à la réception de chaque saut lors des saltations de fuite. Enfin, ces animaux sont dotés de très nombreuses micronéphridies (minuscules reins) qui débouchent par de nombreux micropores notamment sur toute la paroi externe, ce qui leur permet une sudation temporaire les protégeant de la dessiccation. En France, ces anguiloïdes sont typiquement représentés par *Pheretima diffringens* (Baird, 1869).

Les anéciques

La catégorie écologique des *anéciques*, très importante dans les écosystèmes européens, commence à être bien connue. Il s'agit d'animaux de grande taille, ayant une section transversale du corps assez caractéristique : trapézoïdale. Leur tête est effilée, et leur queue en fer de lance. Ils ont une pigmentation souvent sombre (cf. fig. 6, p. 77).

Ces lombriciens creusent des galeries essentiellement verticales, depuis la surface du sol jusqu'à 1 ou 2 mètres de profondeur (parfois plus) (cf. fig. 7, p. 84). Ils présentent des soies fortes et relativement courtes permettant un accrochage sur le sol ferme de leurs galeries. Ils se nourrissent, du crépuscule à l'aube, à la surface du sol en laissant leur queue engagée dans le débouché supérieur de leur terrier et en explorant autour de cet orifice à la recherche des aliments accessibles (algues, feuilles mortes…).

Figure 7. Galerie en coupe verticale d'un ver géant (Scherotheca sp.) *observée dans le Tarn. Notez l'empreinte caractéristique des segments.*

Ils remontent à la surface pour déféquer autour de l'orifice de leur terrier des fèces organominérales qui s'y accumulent (cf. fig. 8, p. 99). Au fil des jours, ces déjections forment de petites tours, d'où leur nom de *turricules*.

Leurs incursions à la surface du sol exposent leur tête, lorsqu'ils ingèrent, ou leur queue, lorsqu'ils défèquent, aux prédateurs, tels les merles. Toutefois, leur système nerveux est structuré pour leur permettre en cas d'alerte de se rétracter très rapidement dans leur terrier afin de se protéger. Malgré tout, en cas d'amputation par un prédateur, ils peuvent régénérer la partie lésée, queue ou tête, par *paradiapause*. Cette régénération sera commentée p. 137 et 210.

Ils possèdent des soies renforcées (crochets), au niveau de leur queue lancéolée et souvent de leur tête, qui assurent l'ancrage à l'entrée du terrier de la partie du corps qui reste dans le sol. Cet ancrage permet la rapide rétraction de survie décrite ci-dessus et la traction d'aliments vers le terrier ; dans ce cas, la traction est une contraction qui concerne tout le corps.

Enfin, ils jouissent d'un mode de léthargie efficient très élaboré, la *diapause*, qui sera décrit plus bas (p. 94-96).

Comme pour toutes les catégories écologiques, il y a des intermédiaires avec les trois autres catégories des hydrophiles, des endogés et des épigés. Faisons ici une mention particulière pour les *épianéciques*, des *Lumbricus*, en raison de leur importance fonctionnelle dans de nombreux écosystèmes européens et, depuis leur introduction çà et là, aux États-Unis, au Canada, au Chili, etc.

Le genre *Lumbricus* est bien caractérisé. Ses nombreuses espèces sont toutes épigées au stade juvénile initial ; certaines, de petite taille, le resteront au stade adulte, d'autres vont atteindre au cours de leur croissance une grande taille incompatible avec un habitat d'épigé. Elles adoptent alors un comportement d'anécique en creusant des galeries quasi verticales, produisant des turricules, etc. Elles n'ont toutefois ni diapause ni paradiapause.

Notons également le cas de lombriciens de grande taille, de pigmentation foncée, sans diapause vraie, effectuant un travail d'ingestion et de digestion important dans le sol et à sa surface, qui sont parfois qualifiés d'anéciques par des chercheurs peu regardants sur le sens précis du concept d'anécique. On observe de tels lombriciens, ayant une apparence d'anéciques, dans toutes les grandes lignées de Lumbricina terricoles à progésier. Cela marque à la fois une tendance évolutive pour occuper la place fonctionnelle écologique des anéciques et une inaptitude à le faire pleinement en raison des limites imposées par la pholéoïptomie. Dans les segments céphaliques, la musculature dédiée au travail du sol est limitée par le progésier assurant le broyage des aliments résistants. Ce sont des presque anéciques, des *paranéciques*, appartenant aux trois grandes lignées lombriciennes, par exemple *Metaphire magna* (Megascolescidae), *Martiodrilus carimaguensis* (Glossoscolescidae) et *Hormogaster gallica* (Hormogastridae).

Les hydrophiles

Les *hydrophiles* regroupent les lombriciens adaptés à des sols saturés en eau. Il s'agit de terricoles, à ne pas confondre avec les dulçaquicoles des lacs et cours d'eau, qui se partagent en deux groupes.

Les *rhéophiles* sont des animaux très filiformes, vivant regroupés en pelote dans le tréfonds du sol. Ces pelotes filtrent les courants (rhéos) d'eau souterraine et retiennent les aliments entraînés dans les drains naturels ou artificiels. *Haplotaxis gordioides*, par ses caractères morphologiques et son mode de vie, a conservé les traits de ces premiers lombriciens.

Les *hygrophiles* sont des lombriciens qui présentent des adaptations spécifiques à la vie en milieux gorgés d'eau (boueux), voire secondairement à la vie subaquatique. Les sols concernés peuvent être ennoyés de façon temporaire ou permanente.

Les hygrophiles dérivent de lignées terricoles et présentent des adaptations secondaires à la vie subaquatique. Par exemple, au lieu d'avoir un corps quasi cylindrique, ces hygrophiles sont souvent de section quadrangulaire ; c'est le cas d'*Eiseniella tetraedra*, comme son nom l'indique. Des soies érigées aux angles de leur corps de section tétraédrique leur permettent de s'agripper dans des milieux humides glissants. On observe aussi le développement de certains organes externes de copulation sexuelle spécifiques et parfois certains ont un gésier très réduit, voire absent, car leurs aliments, issus d'algues et de plantes compétitrices n'offrant pas de résistance, ne nécessitent pas de broyage.

Ces adaptations aux milieux très humides concernent les trois catégories écologiques, mais chacune d'entre elles conserve sa position. Certains endogés hygrophiles s'adaptent dans des sols gorgés d'eau car, grâce à leurs galeries notamment, ils reçoivent assez d'oxygène. Souvent les hygrophiles ont des traits d'épigés ou d'épiendogés (pigmentés) du fait que la vie en milieu gorgé d'eau, aux sols souvent asphyxiants, contraint les vers de terre à s'exposer aux prédateurs sur le sol pour s'oxygéner, au moins temporairement. Des épigés hygrophiles vivant très près de la surface des sols conservent leur pigmentation verte les confondant avec les végétaux des milieux ennoyés temporairement (prairies des fonds de vallée) ou en permanence (fonds de lac). Ils sont ainsi amphibies.

Une espèce anécique du sud-ouest de la France s'est adaptée aux inondations ennoyant les sols pendant plusieurs semaines. Pour respirer l'oxygène dissous dans l'eau libre, *Scherotheca savignyi porotheca* expose son énorme queue hors sol sous l'eau, malgré la présence de gros poissons prédateurs. La partie exposée, de 10 à 25 centimètres de long, prend une forme étalée de 2 à 4 centimètres de large et devient rougeâtre du fait de la dilatation des vaisseaux sanguins cutanés respiratoires.

9. Les catégories écologiques et la colonisation des écosystèmes

Les catégories écologiques ont été définies pour regrouper dans chacune d'entre elles les lombriciens remplissant quasiment le même rôle dans les sols. Chaque catégorie est, en conséquence, définie par des caractéristiques lombriciennes montrant l'aptitude à remplir ce rôle. Bien qu'il s'agisse de la place écologique actuelle de chaque catégorie, on sait que ces caractéristiques ont été acquises peu à peu au cours de dizaines de millions d'années. Il faut laisser les repères chronologiques à l'interprétation phylogénétique des filiations et aux validations biopaléogéographiques (cf. l'encadré 4, p. 52-53) et n'utiliser avec les catégories écologiques que les caractéristiques propres aux rôles actuels.

Les hydrophiles

Rhéophiles. Très filiformes, colonisant les drains et cours d'eau internes aux sols et sous-sols. Forme fondatrice des terricoles dont sont issus les endogés.

Hygrophiles. Lombriciens endogés, voire épigés ou anéciques, vivant dans les sols ennoyés en permanence ou temporairement. Adaptation secondaire à ces sols, quoique parfois ancienne.

Les endogés

Groupe issu des rhéophiles dulçaquicoles et occupant tous les sols à l'exception de leur surface. Nombreuses variantes, souvent combinées :

– *Endogés ordinaires* ;
– *Hypoendogés*, vivant en sol profond ;
– *Épiendogés*, vivant près de la surface du sol ;
– *Endogés rhizophages*, effilés, consommant des radicelles (toujours ?) mortes ;
– *Endogés géophages tubulaires* ;
– *Endogés difformes* ;
– *Endogés carnivores*, se nourrissant d'autres lombriciens.

Les épigés

Straminicoles, vivant dans et se nourrissant de litière.

Coprophages, vivant dans et se nourrissant d'excréments de mammifères (bouses de vache, par exemple), reviviscence observée.

Corticoles, vivant sous les écorces et se nourrissant d'aubier et de bois mort.

Pholéophiles, vivant dans les galeries d'anéciques (et se nourrissant partiellement de leur mucus ?).

Épigés anguiloïdes, corps rigide, fuite généralement saltatoire.

Les anéciques

Anéciques, avec postgésier, diapause, paradiapause et quiescence.

Épianéciques, avec postgésier, sans diapause ni paradiapause mais avec quiescence.

Paranéciques, sans postgésier, sans diapause ni paradiapause mais avec quiescence.

Catégories écologiques et impasses évolutives

Lors d'une récente discussion captivante, où nous évoquions simultanément l'évolution des lombriciens, telle qu'établie avec les moyens les plus modernes, et leurs modes de vie actuels observés dans divers milieux, surtout d'Asie et d'Europe, le professeur Qiu Jiang-Ping de Shanghai m'a fait observer que tous les lombriciens que nous considérons comme ayant conservé des caractéristiques ancestrales sont anciens, voire très anciens, et appartiennent sans exception aux formes endogées subaquatiques, hydrophiles, voire parfois géophages, et que les lignées plus tardives, considérées comme issues des premières, étaient les seules à présenter des caractères adaptatifs d'épigés et d'anéciques.

L'interprétation des parentés des lignées, présentée dans l'encadré 6 p. 59-60, est fondée sur une phylogénie aussi complète et moderne que possible[1], et résume l'ensemble de la présentation des conditions de vie et des différenciations lombriciennes dans l'espace et le temps. La cohérence de celles-ci est renforcée par le fait que chaque lignée tend, par son activité biologique, à modifier le sol qui l'accueille tout en s'y adaptant étroitement, ce qui entraîne une coévolution lombricien/milieu. Cette coévolution dans le temps l'est aussi dans l'espace car en chaque lieu les conditions diffèrent.

Cela n'exclut pas le fait que les lombriciens ne trouvent pas nécessairement dans leur boîte à outils génétiques les moyens de s'optimiser dans le fonctionnement des écosystèmes. C'est particulièrement le cas des paranéciques, décrits ci-dessus, coincés qu'ils sont par leur gésier céphalique. C'est évidemment et plus généralement le cas de tous les lombriciens inadaptés aux conditions hydriques et thermiques extrêmes. La *fonction lombricienne* a ses limites !

Cela n'exclut évidemment pas le fait que nos connaissances sont très lacunaires. Par exemple, nous sommes dans l'incapacité de comprendre pourquoi les lombriciens ont des systèmes de soies et de néphridies aussi diversifiés. La diversité des organes n'est que partiellement comprise, probablement faute d'études fonctionnelles précises tant des organismes que de leurs adaptations aux écosystèmes.

LE THÉÂTRE ACTUEL

Oui, la Terre a évolué. Les continents ont changé de place en dérivant selon les mécanismes décrits par la tectonique des plaques. Sur ces continents, les végétaux se sont adaptés, permettant, par leurs produits de photosynthèse, la vie microbienne et animale, mais aussi les accumulations de matière organique morte formant les humus des sols et des dépôts carbonés comme le lignite, le charbon, le pétrole, etc.

Les plantes ont dû s'adapter selon les trois catégories décrites par Grime (cf. l'encadré 5, p. 57-58). Les compétitrices occupent, grâce à

1. Qiu, J.-P., et Bouché, M. B., 1998 – "Révision des taxons supraspécifiques de Lumbricoidea", *Doc. pédozool. intégrol.*, 3, 6, p. 179-216.

une croissance rapide, la surface des sols pour capter l'énergie solaire. Leurs tissus fabriqués "à la hâte" sont peu résistants, mais vite remplacés par leur croissance qui cicatrise les prélèvements des herbivores. Au contraire, les plantes résistantes s'installent dans les zones glacées ou arides où la croissance végétale lente ne peut compenser l'action des herbivores, elles investissent donc dans des moyens de défense.

Ainsi, les sols héritent de débris végétaux, formant l'essentiel de la nécromasse, qui sont soit facilement décomposables s'ils proviennent des plantes compétitrices, soit peu putrescibles s'ils sont produits à partir des résistantes. En conséquence, les sols ont évolué eux aussi en incorporant des produits végétaux aux propriétés différentes et en les transformant avec l'aide des micro-organismes et des lombriciens.

Oui, les Annélides ont conquis les terres, comme Oligochètes, et se sont diversifiés dans les sols émergés, comme lombriciens appartenant à différentes lignées évolutives. Ils se sont perfectionnés pour finalement occuper une place essentielle dans l'économie de la nature, comme cela sera décrit et quantifié dans la deuxième partie de l'ouvrage. Cette très longue évolution biologique, aboutissant à l'état actuel, a vu se mettre en place sur Terre, et en parallèle, les végétaux et une diversification extraordinaire des animaux. Pas seulement celle des lombriciens, encore trop partiellement connue, mais aussi celle des nématodes, des insectes, des poissons, des reptiles, des oiseaux et des mammifères.

Parmi les multiples espèces de cette dernière lignée, une seule, l'homme, a acquis récemment le pouvoir de bousculer tout cet ordre à son gré. Il a toutefois très récemment commencé à comprendre que ses actions pouvaient se retourner contre lui et il a amorcé, fort maladroitement d'ailleurs, la recherche de son propre développement socio-économique sous une forme durable, c'est-à-dire sans rétroactions par trop négatives sur lui-même et sur son milieu de vie. Ici, il y a encore du pain sur la planche !

Comme nous allons le voir au chapitre suivant, les limites de la perception et de la compréhension humaines biaisent considérablement l'observation de la réalité des écosystèmes, où tous les organismes vivent en osmose étroite avec l'air, les sols, les sédiments et les eaux. La cohérence des lombriciens avec leurs milieux est fort différente, comme en témoigne le peu que l'on sait de leur comportement.

C'est seulement après avoir pris conscience de ces différences de perception, décrites dans le chapitre suivant, que nous verrons, dans la deuxième partie de l'ouvrage, les écosystèmes eux-mêmes et la participation des lombriciens à ces systèmes où nous vivons.

La troisième et dernière partie de l'ouvrage présentera l'apport des vers de terre à notre aptitude à assurer notre développement durable.

III

PERCEPTIONS ET INTELLIGENCES

HUMAINS ET LOMBRICIENS : UNE MUTUELLE INCOMPRÉHENSION

Comme nous l'avons vu brièvement au chapitre précédent, au paragraphe "Le théâtre actuel" (p. 88), la longue évolution terrestre qui a modulé les milieux où nous vivons avec leurs plantes et leurs animaux a fait émerger une multitude d'espèces lombriciennes et, parmi les vertébrés, une espèce qui nous concerne au premier chef, *Homo sapiens*, celle qui regroupe tous les humains.

Comme déjà décrit au premier chapitre, la perception des vers de terre par les hommes est extrêmement lacunaire, généralement confuse et péjorative, et dans tous les cas fort médiocre. Et pourtant, les lombriciens sont nos premiers commensaux. Nous partageons, avec eux et quelques autres, les produits organiques, vivants ou non, qui se forment dans nos écosystèmes. Et dans ce partage, les vers de terre ont la part du roi. Pour preuve, lorsqu'on les pèse, leur biomasse est en France vingt fois supérieure à celle des humains. De plus, le fait d'avoir appris depuis Darwin que nous avons en commun un lointain ancêtre aurait dû éveiller notre intérêt.

Mais ces constats élémentaires évidents sont sans portée car notre aptitude à comprendre les lombriciens se réduit à rien ou presque. Notre perception de ces animaux dans les milieux que nous partageons avec eux était jadis partielle et confine aujourd'hui à la cécité. Autrefois objet de l'attention des chasseurs-cueilleurs qui les collectaient pour les manger et des paysans attachés à la fertilité de leurs terres, ils échappent aujourd'hui à l'intérêt des citadins et des touristes. Leurs mœurs souterraines et leur esthétique peu attrayante écartent aussi les naturalistes qui leur préfèrent le charme des papillons, des plantes, des oiseaux. Ils n'offrent aucun intérêt lucratif immédiat, sauf comme appâts pour la pêche, et, comme ils n'induisent aucun ravage en agriculture, ils sont financièrement neutres, inexistants.

L'intérêt académique eût dû être important si la collectivité techno-scientifique s'était attachée à étudier la *réalité* du *fonctionnement* des écosystèmes (prairies, champs cultivés, forêts, rivières…), mais, à l'inverse, cette collectivité s'est écartée de cet objet d'étude difficile en développant d'abondantes activités cosmétiques occultant son incompétence[1]. De fait, l'homme ignore souverainement la première masse animale de nos milieux et n'a ni perception sensible ni intelligence des relations entre les humains et les lombriciens.

À l'inverse, les lombriciens subissent, à côté des accidents naturels, les conséquences des actes humains dans les écosystèmes. Ces actes humains, très divers, vont des bouleversements mécaniques, du type labour, à l'usage de pesticides, non seulement toxiques pour beaucoup d'entre eux, mais créant par effet herbicide un appauvrissement de leur diversité nutritionnelle. Seul l'état souvent pitoyable de leurs populations témoigne des effets délétères de nos comportements. Moi qui m'exprime ici au nom de ces non-humains, je n'ai rien entendu, pas de complainte.

Les lombriciens ne sont donc pas des intellectuels, ils subissent sans broncher, mais pas sans agir… ou plutôt en n'agissant plus du fait de leur extermination. De toute évidence, humains et lombriciens n'ont ni la même perception du monde ni le même langage et, de ce fait, pas la même intelligence des choses.

Pour essayer de réduire quelque peu le fossé qui nous sépare de ces animaux, je vais d'abord décrire ce que l'on sait de la perception du monde par les lombriciens et de leurs aptitudes à réagir aux circonstances *via* cette perception, perception et réaction se traduisant par leur comportement. Ensuite et symétriquement, je vais tenter de décrire brièvement notre perception collective du monde, celle qui commande nos actes ; c'est-à-dire notre comportement dans les écosystèmes. De cette comparaison se dégagera enfin la nécessité d'un changement des institutions technoscientifiques, ce changement étant rigoureusement indispensable aux humains et accessoirement favorable aux lombriciens.

LE COMPORTEMENT CONNU DES LOMBRICIENS

Le comportement des lombriciens découle de caractéristiques acquises à la suite de leur longue évolution décrite au deuxième chapitre. Nous avons vu p. 78-80 que ces caractéristiques varient et nous ont permis de définir quatre catégories écologiques fondamentales nous informant sur leurs modes de vie. Il s'agit des hydrophiles particuliers et peu connus, et donc non traités ici, des endogés vivant dans le sol surtout minéral, des épigés vivant dans la matière organique morte et enfin

1. Celle-ci sera décrite, p. 103-104, au sujet du comportement humain.

des anéciques, animaux de grande taille creusant des galeries verticales profondes et se nourrissant surtout à la surface du sol. Ces modes de vie impliquent des comportements différents. Regardons-les.

S'adapter en troglodyte aux saisons

Les variations climatiques saisonnières modifient les conditions de vie lombricienne selon la nature des sols et selon leurs humidité et température. Les lombriciens ont des adaptations atténuant les conséquences de ces variations. Ces adaptations sont comportementales, tels des déplacements vers des localisations accueillantes du sol, et physiologiques, par exemple avec une activité vitale ralentie par une léthargie lors de conditions difficiles. Les variations climatiques auxquelles on se réfère ici sont celles, classiques, des saisons en climat tempéré : été (saison sèche et chaude), automne, hiver froid et printemps (saisons toutes trois humides). Ce schéma très simplificateur est inopérant près de l'équateur et doit être adapté près des tropiques. Les comportements lombriciens sous climat tempéré étant les mieux connus, ce seront les quatre saisons, printemps, été, automne et hiver, à peu près égales en France, qui serviront de référence ici.

Commençons par l'automne. Dès septembre, les feuilles mortes des arbres et les débris des végétaux s'amoncellent sur un sol humecté par la pluie. Ce sol reste chaud, car il conserve la chaleur accumulée en été. Les organismes, bactéries, champignons et lombriciens entre autres, profitent de ces conditions hygrothermiques favorables et de l'apport de nourriture issue des plantes.

Les épigés éclosent depuis leur forme de résistance (les cocons) ou sortent des refuges où ils ont survécu lors de la sécheresse estivale. Ils s'alimentent de l'abondante matière organique disponible, croissent rapidement en quelques semaines et, très prolifiques, se reproduisent abondamment avant l'hiver.

Les endogés et les anéciques sortent de leur léthargie. Ces derniers creusent ou restaurent leur réseau de galeries verticales et ingèrent la litière fraîchement tombée sur le sol. Ils vont, lorsque les débris végétaux sont résistants (cf. l'encadré 5, p. 57-58), tirer les feuilles et brindilles dans leurs galeries. C'est typique de l'activité des gros *Lumbricus* épianéciques.

Très vite, le travail du sol effectué par les anéciques et les endogés crée des grumeaux organominéraux de terre car ces lombriciens ingèrent de la matière organique, mais aussi du sol minéral et de petits cailloux servant de "dents" dans le broyage des aliments effectué dans leur gésier. Comme nous l'avons vu p. 58, il s'agit d'une adaptation essentielle des Lumbricina à la terre ferme car le brassage organominéral se poursuit dans l'intestin et constitue le *lombrimix*, un composant des écosystèmes constituant une excellente ruse qui tient au fait qu'aucun autre animal, hormis les lombriciens, ne peut ingérer cette pâtée terreuse et fermentée. En procédant de la sorte, les vers de terre excluent les compétiteurs d'un deuxième service du plat de résistance.

Les lombriciens déposent leurs déjections, le lombrimix, dans et sur le sol, notamment autour des galeries qu'ils creusent (cf. fig. 14, p. 167, et 21, p. 185). Dans le sol, ces déjections durcissent en grumeaux, au cours de leur incubation microbienne. Nous verrons au chapitre v qu'il ne s'agit pas d'une activité marginale ; des centaines de tonnes par hectare et par an sont en cause !

Mais voilà, l'hiver arrive. Le froid ralentit l'activité des organismes… il est vrai assez tardivement pour les anéciques qui, rappelons-le, ont de longues galeries verticales et en jouent, la terre restant chaude en profondeur. Toutefois, le froid pénètre peu à peu le sol et gèle la nourriture de surface. Les endogés, étroitement liés à l'activité des microorganismes, ralentissent leur activité. Les épigés utilisent notamment les galeries verticales des anéciques pour s'abriter en profondeur.

Et là, juste sous le sol gelé, j'ai observé une multitude de vers de terre en *quiescence*, c'est-à-dire en léthargie, enroulés sur eux-mêmes et qui "dormaient" en hibernation. Il suffit de soulever la terre gelée en blocs pour observer, sous ces blocs congelés, des vers de terre. Étonnant, ils sont remontés du sol profond pour se placer juste sous le gel. Comportement perçu comme masochiste par l'homme qui, en pareille circonstance, souffrirait du froid dans une terre à 0 °C !

En fait, quel comportement génial ! Pour des animaux à sang froid, privés de nourriture, c'est la logique même. Les besoins métaboliques sont proportionnels à la température, 0 °C égale zéro besoin. Pour les puristes, la relation entre les activités et les besoins métaboliques est une fonction mathématique exponentielle, souvent évoquée pour tout ce qui s'élève, mais qui ici s'abaisse vers le plancher zéro.

Revenons à nos vers en hibernation. Le froid continue de pénétrer dans la profondeur du sol et, fait surprenant, dès qu'un cristal de glace touche un lombricien en léthargie sous le sol gelé, celui-ci s'agite comme un beau diable. J'ai observé cela au laboratoire lorsque j'ai maladroitement essayé de les assoupir en supposant leur activité ralentie en eau glacée : le contact des glaçons déclenchait alors une brutale réaction de fuite. J'imagine qu'au terrain cela leur permet d'échapper au gel et de descendre dans une couche inférieure non gelée du sol, vers une nouvelle quiescence.

Le printemps arrive. Tout recommence comme à l'automne, avec toutefois deux différences ayant trait au gradient thermique du sol et à la nourriture disponible.

Le gradient thermique s'inverse. Cette fois, c'est la surface qui se réchauffe tandis que le sol profond reste froid par inertie. La nourriture se fait rare car la litière de feuilles et de débris végétaux, tombés essentiellement à l'automne, s'est amenuisée du fait de la décomposition due aux micro-organismes et de sa consommation par les lombriciens lors des redoux hivernaux. Dans un sol fertile où l'activité lombricienne est à l'équilibre, les plantes croissent et ne libèrent que peu de produits : quelques pétales, des organes devenus obsolètes et des excrétions raciniennes. Peu d'apport nutritionnel, donc, pour les vers de terre ; c'est une pénurie modérée toutefois par les ex-déjections devenues, comme nous le verrons p. 162-163, un fromage nutritionnel, mais qui lui aussi s'amenuise.

L'été arrive. Avec la température croissante du milieu, les besoins nutritionnels croissent. C'est la famine qui pointe, aggravée par la sécheresse estivale qui, en déshydratant les sols, bloque l'activité lombricienne. Regardons donc de plus près les modalités de ces arrêts d'activité.

Activités et léthargies

L'apparence des lombriciens est la même dans les trois léthargies connues (diapause, quiescence et paradiapause). Ils s'enroulent sur eux-mêmes en boule et restent inactifs tant que les conditions du milieu sont inadéquates (quiescence), que leur horloge biologique interne indique "nuits trop courtes" (diapause) ou que la régénération d'une partie du corps antérieurement amputée est inachevée (paradiapause).

La quiescence est déclenchée directement par un facteur du milieu, souvent la sécheresse (estivation) ou le froid (hibernation). Cette quiescence s'arrête avec la fin du facteur déclenchant. De même, la paradiapause est directement liée à un traumatisme. En revanche, la diapause relève d'un mécanisme indirect, beaucoup plus subtil, dépendant d'une chronobiologie qui mérite d'être contée.

Heure d'été ou heure d'hiver ?

La surprise fut grande de découvrir que les anéciques, quoique aveugles, tenaient compte de la durée du jour. Cette découverte fut simultanément faite par le professeur Michel Saussey et l'un de ses étudiants[1] qui, observant le système hormonal endocrinien de ces animaux, notent leur entrée en léthargie sous forme d'une diapause dépendant d'une régulation hormonale. J'observais pour ma part, la même année, que les anéciques, dont j'étudiais l'activité dans une prairie, entraient en diapause, quelles que soient les conditions de température et d'humidité du sol, le 28 mai à plus ou moins quelques jours en raison de l'imprécision de mes observations hebdomadaires conduites sur plusieurs années.

1. Saussey, M., et Debout, G., 1984 – "Nouvelles données sur le déterminisme de la diapause de *Nicodrilus giardi* (Ribaucourt) (Oligochètes, Lumbricides)", *C. R. Acad. sci.*, Paris, 299, sér. III, 2, p. 35-38.

Stupeur, ces lombriciens fuyant la lumière régulent, comme beaucoup d'animaux et de plantes, leur rythme saisonnier d'activité sur la durée du jour. Inutile de dire que cette régulation n'opère pas en zones tropicales où la durée du jour est quasi invariable, alors qu'en France le rôle de la photopériode est très net.

Interprétation : il s'agit d'anéciques ne fuyant que la pleine lumière. Dès la pénombre, au coucher du soleil, et jusqu'à l'aurore, ils consomment la litière disponible à la surface du sol. Lorsque les jours deviennent longs, les nuits raccourcissent, et ces animaux peinent à ingérer leur provende par ailleurs rare car peu produite au printemps par les végétaux alors que leurs besoins nutritionnels croissent avec la température.

10. Catégories écologiques, milieux et léthargies

Catégories écologiques	Milieux	Exemples	Léthargies
Endogés			
filiformes	Eau souterraine	*Haplotaxis gordioides*	?
géophages	Sol	*Heraclescolex icterica*	Quiescence
tubulaires	Sol pauvre	*Vygnisa popi*	Quiescence
difformes	Sol	*Ailoscolex lacteospumosus*	Quiescence
carnivores	Sol	*Agastrodrilus dominicae*	Quiescence
épiendogés	Sol superficiel	*Allolobophora bartolii*	Quiescence
Épigés	Nécromasse, litière	*Dendrobaena octaedra*	?
corticoles	Aubier mort sous écorce	*Eisenia andrei*	Cocon
anguiloïdes	Sol, superficies	*Pheretima diffrengens*	?
Anéciques	Sol et sous-sol	*Nicodrilus giardi*	Diapause
épianéciques	Sol et sous-sol	*Lumbricus terrestris*	Quiescence collective
paranéciques	Sol	*Megascolex mauritii*	?
Hygrophiles	Sols inondables	*Kionodrilus geogii*	Quiescence
cf. endogés filiformes	Eau souterraine	*Haplotaxis gordioides*	Sans ?
cf. anéciques	Inondation temporaire	*Scherotheca porotheca*	Diapause
aquatiques dulçaquicoles	Eau douce	*Eiseniella tetraedra*	?
aquatiques marins	Sédiment marin	*Pontodrilus litoralis*	Sans

La diapause est commandée par un système neuro-hormonal associé à des cellules photoréceptrices abondantes dans la tête des vers de terre. C'est un phénomène comparable à celui qui commande l'hibernation des loirs, marmottes, etc., mais, à l'inverse de ces animaux, il se déclenche de façon à mettre en léthargie pendant les jours les plus longs. Seuls les anéciques vrais ont cette diapause, à ne pas confondre avec les quiescences, résultant directement de la sécheresse ou du froid ; ni avec la paradiapause, déclenchée par une amputation et permettant une régénération. La diapause est, par ailleurs, une léthargie “économique” car sa régulation entraîne un abaissement des besoins métaboliques de moitié environ par comparaison avec la quiescence.

Les trois types de léthargie sont pratiqués par les anéciques vrais, mais seules la quiescence et la paradiapause s'observent chez les endogés. Quant aux épigés, la seule forme d'arrêt d'activité apparente connue serait celle des cocons d'été reviviscents. Cette dernière léthargie n'est pas prouvée, mais les cocons reviviscents restent en “dormance” aussi longtemps que nécessaire pour passer la sécheresse estivale et ne semblent pas affectés par la durée de cette période aride.

Enfin, n'omettons pas que certains vers de terre vivent dans des milieux où les contraintes hydriques, alimentaires et thermiques n'induisent aucune léthargie.

S'adapter avec subtilité

Le cas des *Lumbricus* a déjà été évoqué partiellement p. 85 en décrivant la sous-catégorie écologique des épianéciques. Ce genre a des dizaines d'espèces ; certaines de celles-ci ont des adultes ayant, disons, moins de 6 centimètres tandis que d'autres sont d'une taille supérieure à 9 centimètres. Parmi les “petits”, *Lumbricus castaneus* est un épigé rampant dans les prairies d'une bouse de vache à l'autre pour les consommer, y croître et s'y reproduire. En tant que ver, il disparaît en été, tué par la sécheresse, mais résiste sous forme de cocons reviviscents.

Parmi les “grands” *Lumbricus*, les juvéniles de petite taille rampent sous la litière organique dont ils se nourrissent avec un mode de vie initialement similaire à celui des petites espèces. Mais cela trouve sa limite lorsque leur taille s'approche du stade adulte ; ils deviennent trop exposés quand la litière ne les masque plus aux yeux des prédateurs. Ils creusent alors des galeries verticales leur permettant de s'abriter et de tirer la litière dans leurs terriers, même lorsqu'elle n'est pas ingérable. Ils enroulent, dans leur habitat devenu vertical, les feuilles mortes insuffisamment décomposées à la manière d'un cigare creux. Ces feuilles finissent, en se décomposant, par ramollir dans la galerie de réception et par devenir ainsi comestibles.

Mais ces galeries profondes ont aussi un tout autre rôle. Elles sont structurées et aménagées comme un logement, le sol étant les murs. Cela a été remarquablement décrit par Franz Lamparski[1] pour une des grandes espèces, *Lumbricus badensis*. Par ailleurs, tous ces gros *Lumbricus* épianéciques n'ont pas de diapause, à la différence des anéciques

1. Lamparski, F., 1985 – *Der Regenwurm Lumbricus badensis. Seine Wohnröhre, seine Verbreitung und sein Einfluss auf die Böden im Südscharzwald*, Dissertation zur Erlangung des Doktorgrades der geowissenschaftlichen Fakultät, Freiburg-im-Breisgau.

vrais, mais, comme ceux-ci, ils vivent plusieurs années. La saison sèche est alors critique et leur survie ne peut se faire que dans la profondeur des sols (vers 2 mètres), dans des logettes collectives où plusieurs galeries convergent. Il s'agit d'un logement de survie dans lequel plusieurs individus se regroupent dans un horizon du sol restant, en principe, humide. Cela n'est pas possible partout en France ; j'ai ainsi pu reconnaître sans aucun doute l'existence d'un horizon humide profond à la présence de ces *Lumbricus* épianéciques et constater qu'à l'inverse leur absence témoigne de sols se desséchant profondément.

Comme nous venons de le voir, deux facteurs du milieu, photopériode et humidité, régulent le comportement lombricien, mais un troisième facteur joue un rôle déterminant : la température.

Comment lézarder à l'ombre ?

Pendant plusieurs années, j'ai effectué des relevés de température sous abri à 2 mètres de hauteur et dans le sol à – 5, – 20, – 50 et – 100 centimètres de profondeur. Cela m'a permis de constater l'importance de l'inertie et des gradients thermiques verticaux des sols. Je m'interrogeais alors sur la température vécue par les lombriciens car j'avais refusé le pis-aller, si fréquemment adopté arbitrairement, qui admet que cette température est celle mesurée à – 10 centimètres ou – 20 centimètres ou encore à 2 pouces ou à 5 pouces de profondeur !

Avec l'aide d'un stagiaire, j'ai pu élaborer puis tester un microthermomètre corporel introduit en interne dans la cavité cœlomique de lombriciens par un pore dorsal (cf. fig. 1, p. 42). C'est l'une des rares méthodes, développées p. 132-133, permettant de pénétrer, grâce aux lombriciens, au cœur de l'intimité des écosystèmes. Après une capture ne perturbant pas le sol, des anéciques ont été appareillés chacun d'un microthermomètre, puis ont été réintroduits dans leurs galeries et laissés libres de se déplacer comme bon leur semblait. Quelques semaines plus tard et après avoir recapturé ces animaux appareillés, leur température corporelle moyenne fut lue.

Surprise ! Les résultats indiquent que pendant toute la période d'activité printanière, alors que le sol se réchauffe, les lombriciens ont conservé une température constante de 12 °C. Nous avons alors commencé par douter de la qualité du thermomètre, mais, heureusement, la dernière température mesurée nous a indiqué une valeur plus élevée : celle du sol où il a fallu rechercher le dernier lombricien porte-thermomètre qui s'était enroulé en diapause. Le 28 mai était passé, l'animal ne se déplaçait plus et le microthermomètre enregistrait bien la température du sol où il estivait.

Alors, les thermomètres fonctionnant bien, qu'ont fait les lombriciens porteurs avant cette dernière capture ? Actifs, ils se sont déplacés dans leurs galeries verticales en choisissant, en moyenne, la température optimale qui leur convenait.

Ainsi s'explique pourquoi les anéciques, qui se nourrissent en surface dans la mangeoire écosystémique que constitue l'interface air/sol, creusent et entretiennent des galeries verticales allant de 150 centimètres à 250 centimètres de profondeur (exceptionnellement 600 centimètres). Ce n'est pas pour l'humidité, mais pour la température car ils estivent par diapause de – 40 à – 60 centimètres ; ce n'est pas non plus pour leurs conditions de reproduction car ils déposent leurs cocons peu profondément (de – 30 à – 60 centimètres). Non, à l'instar des lézards et d'autres animaux à sang froid, les anéciques régulent leur température en cherchant dans le gradient thermique du sol la place la plus favorable. En fait, pour ce faire, ils aménagent très subtilement leur habitat. Cela explique aussi que j'aie vu, près de Montpellier, des anéciques géants du genre *Scherotheca* venir à la fin de l'hiver se réchauffer sous les pierres plates de la garrigue exposées au soleil.

Une autre anecdote concernant la température, cette fois chez un lombricien épigé, *Eisenia andrei*, qui est une espèce thermophile dans la mesure où elle s'installe dans les tas de fumier et de compost qui chauffent naturellement du fait de la fermentation microbienne. J'ai constaté dans mes études technologiques visant à développer la lombripolytechnique de traitement des ordures ménagères, décrite p. 289-293, non pas la recherche de la température optimale par ces épigés comme décrite ci-dessus, mais une fuite au-delà d'une limite maximale supportable, observée et constante, de 30 °C. Cette espèce colonisait les milieux nutritifs en décomposition jusqu'à 30 °C, jamais plus, même si l'aération ou l'humidité étaient apparemment convenables. L'instinct leur indiquait peut-être qu'au-dessus les risques, d'asphyxie notamment, commençaient.

Sauve qui peut !

Beaucoup d'autres anecdotes montrent une aptitude sophistiquée des lombriciens à échapper à des conditions critiques. Telle celle des vers de terre du Marais poitevin qui, pour se soustraire à l'ennoiement des sols lors des crues recouvrant ce marais, montent sur des arbres (des saules têtards) avec une multitude d'autres animaux, y compris leurs prédateurs (carabes, musaraignes et lézards)[1]. Telle celle des lombriciens de la vallée de l'Orénoque au Venezuela, qui se perchent également dans les arbres durant la crue du fleuve, puis se laissent tomber des arbres comme une pluie pour réincorporer le sol après l'inondation[2].

Un travail majeur de mineurs

Les lombriciens, en creusant leurs galeries, évacuent une partie de leurs déjections sur le sol. À la manière des mineurs exploitant le charbon,

1. Observation de Pierre Aupetit.
2. Observation de Patrick Lavelle.

leurs galeries nécessitent un exutoire : un terril. Les vers de terre augmentent ainsi la porosité du sol en l'aménageant pour créer l'espace de leurs terriers. Ce sont surtout les anéciques qui assurent cette fonction, mais, en leur absence et de façon plus modeste, les endogés rejettent aussi en surface leurs déjections qui ne trouvent pas place dans un sol trop tassé.

Déposer des déjections sur le sol est risqué. La queue qui dépasse à la surface, pour évacuer l'excès de terre, est exposée aux oiseaux prédateurs qui s'en régalent… Tant les vers de terre que leurs prédateurs le "savent" bien. La queue sort pour déféquer autour de l'entrée de la galerie qui, de jour en jour, s'entoure d'une accumulation des fèces produites, percée par l'orifice de cette galerie qui s'élève au milieu de cette accumulation de crottes lombriciennes. Cela devient peu à peu une "petite tour", en latin francisé un *turricule* (cf. fig. 8 et fig. 14, p. 167).

Figure 8. Turricules couvrant le sol lors d'une interculture succédant à un emblavement de céréale.

Les turricules font, en général, quelques centimètres de haut, puis s'effondrent finalement sur le sol pour contribuer à la formation d'une couche poreuse, très fertile, de 3 à 6 centimètres d'épaisseur, bien observable dans les prairies où les racines forment, dans les agrégats issus de ces turricules, un lacis inextricable. Ce rejet de fèces en surface du sol, devenant des agrégats, constitue dans certains sols tropicaux (nord du Cameroun) une couche importante qualifiée d'"en dentelle" par Georges Bachelier[1].

1. Bachelier, G., 1963 – *La Vie animale dans les sols*, ORSTOM, Paris, Init. Doc. tech. 3.

En Guadeloupe, j'ai observé une autre manifestation spectaculaire d'activité à la surface du sol, à la lisière de la mangrove, côté terre. Cette zone marécageuse est couverte de tumulus faisant 60 à 70 centimètres de diamètre et 35 à 45 centimètres de hauteur. J'ai nommé ces tumulus, décrits p. 168-170, *vermières* car ils sont, à l'instar des fourmilières, des formations produites par des animaux (cf. fig. 15, p. 169, et fig. 16, p. 170). Dans ces tumulus, les corps des lombriciens sont subverticaux, tête en bas, alors que la queue, en haut, permet la respiration dans un sol totalement structuré par ces animaux.

Vagabondages

L'activité lombricienne n'est pas que verticale, il y a aussi une mobilité horizontale. Celle-ci dépend de besoins immédiats, tels ceux des épigés vivant dans des milieux très temporaires (bouses de vache) et qui doivent, après reproduction dans une bouse vieillie, migrer superficiellement pour coloniser une nouvelle bouse qui leur permettra survie et pullulation.

Chez les anéciques et épianéciques, la mobilité horizontale répond aussi à la nécessité d'assurer leur expansion sur de nouvelles terres. Chacun peut constater, après une pluie abondante, que de nombreux animaux se sont fait piéger en tombant dans les caniveaux voisins du gazon où ils prospéraient. C'est souvent spectaculaire quoique ces vagabonds piégés ne représentent qu'une fraction infime du peuplement dont ils sont issus. Cela, nous l'avons constaté dans une étude où nous suivions le devenir d'animaux marqués ; si les épigés marqués migrent en moyenne de 2 mètres par mois, c'est au maximum 1 mètre pour les anéciques[1].

Les sens en éveil

Les lombriciens ont, autant que l'on sache, une perception du monde qui les entoure et une intelligence très sophistiquée de celui-ci. Darwin avait déjà noté que, avant d'enfouir leur nourriture, ces animaux choisissaient lors de la manducation (prise avec la bouche) les débris végétaux potentiellement ingérables (exclusion des débris trop gros pour être ingérés) et apparemment selon leur goût. Depuis, des essais de laboratoire ont confirmé l'existence d'un choix gustatif.

D'autres essais ont montré qu'en mettant un ver de terre dans un tube de verre en forme de Y, l'animal s'orientait indifféremment à droite ou à gauche dans les deux branches du Y. Mais cela change si l'on envoie dans l'une des branches du Y un choc électrique subi par l'animal. Le ver réintroduit dans la base du Y ne s'y trompe pas, il s'oriente toujours du côté où il n'a pas subi le choc. On a d'abord conclu qu'il avait mémorisé le côté de l'agression. Mais un chercheur

1. Mazeaud, D., et Bouché, M. B., 1980 – "Introduction en surpopulation et migrations de lombriciens marqués" (Overpopulated Introductions and Migrations of Labelled Earthworms), in D. L. Dindal (dir.), *Soil Biology as Related to Land Use Practice*, EPA, Washington DC, p. 687-701.

plus futé lava le tube en Y… et le ver de terre "perdit la mémoire" ; en fait, il avait marqué chimiquement la portion du tube terrier "électrisé".

J'ai observé, hélas en conditions de laboratoire, ce qui est isolément douteux, que deux lombriciens *(Lumbricus terrestris)* en état de copulation s'appariaient… n'importe comment, alors que, dans la nature, chaque individu explore depuis son terrier la tête en avant et rencontre un conjoint pour un accouplement qui s'effectue tête-bêche (cf. fig. 2, p. 50). À nouveau, un message chimique, de type phéromones (hormones agissant à distance), déclenche probablement la copulation.

Rappelons ici le comportement (décrit p. 81) des lombriciens carnivores, consommant d'autres vers de terre. Ils sentent le camphre ; ce serait une communication chimique écartant le cannibalisme car chaque ver carnivore émettrait ainsi un message chimique olfactif pour éviter d'être lui-même ingéré par un congénère.

Ces anecdotes témoignent de perceptions et de communications chimiques lombriciennes élaborées, mais nous ignorons à peu près tout de la sophistication de ces aptitudes qui ne sont toutefois pas le seul sens permettant une relation des vers de terre avec leurs milieux. Évoquons-en d'autres.

Si les lombriciens n'ont pas d'yeux, inutiles pour leur mode de vie souterrain, ils ont toutefois une perception de la lumière leur permettant de réduire leur exposition visible par fuite devant la lumière et par une photophobie qui leur permet d'échapper à la vue de l'essentiel de leurs prédateurs. Lorsqu'on les capture par un moyen les poussant à évacuer le sol vers la surface, cette photophobie décroît dans l'ordre suivant : endogés, anéciques et épigés, ce qui est cohérent avec leur mode de vie. Comme décrit ci-dessus, la perception de la lumière des anéciques leur permet en outre d'entrer en diapause pendant les jours les plus longs de l'année, période défavorable à leur alimentation.

Paradoxe, des vers de terre, probablement photophobes par ailleurs, émettent de la lumière. Cela est connu notamment de *Diplocardia longa* (Acanthodrilidae) aux États-Unis et des bien nommés *Microscolex phosphoreus* (Acanthodrilidae) et *Eisenia lucens* (Lumbricidae) en Europe. Marcel Koken, du CNRS de Brest, vient de m'apprendre qu'un Lumbricidae que j'avais décrit, *Avelona ligra*, possède aussi cette propriété de bioluminescence (cf. fig. 9, p. 102) et il pose, à juste titre, la question suivante : pourquoi cette bioluminescence ? Il suggère qu'elle écarterait les prédateurs ainsi effrayés, mais pourquoi ne serait-ce pas un message lumineux à destination des congénères se reconnaissant ainsi pour d'affriolantes rencontres ou pour éviter tout cannibalisme, quoique leur tube digestif n'indique pas un penchant carnivore ?

Un troisième sens existe : la perception des vibrations. On ne connaît pas d'organe acoustique et c'est probablement la perception directe des vibrations du sol qui est ici en cause. J'ai eu la chance de voir une taupe creuser son terrier très près de la surface d'un sol quasi ennoyé par une crue, obligeant ce mammifère prédateur de vers de terre à travailler presque hors sol. Dans ces circonstances, j'ai observé la fuite éperdue des lombriciens se dégageant du sol à 20-40 centimètres en avant de la taupe et filant en surface. Incontestablement, la taupe capture peu ou pas de lombriciens en creusant ses terriers (cf. p. 210). Certains pêcheurs à la ligne savent exploiter cette perception des vibrations par les lombriciens. En plantant dans le sol une tige métallique robuste ou une fourche-bêche et en "grattant" la terre par un mouvement de va-et-vient, ils déclenchent la fuite de lombriciens qui s'échappent à la surface du sol comme devant une taupe ; ils sont alors collectés comme appâts.

Figure 9. L'endogé Avelona ligra, *à gauche sur le sol et à droite bioluminescent dans l'obscurité.*

Oui, les lombriciens comprennent bien leur environnement normal… mais, autant que je sache, ils ne comprennent rien aux activités humaines, que celles-ci les favorisent, ce qui est rare, ou les affectent. Voyons maintenant si les hommes, qui partagent avec eux les écosystèmes, sont adaptés pour comprendre et utiliser ces écosystèmes, en accord avec leur supériorité intellectuelle autoproclamée.

LE COMPORTEMENT HUMAIN DANS NOS ÉCOSYSTÈMES

Vous avez dit écosystème ?

Dans nos milieux, les comportements humains sont très variés. Cela va de l'agrément d'une promenade dans un paysage bucolique à la nécessité d'y prélever des aliments par chasse, pêche, cueillette, élevage, agriculture, au besoin de se débarrasser de déchets, ou encore à l'extraction de minéraux et de matériaux pour la construction, l'industrie, les besoins énergétiques, etc.

Tout cela s'exerce dans des *écosystèmes*, c'est-à-dire des systèmes aux composants physiques (minéraux, sol, sédiments, eau, air, matières organiques mortes, etc.) siège de réactions physicochimiques et truffés de composants biologiques (organismes). L'écosystème est ainsi un ensemble de composants biophysicochimiques, vivants ou non, infiniment nombreux et variés, et qui interagissent entre eux. Il est considéré à un moment donné dans un lieu, par exemple une prairie, et fonctionne par des échanges d'éléments entre ses composants et son entour. Nous nous contenterons ici de cette présentation sommaire de la notion d'écosystème qui fut traitée par ailleurs de façon rigoureuse par l'auteur[1] et qui sera développée au prochain chapitre.

Concrètement, bornons-nous de regarder une fraction d'écosystème, par exemple une motte de terre. Il n'y a pas dans cette motte deux grains de sable ou deux feuillets d'argile qui se ressemblent et les racines l'occupent de façon indescriptible et apparemment erratique… Les micro-organismes et de multiples animaux la colonisent de façon aussi diverse qu'hétérogène. Personne ne peut décrire l'agencement des constituants d'une motte de terre avec les échanges fonctionnels, ni les réactions physiques, biologiques et chimiques qui s'y produisent. Cette impuissance humaine à l'égard d'une seule motte de terre est évidemment encore plus grande pour le sol d'un champ et pour tous les constituants de l'écosystème localisés en ce champ. Ici, la complexité dépasse l'aptitude de tous les spécialistes… ou de tout groupe de spécialistes ! Nous reviendrons ci-dessous, et p. 227-230 et 300 sur cette impasse fondamentale, aujourd'hui occultée.

L'homme au centre du monde : des dieux aux technosciences

L'homme entretient vis-à-vis de la nature, dans laquelle et depuis laquelle il vit, une prétention d'origine très ancienne. Intellectuellement très imaginatif, il a attribué à des dieux, voire à un seul, l'origine des composants et des propriétés de nos milieux. Moyennant quelques pratiques religieuses, il s'est convaincu qu'il pouvait, par l'intermédiation de maîtres spirituels et de dieux, influer sur les événements terrestres. Récemment, les progrès des connaissances et des pratiques technoscientifiques nous permirent, et nous permettront chaque jour un peu plus, d'étendre notre maîtrise effective sur la matière, les associations moléculaires et les êtres vivants, au profit d'une explosion démographique humaine et d'un bien-être individuel souvent accru. L'homme se pense ainsi depuis longtemps au centre du monde et, grâce au progrès des sciences, il est en passe de le maîtriser. Hourra !

1. Bouché, M. B., 1990 – *Écologie opérationnelle assistée par ordinateur*, Masson, Paris.

Oui mais, l'aptitude cérébrale de chacun ayant ses limites, le spécialiste se doit, pour des raisons d'efficacité, d'être de plus en plus hyperspécialisé en se focalisant pour approfondir des domaines de plus en plus étroits. Actuellement, une myriade de spécialistes œuvre à des titres divers dans nos écosystèmes. Chaque spécialiste observe et agit sur une fraction, un aspect particulier de ceux-ci. Il sait ce qu'il fait avec pertinence, mais, que ce soit un forestier, un chimiste des métaux lourds, un éleveur de chèvres, un microbiologiste, un conducteur de travaux publics, un géomètre, un ornithologue, un agronome sélectionnant un végétal, un ostréiculteur, un spécialiste de l'étude des vers de terre, etc., aucun ne peut décrire un écosystème ! Si chacun peut çà et là apporter une compétence de grande précision, personne ne peut actuellement situer et valoriser sa compétence dans le cadre d'une connaissance concrète se rapportant *de façon rigoureusement critiquable* à la réalité des écosystèmes d'où nos savoirs sont issus.

Cela est bien réel, évident même, mais toujours occulté entre humains. Pourquoi ? Ce serait reconnaître notre myopexpertise !

Une prouesse de la myopexpertise : la mégavision

La compétence des hyperspécialistes est limitée, dans nos milieux de vie, à un minuscule domaine où elle excelle. Cette expertise extrêmement focalisée de chaque myopexpert s'oppose au caractère infini du temps, de l'espace et de la complexité des milieux écologiques, dont notre environnement.

Les hyperspécialistes, généralement inconscients de leurs aptitudes bornées, sont souvent, à l'instar de l'auteur, promus "experts" dans quelque commission Théodule, par exemple dans une des instances européennes ayant trait à l'environnement. De tels "experts", oubliant les œillères résultant de leur hyperspécialisation, sont flattés d'être reconnus aptes à opiner en environnement, un domaine qui, par son extension, leur est inaccessible en raison de leur myopie. Dans leur tête, ces experts pensent en hyperpresbytes. N'est-ce pas extraordinaire de contredire Diderot ? "Il est impossible que le presbyte et le myope, qui voient si diversement en nature, voient de la même manière dans leurs têtes[1]." Cette inconséquence bloque, avec constance, le progrès des connaissances, comme le constatait, en 1881, Charles Darwin au sujet de la géodrilologie, de la géologie et de l'évolution :

> En 1869, M. Fish rejeta mes conclusions en ce qui concerne le rôle joué par les vers dans la formation de la terre végétale, et cela purement parce qu'ils seraient, suppose-t-il, incapables de fournir un aussi grand travail. Il remarque que, considérant leur faiblesse et leurs dimensions, l'ouvrage qu'on leur attribue serait prodigieux. Voilà bien un exemple

1. Diderot, *Salon de 1767*, in *Œuvres complètes*, XVI, rééd. Hermann, Paris, 1990, p. 413.

de cette impuissance à évaluer les effets d'une cause se répétant d'une façon continuelle, impuissance qui a souvent retardé le progrès de la science : jadis elle s'opposait à la marche de la géologie et récemment elle a tâché d'entraver celle des principes de l'évolution[1].

À la même époque, le grand pastorien Émile Duclaux constate l'incrédulité devant les effets délétères sur un gros mammifère d'un être presque invisible.

> Une des maladies du bétail les plus meurtrières est celle qu'on désigne chez les moutons sous le nom de sang de rate, chez les bêtes à cornes sous le nom de charbon, chez l'homme sous le nom de pustule maligne. [...] Quelques jours à peine, souvent quelques heures seulement séparent le moment de la mort de celui où l'animal a paru malade. Or, en 1851, deux médecins français, MM. Rayer et Davaine, en examinant au microscope le sang d'animaux morts de cette affection, y avaient constaté l'existence de petits corps filiformes, raides et immobiles [...]. Leur largeur était minime, de deux à trois millièmes de millimètre ; leur longueur ne dépassait guère le diamètre d'un globule de sang. MM. Rayer et Davaine en notèrent l'existence mais ne leur accordèrent pas d'autre attention. [...] quant à admettre qu'entre un organisme puissant et résistant comme celui du bœuf et un être presque invisible, il pouvait s'établir une lutte où celui-ci avait raison de celui-là, il eût fallu, pour le faire, une audace d'esprit rare chez les savants[2]...

De même, il y a inconscience de l'hyperspécialiste lorsque, négligeant sa myopexpertise et saisi d'une mégavision, il opine doctement dans un domaine aussi vaste que nos milieux de vie et "évalue" nos actes dans ceux-ci. Après le microscope, qui nous a permis de franchir les changements d'échelle qui séparent le microbe du bœuf, il faudrait nous armer d'un macroscope : *l'intelligence artificielle des milieux complexes*, incluant nos actes dans ceux-ci. Il nous faut ainsi cesser d'opiner sur ce que, en l'absence de cet outil, nous ne pouvons percevoir.

Prélèvements et rejets humains

Dans leurs relations aux écosystèmes, les comportements humains tranchent avec la forte cohérence des activités spontanées lombriciennes congruentes à ces écosystèmes. Les humains prélèvent dans les milieux tant les matières premières que leurs aliments. Ils y prennent ce qu'ils

1. In *The Gardeners' Chronicle*, 17 avril 1869, p. 118.
2. Duclaux, É., 1886 – *Le Microbe et la maladie*, *op. cit.* Cité dans *La Recherche*, dossier 41, 2010, p. 67-71.

désirent et y rejettent leurs déchets, tout comme les vers de terre, mais avec une double différence.

Différence adaptative d'abord. Les lombriciens poursuivent actuellement la lente évolution des Annélides marins puis dulçaquicoles, qui a assuré leur suprématie mondiale parmi les consommateurs pendant des centaines de millions d'années. Leurs actes s'inscrivent dans le fonctionnement même des écosystèmes.

Les hommes s'illustrent par l'accroissement exponentiel de leurs prélèvements, exploitant mines et écosystèmes, et de leurs rejets dans les milieux. Ils sont passés, en seulement quelques dizaines de siècles, de quelques dizaines de milliers à quelques milliards d'individus, chaque individu prélevant et rejetant beaucoup plus que ses ancêtres. Les écosystèmes, aux évolutions intrinsèques lentes, subissent cette intrusion brutale.

Différence énergétique ensuite. Les lombriciens n'accomplissent leur énorme travail, et à 100 %, qu'à partir de l'énergie solaire renouvelée en permanence par la fixation chlorophyllienne végétale. Au contraire, les hommes ont, depuis deux siècles, accompli leurs révolutions industrielle et moderne en s'appuyant de façon croissante sur les énergies fossiles (houille, pétrole, gaz...) et nucléaire, bouleversant ainsi les équilibres planétaires de façon accélérée (cf. p. 218).

Intellectuellement, aucune différence entre vers de terre et humains. Les lombriciens n'ont pas conscience de leur importance dans les écosystèmes et les hommes ne se sont pas mis en situation d'évaluer les conséquences de leurs actes dans ces écosystèmes qu'ils ignorent d'ailleurs souverainement.

Un effet boomerang gênant

Peu à peu, depuis les années 1960, des voix se sont élevées pour dénoncer un nombre croissant d'actes humains qui, comme des boomerangs, se retournent *via* les écosystèmes contre leurs lanceurs : les hommes. Notamment, en 1962, Rachel Carson[1] a sensibilisé le grand public en expliquant pourquoi le printemps est devenu silencieux. Plus de chants d'oiseaux : ils sont morts pour avoir ingéré des vers de terre agonisant après des épandages de pesticides. Supprimer la première masse animale des écosystèmes n'est que l'une des dénonciations faites par cette contestation des technologies appliquées en aveugle dans nos milieux.

Cette prise de conscience philosophico-politique, nommée depuis *écologisme*, n'a cessé de prendre une importance majeure par des actions individuelles, associatives ou politiques. Elle s'ordonne aujourd'hui autour du souhait de mettre en place un développement

1. Carson, R., 1962 – *Silent Spring*, Fawiett Premier Book Inc., Greenwich (Conn.), États-Unis, rééd. 1973. Publié en France sous le titre de *Printemps silencieux*, trad. J.-F. Gravrand, Plon, Paris, 1963.

socioéconomique effectivement durable, c'est-à-dire avec des moyens qui n'entraîneront pas une remise en cause de celui-ci. Cela implique d'évaluer nos actes dans nos écosystèmes. Pour cela et tout naturellement, la société s'adresse aux techniciens et aux scientifiques, seuls aptes, en principe, à faire de telles évaluations.

Oui mais, la contestation sociale écologiste est doublement gênante pour les technosciences. D'une part, elle dénonce les conséquences négatives des "avancées" techniques appliquées sans évaluation environnementale (des pesticides aux aménagements du territoire, de la révolution verte agricole aux modes de transport…) et, d'autre part, elle exige d'assurer l'évaluation de nos actes dans nos milieux et non dans des modèles de laboratoire. La remise en cause, au moins partielle, voire totale, des innovations techniques, pompeusement présentées comme source de progrès, heurte de plein fouet la prétention humaine d'une maîtrise et d'un contrôle du monde. Le réflexe naturel des promoteurs technoscientifiques de ces pratiques a été, et reste, celui de rejeter ou d'ignorer cette contestation gênante osant mettre en cause leur œuvre.

Demander à la collectivité technoscientifique d'évaluer nos actes dans les écosystèmes est peut-être encore plus radicalement gênant. Elle ne l'a jamais fait et ne sait donc pas le faire ; plus fondamentalement, c'est d'inaptitude méthodologique profonde qu'il faut parler ici. L'écosystémique vraie, objective et fondée sur des faits et non sur des hypothèses aussi brillantes qu'incontrôlables n'existe pas ! Cette affirmation de l'auteur, comme celles du paragraphe suivant, est pour tout dire inacceptable, mais elle est solidement justifiée ailleurs[1]. En attendant, la collectivité scientifique occulte, pour elle-même et pour la société ensuite, son inaptitude fondamentale qui mérite un petit développement.

L'intelligence humaine occultant l'écosystème

Nous venons de constater, d'une part, qu'un écosystème étant un système biophysicochimique spontané, aucun spécialiste ne peut l'étudier en tant que tel et, d'autre part, que les technosciences savent "combiner les composants *qu'elles créent* en les intégrant dans de remarquables réalisations tels les microprocesseurs" et que, finalement, "personne ne peut actuellement situer et valoriser une compétence" dans un cadre concret se rapportant *de façon rigoureusement critiquable* à la réalité des écosystèmes. Ici, à la différence des systèmes compliqués, *créés* par l'homme, nous sommes en présence de systèmes complexes spontanés et très largement méconnus.

Revenons ici à la motte de terre, brièvement évoquée dès l'introduction de ce paragraphe. Cette motte a un poids qui change à chaque

1. Bouché, M. B., 2012 – *Pour un renouveau dans l'environnement*, *op. cit.*

instant, en fonction de l'évaporation. Elle contient des radicelles qui la parcourent de façon inconnue : c'est un réseau de communication qu'aucun spécialiste ne peut décrire avec rigueur. Peut-être cette motte héberge-t-elle un ou plusieurs vers de terre et, si on regarde de plus près, d'autres constituants biologiques (de très petits animaux, des filaments de champignons, etc.), mais surtout des constituants physiques (fibres de matière organique morte, sable, limon, argile, etc.). En outre, le microscope révèle une diversité indescriptible, pas un millième de millimètre qui ne diffère d'un autre ; nous passons des bactéries aux levures, des molécules organiques mortes aux particules minérales…, des millions d'éléments disparates et qui, pour la plupart, nous sont inconnus.

Et pourtant, comme le microprocesseur informatique, la motte fonctionne. Elle respire de l'oxygène et exhale du gaz carbonique, sèche ou absorbe l'eau et grouille de bestioles, etc. Mais ici c'est bien complexe car, de fait, aucun spécialiste, aucun groupe de spécialistes ne peut décrire le fonctionnement de la motte de terre. Alors que nous imposons aux éléments des systèmes compliqués, tels les composants d'une puce de carte de crédit, ce que nous attendons d'eux, les systèmes complexes spontanés fonctionnent à leur gré, de façon peu comprise et non maîtrisée par l'homme, malgré la fréquente prétention humaine au contraire.

Ce qui est vrai de la motte de terre l'est évidemment de tous les composants des sols et écosystèmes car cette motte fonctionne, que ce soit en forêt, en prairie, en champ cultivé et en tout paysage. Et c'est ici qu'en l'état actuel des choses l'intelligence humaine se fourvoie et se dépense en élaborant des leurres visant à masquer son ignorance de la nature des milieux où nous vivons.

Sommées par la société d'effectuer des évaluations dans les écosystèmes et gonflées de leur prétention à la maîtrise générale, *les technosciences abandonnent alors totalement la démarche scientifique*. Elles galvaudent la terminologie, étouffant au passage une science exacte, l'écologie, certes embryonnaire, sous un délire verbal, en ignorant également le sens du mot "écosystème" et ses exigences, mais en produisant d'innombrables modèles décrivant des vues de l'esprit où la complexité des sols est réduite à une boîte noire.

Aveuglées par la prétention humaine initiale et les progrès techniques obtenus dans une maîtrise apparente de la nature, les sciences n'ont pas perçu que la contestation sociale des applications des techniques qu'elles ont élaborées (transports, pesticides, travaux publics, déchets chimiques et radioactifs…) était une remise en cause des pratiques technoscientifiques, non pas uniquement dans leurs conséquences, mais plus fondamentalement dans leurs démarches. De fait, les technosciences n'assurent pas actuellement la gestion des connaissances acquises par la myriade d'hyperspécialistes œuvrant dans les systèmes complexes que sont nos milieux spontanés. Elles n'ont ni créé ni conçu la base de connaissances nécessaire pour la gestion des savoirs relatifs aux systèmes *complexes* de notre environnement. À la différence des systèmes *compliqués* qu'elles ont créés, elles ne savent pas décrire le fonctionnement d'une motte de terre, d'un marais, d'un espace géographique…

Non seulement la science, regroupant les technosciences, n'a pas reconnu, par un simple mea-culpa, qu'elle agit avec des moyens de plus en plus puissants sur nos milieux, systèmes complexes, sans les connaître mais, pire, elle a *systématiquement* adopté l'inverse de la démarche scientifique. Alors que les technosciences pratiquent, en systèmes simples ou compliqués, une démarche fondée sur l'observation des faits, leurs interprétations puis leur combinaison en raisonnements compliqués, grâce à une connaissance critiquable, intégrée et explicitée, en environnement et en écologie, elles ont adopté la démarche inverse : l'antiscience.

Ainsi, en environnement, face aux systèmes complexes dont elles ne reconnaissent pas la nature et sous la pression de la demande sociale, les technosciences parlent de tout, font des modèles imaginaires généraux illustrés de connaissances glanées çà et là, sans se soumettre à la critique. Les savoirs dispersés des hyperspécialistes n'entrent pas (ou au forceps) dans ces constructions intellectuelles aussi brillantes et multiples que sans fondement vis-à-vis du réel. Ici, les "scientifiques" partent d'idées générales qui se vendent bien socialement, à condition d'y croire. Incapables d'ordonner les multiples savoirs de la myriade de spécialistes praticiens ou scientifiques, les technosciences se sont détournées des faits objectifs, à l'exception de certains mis en exergue dans des interprétations partiales car trop partielles. Ne nommer et n'étudier que quelques caractéristiques d'un écosystème ne peut nous renseigner sur sa nature et son fonctionnement. Il faudrait évidemment connaître *d'abord* ce fonctionnement avant d'en choisir les caractéristiques pertinentes.

En fait, en environnement, les technosciences ont renoncé à soumettre à la critique les interprétations déduites de faits totalement accessibles et évaluables. Un exemple polémique actuel : les causes du réchauffement climatique, présentées aux responsables politiques sous forme d'affirmations et non de propositions exhaustivement critiquables. Un autre exemple vite oublié : la pollution des sédiments du Rhône par les PCB, parfaitement évitable depuis 1980 ! Sédiments, sols… tiens, nous voilà revenus dans le domaine où vivent les vers de terre et où la perception et l'intelligence, donc le comportement des hommes, sont particulièrement défaillantes.

LES LOMBRICIENS GUIDANT NOTRE INTELLIGENCE DE L'ENVIRONNEMENT

Avoir pris le parti d'étudier rigoureusement les lombriciens et leurs milieux, qui font partie de notre environnement, n'est pas neutre. Cela modifie notre comportement en nous fournissant un fil d'Ariane guidant notre compréhension qui se dégage du lointain passé jusqu'au présent, mais surtout du rôle essentiel des vers de terre dans nos champs, nos paysages… bref, nos écosystèmes. Il ne faut pas rompre ce fil d'Ariane qui lie notre compréhension à la réalité.

Problème de choix et de rigueur

L'étude des vers de terre nous conduit à deux attitudes inconciliables.

Première attitude : ignorer leurs conditions vitales et les comportements sophistiqués que nous avons décrits ci-dessus, et projeter nos idées *a priori* dans des modèles d'écosystèmes non critiquables. Pour information, ces modèles sont de deux types : soit les lombriciens sont placés dans des conditions dites "expérimentales" en ignorant celles qui prévalent dans leurs milieux, soit les lombriciens deviennent sur ordinateur des entités virtuelles introduites dans des écosystèmes imaginés. Ces deux types de modèles sont considérés comme "raisonnablement" acceptables par leurs promoteurs *(sic)*.

Seconde attitude : souffrir de développer une méthode rigoureuse, très laborieuse, mais qui s'est avérée générale. Elle est tout bêtement fondée sur l'étude des vers de terre, de leurs rôles *dans* les (agro)écosystèmes et de la régulation de ces rôles. Ces régulations incluent les conséquences directes et indirectes des actes humains dans les écosystèmes, ces actes allant des pesticides à l'aménagement du territoire. Elle est fondée sur trois exigences formant un tripode (si un pied se casse, le tripode bascule et se brise !) :

– sur un premier pied, les faits directement observés sont précieusement conservés en dehors de toute interprétation, aussi minime soit-elle. Ces données particulières, se distinguant de toute donnée issue d'interprétations, ont été nommées *données initiales constatées* ou *dics*[1] ;

– sur un deuxième pied, l'interprétation des dics mêle nécessairement celles-ci aux modalités d'interprétation qui doivent être totalement explicitées pour qu'on puisse en critiquer constamment les hypothèses à fin d'amélioration ou de rejet ;

– sur un troisième pied figure un vocabulaire explicite excluant les fantaisies de la littérature romanesque, mais dont les termes sont également critiquables à fin d'amélioration (précision des définitions) ou de rejet lorsque ces termes sont inutiles ou impropres.

1. Bouché, M. B., 1990 – *Écologie opérationnelle assistée par ordinateur, op. cit.*

Ces deux attitudes sont inconciliables. Le choix systématiquement adopté dans cet ouvrage, en rupture avec la littérature scientifique courante, est le rejet de la première et l'adoption de la seconde.

Facile à dire, pas à faire
Premier pied du tripode : les faits retenus ici, ceux observés directement, ne sont pas faciles à acquérir. En gros, il y a trois moyens pour les obtenir depuis le sol :

– la méthode destructrice consiste à creuser le sol en y effectuant des observations, dont celles des lombriciens, directement ou après analyse au laboratoire. Problème : la structure et l'organisation du sol sont définitivement perdues par cette excavation. Il ne faut donc pas manquer, au cours du creusement, toute acquisition d'informations avant qu'elles ne perdent leur valeur ;

– la méthode superficielle consiste, à partir de la surface, à tenter d'extraire de l'information sur ce qui se passe dans le sol… sans certitude sur le sens profond de ladite information ;

– la méthode substitutive respecte le sol, mais, en agissant depuis la surface, elle consiste à remplacer un composant du sol par un autre ou par le même réintroduit après modification. Cela permet de suivre l'évolution (changement en fonction du temps) de l'état du composant échangé ou réintroduit. Cette méthode, très délicate et exigeant de la rigueur, s'est avérée extrêmement performante car les lombriciens se prêtent à ce tour de passe-passe qui les transforme en sondes édaphiques. À la manière des sondes spatiales, nous permettant de mieux connaître l'espace, elles nous permettent d'observer l'intimité du sol sans le troubler.

Deuxième pied du tripode : les interprétations ne sont critiquables que si les modalités utilisées sont totalement accessibles et que si ces modalités d'interprétation sont clairement explicitées, donc critiquables (on dit formellement "réfutables"). C'est rarement le cas. Toutefois, si on respecte les contraintes pour obtenir les dics constitutives du premier pied du tripode, il y a finalement peu d'interprétations possibles et il devient relativement facile d'arbitrer entre les hypothèses liées aux interprétations.

Troisième pied du tripode : maîtriser la terminologie porte, en ce qui nous concerne ici, sur deux univers. D'une part, une nomenclature biologique, dont celle relative aux vers de terre, soumise à des règles ; il suffit de s'y conformer. D'autre part, une nomenclature écologique et environnementale aussi foisonnante et folklorique que dépourvue d'utilité ; il suffit de la soumettre aux mêmes règles que celles édictées en biologie. L'étude des vers de terre a, entre autres, l'avantage de guider vers cette clarification. C'est donc fait ici, mais cela oblige l'auteur à préciser, en écologie et en environnement, le sens de termes usuellement pollués. En conséquence, le lecteur doit se remémorer la signification exacte de termes précisée dans ce livre ou, à défaut, il doit revenir à leur sens exact grâce à l'index situé en fin d'ouvrage. Le flou terminologique est une voie facile ; il rend incompréhensibles les deux dernières parties de l'ouvrage.

Adopter dorénavant la méthode rigoureuse a l'avantage d'alléger beaucoup cet ouvrage par l'élimination de nombreuses pseudo-connaissances. L'auteur est évidemment obligé de montrer en quoi ce qui est retenu est fondé. Cela se fera dans la deuxième partie de l'ouvrage, où toutes les descriptions incontrôlables sur la réalité des écosystèmes seront exclues.

Exclure le bêtisier de cet ouvrage

Dans le paragraphe "Comment lézarder à l'ombre?", p. 97-98, je n'ai pas pu m'abstenir de dénoncer les pratiques de la proto-écologie qui ne respectent pas les règles scientifiques élémentaires présentées en tripode ci-dessus. Affranchies de toute rigueur, ces pratiques assurent avec facilité une production pseudo-scientifique abondante, étouffant malheureusement les rares et laborieux travaux sérieux. Il va falloir, dans la deuxième partie de l'ouvrage, présenter *de façon sérieuse* les écosystèmes dans lesquels nous vivons et auxquels nous participons, et où les rôles fondamentaux des lombriciens devront être *sérieusement* décrits. De nombreuses estimations publiées dans la littérature scientifique seront très volontairement passées sous silence. Il n'en est pas fait mention, non pas par oubli (quoique cela reste possible), mais pour ne pas alimenter de quelconques controverses. Il y a en effet, dans cette abondante littérature, tout un folklore "scientifique" qui trompe bien des lecteurs et vulgarisateurs.

Nous allons voir que, malgré l'étendue de notre ignorance, les mœurs alimentaires, le travail physique du sol et les comportements lombriciens sont très divers. Ils sont souvent observables et quantifiables au champ pour peu qu'on se plie aux règles élémentaires de la démarche scientifique énoncée ci-dessus sous forme d'un tripode, ce qui est exceptionnel en environnement. Il est en effet beaucoup plus facile de placer les lombriciens dans des conditions d'observation aisées, au laboratoire, que d'effectuer des mesures délicates et exigeantes dans un milieu complexe mal connu, le sol. En conséquence, la littérature la plus abondante dérive des seules observations faciles, souvent agrémentées d'interprétations incompatibles avec le peu de faits observés en conditions naturelles.

Ainsi a-t-on promu une "pédozoologie expérimentale" où les lombriciens sont placés dans une terre profondément bouleversée par des manipulations diverses (mélange, brassage, tamisage) et sont mis en présence d'aliments imposés ; ils se retrouvent sans points de repère et sans les gradients thermiques qui guident leurs comportements. Ils sont alors souvent à la limite des conditions vitales ; seule leur mort indique aux expérimentateurs qu'ils ont dépassé les bornes de leur résistance. Ce critère létal n'est pas très sensible tant les vers de terre tentent de survivre dans de telles conditions artificielles qui ne permettent qu'exceptionnellement d'acquérir (cela se produit parfois en physiologie) des résultats non aberrants par rapport aux mesures effectuées au terrain.

Ainsi, la mise en boîte des vers de terre (entendre ici : les confiner dans n'importe quel contenant ou dispositif expérimental, banalement dans des boîtes) rejoint l'expression triviale "mise en boîte", celle qui consiste à "se moquer de quelqu'un en ironisant sur son comportement", selon le *Larousse*. C'est se moquer des lombriciens en ignorant qu'ils ne vivent pas dans un enfermement dans lequel sont imposées des structures physiques, chimiques et biologiques choisies, très inconsciemment, par l'expérimentateur, mais dans un espace, le sol, extrêmement structuré et dont la complexité échappe à son entendement.

Je ne referme pas avec plaisir cette critique des expérimentateurs fondant leurs conclusions écologiques sur des résultats obtenus en boîtes. Bien des observations effectuées dans les conditions de la "pédozoologie expérimentale" décrite dans ce bêtisier amorcent, suggèrent et peut-être montrent des phénomènes qui pourraient avoir quelque lien avec la réalité. Si l'on partait du réel et si l'on validait sur celui-ci les phénomènes observés en boîtes (je l'ai fait), certains résultats seraient confirmés. Nous n'en sommes pas là. La littérature "scientifique" ignore pratiquement toujours l'exigence de réfutabilité du deuxième pied du tripode heuristique décrit ci-dessus. J'ai par conséquent exclu de cet ouvrage l'abondante production de "résultats" antiscientifiques sortis des boîtes et donc invalides jusqu'à preuve du contraire, à l'exception toutefois de la détoxication d'un pesticide incidemment observée dans un lombricien en boîte (p. 254-255).

Dans le bêtisier de la production "scientifique", il faut donner une place d'honneur aux travaux fondés sur la négation du fait que les lombriciens aient l'aptitude de sélectionner leurs aliments. Sur la plus haute marche du podium se situe la bêtise fondée sur le constat que les déjections lombriciennes sont beaucoup plus riches en éléments chimiques biogènes, par exemple en potassium, que le sol environnant. Ce constat attribue cet enrichissement à une *transmutation* des éléments chimiques alors qu'il ne résulte que de la sélection d'aliments riches en potassium ! Voilà les lombriciens promus réacteur nucléaire !

Cette négation des choix alimentaires se retrouve en "pédozoologie expérimentale" et peut être mâtinée d'un bel anthropocentrisme, tel celui de ce chercheur proposant aux vers de terre, dans une expérience portant sur les choix alimentaires, des papiers-filtres imbibés de produits divers, en choisissant la concentration chimique de divers sucres… selon son propre goût !

Ne rions pas. J'ai vu un chercheur stagiaire présenter son travail où les lombriciens étaient soumis à divers mélanges de terre et d'aliments décrétés *homogènes* par son maître de stage, mais dont les résultats expérimentaux étaient d'interprétation "délicate". Le maître de stage, refusant d'accepter le fait que les lombriciens aient pu trier dans le sol ce qui les intéressait, imposait, pour évaluer les effets de la digestion, la comparaison entre le prétendu "sol total homogène" avant ingestion et les "produits de défécation". Devant l'augmentation constatée de la matière organique grossière au cours du transit intestinal, le stagiaire, sans toutefois être dupe et sans aller jusqu'à évoquer une transmutation, dut produire pour obtenir son diplôme, bien nommé en ce cas peau d'âne, des explications alambiquées pour entrer dans la "pensée conforme" imposée par cette comparaison, aboutissant à ce résultat insensé où le broyage digestif accroît les gros éléments.

Ne rions toujours pas. J'ai vu des tests de pesticides où les effets délétères des aliments intoxiqués, observables à faible dose, disparaissaient à forte dose. Il m'a fallu protester avec insistance (et, fait exceptionnel, avec succès) pour que ce test soit écarté. De fait, dans ces artifices, les lombriciens refusaient la potion à forte dose, mais ne la rejetaient pas à faible dose et à leur détriment.

Valider au terrain les "résultats" obtenus au laboratoire devrait être la règle ; c'est, hélas, l'exception. Il est d'usage de rappeler, à juste titre, les bonnes pratiques de laboratoire. Elles devraient se doubler des bonnes pratiques dans les écosystèmes. Vœu pieux car *on ignore l'écosystème.*

DEUXIÈME PARTIE

LES ÉCOSYSTÈMES ET LES LOMBRICIENS

L'économie de la nature qui nous entoure n'est pas, à l'instar de l'économie monétaire ou de la rationalité industrielle, régulée par les hommes, mais elle est celle d'un système spontané obéissant, via *ses propriétés physicochimiques et biologiques, aux contraintes astronomiques (saisons…), aux aléas climatiques et aux chocs tectoniques (raz de marée, tremblements de terre…).*

Nous venons de voir que s'est développée, à la surface du globe terrestre et au cours d'une très longue évolution, une diversité de la vie étroitement incluse dans la strate superficielle, hydrique, minérale et gazeuse de la Terre. Dans cette strate superficielle, les êtres vivants, les matériaux solides ou fluides ne sont pas isolés ; ils interagissent et rien n'est inerte. Tout cela fonctionne par des échanges entre tous les compartiments constitutifs. L'ensemble forme l'écosphère : le système biophysicochimique dans lequel nous sommes inclus et auquel nous participons. L'écosphère, cette couche superficielle de la Terre où vie et non-vie s'entremêlent, est le plus grand écosystème connu. On peut la diviser en écosystèmes de surfaces plus modestes, par exemple limités à des localisations connues. Ici, nous ne considérons que l'aire de prédilection des lombriciens et des hommes, seulement les écosystèmes terrestres émergés.

Comme nous l'avons vu en première partie, notre perception des milieux où nous vivons est fortement biaisée. Même l'auteur, qui tente ici de parler au nom des lombriciens, n'échappe évidemment pas à sa propre nature. Essayons toutefois de limiter ce biais congénital et pour cela détaillons d'abord la notion d'écosystème.

Écosystème, ce "truc" évoqué sans cesse dans les médias et utilisé à toutes les sauces… ne l'est jamais de façon rigoureuse. Il est ici indispensable d'en percevoir le sens exact pour comprendre le monde où nous vivons et agissons… avec les lombriciens. En précisant, au chapitre IV, *ce que sont les écosystèmes terrestres émergés, nous constaterons alors que les vers de terre nous offrent un outil nous permettant d'explorer de façon pertinente le fonctionnement de ces systèmes qui nous concernent au premier chef.*

Cela nous permettra, au chapitre V, *de "faire vivre" dans notre cadre de vie non seulement les lombriciens, mais tous les composants écosystémiques que ces vers animent. Vivants ou non-vivants, tout est en effet animé dans les écosystèmes, même si nous ne le voyons généralement pas.*

Le chapitre VI*, dernier de cette deuxième partie dévolue à l'économie de la nature, portera sur l'expansion, mais aussi sur la fragilité des écosystèmes et de la vie dans ceux-ci. La vie, qui en est l'une des caractéristiques constitutives, y est dépendante de nombreux facteurs tels les éléments chimiques biogènes, l'eau, la lumière…, mais aussi des mouvements des constituants biophysicochimiques qui, morts ou vivants, structurent et régulent l'écosystème dans toute son épaisseur.*

IV

COMPRENDRE NOS ÉCOSYSTÈMES

OUI, LES ÉCOSYSTÈMES EXISTENT ET FONCTIONNENT !

Il s'agit de comprendre ici les écosystèmes où nous vivons et de considérer leur fonctionnement sans négliger, comme pratiquement toujours ailleurs, la place des lombriciens dans ce fonctionnement.

Leurs composants

Oui, les écosystèmes actuels *fonctionnent* et, à l'instar de tout moteur, sont constitués de pièces – leurs composants – et utilisent de l'énergie. Ils tirent leur force de l'énergie organique fixée grâce à la photosynthèse des plantes, des algues et de certaines bactéries. Point de forêt, de prairie, ni même de plant de salade… et donc pas de veau, vache, cochon et couvée qui puissent se passer de la photosynthèse utilisant l'énergie solaire. La photosynthèse n'opère que si l'activité vitale est possible, là où la température est compatible avec la vie et là où il y a de la lumière, de l'eau, du gaz carbonique et de nombreux éléments chimiques biogènes, tels l'azote, le potassium, le soufre, le cuivre, le phosphore…

Pour l'essentiel, un schéma simple s'impose. L'énergie solaire permet la photosynthèse des producteurs, à l'origine de la diversité des matières organiques vivantes et mortes ; ces matières étant porteuses d'une *énergie organique* captée lors de la photosynthèse et qui se dissipera dans les écosystèmes soit au cours du métabolisme des organismes, soit lors de dégradations extra-métaboliques hors des organismes. Tous ces phénomènes se font depuis la surface de réception de l'énergie solaire, celle du globe terrestre dont un petit tiers est hors des mers et des océans. Nous ne nous intéresserons ici qu'à ce tiers émergé, celui partagé par les lombriciens et les hommes. Regardons sommairement l'entrée en scène des principaux acteurs sur la terre ferme.

Les cyanobactéries, sorte de bactéries s'épandant depuis la mer sur la terre, les lichens, associations symbiotiques d'algues et de champignons, puis les mousses, les fougères… et, bien plus tard, les conifères t les plantes supérieures ont couvert les terres émergées et assuré, vec les algues terrestres, la photosynthèse fournissant la nourriture rganique et énergétique aux consommateurs. Comme nous l'avons u p. 39-40, ces consommateurs sont, en terres émergées, essentiellenent des micro-organismes accompagnés des Annélides qui ont une ignée devenue celle des vers de terre, dont l'évolution et la diversificaion ont été présentées au chapitre II. Parmi les autres consommateurs t dans une autre lignée animale se sont différenciés très récemment es hommes.

Leur structure générale

Regardons précisément la structure des écosystèmes établis sur la terre ferme. Pour cela, considérons préalablement la structure de tout système, c'est-à-dire "la manière dont les différentes parties d'un ensemble [...] sont disposées entre elles et sont solidaires, et ne prennent sens que par rapport à l'ensemble[1]".

Pour les écosystèmes, cette structure inclut beaucoup de minéraux, pas mal de nécromasse (matière organique morte), de l'air, de l'eau et une petite partie de vie active, essentiellement animée par des plantes, des micro-organismes et des lombriciens (et accessoirement d'autres animaux dont l'homme). Cette structure écosystémique résulte essentiellement de trois contributeurs : les roches, les plantes et les lombriciens. La structure géologique, qui crée la topographie, la position climatique et plus localement l'enrochement produisent la pierrosité et les éléments fins (sables, limons, argiles) constituant la partie minérale du sol. Évidemment, cela varie dans le temps et l'espace.

Parmi les trois groupes d'organismes qui ont envahi les terres émergées dès avant l'ère primaire, deux structurent le sol, les plantes et les vers de terre (principaux représentants des animaux), tandis que les micro-organismes, qui truffent tant le sol que les parois des organismes, ne structurent pas, sauf à l'échelle micrométrique.

Les plantes, en compétition entre elles, se battent pour littéralement avoir une place au soleil et ont inventé toutes sortes de moyens pour grimper vers la lumière, notamment sous forme d'arbres. Simultanément, les lombriciens, nourris des productions végétales, vont creuser et transformer les sols, favorisant ainsi le développement racinien des plantes. Plantes et lombriciens ont élaboré des structures dans, sur et avec la matrice minérale grâce à de nombreuses collaborations rendues possibles par un quatrième groupe de larrons, l'ensemble des micro-organismes (archéens, bactéries, champignons, virus, etc.).

De très puissants acteurs physiques modulent en outre le gros œuvre : les vents et le travail des eaux qui déplacent, érodent les roches et s'infiltrent entre elles, battent les côtes et véhiculent des énergies

1. *Larousse*, 1980.

considérables que chaque tempête nous rappelle. La vie sur les terres émergées s'est accrochée sur les roches et, par sa force physique (résistance des arbres, travail des lombriciens, excrétions acides, éclatement racinien des roches...), a modelé le paysage.

Nous avons une conscience spontanée de la structure des écosystèmes au-dessus du sol où les végétaux avec leurs troncs, branches, feuilles et fleurs s'imposent à notre attention. Mais beaucoup échappe à notre vue. L'expansion des végétaux vers le tréfonds du sol doit beaucoup aux lombriciens qui créent, par leur travail d'ingestion, de transformation et de déplacement du sol, des structures souterraines assurant des voies de circulation d'air, d'eau et de vie, dont celle du chevelu racinien. Tout cela va nous conduire à quitter le gros œuvre et à considérer un produit qui ne résulte pas du climat, de la géologie, des organes élaborés par la vie, des mouvements terrestres... mais d'*un ensemble* résultant du *fonctionnement* intime des écosystèmes : le sol, plus précisément le biosol. Mais, avant cela, il nous faut préciser la signification et les limites des écosystèmes.

Délimiter l'écosystème

L'écosystème vient d'être décrit de façon encore partiellement naturaliste en évoquant sa structure et ses constituants, sans en donner pour autant la signification exacte. Il faut le faire ici d'autant plus clairement que le mot "écosystème" est employé à toutes les sauces dans un fatras indescriptible de non-sens. Le mauvais usage généralisé de ce mot est l'une des causes les plus flagrantes de l'inaptitude actuelle des technosciences à traiter avec rigueur des problèmes environnementaux[1].

Un écosystème est, au sens physique, un système (donc un ensemble *de composants formant un tout organisé) concret, mêlant organismes et composants non vivants.* C'est l'*ensemble* qui doit être considéré ici. Une plante, une pierre, un écoulement d'eau, un champignon, la vitesse du vent, un oiseau... n'est séparément jamais un écosystème. C'est l'intrication des éléments interagissants qui fait écosystème et qui doit être seule prise en compte.

Ces limites écosystémiques sont à la fois horizontalement précises et – ce n'est pas contradictoire – verticalement diffuses. Et ici, pour délimiter, il faut strictement respecter la définition originale déjà donnée p. 103 : "L'écosystème est un ensemble de composants biophysicochimiques qui interagissent entre eux. Il est considéré dans un lieu (par exemple une prairie) et à un moment donné. L'écosystème fonctionne par des échanges d'éléments entre ses composants qui sont infiniment nombreux et variés."

Considérons un oiseau. Il vole mais va se nourrir de graines produites par les plantes et perd quelques plumes qui vont rejoindre la nécromasse du sol. Si on considère ses fonctions d'ingestion, d'excrétion de

1. L'auteur a montré cette inaptitude dans *Pour un renouveau dans l'environnement*, *op. cit.*

plumes et de respiration, il appartient bien à un écosystème dont il est un composant échangeant avec d'autres constituants. La plante participe également à l'écosystème où elle pousse et produit ses graines. Il en va de même pour les minéraux et la nécromasse qui, en se décomposant et en se dissolvant dans l'eau de pluie, vont alimenter les racines et ainsi participer au fonctionnement de leur écosystème.

Les limites spatiales doivent être définies en chaque circonstance. Horizontalement, elles doivent être précisées à chaque cas, par exemple celui d'une parcelle agricole. Verticalement, les limites sont fonctionnelles et très strictement limitées au système biophysicochimique qui échange spontanément avec l'air, l'eau et les roches. Ce système atteint ses limites lorsqu'il perd ses propriétés biologiques. Ainsi, la nécromasse, qui perd toute vie en se transformant en charbon, n'est plus dans un écosystème. De même, l'air de la stratosphère, les roches, etc., étant également sans le "bio-" exigé par la définition, sont exclus alors que le sol, lardé d'organismes, en fait intimement partie.

De ce point de vue, les écosystèmes ont une épaisseur aux limites toujours diffuses, tant vers le ciel que vers les entrailles terrestres. La vie cesse en profondeur sur les quelques millimètres d'une roche affleurante, mais se prolonge dans les interstices des grottes profondes. Vouloir assigner une limite verticale, sur une base purement physique, est donc absurde ; c'est l'écosystème considéré qui compte, et cela au cas par cas.

Son fonctionnement

Ensemble de composants biophysicochimiques organisé de façon structurée, l'écosystème fonctionne, c'est-à-dire que des réactions physicochimiques et biologiques transforment ses composants qui interagissent entre eux par des échanges de substances, de forces et d'énergie. Comme nous le verrons au paragraphe suivant (p. 124), ces propriétés de fonctionnement interne confèrent à l'écosystème considéré une relative autorégulation vis-à-vis des apports, pertes et perturbations externes. Décrivons d'abord son fonctionnement intrinsèque.

Dans les terres émergées, trois biomasses dominent : celle des producteurs, les plantes, cyanobactéries et algues, qui créent l'énergie organique et fixent les éléments biogènes tels le potassium, le phosphore, l'azote, le carbone, l'hydrogène, etc., dans des molécules organiques ; et celles des deux groupes de consommateurs dominants : d'une part, les micro-organismes qui ont une mobilité réduite, sauf certains champignons dont les "racines" (mycorhizes) tracent des voies dans le sol, et, d'autre part, les lombriciens, dominant tous les autres animaux, qui brassent, creusent, aèrent et "cultivent" les micro-organismes.

Ces consommateurs, en décomposant la matière organique, remettent à la disposition des plantes les éléments biogènes qu'elles avaient préalablement piégés dans cette matière organique. En outre, le travail animal, utilisant l'énergie organique, stimule la microflore et structure les sols en permettant l'extension de la vie dans ceux-ci.

La vie, incluse dans les écosystèmes aux composants largement non vivants (pondéralement, quelque 99,5 % en masse sèche!), épaissit son espace vital sur les terres par deux mécanismes majeurs : d'une part, l'investissement des végétaux dans des structures étirées vers la lumière, dont notamment leur charpente morte (le bois des arbres), et, d'autre part, le travail physique animal approfondissant l'expansion de la vie dans le sol.

À chaque étape de décomposition, d'assimilation et de synthèse de matière vivante dans un organisme, une part importante de l'énergie organique est dégradée en chaleur. Ainsi, peu à peu, l'énergie fixée initialement par les plantes se dissipe. Mais, pour chaque étape de dégradation d'une molécule organique, il faut que la bonne enzyme rencontre la liaison biochimique qu'elle est apte à rompre car chaque enzyme est très spécialisée. Si les micro-organismes pris dans leur ensemble, y compris les champignons dont certains ne sont pas si "micro" que cela, savent à peu près tout faire, encore faut-il que le bon organisme, apte à produire la bonne enzyme, mette celle-ci en face de la liaison organique à rompre pour rendre assimilable la matière à décomposer. Et chaque organisme pris en particulier n'est pas apte à tout faire : il faut notamment une coïncidence spatiale qui est loin d'être gagnée, mais qui peut être fortement favorisée, comme nous le verrons, par les mouvements et brassages de sol résultant du fonctionnement écosystémique.

Voilà pour l'essentiel des écosystèmes terrestres fertiles. En outre, les herbivores accélèrent le passage de vie à trépas des organes végétaux et les carnivores limitent quelque peu le rôle de ces herbivores. Ce sont des actions biologiques très visibles, mais n'ayant qu'une importance secondaire dans le fonctionnement fondamental des écosystèmes, tout comme les rôles de la myriade de parasites, microprédateurs, virus, etc., qui régulent les populations des organismes de nos milieux. Tout cela s'insère à l'intérieur des interactions entre les principaux constituants de nos milieux : minéraux, eau, air, plantes, micro-organismes et lombriciens.

N'oublions pas le Grand Perturbateur, l'homme qui, à la manière d'un bouteur devenu fou, bouscule, à coups de machines, de produits chimiques et d'énergie fossile ou nucléaire, tout cet ordonnancement hérité d'une lente mise au point, non pas séculaire ni millénaire, mais établie au cours de centaines de millions d'années. Quel contraste avec les plantes et les lombriciens qui ont pris, en cohabitation avec les micro-organismes, leur place graduellement par des coadaptations successives développées depuis au moins 290 millions d'années (cf. l'encadré 6, p. 59-60) dans l'ensemble abiotique (minéraux, eau, air, matières organiques mortes) et vivant dont ils sont inséparables! Ainsi, les non-vivants et les vivants forment un tout structuré et fonctionnel : l'écosystème auquel nous appartenons intimement.

TENIR LE COUP PAR L'AUTORÉGULATION

L'autorégulation des écosystèmes

L'*autorégulation des écosystèmes* est l'aptitude de ces systèmes complexes à stabiliser les propriétés de leurs divers composants. Il s'agit d'une aptitude acquise, plus ou moins suffisante, permettant de maintenir ou de restaurer un état antérieur après, ou durant, une perturbation d'origine externe.

Pour les organismes, eux-mêmes composants d'écosystèmes, on parle plutôt d'homéostasie pour la même chose. Si j'écarte ici le mot "homéostasie", c'est pour la double raison que cette propriété n'est pas connue de tous et qu'il fallait éviter l'amalgame fallacieux, ô combien diffusé, assimilant les écosystèmes à des superorganismes dans une littérature pseudo-écologique aussi répandue qu'enseignée.

On parle aussi, en certains domaines de la physique et de la psychoneuro-physiologie humaine, de résilience pour décrire l'aptitude à revenir à l'état antérieur d'équilibre après une perturbation subie. Je préfère *autorégulation*, terme qui est, à mon avis, directement compréhensible et n'est pas nécessairement associé à une forte perturbation. L'autorégulation s'effectue en permanence sous tous niveaux de contraintes, brutales ou non. Attention, elle exprime une aptitude acquise, comme l'homéostasie qui assure notre capacité à nous maintenir généralement à 37 °C. L'autorégulation maintiendra, par exemple, *grosso modo* 25 à 30 espèces végétales dans le tapis herbacé d'une prairie permanente en France[1].

Si la notion d'autorégulation est utilisée ici, ce n'est pas pour comparer les écosystèmes d'existence éphémère à ceux d'apparence inamovible, comme celui d'un banc de sable à celui d'une hêtraie. Le banc de sable sera déplacé à la prochaine crue par des forces hydriques contre lesquelles il n'a aucune aptitude à résister, et les hêtres ne peuvent rien contre le bûcheron. Non, il s'agit de considérer d'abord ici les aptitudes acquises "en interne" par les écosystèmes en tant qu'ensembles biophysicochimiques, et non pas par un seul de leurs composants… et cela notamment vis-à-vis d'une force essentielle que tous supportent : la pesanteur.

Les forces en présence

Un écosystème fonctionne grâce aux forces qui animent ses composants : la feuille morte poussée par le vent, l'oiseau qui dépense l'énergie de ses aliments pour voler, l'eau qui ruisselle sur ou percole dans le sol, les lombriciens qui ingèrent, digèrent et défèquent des tonnes de terre, le vent qui renouvelle l'atmosphère, etc. Il y a certes des forces collatérales, tels le vent qui balaye ou l'eau qui ruisselle horizontalement hors de l'écosystème considéré, mais deux forces s'opposent verticalement avec constance : la pesanteur et l'antipesanteur écosystémique.

1. Philippe Daget et Jacques Poissonet, communication personnelle.

L'*antipesanteur écosystémique* est l'ensemble des phénomènes allant de bas en haut et qui sont essentiellement rendus possibles dans l'écosystème par une énergie qui lui est propre : celle que des organismes échangent entre eux dans celui-ci, notamment *via* la nécromasse. Cette énergie organique, issue de la photosynthèse, s'investit "contre" la pesanteur, essentiellement selon deux mécanismes, d'une part *via* les plantes qui assurent, depuis des ponctions raciniennes profondes, l'ascension d'éléments vers les feuilles et d'autre part *via* les lombriciens qui effectuent des remontées de terre profonde à la surface du sol (cf. fig. 21, p. 185) tout en créant, en outre, des conditions optimales pour les ponctions raciniennes. À cette antipesanteur, animée par des organismes, s'ajoutent quelque peu, et seulement parfois, les forces capillaires déplaçant l'eau interstitielle du sol vers sa surface où celle-ci s'évapore, comme en témoignent visuellement les dépôts de sel que cette évaporation abandonne à la surface de sols arides.

La pesanteur et l'appauvrissement des terres émergées

Sur les terres émergées, les écosystèmes sont quasi inexistants dans les zones polaires glacées ou dans celles qui connaissent des sécheresses pluriannuelles. Mais là où l'eau, l'air et une température convenable existent, la végétation se développe aux saisons favorables et fait tourner la machine minérale et organique de l'écosystème.

Et pourtant, dans des conditions climatiques semblables, il existe des écosystèmes "riches" ayant une végétation épanouie et des milieux "pauvres" où un maigre tapis végétal couvre mal le sol. Les premiers de ces écosystèmes ont des plantes compétitrices qui trouvent dans le sol les éléments chimiques biogènes nécessaires à la vie (tels le phosphore, le calcium, le potassium, l'azote…). Dans les sols pauvres, au moins l'un des éléments biogènes essentiels fait largement défaut et les végétaux, condamnés par carence à une croissance très lente, sont résistants (cf. l'encadré 5, p. 57-58). Les causes de ces situations sont multiples et souvent historiques, par exemple le sol s'est développé depuis une roche induisant sa pauvreté ou sa richesse.

Les écosystèmes sont à la fois fonctionnellement cohérents, pour leurs échanges internes, et ouverts car traversés de forces diverses. Le vent et l'eau ruisselante peuvent apporter ou enlever des éléments biogènes essentiels, mais cela n'est réellement spectaculaire que lorsqu'ils emportent le sol tout entier… Aujourd'hui, cela est fréquent après des actions humaines malheureuses, tel un déboisement inopportun.

La pesanteur maintient normalement, partout et dans un même lieu, les constituants des écosystèmes lorsqu'ils sont solides, mais elle induit le départ des autres constituants par ruissellement et percolation lorsqu'ils sont solubles, au sens large, depuis les molécules jusqu'aux particules en suspension. Sous une forme ou une autre, ces constituants tendent à quitter l'écosystème où ils se trouvent.

Par pesanteur, tous les éléments tombent sur le sol et sont entraînés par les eaux de pluie soit profondément dans la terre où ils se déposent dans les couches profondes, soit latéralement par ruissellement hors de l'écosystème local considéré. Ainsi, l'écosystème local tend à s'appauvrir en éléments nutritifs biogènes. Toutefois, comme nous l'avons évoqué, les écosystèmes terrestres émergés peuvent présenter des phénomènes allant à l'encontre de la pesanteur et donc de cet appauvrissement.

L'antipesanteur écosystémique et la fertilité

L'antipesanteur écosystémique compense les effets de la pesanteur appauvrissant les écosystèmes selon deux mécanismes principaux : *via* les plantes et *via* les lombriciens. Les micro-organismes, quoique omniprésents et participant au fonctionnement écosystémique, "subissent", de façon essentiellement passive, les phénomènes de pesanteur et d'antipesanteur.

Dans le sol, les plantes assimilent *via* leurs racines des éléments biogènes avec de l'eau qu'elles éliminent par évapotranspiration au niveau de leurs organes aériens. Elles remontent ainsi, contre la pesanteur, ces éléments qu'elles incorporent dans la matière organique et finalement qu'elles restituent à l'écosystème par des produits végétaux : feuilles mortes, exsudats foliaires et raciniens, excrétion de bois et d'écorce, etc.

Comme décrit ci-dessus, les plantes sont des organismes producteurs qui créent des liens moléculaires entre les éléments chimiques grâce à leur apport d'énergie organique acquise par photosynthèse. Ces liens permettent la formation des macromolécules, des tissus, des organes, etc., et, après la mort, de la matière organique morte.

Il faut ici distinguer dans cette matière morte celle qui est soumise à la putréfaction (littéralement, la nécromasse) de celle qui, quoique morte, ne se nécrose pas immédiatement et constitue, par exemple sous forme de bois, un support à la vie des arbres. En raison de son rôle de support contre la pesanteur, je nomme *phoromasse* (de Φορά, action de porter) cette matière organique morte pour la distinguer de la nécromasse en décomposition plus ou moins rapide. Cette phoromasse inclut les matières mortes de l'écosystème, telle l'écorce qui ne se décompose pas. Francis Hallé, décrivant la structure d'un tronc, indique que 92 % de son diamètre est formé de tissus morts (bois et écorce)[1]. Le reste, vivant, est la biomasse vraie. La "biomasse" des forêts fréquemment évoquée est largement morte ! Il n'y a pas de séparation formelle entre les deux masses mortes (la phoromasse porteuse qui résiste temporairement à la décomposition et la nécromasse qui se nécrose graduellement en se décomposant). L'ensemble de la matière organique, issue de la biomasse par mort, constitue la *thanatomasse* (de Θαυάτος, la mort) ayant les états de phoromasse ou de nécromasse. Quoique leurs

1. Hallé, F., 2005 – *Plaidoyer pour l'arbre*, Actes Sud, Arles.

fonctions dans les écosystèmes soient bien différentes dans le moyen terme, biomasse, phoromasse et nécromasse sont toutes trois promises à la décomposition.

Les micro-organismes décomposent la nécromasse, issue d'organes initialement vivants et souvent modifiés par des réactions chimiques *post mortem*. Ils libèrent les éléments biogènes sous des formes fluides qui risquent de quitter l'écosystème par évaporation ou lavage. Cette perte est réduite dans la mesure où les racines puisent l'eau nutritive à proximité des zones de décomposition. Toutefois, avec le temps et les pertes s'additionnant, l'écosystème s'appauvrit en éléments nutritifs sous l'effet du lavage des eaux de pluie.

En situation ainsi appauvrie, ou initialement pauvre, la végétation est résistante, en ce sens que, sa croissance étant ralentie par la pauvreté ambiante, elle fabrique des organes effectivement résistants aux herbivores et aux maladies microbiennes. À leur mort, leurs tissus végétaux conservent leurs propriétés de résistance ; la nécromasse ainsi produite est résistante par héritage et, peu décomposable, bloque longtemps les éléments biogènes qui ne sont donc que lentement remis à la disposition des plantes.

Dans ces conditions, l'écosystème fonctionne au ralenti. Le sol est alors séparé en une couche supérieure épaisse, ayant reçu par gravité des matières organiques de nature résistante à la décomposition, et en une couche inférieure teintée par des jus organiques noirâtres quasi indécomposables. Ce sol, alors acide, ayant peu ou pas de lombriciens, est bien reconnaissable, avec ses couches très distinctes dans les sols sableux où les éléments nutritifs sont facilement entraînés par l'eau de pluie vers la profondeur et où les racines, relativement bien aérées, pénètrent. Les landes présentent typiquement ces sols, tout comme les terres des régions froides de la planète.

L'auteur ne traite pas ici des sols équatoriaux où la végétation, n'étant pas soumise aux limites thermiques et de sécheresse, pousse relativement "en l'air" et se décompose largement perchée au-dessus du sol sur les végétaux. Les vers de terre y sont présents, soit sur cette végétation dans des sols épiphytes (sur végétaux), soit dans le sol minéral sous-jacent. Dans ces milieux, la déforestation retire la réserve d'éléments biogènes contenue dans les plantes, la phoromasse et les sols épiphytes perchés sur ces plantes car l'ensemble, détruit par cette déforestation, est appauvri par le lavage des écosystèmes. Cela va dans le même sens, en très accéléré, que ce qui est décrit ici pour les sols tempérés pauvres des zones froides et sableuses.

N'oublions toutefois pas que les écosystèmes fertiles modernes actuels se sont développés avec des lombriciens depuis au moins 290 millions d'années. Considérer, presque par abstraction, que ceux-ci sont sans lombriciens est une vue de l'esprit quasi erronée car, en Europe occidentale, fort peu en sont dépourvus.

Alors, regardons nos écosystèmes actuels, telles les prairies naturelles et les forêts, avec une préférence de l'auteur pour ces premières qu'il a mieux étudiées et surtout a pu mieux quantifier en raison de la quasi-absence de phoromasse, cette production biologique occultée définie ci-dessus. Deux constats s'imposent : ils ne manquent ni d'éléments biogènes ni de vers de terre… et la tradition empirique paysanne veut que, plus il y ait de lombriciens, plus les milieux soient fertiles. Et *c'est vrai* !

C'est que les lombriciens constituent une pièce maîtresse du fonctionnement des écosystèmes. Ils remontent notamment depuis la profondeur du sol à sa surface des tonnes de terre riches en éléments biogènes. Mais leur rôle ne peut être réduit à cette contribution à l'antipesanteur écosystémique. Il s'inscrit au cœur même des écosystèmes, comme nous le verrons au chapitre VI avec la description du plexus écosystémique.

Encore faut-il, pour apprécier leur rôle, connaître le *fonctionnement des écosystèmes*. En dépit d'une littérature "scientifique" abondante mais largement spéculative et en l'absence de *mesures effectuées dans les écosystèmes,* nous ne savons pratiquement rien de leur *fonctionnement réel.* En nous permettant des mesures, les lombriciens nous ouvrent l'accès à cette réalité et alors, très vite, cet accès nous détrompe en nous écartant des croyances véhiculées par cette littérature.

INTRUSIONS AU SEIN DES ÉCOSYSTÈMES AVEC L'OUTIL LOMBRICIEN

Comme nous l'avons vu dès l'introduction de l'ouvrage, notre savoir sur les milieux, ou bien sur les lombriciens, souffre de trois méconnaissances paradoxales : les idées fausses relatives aux vers de terre, la myopie des experts en environnement et la quasi-absence d'études portant sur les lombriciens.

Les idées fausses sur les lombriciens eux-mêmes ont été quelque peu dissipées au chapitre II. En revanche, notre faible aptitude à étudier ces animaux dans les lieux où ils vivent et l'abondance des élucubrations, issues de notre comportement relatif aux écosystèmes et décrites comme bêtisier à la fin du chapitre III, ont conduit l'auteur à un choix clair formulé en cette occasion : celui d'écarter les multiples publications énonçant, à l'aide de divers artifices et de démarches obscurantistes, des supputations sans fondement critiquable relatives aux rôles des lombriciens. Ce choix revient à privilégier parmi toutes les propositions, fussent-elles brillantes, les rares études portant sur les activités lombriciennes effectuées réellement dans les écosystèmes et qui nous donnent, en conséquence, un aperçu du fonctionnement intime de ceux-ci.

Cachez ce sein que je ne saurais voir

Comme nous l'avons vu à la fin du chapitre précédent, le sol est considéré comme une "boîte noire". Il s'agit de la situation actuelle portée par le paradigme “scientifique” dominant : ignorer les écosystèmes dans leur fonctionnement concret et pratiquer l’antiscience pour masquer cette carence. En dépit de la préoccupation croissante d’agriculteurs et d’agronomes vis-à-vis de l’état des sols, les institutions ne les considèrent que de l’extérieur, sans chercher à savoir ce qui se passe intimement au sein de ceux-ci (comme illustré p. 234).

L’étude des vers de terre n’est pas mieux lotie que celle du sol. On connaît certes quelques activités superficielles comme l’ingestion des litières déposées sur le sol ou le dépôt des turricules, ces petites tours formées par le cumul des déjections rejetées en surface autour de l’orifice des terriers de lombriciens. Mais, dans la terre, l’intimité des interactions entre les lombriciens et les autres constituants du sol reste largement énigmatique.

Pour connaître les rôles des vers de terre, on a préféré transférer les études dans des modèles, physiques ou virtuels, c’est-à-dire hors du réel, plutôt que de les étudier dans la “boîte noire” qu’est le sol. Rappelons ici une impérative exigence, presque toujours occultée : les modèles ne sont que des représentations de ce que nous imaginons. *Ils n’ont de valeur* que *s’ils sont validés sur le réel.* Encore faut-il, pour cette validation, étudier ce réel ! L’étude des milieux réels où nous vivons inclut nécessairement les sols dont les vers de terre, partie importante des écosystèmes. Lorsque j’écris “importante”, ce n’est pas une opinion personnelle exprimant ce que je considère comme “important”. Non, c’est objectif et ce sera explicité p. 138-148.

Prenons pour exemple une prairie permanente. C’est un écosystème, c’est-à-dire, comme décrit ci-dessus, un ensemble d’éléments gazeux, minéraux, aqueux, d’organismes vivants et de diverses nécromasses qui interagissent entre eux pour former un tout : un système complexe. Considérons celui-ci en le *limitant arbitrairement* à une profondeur de 25 centimètres. En fait, la vie, dont celle des lombriciens, pénètre usuellement jusqu’à une profondeur de 150 à 250 centimètres, mais pas sur l’ensemble du sol qui n’est, à l’inverse, pas forcément vivant dans toute la couche des 25 centimètres de profondeur, fixée ici arbitrairement. Par définition, un écosystème étant limité là où le vivant et le non-vivant interagissent, retenons cette convention arbitraire de 25 centimètres pour avoir une base permettant d’exprimer concrètement, en masses relatives, les composants de l’écosystème prairial considéré ici.

Avec cette convention, il y a par mètre carré 350 kilos de sol, dont environ 14 kilos de matière organique morte (4 %). La vie, sur et dans le sol, est représentée par les plantes (2 kilos), les micro-organismes, non mesurables mais souvent considérés comme pesant 200 grammes, et les animaux, mal mesurés aussi et pesant de l’ordre de 19 grammes, dont les seuls lombriciens représentent 15 grammes, cette dernière fraction pouvant être bien estimée. Toutes ces masses sont exprimées sèches. Il faut y rajouter environ 100 kilos d’eau, toujours au mètre carré, et l'air qui occupe évidemment la partie atmosphérique qui pénètre dans le sol, comme nous allons le voir.

En bref, *la vie*, en biomasse sèche, représente approximativement 0,5 % de la masse des composants des écosystèmes. Cette biomasse est à 95 % environ constituée de végétaux et pour le reste de bactéries, champignons, lichens, algues et animaux dont les vers de terre qui ne pèsent que 0,007 % du tout, mais représentent cependant 70 à 80 % de la masse des animaux et vingt fois celle des hommes !

On peut certes critiquer cette présentation purement pondérale. La masse n'est qu'une propriété des constituants des écosystèmes, mais elle a le mérite, sous une forme n'impliquant aucun présupposé de valeur, de montrer que considérer le sol comme une boîte noire, c'est tout simplement ignorer le principal constituant des écosystèmes, le cœur de ceux-ci. Ce n'est même pas observer la partie émergée de l'iceberg, tels les organes végétaux au-dessus du sol représentant, en moyenne annuelle, 0,25 % des constituants des écosystèmes ou tels les animaux visibles hors sol… quelque chose comme 0,0003 % !

On peut aussi reprocher le choix de la prairie permanente et penser que la masse vivante est beaucoup plus importante en forêt qu'en herbage. Apparence trompeuse car, comme nous venons de le voir, la masse des arbres est essentiellement formée de tissus morts, de phoromasse. Certes, sous climat équatorial, la vie, comme le sol, tend à se percher en l'air au-dessus des strates minérales, mais cela ne change pas grand-chose aux ordres de grandeur du système biophysicochimique considéré ici.

Nous avons déjà évoqué, à la fin du troisième chapitre, le fait que les lombriciens sont susceptibles de nous apporter une certaine intelligence en environnement, à condition de respecter une rigueur qui y est brièvement décrite. Pour comprendre nos milieux, trois méthodes d'observation sont possibles et ont été présentées p. 111 : la *superficielle*, effectuée *au-dessus* du sol et observant "d'en haut" le sol ; la *destructrice*, disséquant mais détruisant les structures écosystémiques ; et la *substitutive*, donnant accès aux savoirs *via* un composant remplaçant *dans* le sol son homologue normalement non étudiable.

Pour comprendre le fonctionnement des écosystèmes terrestres, il faut absolument *aller voir dans le sol*, aller au sein de ceux-ci. Ici, la méthode superficielle est impuissante, mais les lombriciens peuvent nous aider en nous guidant dans les observations destructrices, toujours dommageables, et surtout en nous fournissant un puissant moyen d'investigation en devenant de véritables sondes édaphiques parcourant l'intimité des sols.

Pénétrer l'intimité écosystémique

Vouloir compléter nos connaissances superficielles d'un écosystème en pénétrant dans son cœur fonctionnel, le sol, n'est pas une sinécure. Un sol est un ensemble structuré physiquement en diverses couches minérales de natures différentes, produit d'une longue histoire plurimillénaire. Il est lardé de différentes matières organiques issues de la vie, modelées notamment par l'activité lombricienne et dont certaines fractions, extrêmement peu décomposables, s'accumulent et peuvent être datées par le radiocarbone naturel C^{14} comme ayant plusieurs milliers d'années.

La vie, l'eau et l'air pénètrent dans le sol par les racines, les galeries de vers de terre, les craquelures et les pores… ces derniers résultant souvent du travail des organismes. Mais ces voies de pénétration ne sont strictement pas imaginables intellectuellement en raison des étroites interactions entre les caractéristiques physiques et chimiques du sol et les cheminements, généralement associés, des racines et des animaux, surtout des vers de terre. Ces voies sont aussi empruntées par de nombreux organismes (bactéries, champignons, etc.).

Pénétrer dans ce système complexe, historiquement très structuré et aux nombreux composants interactifs, n'est donc pas facile. La façon la plus évidente et la plus pratiquée est de creuser le sol par la *méthode destructrice*. On peut observer le sol directement après une excavation dans la partie non encore détruite et, en avançant graduellement, décrire ainsi son organisation structurée. C'est en quelque sorte une dissection anatomique du sol. Si les prises globales de sol sont souvent pratiquées, les dissections sont rarement faites et sont encore plus rarement accompagnées de prises ponctuelles permettant des analyses précises des "organes" observés.

Ces prises, situées précisément par rapport aux structures fonctionnelles des sols, nous livrent des informations sur la composition physique, chimique et biologique de leur contenu sous réserve de faire vite et de s'assurer que les caractéristiques observées ne changent pas avant leur analyse au laboratoire. Ces analyses utilisent de nombreux moyens d'étude des éléments chimiques et de leurs isotopes, des structures physiques permettant d'observer l'intimité des liens entre les minéraux (granules, feuillets…), les organes (racines, mycéliums…), les organismes (bactéries, nématodes, enchytrés…), les composants de la nécromasse figurée ou non, etc. En outre, des analyses microscopiques de plaques minces de sol nous apportent beaucoup. Toutes ces analyses sont pleines d'enseignements, mais toutefois limitées aux *états* des constituants. Elles ne portent pas sur le fonctionnement du sol, tels les échanges de gaz ou de substances chimiques entre ses constituants. L'anatomie n'est pas de la physiologie ! Plus grave, l'objet étudié n'est observable qu'une seule fois car le sol ne se remettra jamais de l'opération chirurgicale lourde qu'il subit lors de sa dissection. Pas moyen de le recoudre !

Pour la physiologie, un autre mode d'intrusion peut être pratiqué : se servir de ce qui pénètre naturellement, depuis la surface, pour le suivre ensuite dans le sol grâce à un marqueur. Cela a été (très rarement) effectué *via les plantes* en utilisant leur assimilation photosynthétique de gaz carbonique (CO_2) pour les marquer avec des isotopes du carbone.

Ces isotopes sont diffusés par les racines des plantes dans le sol. Pour *l'eau*, on peut mesurer son infiltration dans les sols depuis la surface ou, en la colorant, l'utiliser pour marquer les voies de pénétration et de diffusion observables en effectuant ensuite une dissection du sol.

Pour *les lombriciens*, quatre méthodes ont été développées. Elles ont été utilisées pour effectuer des mesures sur les fonctions d'échange entre des compartiments d'écosystèmes, notamment entre lombriciens, sol et plantes. Elles constituent un outil essentiel de mesure du *fonctionnement de ces écosystèmes* en conditions non artificielles.

La *première méthode* porte sur l'utilisation d'un *aliment remarquable* facile à observer comme marqueur : le son de blé. Ce son de meunerie est d'abord épandu sur le sol en plein jour, lorsque les anéciques ne prennent pas le risque de s'alimenter à la vue de leurs prédateurs. Dès la pénombre, au coucher du soleil, les lombriciens, n'ayant subi aucune perturbation préalable, viennent s'alimenter de ce mets qu'ils apprécient et qui n'offre pas de résistance à l'ingestion. Pour observer la progression du son dans leurs tubes digestifs, il suffit de les capturer, depuis le crépuscule par exemple heure par heure, et de les tuer immédiatement pour pouvoir, après dissection, suivre la progression du son dans leur tube digestif. Cela permet d'évaluer la vitesse du transit dans le tube digestif et la quantité de terre ingérée par les anéciques dans des conditions d'observation n'ayant pas perturbé ce transit qui s'est effectué *avant* les captures successives.

La *deuxième méthode* utilisée est le *marquage par coloration*. Les animaux sont d'abord capturés, par vibration du sol ou hors de la zone de réintroduction, c'est-à-dire sans usage d'une méthode destructrice. Ils sont ensuite colorés selon une méthode originale qui remplit leur cœlome d'un colorant alimentaire neutre. Enfin, ils sont relâchés en sol non perturbé. En les recapturant ultérieurement, on peut suivre leur migration. Moyennant de gros moyens, qui n'ont malheureusement jamais été disponibles, cette méthode par coloration permettrait une connaissance démographique, celle relative au renouvellement des générations qui nous fait toujours défaut, comme nous le constaterons p. 213-214.

La *troisième méthode* utilisée est un *double marquage*. Les animaux sont capturés, colorés, puis brièvement élevés en les alimentant avec des algues ou des plantes préalablement cultivées en présence d'isotopes. Ces isotopes furent le N^{15} pour l'azote ou le C^{14} pour le carbone. On s'assure alors que plus de 98 % de l'azote ou du carbone corporel a été échangé pour obtenir un marquage quasi total de leurs corps. Ensuite, ces animaux marqués au N^{15} non radioactif sont relâchés dans la nature et dans leurs propres galeries. Pour le carbone C^{14}, radioactif, cela ne fut pas possible ; il eût fallu disposer de C^{13} non radioactif.

Puis les animaux N^{15}, reconnaissables à leur marquage coloré, furent recapturés pendant quarante jours, jusqu'au moment où ils perdirent plus de 98 % de leur N^{15}. On constata alors (cf. fig. 23, p. 203) que l'azote marqué avait pénétré dans l'intimité du sol. Il passe du lombricien au sol pour une fraction en moins de vingt-quatre heures, puis graduellement pour la fraction principale. Ce passage se fait en grande partie *via* des excrétions notamment de mucus cutanés et d'urine, mais aussi *via* de modestes excrétions intestinales. Les micro-organismes du sol digèrent les mucus et finalement tout est assimilé par les plantes avec un rendement étonnant (96 % au quarantième jour après la réintroduction des lombriciens)[1]. Ce rendement eût été sûrement meilleur si l'on avait pu recapturer et étudier les fractions du sol et de la végétation plus longtemps.

Ainsi, une grande partie du cycle de l'azote a pu être suivie de façon quantitative en écosystème non perturbé, avec apport au sol de cet azote par une voie normale. C'est, à la connaissance de l'auteur, le seul cas de mesure quantifiée directe de ce cycle en conditions naturelles.

Enfin, la *quatrième méthode* utilisée est le *marquage avec instrumentation.* Les animaux sont capturés, colorés, puis chaque animal reçoit, dans sa cavité cœlomique et *via* un pore dorsal (cf. fig. 1, p. 42), un microthermomètre. Il s'agit d'une microampoule de verre emplie d'une solution de saccharose (sucre) réglée à une acidité adéquate. Le saccharose se coupe *lentement* et spontanément par hydrolyse en deux : fructose et glucose. Dans ces conditions, cela *ne dépend que de la température*. Ensuite ces animaux munis de leurs microthermomètres sont replacés chacun à l'entrée de leur galerie. Puis ces animaux, reconnaissables à leur couleur, sont recapturés après une période d'enregistrement thermique plus ou moins longue. Quelle ne fut pas notre surprise, comme nous l'avons évoqué p. 97, de constater que les lombriciens anéciques utilisés dans cette étude régulaient leur température corporelle moyenne à 12 °C par un comportement d'ajustement dans le gradient thermique de leurs galeries verticales !

La sonde édaphique

Pour conclure, constatons que les innovations techniques décrites ci-dessus nous permettent de pénétrer les sols en les observant en interne sans les perturber. C'est *a posteriori* que l'auteur constate que, à la manière d'une sonde spatiale explorant l'espace ou d'un robot marin nous informant sur les fosses marines, les lombriciens, ainsi appareillés ou chargés d'isotopes, peuvent nous renseigner sur leurs relations avec le sol. Ils constituent un outil exceptionnel d'exploration du sol (ou édaphique) qui va, dans les deux chapitres suivants, nous apporter effectivement un éclairage précieux sur la moitié cachée, car souterraine, des écosystèmes où nous vivons, en éclairant la boîte noire qu'était le sol.

1. Bouché, M. B., et Ferrière, G., 1986 – "Cinétique de l'assimilation de l'azote d'origine lombricienne par une végétation prairiale non perturbée", *C. R. Acad. sci.*, Paris, 302, III, 2, p. 75-80.

V

LES LOMBRICIENS CHEZ EUX

AINSI VA LA VIE DES LOMBRICIENS

Comme tous les êtres vivants, les lombriciens vaquent égoïstement à leurs occupations. Pour cela, ils travaillent en aménageant le sol, notamment pour leur confort et leur efficacité. Simultanément, ils ingèrent leur nourriture et, par leur digestion, rendent disponibles des éléments nutritifs biogènes nécessaires aux plantes qui les nourrissent.

De fait, ils entretiennent des interactions avec les plantes, les micro-organismes (bactéries, champignons, etc.) et de très nombreux animaux du sol (acariens, mille-pattes, insectes primitifs comme les collemboles, thysanoures...). Ils creusent des galeries, créent des pores, structurent et mélangent les composants d'un ensemble complexe rendu dynamique par leur vie, celle d'autres organismes et celle des racines, et par des réactions physicochimiques dans leur entour.

Vu comme cela, et en ne négligeant pas la complexité de leur cadre de vie, il n'est pas facile de décrire leurs rôles. Essayons ici d'appréhender, et d'abord *seulement qualitativement,* la diversité de leurs fonctions écosystémiques avant, dans les paragraphes suivants, de les décrire quantitativement.

Passons à table

Pour vivre, il faut se sustenter. Les différentes catégories écologiques lombriciennes se partagent le gâteau des diverses productions végétales : feuilles, pétales et racines mortes (et peut-être vivantes), algues, voire cadavres, mais aussi la matière organique déjà incorporée dans la terre et les micro-organismes ingérés avec tous ces aliments. L'ensemble ayant franchi la bouche constitue l'*ingestat*, soumis ensuite à la digestion.

La digestion s'opère dans l'*endentère*, c'est-à-dire dans le contenu du tube digestif. Cette digestion enchaîne l'excrétion des enzymes salivaires, le contrôle de l'alcalinité effectué dès l'œsophage, puis le broyage et le malaxage des ingestats dans le gésier.

Enfin, la digestion, avec l'assistance d'enzymes intestinales, aboutit d'une part à la libération d'un maximum de molécules assimilables qui traversent la paroi intestinale et constituent l'*assimilat*, et d'autre part au refus d'éléments inassimilables qui achèvent leur parcours par la défécation anale de fèces très particulières constituant le *lombrimix*. Ce lombrimix est initialement un mélange brassé intimement de minéraux ingérés et de débris organiques ayant résisté aux dissolutions digestives. Il inclut également des micro-organismes et quelques excrétats intestinaux lombriciens, et forme, *à ce stade*, une *déjection* dont la remarquable destinée est décrite ci-dessous, p. 165-166.

C'est agréable de faire un bon repas. Nul doute que, malgré la distance culturelle qui nous sépare des lombriciens, nous partageons ce sentiment. Mais pourquoi le faire et pourquoi ce plaisir ? Il satisfait à un instinct de survie commun. Comme pour eux l'endentère, ce que nous appelons notre contenu du tube digestif nous est physiologiquement extérieur. Il s'agit d'un aliment-sol trié, isolé, qui, depuis la bouche, est traité pour produire le plus possible d'assimilats avec l'aide de la flore intestinale qui contribue, avec les enzymes intestinales et un bon conditionnement physicochimique, à une bonne digestion.

Cet aliment-sol est chez nous, les humains, fort peu minéral quoique nous ne nous passions pas de sel. Chez les lombriciens, il est très minéral pour remplacer, comme nous l'avons vu, leur dentition ; on observe en outre que cela dissuade les compétiteurs coprophages de consommer les déjections lombriciennes.

La faim justifie les moyens

Mais le transit intestinal ne s'achève pas là, ou plutôt n'a pas commencé comme cela. Il y a dans le menu initial, outre des minéraux et des débris organiques, un ingrédient supplémentaire, un fromage organominéral particulier. Venons-y.

Les déjections sont lardées de micro-organismes et de matières organiques énergétiques mais indigestes en l'état pour le ver de terre digesteur. Si certains microbes ont péri au cours de la digestion, d'autres ont bénéficié de celle-ci car ils ont été réensemencés sur des matières organiques fécales favorables à leur développement.

Une déjection est comparable à un caillé de fromage : un milieu de fermentation riche dans lequel des populations microbiennes s'attaquent à ce qui fut indigeste pour le lombricien l'ayant produite. Cette déjection se transforme, au cours d'un mûrissage de quelques mois dans le sol, en un mets apprécié par les vers de terre. Ainsi, ces animaux peuvent réingérer une abondante nourriture issue du lombrimix de leurs propres fèces… ou de celles d'autres vers de terre.

Si des organismes produisent des défécations organiques qu'ils réingèrent (lapins, gloméris…) ou accumulent des débris végétaux qui permettent la culture d'organismes ensuite consommés (termites, fourmis

Atta...), seuls les lombriciens font ce mélange minéraux + matière organique + micro-organismes, réingérable à souhait. Ingérer, broyer, brasser, digérer, déféquer, incuber le lombrimix (mûrissage du fromage) et ensuite réingérer les ex-fèces fermentées constitue une splendide machine de dégradation des produits organiques littéralement décomposés malgré la résistance initiale de certains débris, essentiellement végétaux, à une première digestion.

Nous y reviendrons de façon quantifiée p. 166. Constatons simplement ici que, du point de vue écosystémique, les composants de la nécromasse sont finalement décomposés et que les éléments biogènes (carbone, azote, phosphore, potassium, etc.), devenus libres, peuvent être réassimilés par les plantes. Constatons aussi que, du "point de vue des lombriciens", il s'agit de prélever par assimilation une prébende, une dîme, afin de se sustenter à partir de la matière organique morte mais aussi de beaucoup de cellules vivantes, tels les micro-organismes et les algues ingérés.

Assurer la maintenance

À côté des déjections de lombrimix dont l'évolution après défécation vient d'être esquissée, l'ingestion et la digestion lombriciennes produisent des assimilats qui passent *via* la paroi intestinale, sous le contrôle génétique du ver de terre, et servent à assurer sa croissance et sa reproduction.

Regardons le développement. Après éclosion, le jeune lombricien va croître de façon impressionnante. Chez certaines espèces prolifiques, il va devenir adulte en un mois ! Mais tous les juvéniles n'atteignent pas le stade adulte en raison d'une forte mortalité, actuellement mal estimée, comme tout ce qui a trait à la démographie des vers de terre.

L'adulte va se consacrer à la reproduction : s'accoupler pour échanges de sperme, puis produire des cocons recevant son ovule et le sperme du conjoint qui se transforment en embryon puis en juvénile, comme cela a été décrit ci-dessus, p. 49-50.

Croissance et reproduction assurent ainsi le maintien des diverses lignées lombriciennes à travers les générations. Tout cela ne se fait pas sans le métabolisme, c'est-à-dire le fonctionnement vital biochimique, comprenant l'anabolisme de croissance des tissus et le catabolisme de destruction et de renouvellement de ces tissus. Ce métabolisme s'accompagne de pertes d'énergie et de constituants.

Ici, les assimilats sont à la fois l'apport d'énergie utilisée pour faire marcher la machine biologique et la source des composants du développement corporel, de la reproduction et des excrétats. Il s'agit du renouvellement des tissus et de la production des ovules, spermatozoïdes, cocons, enzymes digestives et du mucus qui évite le contact direct avec le sol et l'endentère.

Chez les lombriciens, l'activité *métabolique* d'*assimilation*, de *croissance*, de *reproduction* et d'*excrétion* s'accompagne de la *respiration* (absorption d'oxygène et dégagement de gaz carbonique ou de carbonates), mais aussi corrélativement de la mort. Celle-ci intervient, comme pour tous les animaux, lorsqu'il y a des anomalies génétiques, des inadéquations au milieu de vie, lorsque des accidents naturels surviennent (famines, sécheresse, gel…), lorsque les prédateurs, très nombreux, se régalent de vers de terre ou encore, mais cela est peu connu et semble-t-il rare, lorsqu'une maladie sévit. La masse corporelle des lombriciens est telle que nous considérerons plus bas, p. 209-212, leur rôle de proies comme une de leurs fonctions dans nos écosystèmes car celle-ci, de l'ordre de la tonne de viande à l'hectare, n'est pas anodine.

Évoquons brièvement une croyance populaire qui n'est pas sans fondement mais qui est erronée. Bien des jardiniers, connaissant l'utilité des lombriciens, les coupent en deux ou plus, persuadés qu'ils sont que chaque tronçon reconstituera un ver de terre par régénération. Mais si, chez ces animaux, celle-ci existe et peut reconstituer une queue, voire une tête et son cerveau, grâce à la paradiapause, déjà décrite p. 94-96, jamais un lombricien coupé en deux ne régénère deux individus. Cette croyance se fonde probablement sur l'étude d'Annélides aquatiques qui ont cette aptitude. Donc, jardiniers, ne coupez plus les utiles lombriciens en deux ; respectez-les !

Soigner son confort

Il est dans l'ordre des choses de s'alimenter, de croître, de se reproduire et de mourir. Mais, à tout prendre, autant faire cela dans des conditions décentes, voire confortables. Pour tendre vers un confort optimal, les vers de terre vont, comme les hommes, exploiter la protection du sol. Les hommes s'abritent sous terre dans des grottes, mais aussi dans des édifices en pierre ou en sol transformé (pisé, adobe, torchis, béton et plâtre, par exemple). Les vers de terre, plus efficaces sur ce point, utilisent directement leurs aptitudes à vivre dans le sol.

Rappelons ici que les lombriciens n'ont pas l'obligation, comme nous en tant que mammifères, de maintenir leur température corporelle à 37 °C ou, comme les oiseaux, à 40 °C. Non, les trois composants biologiques majeurs en biomasse des écosystèmes terrestres (plantes, lombriciens et micro-organismes) fonctionnent au même rythme, celui des saisons, sans devoir investir de l'énergie pour maintenir une température corporelle élevée et fixe. Tout au plus, chaque organisme de ces trois groupes dominants tend à échapper aux températures mortifères et, moyennant un investissement minimal, essaie de se rapprocher de conditions optimales sans dépenses énergétiques dédiées à une maintenance thermique quelconque. Les plantes, les lombriciens ou les micro-organismes vivent en congruence, par exemple à 10 °C, sans avoir froid.

Cela ne signifie pas que ces êtres vivants ne recherchent pas des conditions favorables. Les animaux, comme les lézards ou les papillons, s'exposent au soleil. Nous avons déjà vu, p. 96-97, dans le paragraphe dévolu aux comportements des lombriciens, les moyens connus qu'ils utilisent pour optimiser leur bien-être, et notamment le cas des lombriciens anéciques qui se créent, hors soleil, le moyen de se placer à la température la plus proche possible de leur optimum. Pour cette régulation, ils creusent des galeries verticales à 2 mètres ou plus de profondeur et peuvent ainsi à chaque saison se placer à la température la plus favorable dans un sol où celle-ci se déplace verticalement au gré des saisons.

Pour les léthargies, rappelons le cas des épianéciques qui, ne pouvant pas échapper aux sécheresses par la diapause, savent bien creuser vers l'humidité ambiante des profondeurs pour se rafraîchir, souvent collectivement.

Ces comportements sont également associés à l'aménagement de l'habitat, qui inclut notamment le choix pertinent des emplacements des logettes de quiescence lors de l'hibernation *sous* le sol gelé ou des cellules de diapause lors de l'estivation.

Tous, épigés, endogés et anéciques, ne semblent pas assurer des soins attentifs à leur progéniture, mais tous semblent préparer avec attention le berceau, la logette où le cocon est déposé. Je peux attester que, lorsqu'un épigé *(Eisenia andrei)* est utilisé en conditions industrielles sans égard pour ses aménagements de l'espace, cela perturbe sa reproduction.

Enfin, le sol est, comme nous le verrons p. 175-177, profondément structuré par certaines espèces. L'importance de ce phénomène est si considérable qu'elle est assez inimaginable. Il faut donc le prouver par des mesures sérieuses passant notamment par la pesée, à la manière des boxeurs, des acteurs de ces structurations qui participent au fonctionnement essentiel des écosystèmes. Après cette pesée initiale, nous pourrons décrire et évaluer quantitativement l'importance des travaux lombriciens dans les écosystèmes.

MESURER LA PREMIÈRE BIOMASSE ANIMALE

De l'importance

Aux yeux de tout spécialiste, l'étude qu'il conduit est importante… et aux yeux de tout biologiste, le groupe d'organismes qu'il approfondit est essentiel. J'ai très tôt été sceptique vis-à-vis de ces importances affichées par les spécialistes. Celles-ci le sont, mais par rapport à quoi ?

Le substantif "importance" a, selon le Littré, trois sens distincts. Le premier, évident, est : "État de ce qui importe, de ce qui a un grand intérêt, de ce qui est considérable." Le deuxième est beaucoup moins neutre : "Autorité, crédit" ; affirmer l'importance n'est alors pas socialement neutre. Le troisième sens est : "Vanité de ceux qui veulent paraître plus considérables qu'ils ne le sont." Comme je suis un biologiste parlant au nom de non-humains, me voilà prévenu !

En raison du fréquent travers des spécialistes infatués de l'importance de leur objet d'étude, j'ai initialement évité de parler de l'importance des lombriciens dans l'absolu, mais les faits m'ont peu à peu convaincu de l'importance effective de ces animaux. Il faut cependant préciser : important par rapport à quoi ? Ici, il s'agit de leurs rôles *dans le fonctionnement des écosystèmes*. Il faut ensuite dire comment est évaluée cette importance. C'est par la mesure de leurs rôles *dans* les écosystèmes. J'ai bien écrit ici *par la mesure dans les écosystèmes* et non par supputations ou par artifices non validés dans la réalité (cf. p. 112-114).

Disons-le, ces mesures sont difficiles et, faute de moyens, sont souvent établies sur des *échantillons* et pendant des *périodes de temps* définies. Il s'agit d'*échantillons* "représentatifs" des populations étudiées... Encore faut-il que ces populations soient estimées de façon convenable. Par ailleurs, ces observations sont limitées à des *périodes de temps* restreintes alors que les fonctions des lombriciens dans les écosystèmes doivent être rapportées à l'ensemble du cycle annuel où les lombriciens exercent leurs activités d'intensité fort variable, notamment en fonction des conditions saisonnières. Il faut donc pouvoir rapporter les rôles mesurés dans de courtes durées aux divers niveaux d'*activité* des populations.

La mesure de toute fonction lombricienne doit donc se rapporter aux populations selon trois conditions. D'abord bien *identifier* et *quantifier* correctement la population considérée, ensuite connaître les *variations saisonnières d'activité* de cette population, enfin *mesurer dans les écosystèmes* l'intensité de chaque fonction considérée. Alors, et seulement à ces trois conditions, on peut rapporter à chaque population les mesures effectuées sur leurs rôles et estimer l'*importance* de ceux-ci dans le fonctionnement des écosystèmes.

À nouveau, l'auteur doit s'adresser aux lecteurs, et toujours pour la même raison : le texte devient difficile en ce sens qu'il porte pour la première fois sur les modalités sérieuses d'estimation des fonctions essentielles des lombriciens dans nos milieux. Cela ne s'est jamais produit, ce qui est rapporté ici est exceptionnel *et doit donc être explicité au risque de lasser. En clair, ou bien l'auteur assène des vérités, mode trop répandu, ou bien il décrit le sérieux des modalités d'acquisition des savoirs ayant abouti à une perception nouvelle de notre cadre de vie.*

Il y a quantité et quantité

Il faut ici bien distinguer en un lieu donné, par exemple une clairière de forêt, les différentes populations constitutives de son peuplement lombricien. Le *peuplement* se réfère à toutes les espèces présentes (comprendre l'équivalent chez les mammifères des sangliers, lapins, souris, etc.), alors que les *populations* ne se rapportent qu'à une seule espèce (toujours en équivalent, soit le lapin, soit la souris, mais pas les deux ensemble).

Dans *Lombriciens de France*, publié en 1972, j'ai bien fait cette distinction entre les populations constitutives du peuplement de chaque lieu étudié, mais j'ai alors sacrifié à une pratique déficiente et largement acceptée par les zoologistes. Il s'agissait de l'usage impropre du mot "quantitatif". Cet usage, qui se poursuit, hélas, encore aujourd'hui, distingue, parmi les études lombriciennes effectuées en un lieu donné, les études quantitatives des observations qualitatives, ces dernières s'exprimant cependant souvent par des quantités. Par exemple, le fait que j'avais capturé cinq adultes d'une espèce en un lieu donné était nommé "qualitatif", contre l'évidence numérique de cinq. Je m'étais piégé! En outre, quoique m'étant rendu compte *in extremis* de cette bévue, je n'ai pas trouvé le terme correct. Il m'a fallu trois ans pour réaliser qu'une capture lombricienne peut être simultanément qualifiée et quantifiée dans chacune des deux méthodes générales pratiquées, mais que c'est la relation de chacune de ces méthodes au lieu d'étude qui est radicalement différente. En conséquence, nous distinguerons ici d'une part des prises *ponctuelles*, jadis nommées improprement qualitatives, qui sont effectuées lorsque des lombriciens sont capturés dans un lieu donné pour être rapportés à ce lieu géodésique, sans faire référence à la surface ou au volume de sol exploré pour cette capture, mais simplement au *point* (la position géographique) et à la *date* de collecte où ces animaux sont prélevés. Il s'agit de la *méthode ponctuelle* dont les résultats ne sont interpolés que par rapport aux aires de répartition. Les aires de répartition, si souvent évoquées au chapitre II, ne portent que sur des espaces géographiques où chaque taxon considéré (espèce, genre, famille, etc.) a été observé en un ou plusieurs points ou lieux. C'est important pour situer les lombriciens, mais cela ne nous permet pas d'aborder les quantifications de leurs rôles dans les écosystèmes.

D'autre part, nous distinguerons les *prises stationnelles*, jadis nommées quantitatives, qui visent à se contraindre, pour chaque *prise*, à bien définir celle-ci par rapport à une surface terrière, et, si l'on creuse la terre, à bien préciser en outre le volume du sol exploré sous cette surface pour extraire les lombriciens. Ainsi, les quantités d'animaux capturés selon la *méthode stationnelle* se rapportent au moins à une surface et parfois, de plus, à un volume. L'objectif de cette méthode est tout différent car la surface initiale de la prise stationnelle peut être extrapolée (ou interpolée si d'autres prises sont effectuées dans le même lieu) à la surface de la station qu'on échantillonne : une parcelle forestière, une prairie, un champ labouré… Avec la méthode stationnelle, les quantités se rapportent à des surfaces d'écosystèmes. Dans ce cas, il faut établir, aussi précisément que possible, les quantités des divers stades (cocons, juvéniles, subadultes, adultes…) des diverses populations de la station étudiée. Cette quantification, par stades et par espèces des peuplements lombriciens, est une étape essentielle si l'on veut évaluer les rôles de ces animaux dans les écosystèmes. C'est quantifier les acteurs en cause et c'est le premier terme d'une équation nous permettant l'estimation sérieuse de leurs participations au fonctionnement de nos écosystèmes.

Pourquoi quantifier le rôle des lombriciens ?
Première masse animale dans les milieux terrestres où nous vivons, les vers de terre sont, comme tous les animaux, doués d'une activité physique qui assure un brassage, un mouvement et une stimulation des constituants vivants (par exemple des micro-organismes, deuxième biomasse après les plantes) ou non vivants (par exemple des tonnes de terre minérale ou organique). Ils font mieux que labourer et drainer le sol, ils le vitalisent.

Première masse animale donc, ils ingèrent puis digèrent chaque année des tonnes de matériaux à l'hectare. Au paragraphe précédent, nous avons décrit de façon qualitative ce travail du sol qui, depuis les choix de chaque lombricien, assemble les constituants dans l'endentère. Ceux-ci, ingérés, sont ensuite broyés, brassés, digérés et finalement déféqués comme lombrimix, et ultérieurement incubés dans le sol hors lombricien avant d'être, au moins partiellement, réingérés. Les lombriciens assimilent des masses énormes d'assimilats qui, après prélèvement de leur quote-part nécessaire pour leur métabolisme personnel, sont transformés en excrétats relâchés sous des formes accessibles (mucus notamment) à d'autres organismes (micro-organismes, plantes…) et en tissus élaborés (viande) de tronçons ou d'individus lombriciens constituant un riche aliment apprécié par de multiples prédateurs (insectes, limaces, poissons, oiseaux, mammifères, etc.) car ils sont la proie favorite de beaucoup… y compris de certains hommes. Ils sont, hélas, aujourd'hui chimiquement contaminés, à l'instar des écosystèmes que nous polluons !

En conséquence, il faut nécessairement compléter la simple description qualitative des rôles lombriciens, effectuée ci-dessus, par des mesures. Il faut mesurer la quantité de lombriciens par la méthode stationnelle, mais pas seulement. Il faut aussi évaluer les rôles (fonctions) exercés par ces animaux, qui, en chaque situation locale, dépendent de leur activité. *Quantifier les fonctions (actions) lombriciennes dans les écosystèmes est impératif si l'on veut quitter la simple narration naturaliste pour savoir leurs rôles effectifs dans nos milieux de vie.*

Ces quantifications ne visent pas seulement à une meilleure connaissance académique des écosystèmes, elles permettent d'apprécier les modifications induites par les hommes agissant en agronomie, foresterie, etc., ces modifications perturbant sensiblement les fonctions des peuplements lombriciens dans les écosystèmes.

Évaluer les fonctions lombriciennes dans les écosystèmes
Après les justifications relatives à l'importance des lombriciens exposées ci-dessus, nous pouvons maintenant poser que, pour mesurer chaque

fonction des lombriciens, il faut satisfaire à une équation où chaque rôle dépend :

1. de la *quantité (q)* de lombriciens agissant ;

2. de l'intensité de l'*activité (a)* des vers de terre considérés depuis la léthargie à la plus vive activité. Cette activité est, pour une population considérée, le rapport entre les animaux mobilisables et les animaux totaux, comme nous le verrons plus loin ;

3. de l'aptitude plus ou moins grande des lombriciens à effectuer un *rôle (r)* mesuré *dans* les écosystèmes. Par exemple, leur excrétion d'azote exprimée en milligrammes par gramme de lombricien et par jour.

L'estimation quantitative d'un des rôles des vers de terre dépend donc, pour chaque lombricien, de sa masse, de son activité et de son aptitude à ce rôle. C'est assez bêtement, en chaque lieu et à chaque instant, établir les valeurs du produit $p = q \times a \times r$. C'est simple à dire et cela a le mérite d'*établir concrètement l'importance des lombriciens dans nos milieux.*

En conséquence, et pour chaque étude locale, il faut mesurer la quantité lombricienne *(q)*. Comme nous allons le voir plus bas, cette mesure a pu être avantageusement liée aux estimations de niveaux d'activité *(a)*. Quant aux divers rôles, chacun d'entre eux est l'objet d'une estimation spécifique de *(r)*, souvent délicate dans les écosystèmes.

Mesurer les peuplements lombriciens : un travail harassant

Étudier l'importance des populations pour établir *(q)* peut paraître *a priori* facile : il suffit de capturer les lombriciens, de les identifier, puis de les compter et de les peser.

C'est oublier un détail : les vers de terre vivent dans le sol, souvent profondément, et ont horreur de s'exposer à la lumière du jour, notamment pour éviter leurs prédateurs. Ils ne se prêtent donc pas à leur inventaire ! Les techniques de capture mises en œuvre relèvent de bricolages divers et souvent inefficaces, quoique les savoirs acquis en la matière, à la suite de nombreux tâtonnements et d'erreurs corrigées, permettent aujourd'hui d'évaluer quantitativement et quasi correctement les populations. Dans l'état actuel d'absence de rigueur en écologie, les procédés adéquats sont systématiquement écartés car leur utilisation nécessite une attention inhabituelle. En conséquence, les moyens humains et mécaniques nécessaires ne sont que très rarement mis en œuvre car s'échiner à évaluer correctement une population lombricienne ne fait pas recette dans le monde académique.

De l'harassant à l'inefficace

En pratique, deux familles de techniques de quantification stationnelle des lombriciens ont été mises en œuvre, particulièrement au cours du Programme biologique international (PBI), développé de 1963 à 1973 ; il visait essentiellement à comparer les écosystèmes terrestres entre eux. Dans la première famille de techniques, justement dénommées *physiques*, le travail est harassant et de rendement médiocre, tandis que dans la seconde famille, dite *éthologique*, la mise en œuvre est facile, mais la collecte des lombriciens est erratique et généralement très carencée.

La *première famille* de techniques de capture emploie des moyens essentiellement *physiques*. Il s'agit de creuser le sol le plus profondément possible pour capturer ensuite les lombriciens depuis la terre excavée. La profondeur de la fosse creusée est rarement suffisante car de nombreux individus de grande taille se réfugient sous le sol fouillé. Pour établir *(q)*, en climat tempéré où les anéciques sont actifs, nous avons creusé au plus jusqu'à 60 centimètres de profondeur, alors que ces lombriciens descendent dans leurs galeries très profondément, couramment à 2 mètres.

Le tri de la terre extraite se fait classiquement de façon manuelle, ce qui est extrêmement fastidieux. Les petits cocons, les juvéniles de taille millimétrique, voire les lombriciens enrobés de terre par la gangue muqueuse dont ils s'enveloppent, échappent à l'attention des trieurs.

En conclusion, cette *technique physique* par excavation est pénible et limitée non seulement par la profondeur de la fosse de fouille, mais aussi par notre aptitude visuelle.

La *seconde famille* de techniques de capture, dite *éthologique*, met en œuvre des actions répulsives appliquées depuis la surface du sol pour, théoriquement, expulser les lombriciens depuis les profondeurs du sol jusqu'à sa surface. Ces actions sont des champs électriques ou des arrosages de solutions aqueuses chimiques répulsives.

En principe, les lombriciens fuient une terre devenue inhospitalière. C'est oublier que nous pratiquons ces techniques de jour, alors que les lombriciens sont lucifuges. Certes, certains, relativement moins lucifuges comme les épigés, les épianéciques et dans une bien moindre mesure les anéciques, sortent en partie sur le sol où il suffit de s'en saisir s'ils n'échappent pas à l'attention du collecteur. Cette mobilité vers la surface ne concerne qu'une faible fraction des vers de terre et pratiquement peu d'endogés.

De plus, la totalité des lombriciens n'est mobile que si les conditions s'y prêtent. La sécheresse et le froid annihilent leurs mouvements et certaines formes sont immobiles, comme les cocons et les animaux en léthargie.

L'efficacité des *techniques éthologiques*, basées sur un comportement de fuite vers la surface, varie donc en fonction des conditions du sol, des catégories écologiques des diverses espèces et de l'état d'activité des animaux. Elle est exceptionnellement bonne, généralement médiocre, voire nulle.

Une *technique combinée* a été pratiquée par Ivo Zajonc[1]. Devant les limites physiques des excavations, ce collègue a proposé d'arroser

1. Zajonc, I., 1971 – "Participation des lombrics *(Lumbricidae)* dans la libération des éléments minéraux des feuilles mortes d'une forêt de hêtres et de chênes", in *IVe Colloquium pedobiologiae*, INRA, Dijon, p. 387-395.

le fond de celles-ci d'une solution répulsive qui permet de capturer quelques animaux issus des profondeurs. Cela réduit un peu les insuffisances des deux familles de techniques.

Ainsi, grâce au Programme biologique international (PBI), les deux méthodes physique et éthologique, et même une méthode combinée, ont été pratiquées, mais, très généralement, les intervenants choisissent d'emblée, ou après de petits essais comparatifs préliminaires, la technique qu'ils ont été en mesure de mettre en œuvre, sans en connaître l'efficience.

Finalement, bien que la quantification correcte des lombriciens *(q)* constitue le premier terme de l'équation $q \times a \times r$ permettant l'estimation des rôles de chaque espèce lombricienne, cette quantification reste négligée. Depuis le PBI, rien n'a changé : l'analyse critique des aptitudes et des limites des méthodes n'est toujours pas prise en compte. On recommence chaque fois un bricolage, comme si les expériences antérieurement acquises n'existaient pas. Parlons-en quand même !

Élaboration d'une technique de capture optimale

Dans le contexte du PBI, l'auteur fut amené à réaliser d'importants échantillonnages pour comparer le meilleur moyen d'obtenir les meilleures estimations de *(q)*. Il s'agissait de comparer les deux familles de techniques de capture : d'une part, des excavations jusqu'à – 60 centimètres suivies du tri manuel de la terre prélevée et, d'autre part, l'application d'un répulsif sur la surface du sol suivie d'une capture manuelle des animaux expulsés hors sol. Cela a été pratiqué simultanément, au début de chaque mois, puis de chaque semaine, durant trois ans.

Au cours de ces travaux, une réflexion critique sur la variabilité des collectes, si péniblement obtenues dans des conditions climatiques et de sols variables, conduisit à une série d'innovations aboutissant à une *méthode* synthétique nouvelle tirant parti des propriétés des deux *techniques* antérieures.

Au tri manuel direct des prises de sol fut rapidement substitué un lavage-tamisage de la terre qui, éliminant les constituants de celle-ci à l'exception notable des racines et des lombriciens, permet le transport du produit lavé puis la séparation et l'étude des animaux capturés, y compris celle des plus petits cocons, dans des conditions confortables d'observation.

Puis une *méthode éthophysique* originale fut élaborée en liant en un tout la capture éthologique faisant remonter les animaux vers la surface, *suivie de* leur prise physique par lavage et tamisage.

Cet ensemble, comparant les trois méthodes, physique, éthologique et éthophysique, est sans conteste le plus gros travail d'échantillonnage comparatif jamais effectué[1]. En ne considérant que le site principal de

1. Bouché, M. B., et Gardner, R. H., 1984 – "Earthworm Functions (Fonctions des lombriciens). VIII. Population estimations techniques", *Rev. écol. biol. sol*, 21, 1, p. 33-63.

capture, 310 mètres carrés de sols furent soumis à la capture par répulsif et 130 tonnes de terre furent triées après lavage-tamisage. D'autres stations en forêt, prairie, champ cultivé furent également échantillonnées en France sous divers climats et dans divers sols.

En outre, les captures par la technique éthologique, dépendant de la mobilité des animaux, permirent d'élaborer un indice d'activité *(a)* pour chaque groupe de lombriciens. Cet indice d'activité est le rapport de la biomasse se déplaçant (méthode éthologique) à la biomasse totale (méthode éthophysique). Il intervient également dans le calcul de coefficients de correction redressant les biais découlant des carences des trois méthodes comparées. *In fine*, cette série d'opérations a permis des estimations optimales des populations *(q)* et la mesure de leurs niveaux d'activité *(a)*.

Estimer les estimations

Les quantités de lombriciens peuvent être exprimées selon deux modes : les dénombrements ou les biomasses, c'est-à-dire celles de leurs masses corporelles.

Les dénombrements des stades : cocons, juvéniles, adultes et subadultes (disons adolescents) sont pris en compte. Ces nombres (abondance) ont un intérêt indubitable pour établir la démographie des lombriciens… Malgré cela, cette démographie reste dans les limbes, comme nous le verrons p. 212-214.

En revanche, l'expression en biomasse permet de regrouper, en les considérant comme quasi identiques, les biomasses des juvéniles, subadultes et adultes (en biomasse les cocons sont négligeables), quoiqu'il y ait certainement quelques différences fonctionnelles dans les écosystèmes entre les stades. Notre ignorance nous conduit à négliger ces différences.

Le concept de catégorie écologique permet d'interpoler nos connaissances d'un site à un autre, en passant d'une espèce à une autre de la même catégorie. Lorsque les moyens d'étude l'ont permis, ces généralisations ont pu être validées exactement, par exemple dans les estimations des débits d'azote lombriciens mesurés au champ (cf. p. 202-203).

11. Corriger les estimations des peuplements

Le rendement des captures effectuées par la technique éthologique dépend de la mobilité des animaux ; ce fait est utilisé pour calculer l'*indice d'activité (a)* de chaque groupe de lombriciens. Il a l'avantage de n'obliger à aucune hypothèse sur l'ensemble des facteurs régulant cette activité, telles la température, l'humidité, la lumière, les léthargies, etc. Rien ne nous permet de faire des prédictions d'activité des vers de terre.

Par exemple, les anéciques règlent leur température par un comportement sophistiqué, tandis que d'autres mécanismes déclenchent leur diapause, etc. Observer directement l'activité coupe court à toutes les élucubrations sur celle-ci.

On ne peut pas toujours pratiquer la technique la plus efficiente : l'éthophysique avec lavage-tamisage de la terre. L'excavation du sol, même limitée à – 20 centimètres, est parfois impraticable en raison de l'enrochement ou d'un enracinement forestier dense. Seule la méthode éthologique est alors possible. En conditions optimales, elle donne une proportion des animaux présents.

Cette proportion est approximativement connue en rapportant les animaux capturés à leur catégorie écologique liée à leur mode de vie. Plus les lombriciens sont accoutumés à la lumière, plus ils sont capturés (cas des épigés), et c'est l'inverse pour les endogés. On doit donc appliquer aux biomasses des captures éthologiques et selon les catégories écologiques des *coefficients de correction* multiplicateurs variant de 1,15 à 4,6. En France, cette méthode correctrice est pratiquement applicable partout.

Peser un ver de terre vif est un peu approximatif car il perd par évaporation son eau corporelle. Si on le fixe dans un conservateur, tels l'alcool ou le formol, il expulse une partie de sa masse corporelle au moment de sa mort, mais pas de la même façon selon le fixateur.

De plus, la masse corporelle réelle n'est pas celle du lombricien qu'on capture. La masse du contenu du tube digestif est très importante dans tous les cas, elle devient presque toujours prépondérante si, sans précaution, on sèche le ver avant pesée. Ce contenu, riche en minéraux, varie de 30 à 70 % de la masse d'un ver de terre vivant. Il faut donc déduire de la pesée la masse de l'endentère pour établir la biomasse véritable exprimée sèche ou vive et sans biais dû au fixateur. Toute une batterie de *coefficients de transformation* relatifs aux biomasses, fondés sur des mesures concrètes, permet, à quelques pourcents d'erreur près, de passer d'un mode de mesure à l'autre, à condition de connaître les modalités opératoires initiales. Hélas, ces modalités sont rarement précisées dans les publications relatives aux peuplements lombriciens ; cela les rend inutilisables.

La méthode éthophysique permet, avec ses coefficients de correction, une grande applicabilité des mesures d'activité *(a)* des biomasses *(q)*. L'expérience concrète relative à ces procédures d'estimations a été essentiellement acquise en France, en Belgique et, dans une certaine mesure, en Espagne ; elle semble ainsi être validée dans les climats tempérés. Sa rigueur exige toutefois une compétence non enseignée et cette méthode, avec ses innovations, est restée pour l'essentiel orpheline.

En conséquence, les études de peuplements lombriciens pratiquées ne bénéficient toujours pas de l'ensemble des techniques qui devraient être conjointement mises en œuvre, et donc les estimations produites sont souvent médiocres. Cela explique le recul permanent de la qualité des travaux actuels. Il y a nécessité d'un véritable professionnalisme partagé dans des équipes de géodrilologie (science des lombriciens) ayant des moyens manuels, matériels et intellectuels doublés d'une expérience pratique des études de terrain. Nous avons vu que, paradoxalement, la première biomasse animale des terres émergées ne reçoit pas cette attention… comme, il est vrai, toute l'écologie authentique.

C'est pourtant de la méthode éthophysique que dépendent les estimations des populations les moins carencées car l'information collectée permet des corrections et des interpolations totalement décrites et donc critiquables, puisque les données initiales ne peuvent être directement exploitées en raison de biais divers (cf. l'encadré 11, p. 145-146).

Gérer les observations

En raison notamment du coût très élevé de l'acquisition des données observées au terrain et de leur rareté, chaque information, tant sur la position spatiale des captures, leur date que sur leur mode de prise, ainsi que chaque caractéristique des animaux étudiés doivent être enregistrées conjointement avec les nombreuses informations collectées simultanément et relatives au milieu des animaux concernés.

La recherche d'une précision croissante a poussé, pas à pas, à l'élaboration d'une méthode rigoureuse exigeant une gestion rationnelle de l'information. Tout doit être enregistré : depuis la prise de sol, le tri de cette prise, la capture manuelle, jusqu'à l'identification individuelle des animaux effectuée au niveau du stade (cocon, juvénile, etc.), de chaque espèce (*Lumbricus terrestris*, *Allolobophora chlorotica*, etc.), de l'état individuel (animal entier ou tronçonné par les outils) et de la masse individuelle (en tenant compte des modalités : animaux vivants ou fixés dans une solution conservatrice connue), avec ou sans endentère, vifs ou séchés. Cette gestion rationnelle de l'information permet seule d'établir simultanément de bonnes estimations des dénombrements et des biomasses des peuplements lombriciens, même lorsqu'on traite de portions de vers de terre tronçonnés lors des prises de sol.

Cet impératif a constitué l'amorce méthodologique de la gestion intégrée des connaissances qui a rationalisé une chaîne complète d'opérations d'acquisition de connaissances dans les écosystèmes, appliquée à de nombreux composants écosystémiques (individus lombriciens, racines, endentères, climat, etc.). Celle-ci sera précieuse lorsque la problématique environnementale sera sérieusement abordée (cf. p. 301-302).

L'accès aux fonctions lombriciennes

Au risque d'être ennuyeux, j'ai pris ci-dessus le temps de décrire la difficulté d'estimer les peuplements lombriciens… mais aussi, et au passage, celui d'acquérir l'avantage d'en connaître l'indice d'activité. Oui, cela est passablement technique, largement ignoré du monde académique, et oblige à comprendre que nous ne percevons qu'avec difficulté la première biomasse animale partageant avec l'homme les terres émergées. Mais c'est aussi la porte pour entrer dans la compréhension des écosystèmes où nous vivons.

D'innovations en approximations successives, une méthode *critiquable* de mesure des populations et de leur degré d'activité au champ a été élaborée. Elle convient à la diversité des sols et des conditions locales, mais exige une maîtrise réellement professionnelle des techniques mises en œuvre, depuis les prises de sol au terrain, l'identification des animaux en termes d'espèces et de catégories écologiques, la compréhension des fondements des coefficients de correction entre techniques et de transformation entre biomasses, jusqu'à une gestion rationnelle des informations acquises.

Certes, dans l'équation $q \times a \times r$, permettant d'estimer les rôles lombriciens dans nos écosystèmes, la quantité *(q)* reste toujours estimée par défaut. Nous n'avons pas les moyens de mesurer, par une excavation totale et par le lavage de tout le sol excavé, la valeur réelle des populations lombriciennes… Mais cela en vaut-il le prix en termes de destruction de nos milieux ? Nous avons constaté que la méthode éthophysique permet de limiter la casse et les carences, et surtout nous donne à la fois la mesure des quantités *(q)* des populations et l'estimation du précieux indice d'activité *(a)*.

La rigueur méthodologique, peu à peu mise en œuvre, a permis de mesurer de nombreux peuplements variant de quelques dizaines de kilogrammes à l'hectare (quelques grammes par mètre carré), dans des sols très pauvres aux populations décimées par les pratiques aveugles de l'agriculture intensive, à quelque 4 ou 5 tonnes par hectare dans des prairies normandes ou dans certaines vallées alluviales. Tout cela donne des estimations de l'ordre, en moyenne en France, de 1,2 tonne par hectare de biomasse lombricienne vive, constituée à 80 % d'anéciques, à 20 % d'endogés et à moins de 1 % d'épigés.

Presque toutes les estimations relatives aux rôles *(r)* des lombriciens n'ont été établies dans les champs que pour les seuls anéciques ou épianéciques. Pour simplifier, ces rôles sont rapportés ci-dessous de façon standard à 1 tonne d'anéciques par hectare, soit 100 grammes par mètre carré de masse vive, tube digestif vide, soit encore 150 kilos par hectare ou 15 grammes par mètre carré de masse sèche. Cette masse, c'est le *(q)*, lié au *(a)* de l'activité et au *(r)* mesuré séparément pour chaque rôle de l'équation $q \times a \times r$; *(a)* et *(q)* étant mesurables, il reste à évaluer les *(r)* relatifs à chaque fonction. Nous avons pu estimer directement, dans les champs, l'importance de certains des rôles lombriciens, comme nous allons le voir ci-dessous et au chapitre VI.

UN ART DE VIVRE ET L'ÉVALUATION DES ŒUVRES D'ART

Ayant montré notre aptitude à quantifier les lombriciens et leur niveau d'activité, nous allons dans ce paragraphe considérer *leur travail physique et ses conséquences*. Cela permettra d'inclure au chapitre suivant leurs fonctions dans les écosystèmes où ils opèrent. Le grand naturaliste Darwin a donné priorité, parmi ses nombreux travaux, à la description du travail du sol par les lombriciens. Avant de publier les multiples observations qu'il fit autour de la Terre et de produire sa contribution essentielle relative à la sélection naturelle des organismes, il a décrit, dès 1837, l'importance de l'activité de ces animaux dans nos milieux.

La partie émergée de l'iceberg-sol, selon Darwin

Remarquable! Charles Darwin a quitté Davenport, le 27 décembre 1831, à bord du *HMS Beagle* pour un voyage autour de la Terre qui ne s'est achevé que le 2 octobre 1836. Mais, dès son retour en Angleterre, et en dépit de la masse d'observations accumulées au cours de ce long voyage, Darwin se consacre à la rédaction d'une communication, présentée en novembre 1837, qui décrit, depuis son jardin, la formation de la terre végétale sous l'action digestive des lombriciens!

En ingérant, en broyant et en digérant des produits végétaux, pour l'essentiel morts, et en les mêlant intimement aux minéraux du sol, les lombriciens assurent un travail intestinal qui aboutit à la production de grumeaux organominéraux constituant, par leur accumulation, une strate du sol. Darwin remarque que cette strate, qualifiée de terre végétale, serait mieux nommée "terre animale".

En passant, notons que cette description est caractéristique de la démarche intellectuelle de Darwin qui, à la différence de nombre de ses contemporains privilégiant les phénomènes imposants, attache de l'importance à l'accumulation de petites causes se répétant de façon continuelle et conduisant à de grands effets. Son génie a été de reconnaître que la croissance des minuscules coraux expliquait les roches portant les îles coralliennes, que la probabilité de survie des parents les mieux adaptés permettait et favorisait leur progéniture et que les insignifiantes *déjections* lombriciennes renouvelaient en permanence la terre végétale.

Saluons ce trait de génie écartant le spectaculaire au profit du réel, même d'apparence modeste, ce trait étant masqué par la fausse paternité de l'évolution qu'on lui attribue, au détriment d'une lecture attentive de ses travaux. Citons donc ici, et très partiellement, sa contribution à la partie émergée de l'iceberg-sol :

> Les vers de terre ont joué dans l'histoire du globe un rôle plus important que ne le supposeraient au premier abord la plupart des personnes. Dans presque toutes les contrées humides, ils sont extraordinairement

> nombreux et possèdent une grande puissance musculaire pour leur taille. Dans beaucoup de parties de l'Angleterre, plus de dix tonnes de terre sèche passent chaque année par leurs corps et sont apportés à la surface de chaque acre de superficie [soit 26,3 tonnes par hectare] ; ainsi, tout le lit superficiel de terre végétale doit, dans le cours de quelques années, traverser une fois par leurs corps. [...] Il est merveilleux de songer que la terre végétale de toute surface a passé par le corps des vers et y repassera encore chaque fois d'un même petit nombre d'années. La charrue est une des inventions les plus anciennes et les plus précieuses de l'homme mais, longtemps avant qu'elle existât, le sol était de fait labouré régulièrement par les vers de terre et il ne cessera jamais de l'être encore. Il est permis de douter qu'il y ait beaucoup d'autres animaux qui aient joué, dans l'histoire du globe, un rôle aussi important que ces créatures d'une organisation si inférieure[1].

Cette importance mesurée, environ 30 tonnes de turricules par hectare déposées par les lombriciens à la surface du sol chaque année, reste un ordre de grandeur valide un siècle et quart plus tard. Seul changement de taille, ce labour a cessé d'être dans les terres les plus fertiles sous les effets mortifères de pratiques agricoles décrites au chapitre VII.

Le travail, c'est la santé

La principale action physique des vers de terre sur les sols est l'ingestion de matières (sol minéral, litière, humus, micro-organismes, etc.) suivie d'un transit intestinal avec broyage et mélange de ces matières soumises à digestion, puis déféquées en déjections dans et sur le sol. Les lombriciens anéciques, dominants, recherchent activement leur nourriture organique à la surface du sol, essentiellement de la litière, en laissant leurs queues engagées dans les orifices de leurs galeries débouchant à l'air libre (cf. fig. 6, p. 77). La litière est surtout formée de débris de plantes mortes, feuilles en particulier, truffés de micro-organismes. Les vers de terre ingèrent en outre, sur le sol, des algues et, dans le sol, des débris organiques et des racines, en principe mortes. Nous verrons plus bas qu'en conditions de laboratoire, aberrantes comme souvent, il est soupçonné que l'ingestion de tendres radicelles vivantes soit possible. Enfin, comme nous l'avons sommairement vu p. 134-135, l'ingestat inclut du lombrimix issu de déjections lombriciennes fermentées.

Voilà pour l'alimentation initiale à l'ingestion. À partir de cela, la digestion avec trituration et mélange va modifier l'ingestat et produire soit des éléments assimilés *dans* les vers de terre par passage à travers la paroi intestinale, soit des déjections par défécation. On a l'habitude de considérer que les déjections sont les seuls rejets... mais nous verrons

1. Darwin, C. R., 1882 – *Rôle des vers de terre dans la formation de la terre végétale*, *op. cit.*

que, au moins pour le carbone, il y a aussi des émanations gazeuses rarement évoquées, mais seules pertinentes pour expliquer les pertes dans l'équation *ingestion = assimilation + défécation + pertes*.

Darwin n'avait pu observer que les déjections déposées en surface du sol, alors qu'il est essentiel de connaître la quantité de sol qui, après avoir transité après ingestion dans le tube digestif des lombriciens, est déféquée dans et sur le sol. Un siècle plus tard, nous sommes parvenus à mesurer l'ensemble de la masse des matières triturées depuis l'ingestion. Cela a été essentiellement fait en utilisant un aliment remarquable, comme décrit p. 132. Il suffit de suivre la vitesse de transit du son de blé dans le tube digestif pour calculer la quantité de matière y ayant transité… et découvrir que les élucubrations relatives à cette quantité, fondées sur des hypothèses puis sur des mesures en laboratoire, ont toujours été fausses. La mesure obtenue, extrapolée sur l'année grâce à l'indice d'activité, nous donne 221 kilos de sol transitant dans 1 kilo d'anéciques (masse vivante) par an.

Cette mesure directe n'a jamais pu être reproduite, faute de moyens, mais un travail plus récent, portant sur des anéciques du sud de la France réintroduits dans un sol reconstitué scrupuleusement couche par couche, nous a donné un résultat du même ordre (294 kilos par an). Antérieurement, le professeur Otto Graff[1], interprétant à l'aide de multiples hypothèses des données observées directement sur le terrain, avait obtenu une estimation de 267 kilos pour un peuplement riche en épianéciques. En conséquence, nous retiendrons ici un ordre de grandeur de 270 kilos, soit 270 tonnes d'ingestats séchés par tonne de lombriciens anéciques ou épianéciques vifs et par an. C'est considérable et cela représente annuellement 1,8 kilo d'ingestat sec par gramme de ver de terre en masse sèche !

Mets et dégustations

Au menu

Les lombriciens choisissent leurs aliments en fonction de leur odeur et de leur goût, selon des saveurs qu'on ignore. Ils excluent les grosses pièces et fuient les matières en fermentation anaérobie (sans oxygène) et leurs sous-produits (ammoniac, hydrogène sulfureux…).

En fonction de la position de chaque stade (juvénile, adulte…) de chaque espèce dans son écosystème, son ingestat est fort différent, comme on peut le savoir en étudiant le contenu des jabots et gésiers, réceptacles d'ingestats qui contiennent des éléments reconnaissables au microscope.

1. Graff, O., 1971 – "Stickstoff, Phosphor und Kalium in der Regenwurmlösung", in *IVe Colloquium pedobiologiae*, INRA, Dijon, *Annales zoologie-écologie animale*, numéro hors série, p. 503-511.

Un travail méticuleux, accompli par Gérard Ferrière[1], nous a ainsi permis d'effectuer une première évaluation très instructive nous informant sur les aliments des vers de terre d'une prairie permanente. Il a d'abord fait un catalogue des organes des végétaux de cette prairie pour pouvoir les identifier lorsqu'ils seraient devenus, après leur mort, des mets pour vers de terre. Il a en fait établi que globalement 15 % en masse des ingestats sont des organes végétaux reconnaissables et que les vers de terre ingèrent en outre beaucoup de débris organiques si petits et morphologiquement si dégradés qu'on ne peut les identifier au microscope. Ces débris sont étroitement mêlés aux minéraux conjointement ingérés : argiles, sables et limons.

On constate ainsi de grosses différences entre les catégories écologiques. La fraction organominérale ingérée, formée de minéraux auxquels est étroitement liée une matière organique très décomposée, est très faible chez les épigés (40 % des ingestats), plus importante (80 %) chez les anéciques qui réingèrent notamment le lombrimix issu de leurs fèces, et très importante (90 %) chez les endogés qui consomment essentiellement de la terre.

En complément, les débris végétaux "libres", non liés aux minéraux, soit respectivement 60, 20 et 10 % pour les catégories écologiques évoquées ci-dessus, permettent d'observer en détail ce que consomme chaque espèce cohabitant dans la même prairie. Si chaque espèce peut, peu ou prou, consommer les aliments des autres espèces cohabitant avec elle, chacune est plus efficace pour sélectionner, parmi la diversité des produits végétaux morts, ses aliments préférés. De toute évidence, les espèces cohabitantes sont intercompétitrices à la marge, mais chacune occupe une place où elle domine. En conséquence, la faim justifiant les moyens, un peuplement lombricien est constitué de populations cohabitantes qui se partagent la principale ressource alimentaire disponible, celle qui est issue des matières organiques elles-mêmes issues, directement ou indirectement, des producteurs.

Dans un tel contexte, une espèce lombricienne étrangère, introduite par exemple par l'homme, ne peut trouver sa place dans les écosystèmes déjà saturés. Les espèces lombriciennes en place et depuis longtemps établies sont bien adaptées aux conditions locales, donc au partage alimentaire de la nécromasse disponible (d'origine végétale et accessoirement animale). Cela ne laisse pas de place à l'intruse, sauf si l'homme a simultanément profondément modifié le milieu ou si une perturbation géologique a créé des opportunités.

1. Ferrière, G., 1977 – *Contribution à la caractérisation de l'endentère des lombriciens : élaboration d'une méthode d'identification des fragments ingérés*, DEA d'écologie, univ. Lyon, oct. 1977.

Le partage alimentaire dans les écosystèmes n'est donc observé chez les lombriciens que par l'étude de la matière organique reconnaissable qui transite dans le tube digestif. Il y a toutefois une alimentation plus subtile, discrète et atavique, qui échappe à ce mode d'observation : une bouillie formée des cellules de micro-organismes, dont des algues, qui nappe souvent les sols humides ! Ce bouillon de culture naturel est facile à ingérer pour les lombriciens ; il suffit de le sucer en le pompant. Il est digeste car constitué de molécules libres et de petites cellules. Il est, de plus, probablement appétant car il traduit le maintien chez les lombriciens terricoles de la même alimentation que celle de leurs lointains ancêtres qui vivaient en eaux douces, dans les boues putrides riches en algues et en bactéries.

Cette bouillie, sucée à la surface du sol, de croissance et de renouvellement rapides, est probablement très importante dans la ration alimentaire de nombreux lombriciens, mais, étant imperceptible, elle n'a pas été étudiée. Je l'ai observée à Londres, sous un climat frais et pluvieux comme il se doit, sur une allée cimentée qui était verte en sa partie médiane et la nuit couverte de part et d'autre de *Lumbricus* épianéciques. Tout en laissant leurs queues engagées dans les orifices de leurs terriers débouchant au bord de l'allée pour pouvoir se rétracter à l'abri de leurs galeries en cas de danger, ces animaux se distendaient le plus possible vers le milieu de cette allée pour la lécher. Seule la partie médiane de l'allée, inaccessible aux vers restés prudemment accrochés à leurs terriers, était couverte d'algues terrestres vertes. Latéralement, le ciment était nu et gris car en permanence léché par les *Lumbricus* qui consommaient le mucus algal dès sa croissance.

Quoique non étudiés, les bouillons de culture microbiens aux algues terrestres colonisant de façon exponentielle les surfaces ouvertes sont des "planctons" qui échappent à l'observation courante, mais qui, en raison de leur renouvellement rapide, constituent un apport nutritionnel probablement important aux écosystèmes. Si la participation des algues à cette source alimentaire n'est pas douteuse, je soupçonne qu'en plein champ, où j'observe assez fréquemment cette couche végétale de "microphytes" (ou microplantes, cf. fig. 10, p. 154), celle-ci est aussi constituée d'autres plantes, tels des prothalles de mousses.

Soutirer sa pitance

Comme nous venons de le voir pour des épianéciques, les anéciques sortent partiellement hors du sol à la pénombre en laissant leurs queues accrochées à l'orifice de leurs terriers grâce à des soies spéciales, des crochets, qui s'ancrent fortement à cet orifice. Depuis celui-ci, leurs corps se distendent, en se glissant entre les obstacles, à la manière de serpents à la recherche d'une nourriture qui peut être liquide ou pâteuse, comme décrit ci-dessus au sujet des bouillons de culture, mais aussi solide, tel un débris appétant ou telle une feuille morte. Après avoir goûté une feuille, un lombricien peut soit la broyer par une puissante mastication, soit s'en saisir avec sa bouche musculeuse et la tirer vers l'orifice de son terrier.

Figure 10. Notez les deux sources végétales d'énergie organique, les plantes supérieures et les microphytes (algues ? mousses ?) tapissant le sol, et le travail lombricien formant le cespe grumeleux (voir p. 184), sa porosité et des turricules.

Le broyage par mastication buccale permet l'ingestion directe des débris végétaux et, *via* l'œsophage, leur passage vers l'ensemble jabot-gésier. Cette mastication dépend de la puissance de la musculature péribuccale, très développée chez les anéciques, et cela d'autant plus que ces animaux sont gros. J'ai ainsi pu entendre, dans le silence nocturne, le ver géant de Montpellier *Scherotheca monspessulensis* broyer les feuilles mortes cassantes, car résistantes, de chêne vert (nous verrons plus loin à ce sujet des coévolutions entre les lombriciens et les éléments constitutifs de la nécromasse).

Lorsqu'un élément organique est trop gros pour être mastiqué, l'anécique ou l'épianécique le saisit par une extrémité avec la bouche, puis le tire par une rétraction de tout le corps accroché par ses crochets à l'orifice de sa galerie. Alors que, lorsqu'il recherchait sa nourriture, il s'était glissé en ondoyant entre les obstacles (plantes, branches, cailloux...), en contraction pour tirer son aliment l'animal se tend à la manière d'une corde. Ainsi raidi, il frotte les obstacles précédemment contournés. Ce frottement explique la formation à la surface du sol des *cairnets* qui seront décrits plus bas (p. 172) comme conséquences de cette activité de traction alimentaire vers les terriers.

Cette traction des lombriciens tirant leur nourriture vers l'orifice de leurs galeries est puissante. C'est particulièrement vrai dans le cas des prairies, où les graminées forment des touffes aux feuilles longilignes qui, en vieillissant, se couchent sur le sol et meurent partiellement depuis leur extrémité. Cette extrémité morte, devenue gustativement attractive grâce à la putréfaction microbienne, est saisie par la bouche du ver de terre qui tire fortement jusqu'à obtenir la rupture de la feuille, généralement dans sa seule partie morte. Parfois la feuille a été entaillée dans sa partie vivante, par exemple par les mandibules d'un insecte herbivore, et se rompt au niveau de l'entaille. On observe alors dans le jabot-gésier des lombriciens des portions de végétaux verts, donc vivants, ce qui a fait dire qu'ils sont occasionnellement herbivores. Oui, mais de façon bien involontaire, car ces portions, n'étant pas appétantes, ne sont ingérées qu'à cause de la fragilité de leur lien avec la partie morte.

La provende collectée à la surface du sol arrive finalement au terrier et y pénètre généralement… sauf blocage physique si le diamètre du terrier est nettement inférieur à l'aliment tiré jusqu'à son orifice. On assiste alors à des abandons à la surface du sol près de l'orifice, qui peut être ainsi décoré d'un bouquet de débris végétaux (aiguilles de pin, grandes feuilles résistantes…) constituant, comme nous le verrons, des édifices superficiels, les *resserres*.

Toutefois, certains lombriciens sont experts dans l'art d'enrouler les feuilles hors gabarit à l'intérieur de l'entrée de leur galerie. Ces feuilles, qui constituent une réserve alimentaire, forment alors un "cigare creux" car le lombricien qui a roulé ces feuilles conserve une voie de passage au milieu de celles-ci. À l'abri climatique du sol et dûment engraissées de mucus lombricien, ces feuilles enroulées se décomposent alors de façon accélérée et sont rapidement transformées en un aliment ingérable par le ver qui les a ainsi mises en fermentation à l'entrée de sa galerie.

Le partage des dessous-de-table

Les aliments décrits ci-dessus sont servis sur la surface tabulaire du sol au bénéfice de la biomasse lombricienne la plus importante en climat tempéré, celle des anéciques et épianéciques. Mais tous les lombriciens, y compris de ces deux groupes, s'alimentent en outre dans le sol, sous cette table.

Comme l'observation du contenu des jabots-gésiers nous l'a montré, toutes les espèces consomment des racines, considérées usuellement comme mortes. Toutefois, un doute s'est instillé lorsque des recherches conduites avec Jacques Cortez[1], portant sur des *Lumbricus* épianéciques placés dans des pots de fleurs avec des plantes marquées au C^{14}, nous ont montré que ces plantes croissaient beaucoup mieux en présence de ces

1. Cortez, J., et Bouché, M. B., 1992 – "Do Earthworms Eat Living Roots?", *Soil Biol. Biochem.*, 24, 9, p. 913-915.

animaux qu'en leur absence bien qu'ayant nettement moins de racines ; on retrouvait des radicelles marquées au C^{14} dans le tube digestif des lombriciens. Suspicion… ces vers de terre brouteraient-ils les tendres radicelles des plantes sans leur porter préjudice, leur croissance florissante l'attestant ? Cela reste à vérifier de façon sérieuse, c'est-à-dire dans les écosystèmes et en conditions équilibrées.

Comme nous l'avons vu, toutes les catégories écologiques de lombriciens consomment de la terre de façon très variable. Cela varie horizontalement, par exemple la proportion de ces catégories diffère entre une forêt et un herbage, et de façon plus détaillée entre la pente aride et le bas-fond humide d'une prairie. Mais la diversité verticale des sols n'est pas moindre. Chacun peut observer en forêt la couche superficielle d'humus formée à partir des débris végétaux, dont les feuilles mortes, qui s'accumulent en litière. Dessous, il y a souvent une couche de sol minéral plus claire, mais d'autant plus teintée par la matière organique décomposée que cette couche est près de la surface. En fait, chaque niveau de sol a une "signature" visuelle et chimique, les eaux de pluie (mais pas seulement) entraînant vers le bas des éléments qui imprègnent la terre.

J'ai eu la chance de participer à une étude conduite par François Toutain[1], du CNRS de Nancy, portant sur les modifications de la distribution verticale des éléments du sol induites par un ver de terre anécique *(Nicodrilus velox)*, un animal faisant couramment presque 50 centimètres de long. Le sol forestier, non travaillé par l'homme, n'abritait que cette espèce d'anécique et présentait de fortes différences chimiques entre les feuilles tombées récemment, les plus anciennes en décomposition avancée, les divers niveaux du sol minéral plus ou moins imprégnés d'éléments entraînés depuis la surface et, en outre, les turricules déféqués à la surface du sol par cet anécique. Grâce à la longueur et au diamètre de l'animal (près d'un demi-centimètre), il fut possible d'étudier sur chaque individu ce qu'il venait d'ingérer et qui transitait dans le jabot, puis le gésier et enfin le long intestin.

À notre grande surprise, une fois leur bolée alimentaire reconstituée, la masse ingérée provenait surtout des turricules anciens (63,6 %), puis des couches superficielles du sol (19,1 %), des niveaux moyens (12,7 %) et profonds (3,2 %), et seulement pour 1,4 % de la litière. Mais ces mesures, exprimées en masses sèches, sont trompeuses ; les minéraux sont denses tandis que la matière organique est relativement légère et expansée. En mesurant le carbone organique, qui caractérise la matière organique, on obtient des proportions très différentes. La matière organique ingérée provient surtout des feuilles mortes

1. Bouché, M. B., Rafidison, Z., et Toutain, F., 1983 – "Étude de l'alimentation et du brassage pédo-intestinal du lombricien *Nicodrilus velox* (Annelida, Lumbricidae) par l'analyse élémentaire", *Rev. écol. biol. sol*, 20, 1, p. 49-75.

(76,1 %), puis des turricules anciens fermentés (15,9 %) et enfin du sol de façon décroissante de la surface vers la profondeur (respectivement 5,6 %, 1,9 % et 0,6 %).

Ainsi, cet anécique incorpore massivement, depuis la litière, de la matière organique dans le sol, mais puise aussi celle-ci dans le lombrimix des anciennes déjections ainsi recyclées pour une redigestion. Il mêle aussi le sol, surtout minéral, à cet ensemble organique.

La digestion

Après ingestion, tous les constituants de l'ingestat alimentaire décrit ci-dessus subissent une digestion qui commence par une alcalinisation des éléments ingérés, souvent initialement acides. Cette alcalinisation est rendue possible par une excrétion glandulaire initiale massive de carbonates, de fer, d'ammoniaque, de calcium, de sodium, etc. Cela a pour effet de permettre une digestion en conditions de neutralité, ce qui est très différent de la digestion des mammifères que nous sommes. Ici, pas d'aigreurs d'estomac ! Le broyage, effectué par le gésier, et l'apport d'enzymes digestives permettent la digestion de l'endentère (ou contenu du tube digestif) par transformation des ingestats au cours du transit intestinal. En début de transit, les apports d'eau et d'un mucus intestinal abondant stimulent la microflore intestinale[1] et lubrifient le glissement de l'endentère dans le tube digestif. La digestion s'effectue donc essentiellement par broyage, mélange, contrôle des conditions d'humidité et de neutralité de l'endentère, et par la catalyse enzymatique. Les enzymes en cause proviennent des excrétions salivaires et intestinales des lombriciens et des micro-organismes de la flore intestinale. Soulignons ici une propriété digestive importante. Les feuilles des arbres, particulièrement de hêtre, deviennent brunes en mourant. Cela résulte de la formation de corps bruns qui proviennent de la mise en contact dans les cellules des composés phénoliques des vacuoles avec les protéines du cytoplasme. Ces corps bruns, riches en azote, sont difficilement dégradables et "il n'existe, en climat tempéré, que deux types d'organismes capables de transformer les pigments bruns : les champignons de la pourriture blanche et les vers de terre anéciques[2]". La dissolution de ces corps bruns, au cours de la digestion lombricienne, s'observe par microscopie électronique à transmission (cf. fig. 11, p. 158) et résulte de l'action d'enzymes spécifiques, les polyphénoloxydases, actives seulement dans la lumière intestinale lombricienne et à l'extrémité de croissance des mycéliums de la pourriture blanche[3].

1. Barois, I., 1987 – *Interactions entre les vers de terre (Oligochaeta) tropicaux géophages et la microflore pour l'exploitation de la matière organique du sol*, thèse, univ. Abidjan (Côte d'Ivoire), Trav. chercheurs Lamto, 7, p. 1-153.
2. Toutain, F., 1984 – "Biologie des sols", in *Livre jubilaire de l'Association française pour l'étude du sol*, p. 253-271.
3. François Toutain, communication personnelle.

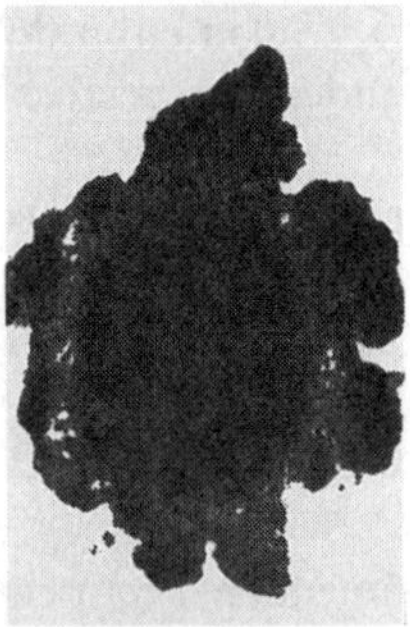

Figure 11. Corps bruns visibles dans des cellules de feuilles mortes de hêtre (à droite), et (plus grossi, à gauche) l'un d'eux lors de sa digestion au cours du transit intestinal dans Nicodrilus velox *(Bouché, 1967). Observation par microscopie électronique à transmission.*

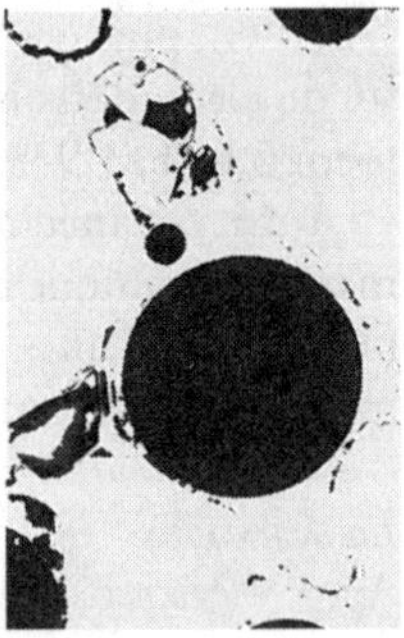

L'observation au microscope électronique montre que les cellules végétales mortes et les colonies microbiennes ingérées sont "pulvérisées" par la digestion, mais que de nouvelles colonies se développent au cours du transit intestinal (cf. fig. 12). Cette digestion transforme les ingestats en deux fractions apparentes.

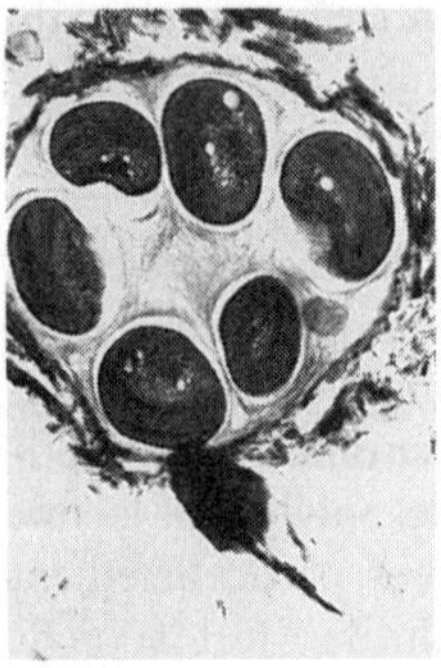

Figure 12. Endentère dans le tube digestif de Nicodrilus velox *(Bouché, 1967). Colonie bactérienne entourée de polysaccharides agglutinant des minéraux (phyllites d'argiles) constitutifs d'un futur agrégat de sol. Observation par microscopie électronique à transmission.*

D'une part, elle libère des assimilats constitués de petites molécules qui quittent l'endentère en franchissant la paroi intestinale et qui sont ensuite prises en charge par le contrôle métabolique du lombricien. D'autre part, beaucoup de matériaux, surtout minéraux (argile, sable, limons) mais aussi organiques, étant indigestes en l'état, sont finalement rejetés dans le milieu extérieur par défécation sous forme d'une mixture organominérale particulière, le lombrimix, mêlant étroitement tous ces constituants. Rappelons qu'au plan pondéral le lombrimix produit représente en moyenne, pour les seuls anéciques (1 tonne d'animaux vifs), de l'ordre de 270 tonnes à l'hectare de matière sèche chaque année.

Grâce à l'étude détaillée conduite avec l'équipe de François Toutain, nous avons pu établir un bilan de la digestion où il apparaît que 46,5 % du carbone organique et 16,5 % de l'azote ingérés ne sont pas déféqués. Cela implique que ces éléments ont été assimilés par le lombricien ou largement décomposés par les actions digestives d'origines lombricienne (broyage et enzymes digestives) et microbienne (flore intestinale).

Nous savons, par des mesures directement effectuées au champ selon les méthodes d'intrusion écosystémiques avec double marquage décrites p. 132-133, ce qui est excrété sous forme de mucus et de produits de dégradation du métabolisme. L'azote assimilé est totalement excrété sous forme ammoniacale dans l'urine et, sous formes liées au carbone, dans le mucus. Il n'est donc pas volatilisé !

En revanche, nous avons constaté que seulement 55 % du carbone dissipé au cours de la digestion est assimilé, sous forme de molécules “énergétiques” tels le glucose et le fructose issus de la décomposition de la cellulose, et que les 45 % restants “disparaissent” au cours du transit intestinal ! De fait, le carbone de la matière organique morte a été largement “brûlé” et évacué, très probablement et principalement sous forme de gaz carbonique.

En définitive, le carbone de la matière organique suit, depuis l'ingestion, trois destinées :

– gaz carbonique issu de la digestion (environ 22,5 %) ;

– assimilation lombricienne (environ 27,5 %) suivie de son exhalaison respiratoire ;

– défécation (matière non dégradée mêlée aux minéraux), 50 %.

Pour l'azote, le schéma est beaucoup plus simple et bien prouvé :

– assimilation (16,5 %) ;

– défécation (83,5 %) avec, pour une part, formation d'ammoniaque.

En conséquence, le rapport entre carbone et azote (C/N) passe, dans notre étude de référence, de 31 dans l'ingestat à 20 dans les déjections. Ces quantifications digestives seront replacées dans le cadre du fonctionnement de l'écosystème au chapitre VI, notamment p. 201-202.

Les échappements du moteur lombricien

Nous venons de voir que le sol, trié par le choix gustatif des lombriciens lors de l'ingestion, fournit au cours de la digestion des assimilats, incluant le carburant carboné nécessaire à la machine lombricienne.

Nous avons aussi vu que, grâce au double marquage, nous avons pu mesurer dans la nature les quantités d'azote assimilées depuis l'endentère vers le métabolisme du ver de terre proprement dit, en observant dans les écosystèmes les sorties d'azote excrétées depuis le corps des lombriciens (cf. fig. 23, p. 201). L'essentiel (95 %) est excrété depuis la peau et une faible fraction (5 %) est expulsée avec les déjections. L'ensemble de l'azote ingéré, toutes formes non gazeuses confondues, représente 230 grammes par mètre carré et par an, ou 2 300 kilos d'azote par hectare, soit près de dix fois la valeur des apports que font les agriculteurs aux champs. Cela souligne l'importance du recyclage de l'azote en interne dans les sols. Il s'agit d'un cycle où les plantes jouent leur rôle en assimilant l'azote issu des lombriciens et des décompositions microbiennes, et en restituant cet élément chimique aux lombriciens et aux micro-organismes essentiellement sous forme de nécromasse.

Le carbone suit grossièrement la même voie. Dans son cycle, sa masse ingérée non gazeuse est approximativement 4,5 fois supérieure à celle de l'azote, soit 10 tonnes de carbone recyclé à l'hectare par an. Depuis les lombriciens, ce carbone est directement dissipé sous forme de CO_2 respiratoire, mais aussi de mucus déposé dans le sol… où il est rapidement décomposé en ce gaz par les micro-organismes. Toute la matière organique ingérée ne peut être digérée car il y a des tissus végétaux qui résistent à la digestion. Ces matières organiques indigestes, mêlées à des minéraux (argiles, limons et sables fins), sont expulsées dans les déjections fécales. Ces déjections constituent une pâtée où bactéries et champignons prospèrent, dégradent lentement les substrats organiques et affinent, après une incubation dans le sol, un véritable fromage.

Puis les vers de terre mangent cette pâtée devenue digeste à maturité. Tout cela finalement anime la vie dans les écosystèmes, dégrade l'énergie organique, libère du CO_2 et des éléments biogènes. Nous avons observé en mai 1981, directement au terrain, que 46,5 % du carbone ingéré était décomposé ou assimilé au cours du transit intestinal et que "seulement" 53,5 % était rejeté dans les défécations, proportions mensuelles très proches de l'estimation annuelle présentée ci-dessus. Ce rejet de carbone organique dans le sol *via* les déjections lombriciennes représente au moins annuellement 5,36 tonnes à l'hectare (536 grammes par mètre carré et par an). Ces valeurs peuvent sembler élevées par rapport à ce qu'on *croit* être la production végétale de matière organique. C'est omettre qu'on connaît très mal cette production végétale et qu'on ne sait rien des produits raciniens, des excrétions végétales aériennes et souterraines, des productions algales, etc.

Environ 50 % (soit environ 2,7 tonnes) du lombrimix déposé dans le sol ou sous forme de turricules sera réingéré après une fermentation microbienne qui transforme les qualités de la matière organique, à la manière d'un mûrissement de fromage. Cette maturation décompose 14,7 % du carbone initialement ingéré (147 grammes par mètre carré), de sorte qu'environ 1,3 tonne à l'hectare (130 grammes par mètre carré) de carbone ayant transité *via* le tube digestif lombricien sera réingérée chaque année après cette maturation post-anale. Les 50 % du lombrimix restants se transformeront, après une lente évolution, en agrégats organominéraux lentement réincorporés dans les couches du sol où peuvent s'alimenter d'autres animaux de taille modeste (collemboles, enchytrés…), comme on peut l'observer sur des coupes de sol au microscope[1].

L'excrément essentiel et son évolution temporelle

Même dans notre monde totalement intégré dans un système étendu de procédés techniques, comme nous le verrons en troisième partie, nous avons gardé l'humour de considérer que les crottes de chien qui tapissent

1. François Toutain, communication personnelle.

nos trottoirs et maculent nos chaussures sont des porte-bonheur. Ici et en cohérence, il nous faut faire une *ode aux excréments*, et plus spécifiquement aux défécations lombriciennes ! Plus sérieusement, dans de nombreuses contrées, les bouses de vache sont utilisées comme carburant, notamment pour cuire les aliments. Sans parler de l'intérêt technique que nous avons pour les qualités mécaniques des excréments comme liant de la terre utilisée dans les murs en adobe des habitats et pour leurs qualités fertilisantes reconnues de longue date et soigneusement gérées en Chine, notamment pour les étrons humains, objet de toutes les attentions.

Mais tous ces excréments ne représentent pratiquement rien. Il s'agit de quantités minimes, artisanales, minuscules, qui, bien que non négligées, n'en sont pas moins anecdotiques. Non, avec les déjections lombriciennes, on change de registre : c'est du sérieux. Comme nous venons de le calculer, pour notre peuplement moyen standard, c'est 270 tonnes de fèces lombriciennes qui sont produites chaque année à l'hectare ; ou bien, si l'on préfère, ce sont 27 kilos secs (60 kilos humides) qui sont déposés sur et dans chaque mètre carré du sol sur lequel nous vivons… Autre façon de l'exprimer : si tout était déposé en surface pour l'année d'un coup, le sol serait tartiné d'une couche moyenne continue de 6 centimètres d'excréments lombriciens… Heureusement pour notre sensibilité esthétique, mais malheureusement pour notre compréhension de l'animation des sols, ce dépôt est graduel et largement souterrain !

Heureusement aussi, il ne s'agit que de déjections lombriciennes qui certes maculent parfois nos chaussures lorsque nous marchons sur un gazon ou, infamie, dévient une balle de golf. Mais ici, pas d'odeur. Nous l'avons vu précédemment, c'est de terre qu'il s'agit et, même si elle est enrichie en matière organique, elle ne l'est pas au point de devenir putride. Cet excrément-là sent bon, l'odeur d'une terre fertile !

Chaque déjection a une longueur variant de moins de 1 millimètre à plus de 1 ou 2 centimètres et un diamètre de 0,3 à 7 millimètres ; cela est lié à la taille des vers de terre producteurs qui, rappelons-le, varie pour les adultes de 1 centimètre à plus de 1 mètre de long. Elle n'est qu'un objet modeste, de forme souvent oblongue, qui garde à peine sa forme initiale tant elle est pâteuse. Une goutte de pluie en disperse les éléments (cf. fig. 6, p. 77).

Mais cette fragilité est transitoire. Avec le temps, chaque déjection va évoluer en une minibrique, c'est ici que le meilleur se produit : le lombrimix des déjections lombriciennes va se transformer à la fois en briques anti-érosives, en "vache à lait" nourrissant les plantes… et en fromage dégusté notamment par les lombriciens eux-mêmes.

De la brasserie à la briqueterie

Lors de l'ingestion, la microflore du sol devient intestinale, puis le brassage de l'endentère révolutionne la vie microbienne du fait du conditionnement effectué lors de la digestion décrite ci-dessus. Au cours du transit intestinal, beaucoup de micro-organismes sont digérés tandis que d'autres se multiplient car les blocages à l'expansion des colonies microbiennes par les antibiotiques produits par leurs antagonistes sont levés.

Simultanément, le brassage intestinal disperse les germes sur de nouveaux substrats alimentaires. Il se produit, dans ce transit, une agitation analogue à celle effectuée par les brasseurs de bière. Toutefois, il s'agit d'une microflore beaucoup plus diverse que celle de la levure de bière et d'un substrat infiniment plus varié que les malts des brasseries. Avant la fin du transit intestinal, de multiples colonies microbiennes se développent (cf. fig. 12, p. 158) et cela va se poursuivre… après défécation.

Nous venons de voir que presque la moitié de la matière organique ingérée n'a pu être digérée dans le court temps (quelques heures) du transit intestinal. Cette matière indigeste va, après défécation, nourrir les micro-organismes auxquels elle est étroitement mêlée dans le lombrimix, dans lequel on observe alors une explosion de vie. Si l'on mesure l'absorption d'oxygène (ou le dégagement de CO_2, c'est tout comme), on constate qu'en quelques jours la respiration microbienne s'y accroît d'au moins dix fois, puis se calme graduellement en quelques semaines. Cette respiration témoigne de l'intensité des fonctions microbiennes.

L'une de ces fonctions est observable au microscope électronique : il s'agit de la production de "colle", en fait de mucus microbien, qui agglomère les éléments moulés en déjections qui deviennent, avec cette glu, solides sous forme de minibriques. Cela s'appelle en pédologie (science du sol) de la stabilité structurale ; chaque minibrique, ou grumeau, devenue stable, est apte à résister au délitement résultant, par exemple, des pluies battantes des orages. Cette stabilité, et beaucoup d'autres critères, a été attentivement étudiée par mon collaborateur Fathel Al Addan[1]. Les tonnes de grumeaux stables produites participent à la tenue des sols et sont une des contributions anti-érosives majeures des lombriciens.

Un fromage élaboré

Nous avons vu que les lombriciens se réservent, par une ingestion rapide à l'automne, l'essentiel des produits végétaux. Ils court-circuitent de cette façon les autres consommateurs de litière, tels certains mille-pattes (les *Glomeris*) ou crustacés du sol (les cloportes), en ne leur laissant que la portion congrue… là où ils sont peu actifs. Mais cela ne s'arrête pas là !

On peut regarder le sol comme une gigantesque fromagerie. À la manière des caves aménagées où mûrissent les fromages, comme les touristes peuvent en visiter à Roquefort en Aveyron, les sols sont perforés par les galeries des vers de terre et reçoivent des "caillés pour fromage" constitués du lombrimix, c'est-à-dire des déjections lombriciennes incluant, outre des minéraux, une matière organique nutritive morte

1. Al Addan, F., 1990 – *Biophysique du sol. Étude quantitative de la régulation, par le travail lombricien, des propriétés structurales en milieux méditerranéens, Doc. pédozool.*, 2, 1.

à décomposer et une microflore de bactéries et de champignons qui vont assurer la maturation d'un fromage… tout comme le lait caillé et le pénicillium qui font la réputation du roquefort.

Nous venons de voir que le brassage intestinal lombricien a mélangé la pâte à fromage inoculée de ses micro-organismes. Tout à fait comme dans une fromagerie, les déjections des lombriciens sont déposées dans le sol en laissant entre chaque microfromage frais ainsi produit des pores d'aération. Il y a toutefois ici une grande diversité de la matière organique : ce n'est pas simplement du lait caillé, mais des millions de molécules organiques différentes et, de même, ce n'est pas un seul champignon inoculé, le *Penicillium roqueforti*, mais des centaines de souches microbiennes différentes qui sont inoculées dans ces microfromages appelés grumeaux.

Cette mise en dépôt des microfromages, dans des conditions de température, d'aération et d'humectation permises par les pores et les galeries des sols, favorise à l'échelle millimétrique les micro-organismes. Les vers de terre optimisent ainsi une fermentation qui améliore leur propre vie car ils reviennent ensuite consommer ces microfromages organominéraux lorsque ceux-ci sont, quelques mois après leur dépôt, devenus mûrs et donc digestes.

La vache à lait des racines

Autre aspect des fonctions microbiennes dans le lombrimix : les micro-organismes utilisent une part non négligeable de la matière organique ayant résisté à la digestion lombricienne. Pour ce faire, ils excrètent des enzymes qui libèrent depuis cette matière organique de petites molécules assimilables par ces micro-organismes, tels les acides aminés. Puis les micro-organismes rejettent, "après usage" de ces petites molécules, des constituants encore plus simples, tel l'azote sous forme d'ammoniaque directement assimilable par les plantes. Dès lors, rien d'étonnant que les racines enrobent et envahissent les grumeaux pour bénéficier des molécules assimilables libérées par l'activité microbienne (cf. fig. 13, p. 164).

Ici, la boucle des cycles des éléments biogènes est bouclée. Ainsi l'azote, absorbé par les plantes puis libéré par décomposition lombrico-microbienne de leurs produits, est repris par les plantes depuis les grumeaux et les galeries du sol. Le recyclage de nombreux éléments est ainsi étroitement assuré depuis la plante vers la plante sans perte due au lessivage gravitaire évoqué p. 125-126.

Bien des agronomes, observant les radicelles des plantes qui enserrent les grumeaux, ont considéré à tort que les racines "fabriquaient" ces agrégats et que la solidité des grumeaux provenait des plantes, en ignorant le rôle prépondérant des micro-organismes dans la stabilisation de ces agrégats. C'est aussi faux que d'affirmer que ce sont les lombriciens qui assurent la stabilité de ces grumeaux essentiels pour une bonne structure du sol ; laissons cela aux micro-organismes.

Figure 13. Lorsque le lombrimix évolue en grumeaux, il libère les éléments biogènes au profit des racines envahissant ces grumeaux.

C'est une intime activité lombrico-microbienne qui assure, depuis le lombrimix, la constitution d'agrégats très stables pendant des mois, voire des années. Aux lombriciens le brassage des constituants minéraux et organiques, et le moulage des grumeaux, aux micro-organismes leur stabilisation, aux racines le soin d'y puiser les éléments nutritifs issus de la décomposition de la nécromasse. Les racines excrétant des polysaccharides peuvent peut-être contribuer quelque peu, à côté des microbes, à la stabilité des grumeaux. Tout cela s'effectue dans de bonnes conditions car l'air et l'eau circulent entre ces agrégats. Il s'agit d'un système étroitement intriqué résultant d'une évolution des écosystèmes repérée dès le Trias, comme nous l'avons vu p. 76-77, et qui caractérise le présent plexus écosystémique décrit p. 188-192.

Un recyclage considérable et original : celui du lombrimix
L'intérêt des fonctions microbiennes dans les grumeaux issus des déjections ne s'arrête pas à la stabilisation des agrégats et à la nutrition racinienne. La moitié environ des déjections, après mûrissement dans la fruitière sol, deviennent digestes pour les lombriciens qui les réingèrent quelques mois après leur dépôt. Comme déjà brièvement indiqué ci-dessus, notamment dans “Le partage des dessous-de-table”, p. 155-157, le fromage élaboré, devenu appétant, est recyclé !

Cette réingestion d'ex-fèces, assez surprenante, n'a été découverte qu'en reconstituant quantitativement les mets d'un anécique. Elle avait échappé à notre imagination et même à notre intelligence, puisque ce phénomène avait préalablement été observé mais quasiment rejeté comme aberrant.

En effet, et pour la petite histoire, nous avions cultivé des plantes marquées au carbone C^{14} radioactif. Récoltées, ces plantes avaient été apportées comme litière sur un sol naturel où nous avions suivi le devenir de cette matière organique. Sans entrer dans les détails, disons que la matière organique marquée a été incorporée dans le sol, un peu par la pluie, beaucoup par les vers de terre. Ensuite, par décomposition de cette matière organique marquée, le C^{14} s'est graduellement dissipé dans l'atmosphère sous forme de gaz carbonique et, en une dizaine de mois, la radioactivité des composants du sol (concentrée surtout dans les agrégats issus des déjections lombriciennes) et celle des lombriciens n'ont cessé de diminuer. C'était normal, la décomposition de l'ensemble des constituants dissipait le radiocarbone marqué dans l'espace.

Puis c'est la surprise lors de l'ultime observation possible effectuée en fin d'expérience après un long été sec. Si tous les composants du sol avaient bien continué de perdre par décomposition leurs restes de carbone radioactif, les lombriciens avaient fonctionné à contre-courant : leur concentration en radiocarbone avait, au final, sensiblement augmenté. Incrédule, un collègue a conclu fermement que l'observation était aberrante car mal mesurée. Le thésard ayant fait la manipulation savait la qualité de son travail, mais, en subalterne, se taisait. J'ai alors insisté pour ne pas occulter cette donnée objective quoique incompréhensible. Elle fut finalement conservée car un fait est un fait.

C'est plusieurs années plus tard, après l'étude détaillée ci-dessus et établissant "le partage sous la table" des aliments, que j'ai pu comprendre la validité de cette observation finalement faussement aberrante. Rappelez-vous ce qui est écrit dans ce paragraphe relatif aux mets. Pour équilibrer le repas effectivement ingéré par les lombriciens étudiés… j'ai dû admettre qu'ils réingéraient leurs *anciennes* déjections. Contradiction apparente car les défécations rejettent évidemment des éléments indigestes qui ne sont donc pas réingérables en l'état. Un collègue américain a même montré, dans des conditions artificielles, que les fèces sont toxiques pour ceux qui les produisent… Alors?

De fait, le qualificatif "anciennes" n'est pas anodin. Au bout de quelques mois, la matière organique, indigeste lors de la défécation, a été à la source du développement de colonies microbiennes qui ont farci le sol d'une glu stabilisatrice, comme nous l'avons vu, pour durcir les minibriques en grumeaux stables. Cette glu est constituée de mucopolysaccharides, retenez saccharides, sucrés, donc énergétiques.

Les vers de terre ne choisissent pas au hasard leurs aliments, et les minifromages fermentés et non pasteurisés issus de leurs fèces ont pris du goût et du parfum. Cela explique pourquoi, dans l'expérimentation utilisant du C^{14}, les vers de terre se sont nourris après un long été préférentiellement de leurs ex-déjections, un lombrimix très radioactif car constitué de débris résistants participant aux microfromages devenus attractifs. Les lombriciens, en réingérant leur lombrimix ancien, ont ainsi accru leur propre radioactivité à contre-courant des autres composants du sol.

Nous nous trouvons en présence d'un bien étrange cycle d'une mixture passant par des étapes bien définies : la digestion de l'endentère formant le lombrimix, sa défécation, puis sa fermentation en grumeaux stabilisés qui deviennent appétants au point de constituer 63 % de la masse sèche des ingestats de *Nicodrilus velox*, l'animal qui a permis cette étude, mais seulement 16 % du carbone de la matière organique ingérée. L'ingestion, première étape du mixage alimentaire, dope le lombrimix d'un apport à 76 % d'un carbone issu de la litière. Le broyage et le malaxage qui suivent dans le tube digestif vont parfaire un mélange organominéral intime, à l'échelle micrométrique, à nul autre pareil : le *lombrimix*. Terme générique qui, sans en enlever les spécificités successives, porte sur les ingestats, l'endentère, les défécations (fèces), les grumeaux, et sur la fraction réingérée de ceux-ci.

Les édifices lombriciens

Les turricules

Les crottes terreuses des vers de terre, qui salissent nos chaussures dès que nous foulons un gazon bien tondu, méritent qu'on les observe avec attention. On constate qu'il s'agit de constructions constituées de déjections déposées à l'orifice d'un terrier de lombricien. Souvent contraint par la porosité insuffisante du sol, chaque nuit et souvent de jour en dépit des prédateurs, un ver de terre rejette à la surface du sol ses déjections qui, par leur accumulation, érigent une petite tour creusée en son centre par la galerie d'évacuation. Cette petite tour, *turriculus* pour les latinistes, devenue "turricule" en français, monte ainsi jour après jour. Ces édifices lombriciens (cf. fig. 8, p. 99, et fig. 14) atteignent usuellement 4 à 5 centimètres de haut, voire 8 à 10 centimètres dans les aires des vers géants, c'est-à-dire en France dans la zone méditerranéenne et le Sud-Ouest du fait de l'histoire biopaléogéographique (cf. p. 76-77).

Figure 14. Turricules en sol herbacé.

Nous avons vu ci-dessus l'intérêt que le jeune Darwin portait en 1837 à la production des turricules. Il constata alors que ces turricules enfouissent dans le sous-sol les objets de la surface tels les cailloux et qu'à l'inverse un labour remonte ces pierres, sinon absentes dans la terre végétale. Sa vie durant, Darwin poursuivit ses observations pour apprécier le travail des lombriciens, mais aussi pour tenter d'évaluer l'âge des objets enfouis sous un dépôt de déjections terreuses à une époque où la datation des objets archéologiques était quasi impossible.

Nous avons mesuré ces turricules dans une parcelle de l'abbaye de Cîteaux, déboisée sous saint Bernard et conduite depuis en prairie permanente de façon constante (avec une absence de documentation de 1790 à 1860, due aux troubles révolutionnaires). Dans cette prairie pâturée (vaches) et fauchée en alternance, l'équilibre entre flore, lombriciens et microflore est donc assuré depuis très longtemps. Nous avons pu y mesurer une production moyenne (avec de fortes différences d'un point à l'autre) de 67 tonnes en masse sèche à l'hectare de turricules par an. Ces 67 tonnes ne représentent que 25 % des déjections produites.

Une autre étude, également bien documentée au terrain, a été effectuée par mon collaborateur Fathel Al Addan dans un milieu très différent : une pelouse méditerranéenne sur sol squelettique. "Squelettique" signifie ici que le sol meuble est à la fois protégé et soutenu par la pierraille. On considère que ces sols méditerranéens ont été plus épais et même couverts d'une forêt de chênes verts, et puis, l'homme venant, la forêt fut utilisée, détruite et le sol fut érodé par les vents et la pluie. Ce qu'il en reste est aujourd'hui "protégé" par les pierres qui le recouvrent et qui constituent en outre physiquement son squelette.

Mais dans ce squelette pierreux subsiste une terre fine, noble et fertile, où les lombriciens jouent leur rôle à fond. Leur biomasse est certes plus faible que dans les grasses prairies de Normandie, mais les végétaux, qui vivent ici sous un climat parfois aride, assurent la subsistance d'un peuplement lombricien quasi équivalent à celui observé dans la prairie permanente de Cîteaux, en Côte-d'Or. Il n'y a pas (à part quelques très rares moutons et sangliers) d'animaux tassant un tel substrat bloqué et réduisant la production végétale. Entre roches et cailloux, il y a des espaces pour déféquer dans le sol avec peu de risques. En conséquence, les lombriciens ne produisent ici à la surface que quelques turricules géants qui ne représentent que 8 % des déjections produites.

De fait, les rares mesures fiables disponibles de production de turricules suggèrent fortement que le risque pris par les lombriciens, en s'exposant dans la posture dangereuse de la défécation, est proportionnel au tassement du sol.

Les vermières

Changeons de climat et de cadre de vie. La mangrove est un milieu vaseux littoral couvert d'arbres, les palétuviers, aux racines se plantant à travers une couche d'eau dans la vase ; le sol est ennoyé par l'eau salée côté mer et par l'eau douce côté terre ferme. En 1976, j'ai observé en Guadeloupe dans l'arrière-mangrove, côté eau douce, des tumulus formés par l'accumulation de déjections lombriciennes.

J'ai nommé *vermières* ces accumulations de terre dont la taille, de l'ordre de 60 centimètres de diamètre pour 40 à 50 centimètres de haut, est du même ordre que celle des très grandes fourmilières[1]. Ce néologisme désigne donc des accumulations de déjections vieillies où vivent les lombriciens qui érigent ces monticules avec leur lombrimix. Ces vers de terre se nourrissent à la base des vermières des débris végétaux produits localement ou apportés par les eaux de la mangrove circulant à marée haute entre les vermières.

1. Bouché, M. B., 1998 – "L'évolution spatio-temporelle des lombriciens", *Doc. pédozool. intégrol.*, 3, 1, p. 1-28.

Le lieu de cette première observation est une étrange prairie où des vaches viennent paître. Elle est couverte de centaines, voire de milliers, de vermières entre lesquelles des rigoles sont emplies d'eau à marée haute (cf. fig. 15). Ces vermières, très riches en matière organique, portent une végétation herbeuse luxuriante et hébergent de nombreux lombriciens, d'environ 30 centimètres de long, ayant une position caractéristique : verticale et tête en bas. Leurs queues, près du sommet du tumulus, défèquent et bénéficient d'une bonne oxygénation dans un contexte où l'activité biologique, en milieu riche, chaud et humide, soustrait intensément l'oxygène. Leur bouche est orientée en bas vers les rigoles entre vermières où la production organique végétale morte tombe en "dévalant" la pente de chaque vermière et où les vaches, qui broutent cette curieuse prairie et foulent la végétation, défèquent leurs bouses.

Figure 15. Vermière tranchée en coupe verticale dans l'arrière-mangrove en Guadeloupe.

Je n'ai pu qu'approximativement évaluer la masse de ces vermières : environ 150 kilos par mètre carré. C'est dans les vermières de la Guadeloupe que j'ai enregistré la biomasse lombricienne la plus élevée de France : 7 tonnes par hectare (700 grammes par mètre carré) en masse vive. Mais ces champs de vermières sont des systèmes très ouverts et il est possible que la mangrove affourage ces champs par le va-et-vient des matières organiques flottantes apportées par la modeste marée locale.

En discutant avec un collègue, Sam James de l'Iowa, j'ai appris qu'il avait observé, toujours dans des sols subhorizontaux fréquemment ennoyés (à Palawan aux Philippines et en Amapá au Brésil), de semblables monticules colonisés par un lombricien de belle taille, le *Polypheretima elongata*, également présent en Guadeloupe. Les dimensions des monticules qu'il a observés sont variables et peuvent atteindre 1 mètre. Les vermières ont en fait une répartition beaucoup plus vaste que celle que j'imaginais en les découvrant en 1976. Ainsi, Patrick Lavelle me signale que d'importants espaces de Colombie, les *surrales*, sont couverts de vermières (cf. fig. 16). Elles sont aussi probablement présentes en Guyane (France), comme une étude ethnologique semble l'indiquer. Elles occupent, là où leur développement est possible, une aire tropicale américaine et philippine probablement très importante.

Figure 16. Vermières en saison sèche dans la vallée de l'Orénoque en Colombie.

En Europe, j'ai parfois observé de tels tumulus dans certains herbages marécageux de l'ouest de la France, mais ceux-ci sont plus petits et je n'ai pas vérifié leur analogie fonctionnelle avec celle des vermières de Guadeloupe. Leur densité est moindre et leur formation reste également à étudier.

Les resserres

On observe assez fréquemment, plantés plus ou moins verticalement à l'orifice des terriers d'anéciques ou d'épianéciques, des bouquets de feuilles mortes, d'aiguilles de pin, des tronçons de paille, etc. Cela constitue de petites "huttes" formées de débris organiques collectés autour de l'orifice par le lombricien, hôte du terrier, lorsqu'il soutire sa pitance comme décrit ci-dessus. Ces débris sont restés bloqués par l'étroitesse de l'orifice et ont été regroupés (resserrés) autour de celui-ci. Je propose de nommer les édifices ainsi constitués "resserres". Ce choix, évitant un néologisme, se réfère aux resserres déjà définies comme “des abris ou des lieux où l’on resserre différents objets” (Littré). La seule différence est que “on” n’est pas un homme, mais un lombricien (cf. fig. 17 et fig. 18).

Figure 17. Resserre constituée dans un champ après une culture de tournesol.

Figure 18. Resserres sur sol gravillonné, constituées de feuilles de chêne.

Les cairnets

Encore un néologisme, mais comment l'éviter ? Un cairn étant, d'après le *Larousse*, un "monticule de terre et de pierres élevé par les Celtes", je propose de désigner par "cairnet" la petite accumulation de pierres et de déjections terreuses qui se constitue à l'orifice des terriers de lombriciens, uniquement dans des circonstances horticoles.

C'est Guy Vannier, du laboratoire d'écologie générale du Muséum national d'histoire naturelle, CNRS de Brunoy (Essonne), qui a attiré mon attention sur ces édifices très remarquables qui apparaissent du fait de l'activité lombricienne, mais seulement dans un jardin fraîchement bêché et ratissé (nivelé). Au XIXe siècle, ces édifices ont été observés et commentés au Royaume-Uni dans un journal de jardinage, le *Gardeners' Chronicle*. Contrairement aux interprétations fantaisistes suggérées à l'époque, il ne s'agit pas d'une construction intentionnelle des vers de terre, mais de la résultante de deux mécanismes d'activité superficielle des lombriciens.

D'une part, la traction des aliments, par exemple un débris végétal, vers la galerie entraîne un raidissement du lombricien déjà décrit ci-dessus lorsqu'il *soutire sa pitance*. En allongeant son corps, sauf la queue restée accrochée au terrier, l'animal s'étend par un glissement ondoyant à la recherche d'une prise alimentaire. Quand il l'a trouvée, il s'arc-boute et, en se raidissant comme une corde, il fait tourner par friction contre son corps les solides les plus divers (petits cailloux, débris variés dont des capsules de bouteilles...) vers l'orifice de sa galerie. Sur la terre nivelée et désherbée d'un jardin, ces divers objets tournoient comme des toupies et achèvent leur déplacement à l'orifice de la galerie du lombricien.

À l'orifice du terrier, les défécations se trouvent mêlées aux divers solides rapprochés par friction et rotation. Le tout s'accumulant forme l'ensemble hétéroclite du cairnet : un agglomérat de cailloux et de déchets vagabonds farci de lombrimix (cf. fig. 19, ci-contre). De petits cailloux disposés en lignes sur le sol par Guy Vannier et son père sont déplacés dès le troisième jour et rassemblés en cairnet après une semaine. Ces édifices, qui se constituent donc en quelques jours, témoignent de l'activité lombricienne intense à la surface du sol.

Notons que ces cairnets n'ont été observés qu'au printemps sur des plates-bandes ratissées. Dans les herbages et les forêts, les solides superficiels sont bloqués par la végétation ou la litière et ne peuvent venir s'accumuler par friction et rotation à l'orifice des galeries. En conséquence, on n'observe de tels cairnets que dans les sols cultivés, ratissés et non stérilisés par les pesticides.

Les édifices mêlés

Darwin a décrit, dans son ouvrage de 1880, les turricules, mais a constaté aussi que "les ouvertures des galeries sont [...] souvent garnies de feuilles" ; il a noté également leur mélange avec les déjections. De fait, on observe assez souvent une resserre partiellement incluse dans un turricule à l'orifice du terrier ou un cairnet maculé de déjections. En fait, si les trois édifices, turricules, resserres et cairnets, résultent de trois activités lombriciennes distinctes, celles-ci s'effectuent au débouché d'une galerie et leurs effets s'entremêlent peu ou prou dans l'édification d'édifices souvent mêlés.

Figure 19. Cairnet constitué dans une aire gravillonnée.

Les galeries lombriciennes dans le sol massif

Les lombriciens creusent des galeries ou terriers essentiellement par ingestion de terre et parfois par effraction, lorsque le sol est suffisamment meuble, grâce à une poussée collatérale.

Les galeries sont fort diversifiées. Pour les endogés, elles sont généralement près de la surface, dans un sol riche en composés nutritionnels provenant des racines, des particules ou molécules entraînées depuis la surface et du lombrimix. Chez les formes les plus endogées (hypoendogées), la lumière des galeries est en grande partie obturée par les défécations des animaux qui les creusent à la manière d'un tunnelier qui reboucherait derrière lui son avancée dans la roche.

Pour les épigés, inaptes à creuser le sol massif, la litière et la structure grumeleuse de la superficie du sol leur laissent des pores pour se déplacer. Si la sécheresse ou le froid affectent la surface du sol, les épigés se réfugient dans les galeries profondes des anéciques.

Pour les anéciques, les galeries identifiables sont subverticales et profondes, et leur lumière est libre (cf. fig. 7, p. 84, et fig. 20, p. 174).

Cela permet à chaque lombricien de se mouvoir dans son terrier vers la surface pour s'alimenter des matières organiques qui jonchent le sol ; cela lui permet aussi de choisir des conditions optimales dans les gradients thermique et hydrique du sol, comme nous l'avons vu p. 97-98.

Figure 20. Excavation dans une culture fourragère de l'Aveyron, mettant en évidence de grosses galeries lombriciennes.

Une vie sophistiquée de troglodyte

Nous connaissons mal ce qui se passe dans le sol profond et massif résultant du délitement de la roche sous-jacente ou de sédiments anciennement apportés par l'eau ou le vent.

Franz Lamparski, de la Geowissenschaften Fakultät de Fribourg-en-Brisgau (Allemagne), a fait une étude attentive de l'habitat immobilier tel que conçu et réalisé par deux espèces de lombriciens épianéciques, *Lumbricus badensis* et *Lumbricus polyphemus*. Cette étude a été effectuée dans les sols anciens du sud de la Forêt-Noire, où ces deux espèces sont "à leur place", dans des sols n'ayant subi que peu de perturbations humaines. Elle a le mérite d'être centrée sur l'aménagement sophistiqué de leurs galeries creusées jusqu'à 1,50 mètre (pour *L. badensis*) et où chaque animal construit une chambre pour protéger le cocon qu'il y dépose[1]. Le soin de la progéniture par le "coconnage" existe donc.

Chez les gros *Lumbricus*, ce creusement des galeries verticales n'est pas un comportement fortuit, mais répond, comme chez les anéciques,

1. Lamparski, F., 1985 – *Der Regenwurm* Lumbricus badensis – *Seine Wohnröhre, seine Verbreitung und seine Einfluß auf die Boden im Südschwarzwald*, Diss. Geowissenschaft. Fak., Fribourg-en-Brisgau.

à l'optimisation de l'usage des conditions d'humidité et de température dans le profil du sol. Mais, à la différence des anéciques, ces épianéciques n'ont pas de diapause, cette léthargie qui améliore la résistance lors de la sécheresse saisonnière du sol. Ils sont contraints de creuser des galeries pour rejoindre les couches profondes du sol qui conservent toujours un minimum d'humidité. Très souvent, six à huit animaux se regroupent et se protègent mutuellement dans des chambres fraîches d'estivation collective.

Cette survie en chambre d'estivation a une limite : il faut une couche de sol toujours humide et accessible au travail des lombriciens. Cette limitation est nettement observable en climat méditerranéen. Les *Lumbricus* épianéciques, très répandus dans l'Europe tempérée, y deviennent rares et sont seulement cantonnés au fond des vallées où les rivières maintiennent une nappe phréatique peu profonde. Hormis ces sols proches de rives, il n'y a pas de *Lumbricus* épianéciques sous ce climat[1]. En fait, l'observation attentive des sols lors de sécheresses exceptionnelles m'a montré que cette même limitation opère aussi dans le nord de la France.

Dissection du sol

En général, un écosystème à sol fertile est à anéciques dominants. Une description détaillée d'un sol hébergeant ces animaux a été conduite, millimètre par millimètre, dans la prairie permanente de référence déjà citée et dépendante de l'abbaye de Cîteaux qui a aimablement facilité les recherches de l'auteur. Cette prairie offrait une propriété essentielle : elle était utilisée selon des modalités constantes depuis plusieurs siècles et avait donc acquis un équilibre des composants non vivants et vivants constituant son agro-écosystème. Autre propriété, établie au cours de son étude, son peuplement lombricien est semblable au peuplement de référence estimé à partir d'une moyenne nationale et servant de base à nos calculs (cf. p. 148). Elle est en quelque sorte représentante de la moyenne type de la France !

À Cîteaux, des études furent développées avec l'auteur pour la physique du sol par André Kretzschmar et pour la microbiologie par Jean Rouelle et Andrée Loquet. Puis ces travaux furent poursuivis en d'autres sites d'études, notamment pour la mesure de l'importance de la percolation de l'eau dans les galeries, par Maria Assad et Fathel Al Addan. Il résulte de cet ensemble de travaux aux champs, complété de quelques études de laboratoire explicitement critiquables par rapport au terrain, une série d'estimations sur le rôle physique des lombriciens.

La longueur des galeries du peuplement type de Cîteaux a été évaluée par dissection du sol massif. Cette évaluation ne porte que sur

1. Bouché, M. B., 1985 – "Les modalités d'adaptation des lombriciens à la sécheresse", *Bull. Soc. bot. fr.*, 131, 2/3/4, p. 319-327.

celles ayant un diamètre supérieur à 2 millimètres, car au-dessous elles ne sont pas observables au champ. On ne peut également pas tenir compte des galeries proches de la surface et traversant le mat racinaire, car cette couche superficielle est beaucoup trop grumeleuse pour permettre l'identification des terriers. Les valeurs indiquées ici *sont donc sensiblement minorées* car elles ne se rapportent qu'aux galeries observables. Résultat : nous avons constaté en moyenne une longueur de galeries de 4000 kilomètres à l'hectare (400 mètres par mètre carré). Connaissant leur diamètre moyen, nous avons calculé leur surface : elle est cinq fois supérieure à la surface terrière ou, si l'on préfère, il y a 5 mètres carrés de galeries pour 1 mètre carré de sol superficiel.

Les échanges gazeux de l'atmosphère pénétrant dans le sol (même si les galeries ne débouchent pas toujours en surface) sont donc bien supérieurs aux surfaces d'échanges souvent retenues dans les modèles, surtout si l'on tient compte de la structure grumeleuse des dépôts de lombrimix dans la couche superficielle non étudiable en raison de sa grande porosité. Le poumon de l'écosystème dans le sol est en fait infiniment plus étendu et plus diversifié que ce que les images d'Épinal des modèles théoriques nous représentent.

Nous avons aussi étudié l'énorme surface des parois des galeries, en prélevant sur celles-ci des prises de sol de 1 millimètre d'épaisseur pour en connaître la richesse enzymatique et microbienne. Ces prises, qui ne portent que sur moins de 1 % du sol, accueillent, par exemple, 47 % des fixateurs d'azote libres du sol. Il ne s'agit que d'états observés dans les limites des techniques. Les molécules libres et les micro-organismes observés à un instant ne sont pas figés ; ce sont des acteurs qui sont supposés d'autant plus actifs qu'ils sont nombreux. Quoique cette supposition ne puisse être vérifiée avec les moyens disponibles, on voit mal des acteurs spécialisés rester les bras croisés. Tout cela sera repris, après la description du plexus écosystémique, p. 188-192, en décrivant la vie dans le sol.

Le tréfonds : une voie étroite

La couche massive du sol est donc perforée par des galeries verticales débouchant à la surface mais pénétrant dans le sol profondément ; 1,50 à 2 mètres n'est pas rare, exceptionnellement j'ai observé 6 mètres, mais dans les failles d'une roche calcaire. Où cela s'arrête-t-il ?

Si les principaux échanges sont là où nous les percevons, il existe aussi des échanges en profondeur, mais ceux-ci sont très peu pris en compte car leurs observations, pénibles et fastidieuses, ne se font que de façon accidentelle. Rappelons toutefois qu'à l'origine les vers de terre furent des vers de vase en eaux douces et que, depuis, le groupe souche à l'origine des Haplotaxida a colonisé les failles et drains naturels en conservant leurs mœurs ancestrales de filtrage des eaux de percolation parvenant en profondeur depuis la surface du sol. Cette percolation se poursuit aujourd'hui ; les spéléologues collectent dans les grottes des lombriciens classiques mêlés à beaucoup d'espèces amphibies qui témoignent du drainage.

Toutefois, ce drainage depuis la surface peut être nul ; cela dépend du fond géologique. Certains sols n'ont pas de tréfonds vivant et sont obstrués, par exemple, par des couches asphyxiques de glaise. Ils sont alors dits hydromorphes, ce qui trahit un excès d'eau chassant l'oxygène de l'air et un sous-sol étanche sur lequel l'eau s'accumule en créant souvent des nappes phréatiques.

Lorsque les drains naturels existent, ils se raccordent en roches profondes avec les galeries lombriciennes donnant accès à l'air et à l'eau. Cela se constate sur les drains artificiels installés dans les champs agricoles ; ils sont très visiblement raccordés aux galeries lombriciennes. Dans ces drains artificiels et comme déjà décrit, les Haplotaxidae forment des pelotes filtrant les eaux qui percolent par ces voies, et puisent dans le filtrat obtenu des aliments entraînés par les eaux de pluie dans les galeries puis les drains. Ces pelotes animales peuvent freiner considérablement les écoulements.

Pour être complet, il faut signaler des sols lourds argilo-limoneux, généralement profonds et biologiquement quasi inactifs (résosols), dans lesquels on observe de minuscules galeries (1 millimètre de diamètre ou moins). Ces microgaleries doivent se conserver longtemps. Même si leur taux de création est très faible, elles peuvent donner à ces sols une structure vermiculiforme. Une fois, j'ai constaté que cette structure pouvait être associée à des juvéniles d'*Helodrilus sp.* (Lumbricidae) vivant dans des sols quasi asphyxiques. Sans doute, d'autres lombriciens, des Haplotaxidae notamment, pourraient participer à la création de ces sols très stables, conservant ces microvermoulures probablement longtemps.

VI

LOMBRICIENS ET FONCTIONNEMENT DES ÉCOSYSTÈMES

LOMBRICOCENTRISME ET ÉCOSYSTÈMES

Cet ouvrage est à notre détriment anthropocentrique puisque l'auteur essaie, à partir d'une perception humaine, de présenter des non-humains : les lombriciens. C'est rédhibitoire ! Pour aggraver son cas, il vient de plus, dans le chapitre précédent, de commettre ce que les hommes font en permanence pour eux-mêmes vis-à-vis de l'environnement : du nombrilisme, car, en ne se plaçant que du "point de vue lombricien" pour traiter de leur appétit à vivre, de leur maintenance, de leurs travaux optimisant leurs ressources alimentaires et leur confort, il a fait du "lombricocentrisme" ! À partir de telles tares, est-il encore possible de traiter des écosystèmes terrestres où les vers de terre constituent, avec les plantes et les micro-organismes, l'essentiel des acteurs biologiques ?

Espérons-le et, pour corriger ces biais, essayons dans ce chapitre, en tentant de nous affranchir de ce "lombricocentrisme", de recadrer toutes les activités lombriciennes dans les écosystèmes en considérant l'apport des lombriciens d'abord au fonctionnement global de ces systèmes, puis plus particulièrement à la dynamique des cycles des matières et éléments chimiques qui s'y développent, et enfin les interactions entre les organismes inclus dans ces écosystèmes.

Le cadre écosystémique

Au chapitre IV, nous avons vu ce qu'est *précisément* un écosystème, c'est-à-dire un système où interagissent simultanément et de façon étroitement intriquée des éléments non vivants (air, minéraux, nécromasse, etc.) et vivants de tous types. Comme nous l'avons vu p. 121-122, chaque écosystème considéré doit être défini, en chaque occurrence, par ses limites spatiales et fonctionnelles à la fois précises et diffuses. *Ici,* précis *et* diffus *non seulement ne s'opposent pas, mais sont complémentaires.* Expliquons-nous. *Précis* s'applique aux fonctions, telles celles d'assurer la photosynthèse ou à l'inverse la décomposition d'une molécule : les deux fonctions concernées sont précises. *Diffus* se rapporte souvent aux effecteurs où l'une de ces fonctions s'est produite, tels les organes chlorophylliens effectivement aptes à la photosynthèse ou telle l'eau du sol dans laquelle la réaction chimique de décomposition advient.

Nous avons aussi constaté p. 125-126 qu'un écosystème est soumis à des aléas, notamment climatiques, qui tendent en milieux émergés et sous l'effet de la pesanteur à appauvrir ce système biophysicochimique. Son maintien en état de marche se fait essentiellement par son autorégulation assurée par le fonctionnement de l'écosystème lui-même grâce à l'énergie photosynthétique investie par les plantes, quasi seules en milieux pauvres, et avec l'aide de l'activité lombricienne dans les écosystèmes fertiles.

Loin des usages impropres et fallacieux du mot "écosystème", tels ceux qui le restreignent à un ensemble d'organismes alors que ce mot a été explicitement créé par Tansley[1] pour ne pas réduire son étude au *"…whole complex of organisms…"* (à l'ensemble des organismes), nous devons assumer pleinement la nature biophysicochimique de ces systèmes.

Pour cela, il faut garder à l'esprit les proportions des constituants. Il n'est pas superflu de les rappeler ici, tant elles sont inhabituelles ; ce sont celles justifiées p. 129-130 pour une prairie prise comme exemple. Il y a par mètre carré 350 kilos de sol, en masses sèches mesurables, dont environ 14 kilos de matière organique morte (4 %) ; la vie sur et dans le sol est représentée par les plantes (2 kilos), les micro-organismes souvent supposés à 100 grammes et les animaux, environ 19 grammes dont 15 grammes de lombriciens.

Ainsi, la biomasse représente approximativement 0,5 % des composants des écosystèmes. Cette biomasse est constituée d'environ 95 % de végétaux, le reste de bactéries, champignons, lichens, algues et animaux dont les vers de terre qui ne pèsent que 0,007 % du tout. Toutes ces masses sont exprimées sèches ; il faut rajouter environ 100 kilos d'eau et l'air impondérable. Elles s'appliquent aux herbages (prairies permanentes) ; on pourrait penser que la biomasse serait bien supérieure en forêt, *pur effet d'optique explicable par l'expansion des écosystèmes, comme nous allons le voir.*

Observations naturalistes et quantifications

Pour tenter de limiter les effets pervers du lombricocentrisme, en porte-à-faux par rapport au recadrage écosystémique pondéral effectué ci-dessus, l'auteur se doit de rappeler aux lecteurs une autre perversion intellectuelle qui traverse son ouvrage : l'antinomie entre les

1. Tansley, A. G., 1935 – "The Use and Abuse of Vegetational Concepts and Terms", *Ecology*, *art. cit.*

nombreuses et excellentes descriptions naturalistes et les rares et fastidieuses quantifications s'appliquant concrètement aux écosystèmes.

Expliquons-nous. Il existe de très nombreux travaux scientifiques qui décrivent à toutes échelles, depuis le paysage jusqu'à une mince tranche de sol étudiée finement au microscope[1]. Cela permet d'observer une incroyable diversité d'objets auxquels on peut attribuer quelques fonctions apparentes, telle celle d'un oiseau ayant ingéré un fruit appétant et qui va disperser les graines de la plante l'ayant produit, ou tels les débris et les aliments qui participent à la construction et à la vie d'une fourmilière. Mais quelle est l'importance réelle de ces divers phénomènes?

On ne les connaît souvent que qualitativement par leur existence, sans en savoir l'importance réelle, c'est-à-dire *via* une mesure quantitative des divers phénomènes observés, par exemple pour chaque mètre carré la masse de carbone organique ou de phosphore ou de… transformée (par exemple décomposée) chaque jour.

Cela ne minore pas l'importance des études qualitatives qui, lorsqu'elles sont effectivement faites dans le réel des écosystèmes, ne peuvent que suggérer des liens de cause à effet. Mais quelle est à chaque instant la quantité d'un élément chimique, tel le phosphore, qui passe effectivement depuis le sol dans une plante *via* son système racinien ou/et *via* le mycélium des symbiontes des plantes, c'est-à-dire des champignons coopérant étroitement avec le végétal. Cela nécessite des développements techniques difficiles, respectant l'intrication et les interactions des composants.

Passer des observations naturalistes suggérant des phénomènes aux quantifications rigoureusement critiquables peut apparaître à certains comme un appauvrissement car alors les mégavisions s'estompent. Ici, nous ne prenons en compte que le peu qui a été mesuré ou approximativement estimé dans les écosystèmes réels. Certes, on s'écarte des supputations romanesques pour essayer de serrer au plus près les phénomènes quantifiés en cause.

L'expansion écosystémique

Les écosystèmes ont évolué, c'est-à-dire changé au cours du temps par modifications simultanées et interactives de leurs sols, de leurs lombriciens, de leur flore, des peuplements microbiens, de la nature de leur nécromasse, de leur structure sur et dans le sol, etc. Sur les terres émergées, cette évolution s'est faite par une expansion horizontale sur les territoires où la vie devenait possible et par une extension verticale d'une part vers le ciel et d'autre part dans le tréfonds des sols, voire des grottes.

L'*extension vers le ciel* est avant tout l'œuvre des plantes en compétition pour la lumière. Comme nous l'avons vu p. 126-127, les plantes

1. Gobat, J.-M., Aragno, M., et Matthey, W., 2010 – *Le Sol vivant. Bases de pédologie – Biologie des sols*, Presses polytech. Univ. romande, Lausanne.

ne se contentent pas de fournir de la matière organique vive ou putrescible (nécromasse), mais investissent, chez les arbres, dans leur bois, un support mort portant la vie. Ce bois est de la *phoromasse*, ni biomasse ni nécromasse, et est, en raison de son rôle de support contre la pesanteur, une charpente permettant l'épaississement des écosystèmes vers le ciel. Cette aptitude a été acquise dès l'ère primaire, comme l'attestent les dépôts de houille du Carbonifère.

L'*extension des écosystèmes dans les profondeurs du sol* est mal connue. Elle semble avoir été acquise peu avant le Secondaire. Il y a 250 millions d'années (cf. p. 76), des paléosols ont des formes d'humus qui attestent l'activité lombricienne travaillant les sols en profondeur. Depuis, les sols et leur nécromasse ont changé, les climats ont varié localement de tropical à glaciaire et de refroidissements en réchauffements climatiques, et, comme nous l'avons vu au chapitre II, l'histoire des lombriciens nous montre à la fois leur permanence sur des centaines de millions d'années et leur transformation au cours de l'évolution terrestre.

Résultat, les vers de terre sont actuellement, avec les plantes et les micro-organismes, les trois principaux acteurs biologiques des écosystèmes émergés. Contre les effets de la pesanteur, à côté des plantes, ils sont des acteurs qui comptent. Rappelons que, dans nos écosystèmes tempérés européens, les seuls anéciques ingèrent en moyenne 270 tonnes de terre par hectare ; il s'agit d'une moyenne établie pour la France. Cela témoigne d'un travail antipesanteur de remontée de sol associée au creusement de galeries qui dégagent des voies d'accès aux lombriciens mais aussi à l'air, à l'eau et en général à la vie. C'est l'extension de l'atmosphère dans les sols. Quelle entreprise de travaux publics dit mieux ?

Cela mérite considération et nous allons le faire spécifiquement dans le paragraphe suivant, car les limites de l'expansion écosystémique sont celles de la vie. Ainsi, un oiseau dans l'atmosphère reste lié à son espace vital solide ou liquide. De même, j'ai été amené, dans mon livre d'écologie opérationnelle, à distinguer la partie du sol et de ses annexes où la vie est active, le *biosol* qui est la partie vivante du sol, de sa partie inerte, le *résosol*. Précisons ici qu'il s'agit de matériaux et que le biosol signifie qu'il inclut des organismes, sans exclure les minéraux et la nécromasse ; il s'oppose au résosol, la partie du sol qui, faute de vie active, ne participe pas à l'écosystème et n'en est que le support physique[1].

DYNAMISATION LOMBRICIENNE DES ÉCOSYSTÈMES

Les échelles d'observation

L'activité lombricienne améliore sensiblement l'autorégulation des écosystèmes selon trois échelles complémentaires. L'une, millimétrique, est

1. Bouché, M. B., 1990 – *Écologie opérationnelle assistée par ordinateur*, *op. cit.*

l'association *intime* des composants d'écosystèmes intriqués récemment ou de longue date dans les défécations et excrétions lombriciennes ; elle est décrite à la fin du chapitre v. Il s'agit généralement d'agrégats de lombrimix, mais aussi de minces couches de celui-ci tapissant les galeries des vers de terre où sont associés minéraux, mucus, micro-organismes, racines et de nombreux petits animaux. Une autre échelle, métrique cette fois, est celle du *profil* observé en coupe verticale du sol où l'activité concerne essentiellement les transports d'endentères effectués de bas en haut par les lombriciens, avec dépôts de lombrimix en surface. Enfin, la plus large échelle concerne la *distribution* verticale du *biosol* dans toute l'épaisseur des écosystèmes, non seulement au-dessus du résosol et à la périphérie des galeries, mais aussi dans la partie aérienne des écosystèmes, sous des formes diverses, comme les sols épiphytes fréquents sous les tropiques.

Mais traitons d'abord de l'association *intime* à l'échelle millimétrique.

Le lombrimix, la quintessence de l'écosystème

Oui, c'est l'échelle intime, au sens où les échanges considérés ici dans les écosystèmes s'effectuent sur quelques micromètres, celle des microbes, des assimilations et contacts intestinaux dont ceux propres aux lombriciens, des dissolutions de minéraux, des absorptions par les radicelles des éléments biogènes, etc.

Le plus intime des systèmes biophysicochimiques est le *lombrimix*, cette mixture créée par le mélange, par ingestion puis broyage et malaxage lombriciens, de produits végétaux et de minéraux qui, comme les écosystèmes, allient la vie à la nécromasse, aux minéraux, à l'eau et à l'air. Ce lombrimix tourne dans les sols selon un recyclage incessant dont les modalités ont été présentées en détail p. 165-166. Il est, à l'échelle millimétrique, la meilleure illustration d'un système à la fois biologique, bourré d'actions microbiennes et lombriciennes, et physicochimique, notamment par les réactions chimiques et biochimiques entre minéraux, éléments biogènes, effet tampon de la nécromasse et produits de la dégradation de cette dernière ; une haute complexité, certes, portant sur une masse importante à l'échelle des écosystèmes. À part l'absence de photosynthèse, à l'origine de l'énergie organique apportée ici au sol par pesanteur notamment *via* la litière, le lombrimix concentre toutes les propriétés biophysicochimiques des écosystèmes (nécromasse, eau, minéraux, organismes dont micro-organismes, air). Il n'en est pas une image substitutive, mais son intime résumé, sa quintessence.

Cela n'est pas un détail, le lombrimix représente près de 1 000 tonnes à l'hectare. Il se renouvelle chaque année par centaines de tonnes *via* son cycle de mixage d'ingestats, de digestion, de défécation, de fermentation des grumeaux et de réingestion du lombrimix. Ce cycle avec réingestion est estimé de façon standardisée à 300 tonnes par hectare et par an. Il est un mouvement majeur des écosystèmes terrestres fertiles. Ce n'est pas rien : en dehors de l'eau peu contrôlée par les écosystèmes, il est la masse mobile la plus importante incluse dans les écosystèmes ; il mérite donc d'y être situé à l'échelle du profil de sol.

Sol inerte ou vivifié : son profil

Observons maintenant, à l'échelle métrique, comment se présente de *profil* un sol après l'avoir creusé depuis sa surface pour le voir en une coupe verticale. Partout la pesanteur agit, le sol se tasse en un ensemble massif et se glisse entre les roches. Le sol est, *par définition*, la couche minérale superficielle des terres émergées colonisée par la vie. L'observation du profil révèle que cette colonisation vitale, observable par les racines et les traces d'activité animale (galeries, crottes, lombrimix en grumeaux, etc.), ne concerne que certaines zones du profil ; ces zones tranchent sur un fond inerte sans activité vitale notable.

Dans les herbages, le poids des animaux (chevaux, vaches, ovins, caprins…), la masse des particules entraînées par l'eau dans le sol, le glissement des racines qui s'épaississent en comprimant collatéralement la terre, etc., exercent une compaction des éléments constitutifs du sol (sans parler ici des compactions d'origine humaine, résultant des roues de tracteurs, etc.).

De longue date, au moins 250 millions d'années, nos écosystèmes bénéficient du travail lombricien de décompaction des sols. L'activité physique des lombriciens doit nécessairement s'adapter à la compaction forte ici, faible là, et cela se traduit par des comportements et des édifices de déjections terreuses très divers.

Une fraction du lombrimix, ayant transité dans le tube digestif des lombriciens, est visiblement déposée *sur* le sol sous des formes aisément observables qui ont été décrites au chapitre précédent. Mais, d'une façon générale, ce lombrimix est déféqué *dans* le sol, ce qui est moins dangereux pour le ver de terre car il y est relativement à l'abri des prédateurs. Oui, mais cette défécation à moindre risque est limitée par l'espace poral de réception nécessaire pour recevoir les déjections ; si cet espace devient insuffisant sous l'effet des tassements, le dépôt sur le sol est alors inévitable.

En prairie permanente, le lombrimix déféqué sur ou dans le sol produit une énorme accumulation de grumeaux bien reconnaissables. Celle-ci est usuellement épaisse de 5 à 6 centimètres et représente quelque 500 à 1 000 tonnes de terre à l'hectare. Pas très surprenant si l'on tient compte de l'injection constante de nouvelles déjections fraîches qui s'y stabilisent.

Cette couche superficielle de terre, issue des déjections lombriciennes, a reçu divers noms. Citons le "mat racinaire" des pastoralistes qui constatent que les racines enrobent, envahissent et tapissent cette couche, mais cette expression ne s'applique qu'aux herbages. D'autre part, les spécialistes des sols forestiers dénomment “horizon A1” la couche de sol superficielle, mais sans nécessairement faire référence à sa structure grumeleuse. En fait, il n’y a pas de mot pour désigner, dans tout type d’écosystème, cette couche poreuse de grumeaux issus des déjections lombriciennes et déposés près de la surface du sol. Cette fraction du biosol des écosystèmes pourrait être nommée le *cespe*, du latin *caespes* (terre engazonnée). En généralisant et en précisant son sens, on peut dire que le cespe a trait à toute accumulation de lombrimix constituant la couche superficielle grumeleuse du sol.

Les déjections ne sont pas nécessairement déposées en surface de façon homogène. Elles participent souvent et temporairement à des édifices terreux remarquables… avant de se fondre dans le cespe qui sera lui-même, comme nous l’avons vu, ingéré à nouveau par des lombriciens et probablement incorporé dans le résosol pour une faible fraction qui perd avec le temps ses qualités vitales.

La *drilosphère* est la partie du biosol résultant directement de l’activité lombricienne. Elle a trait au cespe, cette accumulation de lombrimix à l’état de grumeaux, mais aussi aux parois des galeries lombriciennes tapissées d’excrétions et parfois de défécations de lombrimix et aux édifices lombriciens (turricules, vermières, cairnets, resserres) ; elle s’étend parfois aux sols épiphytes perchés sur les arbres.

Le biosol ne se réduit pas au cespe, ni à l’activité lombricienne ; il inclut aussi les litières et le résultat d’autres activités animales, telles celles des fourmilières et termitières. Il pénètre en profondeur dans le résosol par des voies vitalisées essentiellement à la périphérie des racines et des galeries de lombriciens. Quelle que soit sa distribution dans l’espace, le biosol est un incubateur microbien soumis à l’exploitation vitale des racines et des mycorhizes des champignons. Son activité chimique, physique et biologique ne laisse pas facilement les éléments biogènes s’échapper par le lavage des pluies car ces éléments, libérés sous forme soluble lors de la décomposition, sont vite repris par l’assimilation des organismes (micro-organismes, racines et vers de terre) ou fixés sur les argiles.

Cette aptitude à maintenir la richesse de l’écosystème en lui-même est encore amplifiée par l’activité antipesanteur des lombriciens qui, globalement condamnés à compenser le tassement du sol, remontent depuis la profondeur d’importantes masses de terre et donc d’éléments biogènes ou non (cf. fig. 21, ci-contre).

L’animation des sols

Comment se représenter le sol en mouvement permanent?
Le sol, sauf glissement de terrain, ne bouge pas, cela se voit! De sorte que nous avons du mal à nous représenter un mouvement de sol s’effectuant en place au rythme des saisons et qui est, en moyenne, de l’ordre de quelque 30 kilos de terre par mètre carré et par an. Il s’agit

d'un travail souterrain de sape invisible, à l'exception des turricules, resserres et vermières. Pour aider notre compréhension, nous allons décomposer ce mouvement en nous référant en chaque occurrence à un procédé ou phénomène familier (labour, enfouissement, brassage, drainage et aération). Toutefois, ces analogies sont grossières et trompeuses, par exemple le "labour" lombricien ne peut être comparé aux différents labours humains.

Figure 21. Un turricule recouvrant des feuilles de hêtre. Il est formé de déjections issues d'ingestats de différentes origines : noires, l'origine est superficielle ; bruns et blancs, respectivement depuis une couche de sol assez et très profonde.

Du labour et du lombrimixage

Comme nous l'avons vu, la quantité de turricules déposée en surface du sol peut ne représenter qu'une proportion faible (moins de 10 %) ou élevée (30 % et plus) de la masse des déjections lombriciennes produites, qui recouvrent au cours de l'année le sol d'une couche grumeleuse permettant les semailles.

Si, du temps de Darwin, une traction animale limitant le grattage de la terre par l'araire pouvait suggérer une certaine analogie avec le travail lombricien, le labour mécanique moderne n'a plus rien à voir avec ce travail lombricien dans les écosystèmes. Le tremblement de terre engendré par le coutre du soc de la charrue tirée par un tracteur tasse fortement le sol profond lorsqu'il s'y appuie afin de retourner la terre en la soulevant au prix d'un coût élevé en énergie fossile (pression verticale de quelque 300 kilos par mètre carré). En outre, ce labour tracté remonte en surface des cailloux et du sol inerte ; cela n'a plus rien à voir avec les relations optimisées lors des longues coévolutions développées entre les composants vivants et non vivants des écosystèmes.

À l'opposé des labours mécanisés, le "labour" lombricien, que je propose d'appeler *lombrimixage*, évite scrupuleusement de remonter les cailloux et les couches inertes du résosol. Il respecte les végétaux, s'effectue conjointement avec la croissance végétale et pénètre profondément le profil du sol en permettant ainsi aération, drainage et enracinement profond. La végétation assure de façon concomitante à la fois les besoins des plantes et la production d'une nécromasse énergétique permettant le travail biologique ultérieur du sol.

Le sol est ainsi beaucoup mieux travaillé qu'avec une charrue car le *lombrimixage* n'effectue que la *remontée des éléments fins du lombrimix*, sans cailloux. En outre, le lombrimix, largement déposé dans le cespe, est lardé de racines qui ne tardent pas à assimiler les éléments biogènes qu'il libère chaque jour à une dose dépendant des conditions d'ambiance qui rythment conjointement cette libération et les besoins des végétaux. Nous sommes loin des apports humains massifs d'engrais mal situés à la fois par rapport aux racines et temporellement par rapport aux besoins végétaux!

De l'enfouissement

Darwin signale que, “près de Nancy, le sol des forêts de l'État est couvert, sur l'étendue de plusieurs hectares, d'une couche spongieuse, composée de feuilles mortes et d'innombrables éjections [...] le professeur d'aménagement des forêts, faisant une leçon, signale à ses élèves ce cas comme un « magnifique exemple de culture naturelle du sol ; car, plusieurs années de suite, les matières rejetées en haut couvrent les feuilles mortes, dont il résulte un riche humus de grande épaisseur »[1].” Tout observateur d'un sol dont le peuplement lombricien n'est pas limité par des contraintes climatiques ou par l'extermination assurée par l'agronomie “moderne” peut constater cette décomposition des débris de végétaux mêlés de déjections et contribuant au plexus écosystémique décrit ci-dessous.

Comme nous l'avons vu, la *fertilité* d'un écosystème tient non seulement à son autorégulation qui maintient ses constituants, dont les précieux éléments biogènes, mais surtout à son aptitude à effectuer rapidement le recyclage de ces éléments. De ce point de vue, nous avons déjà décrit, p. 165-166, le cycle du lombrimix où les lombriciens ingèrent, digèrent, défèquent, etc. Ainsi, le tonnage des déjections déversées sur, ou mêlés à, la litière forestière est considéré par le professeur d'aménagement des forêts au XIXe siècle comme un mode de culture des forêts. La partie qui couvre les feuilles mortes (cf. fig. 21, p. 185) assure un enfouissement de la nécromasse qui jonche le sol et qui a éveillé notre intérêt.

Avec la cordiale et efficace collaboration de Jacques Cortez, du CNRS de Montpellier, nous avons estimé dans une forêt l'effet de cet enfouissement sur la vitesse de décomposition de quelques litières forestières. On interdisait aux vers de terre de s'alimenter de cette nourriture à

1. Darwin, C. R., 1882 – *Rôle des vers de terre dans la formation de la terre végétale*, *op. cit.*

l'aide de filets ; seul l'effet du recouvrement par les turricules intervenait. Le fait que la litière soit couverte des excréments lombriciens a induit en deux ans une accélération spectaculaire de sa décomposition dont la vitesse fut accrue de cinq fois. Cette valeur moyenne cache des disparités, les feuilles mortes de hêtre ayant une décomposition plus lente et plus erratique que les autres arbres feuillus testés[1].

Pourquoi le fait de couvrir une litière de lombrimix accélère-t-il sa décomposition et, par là, la fertilité de la forêt ? D'abord, les turricules couvrant les litières mettent les colonies microbiennes et les petits organismes décomposeurs à l'abri des vents secs ou froids ; faible couverture, soit, par rapport à ce que nous allons voir ci-dessous, mais couverture quand même. Ensuite, en remontant de la terre profonde sur la litière, il y a apport des éléments biogènes initialement perdus au fond du sol par les lessivages dus aux pluies. C'est un peu comme si le mets "litière", mis à disposition des décomposeurs champignons, bactéries, microarthropodes, etc., à la surface du sol était saupoudré d'un riche condiment. Et ce n'est pas un simple effet gustatif que nous constatons ici, mais un complément nutritif dont nous avons mesuré l'effet car le sol où l'étude a été conduite est assez lavable et l'effet antipesanteur du labour lombricien y est alors précieux. En remontant, avec la terre profonde, les éléments lessivés, c'est-à-dire perdus initialement depuis la surface, il y a restauration des moyens permettant l'activité biologique. Il est curieux et intéressant de constater qu'ici l'effet fertilisation des lombriciens accélère le fonctionnement écosystémique de quatre ou cinq fois, comme en d'autres domaines.

Mouvements des fluides : aération et drainage

L'animation des sols ne concerne pas que les mouvements des solides, mais aussi ceux des gaz et des liquides, infiniment plus fluides, comme ils sont justement qualifiés.

Nous savons que notre peuplement lombricien moyen, en prairie permanente, a développé dans la partie massive du sol, au-dessous de 6 centimètres de profondeur, 4 000 kilomètres à l'hectare, soit 400 mètres au mètre carré, de terriers qui représentent, en surface développée, cinq fois la surface superficielle ; il s'agit d'un minimum, les galeries de diamètre inférieur à 2 millimètres n'étant pas prises en compte. Ces voies de pénétration jouent assurément un rôle essentiel dans l'aération du sol, comme en témoigne le fer des sols hydromorphes dont le résosol massif et gorgé d'eau bloque la diffusion de l'oxygène. Le fer leur donne une couleur verdâtre, mais s'oxyde, couleur rouille, dans les parois aérées des galeries qui les pénètrent. Toutefois, l'intensité de

1. Cortez, J., et Bouché, M. B., 1998 – "Field Decomposition of Leaf Litter : Earthworm-Microorganism Interactions. The Ploughing-In Effect", *Soil Biol. Biochem.*, 30, 6, p. 795-804.

cette aération n'est pas connue, pas plus que celle prévalant dans le cespe, cette couche de sol grumeleuse superficielle d'environ 6 centimètres qui est une véritable éponge.

On peut néanmoins se convaincre de ce qui est exposé à un air renouvelé en arrosant le sol avec de l'eau colorée au bleu de méthylène ; le cespe et certaines galeries, y compris celles observées jusqu'à 2 mètres de profondeur, sont alors colorés en bleu. Très grossièrement estimé, cela représente quand même, pour chaque mètre carré mesuré à la surface du sol, environ 100 kilos de terre directement humectée, donc usuellement bien aérée. C'est, en agronomie, quelque 1 000 tonnes à l'hectare, à comparer aux 3 500 tonnes labourées en blocs massifs par la charrue !

L'arrosage avec de l'eau colorée a révélé en outre que de nombreuses galeries obturées ne contribuent pas à la percolation de l'eau dans le sol. Une étude fut donc réalisée, par Fathel Al Addan[1], pour évaluer la percolation dans divers sols en mesurant l'écoulement de l'eau exprimé en millimètres de pluie (1 millimètre = 1 litre par mètre carré). En l'absence de lombriciens, particulièrement d'anéciques, celle-ci est faible, de l'ordre de 5 à 7 millimètres par heure, alors qu'elle est, pour notre peuplement standard, de 160 millimètres par heure. Elle double pour une biomasse doublée car elle est proportionnelle à celle-ci.

Ces mesures permirent d'expliquer à des collègues du CNRS pourquoi, lors de leur étude ayant mesuré pendant huit ans le ruissellement se déversant au pied d'une garrigue très pentue (15 %), ils avaient noté un écoulement superficiel pratiquement nul malgré des pluies d'orage très intenses, comme par exemple celle du 23 septembre 1976 apportant ce jour-là 260 millimètres, avec une intensité maximale de 59 millimètres en trente minutes[2]. Cette parcelle hébergeait une population d'anéciques géants, difficilement mesurable en raison de la pierrosité et de l'enracinement, de l'ordre de 150 grammes par mètre carré.

Ces observations du *lombrimixage* et des mouvements des fluides nous introduisent dans ce qui échappe à l'œil humain : le cœur fonctionnel de l'écosystème terrestre émergé.

Au cœur de l'écosystème : son plexus

Darwin introduit ainsi son ouvrage de 1881 : "La part prise par les vers à la formation de la couche de terre végétale qui recouvre la surface entière du sol dans toute contrée tant soit peu humide est le sujet du présent ouvrage." Il ajoute plus loin, concernant la terre végétale : "Un de ses principaux traits caractéristiques est la finesse des particules qui la

1. Al Addan, F., Aliaga, R., et Bouché, M. B., 1991 – "Relations entre peuplements lombriciens et propriétés des sols méditerranéens", in G. K. Veeresh, D. Rajagopal, C. A. Viraktamath (dir.), *Advances in Management and Conservation of Soil Fauna*, Vedams Books International, New Delhi (Inde), p. 525-537.
2. Poissonet, P., *et al.*, 1981 – *Recherches expérimentales sur un système écologique complexe : la garrigue de Quercus coccifera L.* (rapport 1), CNRS-CEPE-DEG.

composent [...] je fus amené à conclure que la terre végétale sur toute l'étendue d'un pays a passé bien des fois par le canal intestinal des vers et y passera bien des fois encore. Par suite, le terme « terre animale » serait à cet égard plus juste que celui communément utilisé de « terre végétale »[1] !"

Comme nous l'avons vu, la terre creusée et ingérée par les lombriciens est étroitement mêlée aux produits de la photosynthèse et est déféquée en lombrimix, un excrément essentiel au fonctionnement des écosystèmes et quintessence de tous les composants des écosystèmes : nécromasse non digérée accumulatrice d'énergie d'origine photosynthétique et d'éléments biogènes, argile, racines, sable, micro-organismes, limon, humidité, aération et structuration animale. Cette terre animale est en totale cohérence biophysicochimique par ses composants non biologiques et vivants et ses interactions avec l'écosystème où elle s'inscrit. Elle en est généralement le composant pondéralement majeur et est en tout cas une fraction essentielle du biosol, cette partie biophysicochimique qui participe au fonctionnement des écosystèmes, le porte et le supporte !

Cette activité souterraine s'effectue essentiellement juste sous la surface du sol et se prolonge vers le ciel dans les sols perchés épiphytes tropicaux et parfois tempérés, et surtout dans le sol profond... et même dans son tréfonds, et cela de façon digitée *via* les galeries lombriciennes et les racines. Toute cette œuvre d'évacuation et de modelage de nos écosystèmes est effectuée contre la pesanteur avec de l'énergie organique.

Envahi par les racines, le mélange organominéral issu des choix alimentaires lombriciens recycle vers l'assimilation végétale une proportion importante des éléments biogènes et est au cœur fonctionnel des écosystèmes terrestres.

Le fonctionnement central

C'est dans les herbages pâturés, où l'homme n'a pas labouré, qu'il est le plus facile d'observer, de façon bien distincte, une couche de sol superficielle grumeleuse de 5 à 6 centimètres d'épaisseur, envahie de racines, formée de lombrimix en agrégats et issue des déjections lombriciennes déposées près de la surface du sol : cette couche est le cespe défini ci-dessus. Le lombrimix en ses divers états, déjections, grumeaux fermement agrégés en briquettes ou fragilisés et envahis de radicelles, se prolonge au-dessous du cespe dans le sol sous-jacent autour de galeries et de poches d'activité lombricienne. Cette couche et ses annexes sont au cœur des écosystèmes puisqu'elles sont le lieu où les matières organiques en décomposition libèrent les éléments biogènes au contact des radicelles (cf. fig. 22, p. 190, et 23, p. 201), permettant le renvoi de ces éléments vers la photosynthèse des feuilles qui rechargent la batterie énergétique qu'est la matière organique.

1. Darwin, C. R., 1882 – *Rôle des vers de terre dans la formation de la terre végétale*, *op. cit.*

Figure 22. Les racines viennent puiser leur nourriture autour du lombricien en boule dans sa logette de léthargie (à gauche) et enrobent le pourtour d'une galerie en laissant une voie centrale au lombricien qui les alimente (au centre).

Au chapitre IV, présentant à grands traits l'écosystème, ces phénomènes furent situés au cœur de celui-ci. Mais lorsqu'on parle de cœur, on pense à un organe qui reçoit et renvoie un liquide, le sang, porteur de ce qui irrigue la vie. Il collecte depuis tout le système vital et renvoie à tout ce système. De même, en herbage pâturé, quasiment toute la production végétale (ce qui a quitté les plantes, organes végétaux morts, excréments d'herbivores, cadavres, exsudats foliaires et raciniens) aboutit au sol en suivant une *organisation structurée diffuse* non pas formée d'organes, mais constituée exclusivement d'agrégats de lombrimix, d'un enchevêtrement de racines fonctionnellement définies et formant un tissage inextricable d'innombrables radicelles, d'air circulant depuis la surface par les bronches que constituent les galeries, les alvéoles que sont les pores entre grumeaux et les agrégats eux-mêmes car ceux-ci sont spongieux. L'eau emprunte les mêmes voies que l'air et son éventuel excès, dû aux pluies, s'évacue par le drainage du sol permis par les galeries lombriciennes profondes.

Appeler cela "cœur" est donc insuffisant car, si la production végétale (et animale) y aboutit, l'alimentation racinienne en repart bien. Il s'agit aussi d'un gigantesque poumon qui permet, notamment aux racines et aux décomposeurs, de vivre dans un air oxygéné humide. Cette condition d'air renouvelé en condition humide, que nos alvéoles pulmonaires assurent aussi, est améliorée par la nécromasse qui farcit le biosol ; la matière organique a en effet la propriété d'être hydrophile et de se charger d'eau un peu à la manière du coton ayant le même qualificatif.

Et puis cet *ensemble structuré* ne se contente pas d'être un cœur complété d'un excellent poumon, il est aussi un énorme organe digestif dont la flore intestinale est celle qui prospère dans le lombrimix et colonise le biosol. Cette flore, sous des formes variées, agit aussi bien au cours de la digestion qu'après défécation lombriciennes. Les aliments organiques ingérés ayant résisté à un premier transit intestinal continueront d'être dégradés par la microflore avant d'être repris par une réingestion lombricienne. Comme nous l'avons vu, le lombrimix se recycle en permanence, notamment par cette énorme digestion en boucle. Il se renouvelle donc de façon continue.

La nature de cet *ensemble structuré* a également une constitution typique de l'écosystème car ses propriétés sont indissociablement biophysicochimiques. Il est une intrication étroite de minéraux (sable, limon, argile), de nécromasses diverses à tous les stades de décomposition, de racines, de mycorhizes, de micro-organismes et d'un grouillement d'animalcules généralement non décrits.

En image, cet *ensemble structuré* est au centre des échanges depuis les plantes vers les plantes ; il est un cœur propulsant l'énergie, un poumon insufflant une vie intense et un intestin permettant la réassimilation (le recyclage) des précieux éléments biogènes nécessaires à la vie *via* les végétaux. Pour nommer *cet ensemble*, le mot “cœur” ne convient donc évidemment pas ; c'est de l'ensemble des entrailles de l'écosystème qu'il s'agit ! On peut penser que ce sont des viscères de l'écosystème, mais le mot “plexus” (entrelacement) semble mieux convenir tant il souligne les intrications constitutionnelles (organes, matières organiques mortes, minéraux, organismes, cavités aérées, constituants humectés, etc.), les interactions fonctionnelles (décomposition, réactions chimiques, digestions, excrétions, actions enzymatiques, assimilations, respiration, etc.) et les diverses dynamiques (variations, renouvellements, restructurations).

Pour parler de *cet ensemble structuré, situé au centre fonctionnel de l'écosystème*, il vaut mieux donc, tout simplement, le nommer *plexus écosystémique* (“écosystémique” pour éviter de le confondre en biologie avec le plexus nerveux ou le plexus des anastomoses sanguines).

Le plexus écosystémique se renouvelle !

Rappelons que la matrice minérale du sol, incorporée au biosol par les lombriciens, se déplace sous l'effet du piétinement des animaux pâturant et sous l'effet d'autres pesanteurs. La couche des agrégats du plexus écosystémique est détruite, tassée et, probablement en faible partie, réincorporée dans le sol massif, le résosol, qui la supporte. Les vers de terre, qui ont besoin d'une porosité dans le sol massif, le creusent, l'ingèrent et l'expulsent vers la surface soit en turricules, soit en lardant le plexus écosystémique de lombrimix frais.

Comme indiqué au chapitre v, nous avons pu estimer, pour les seuls anéciques (80 % de la biomasse lombricienne), la production de déjections à 270 tonnes à l'hectare en moyenne annuelle. Nous n'avons pas pu effectuer cette mesure pour les endogés et les épigés (20 % de la biomasse), mais on peut considérer, par une extrapolation raisonnable, que l'ensemble des lombriciens dépose dans nos écosystèmes chaque année environ 300 tonnes par hectare de fèces (30 kilos au mètre carré).

En conséquence, le plexus écosystémique est une couche poreuse où tout se renouvelle : les minéraux brassés, les éléments biogènes et les constituants de la nécromasse ; les pertes de cette nécromasse dues à la décomposition sont compensées par les apports de litière mêlée au lombrimix soit par l'ingestion lombricienne, soit par l'enfouissement décrit ci-dessus. Ce renouvellement écosystémique est congruent à celui des organismes, des organes et des individus qui lui appartiennent.

Lombriciens et autorégulation

Au paragraphe "Tenir le coup par l'autorégulation" (p. 124), j'ai qualifié d'"autorégulation" l'aptitude des écosystèmes à maintenir leur stock d'éléments biogènes dans le cadre de leurs sols et climats. J'ai nommé "autorégulation lâche" celle des écosystèmes ne bénéficiant que d'une activité lombricienne négligeable, et "autorégulation fertile" celle des milieux où cette activité est importante, mais sans alors en décrire les mécanismes. Au chapitre v, certains de ces mécanismes ont été présentés avec des quantifications sérieuses qui nous permettent d'apprécier maintenant la différence entre les autorégulations lâche et fertile.

En l'absence de lombriciens, les plantes absorbent les éléments biogènes solubles, les incorporent dans leurs molécules organiques vivantes, puis les abandonnent avec rétention dans leurs produits morts et avec chute par pesanteur. La décomposition, essentiellement microbienne et chimique mais assurée aussi par des digestions animales (herbivores, carnivores…), dégrade plus ou moins complètement les organes morts et libère les éléments biogènes solubles dans l'eau. Cette fraction libérée est soit entraînée par les eaux pluviales, appauvrissant ainsi l'écosystème qui les perd, soit heureusement reprise par les racines qui ne sont pas loin et qui jouissent souvent de la complicité des mycorhizes des champignons et de la coopération des bactéries. Mais il y a néanmoins des pertes pour l'écosystème et celles-ci sont chichement compensées par les apports des poussières, des aérosols du vent… et par quelques eaux de ruissellement, souvent plus appauvrissantes qu'enrichissantes.

En présence de lombriciens, nous venons de voir avec la description du plexus écosystémique que l'intrication étroite des minéraux avec la nécromasse dans le lombrimix libère, sous actions digestives et microbiennes, les éléments biogènes directement sur les racines (ou mycorhizes raciniennes) en ne laissant pas d'espace au lavage pluvial, et cela d'autant plus que les grumeaux organominéraux sont des éponges qui, comme toutes les éponges, ne perdent pas facilement l'eau. Quoique apparemment ouvert aux quatre vents, le plexus écosystémique est de fait quasi étanche.

Comme nous l'avons vu, en présence de lombriciens, la feuille morte tombée sur le sol n'attend pas sa lente décomposition ; elle est mise en incubation à l'abri des turricules et resserres de surface, voire enroulée en cigare creux à l'orifice de terriers. Dès qu'elle est consommable, elle subit l'ingestion lombricienne suivie de concassage, brassage, digestion intestinale, assimilation partielle et défécation. Les organes morts ayant résisté à ce premier traitement seront soumis en sites sûrs, dans le cespe, à une maturation en fromagerie qui les rendra à nouveau appétants quelques mois plus tard pour un nouveau transit intestinal lombricien. Et si cela ne suffit pas… il y a répétition : c'est de l'acharnement écosystémique !

Fertile, c'est ce qui est fécond et qui produit beaucoup…, nous dit le *Larousse*. Oui, l'écosystème ayant une autorégulation fertile produit beaucoup d'organes végétaux, de vers de terre, etc., et recycle activement ses éléments biogènes avec très peu de perte… et il laisse l'homme prélever, par exemple en herbages du foin, et nourrir les animaux de son cheptel. Nous reviendrons sur ce point particulier au chapitre suivant en traitant de l'activité humaine et des agro-écosystèmes.

Distribution de la vitalité écosystémique

L'autorégulation des écosystèmes implique que la vie capte l'énergie solaire et charge la matière organique d'énergie qui sera, dans le cas fertile, investie dans le plexus écosystémique qui anime, notamment par le travail de labour lombricien, par tonnes, les structures organominérales formant et conservant les éléments biogènes dans l'écosystème. L'importance de ce fonctionnement fertile, évoqué dès le paragraphe "Tenir le coup par l'autorégulation" (p. 126-128), varie en ampleur, celle-ci étant exclue de certains lieux ou amplifiée selon les climats et la charpente arborée érigée par les écosystèmes.

La distribution du plexus écosystémique dans les paysages

En prairie, où les contours du plexus écosystémique sont bien nets, nous venons de voir la nature du centre fonctionnel des écosystèmes. Dans la présentation faite ci-dessus et au chapitre v, le tassement du sol est assuré essentiellement par le bétail et est compensé par l'activité lombricienne d'un peuplement moyen d'anéciques.

Les herbages, qui couvrent environ un tiers de la surface agricole française, n'ont pas tous cette typologie avec un plexus de 5 à 6 centimètres d'épaisseur y compris ses annexes. Certains sont naturellement pauvres. D'autres ont subi la "révolution verte" qui a consisté à remonter par labour les couches inertes profondes, et parfois argileuses, sur le plexus écosystémique ainsi désorganisé et plus ou moins étouffé. Enfin, d'autres sont beaucoup plus riches et hébergent spontanément un peuplement lombricien trois, voire cinq, fois plus important que celui de la référence standardisée retenue ici.

En forêt, le développement du plexus dépend, comme pour les herbages, de l'activité lombricienne, elle-même participant au fonctionnement écosystémique. Cette activité lombricienne résulte de l'autorégulation lâche ou fertile de l'écosystème implanté dans des conditions contraignantes de sol et de climat qui, avec la gestion forestière, dictent la nature de la végétation du système.

Les milieux fondamentalement pauvres ont une autorégulation lâche qui ne permet pas un développement florissant. Toutefois, l'apport d'éléments biogènes, comme le calcium, révèle, en levant une barrière fonctionnelle, une activité écosystémique dont le potentiel se réveille alors. D'autres fois, la gestion sylvicole bloque partiellement le fonctionnement de l'écosystème, par exemple en imposant l'enrésinement (pins, sapins…) alors que la faune lombricienne locale est inadéquate car adaptée aux seules forêts de feuillus.

Peter Erasmus Muller, un forestier danois, a décrit en 1878 et 1884, sur la base de sa bonne connaissance des forêts nord-ouest européennes, d'une part les sols pauvres où les vers de terre sont quasi inexistants et d'autre part les sols forestiers riches bénéficiant du labour lombricien. Il a ainsi été conduit à nommer les types d'humus forestiers ; ici les mors où la décomposition de la litière est lente et là les mulls où les vers de terre assurent une activité écosystémique de qualité. Cette distinction reste toujours d'actualité, même si des nuances et des compléments ont été apportés car il existe des intermédiaires : sols quelque peu travaillés par des arthropodes et quelques lombriciens, et mors qui peuvent héberger quelques épigés. Mais cette distinction reste essentielle car elle reconnaît deux pôles parmi les types d'humus.

L'importance et les interactions du plexus écosystémique en forêt dépendent donc des types de végétaux, de minéraux, de lombriciens et d'autres organismes qui interagissent ; tout est lié car l'écosystème en chaque lieu considéré est un ensemble fonctionnel cohérent ! En forêt, l'absence d'un tassement animal important, l'impact de la pluie retenue et amortie par la frondaison des arbres, le puissant travail des grosses racines des arbres conduisent à une dispersion du plexus écosystémique dans le sol massif, la séparation plexus/sol massif étant souvent verticalement graduelle et hétéroclite.

Horizontalement, l'espace forestier présente souvent une hétérogénéité marquée. Par exemple, les clairières ayant des plantes herbacées ont un mode d'activité qui peut être fort différent de la forêt fermée les incluant. Cela est observable à toute échelle et parfois pour une cause subtile aux effets identifiables. J'ai ainsi observé dans une forêt près de Grenoble un curieux contraste : sur un sol dominé par des conifères, c'est-à-dire couvert d'une litière d'aiguilles de pin se décomposant lentement, où un humus de type mor s'est développé, j'ai vu, sur ce fond pauvre à biosol peu actif, des taches d'humus de type mull témoignant d'un lombrimixage du sol bien caractérisé. Une (ou plusieurs) plante herbacée alimentait… et était alimentée par l'activité de quelques anéciques cantonnés dans chacune de ces taches. Ainsi, à l'échelle du décimètre, un plexus écosystémique fertile développait un ensemble fonctionnellement beaucoup plus riche que l'entour général, très pauvre. Faire des coupures franches n'est donc pas facile, comme nous le montrent les types d'humus distribués en peau de léopard dans cette forêt.

En champ cultivé et comme nous le verrons au chapitre suivant, la mise en œuvre des agrotechniques ignore l'écosystème. Le plexus écosystémique est soit totalement détruit, soit haché par le labour mécanique qui le fragmente.

Les friches, aujourd'hui importantes dans nos paysages, sont souvent d'anciennes cultures abandonnées et peu à peu recolonisées spontanément par les herbes puis les arbustes et arbres. En 1975, j'ai pu voir à Oak Ridge (Tennessee, États-Unis), dans des champs brutalement laissés à eux-mêmes pour des raisons militaires en 1943, la survivance de lombriciens exotiques européens introduits involontairement par les colons lors de leur mise en culture initiale. Dans ces *old fields* en friche se réinstallaient lentement et conjointement des éléments de la flore primitive et les lombriciens forestiers autochtones.

On peut déduire de cette observation des friches que celles-ci tendent à un retour au type d'écosystème ayant prévalu avant la déforestation. C'est probablement assez vrai dans ce cas, mais c'est supposer qu'en général la biodiversité lombricienne a survécu aux éradications que nous effectuons actuellement dans nos paysages[1]. C'est aussi admettre que les sols puissent reconstituer leur plexus écosystémique, ce qui exclut à l'évidence ceux qui ont accumulé le cuivre qui fut déversé, année après année, pour les traitements fongicides des vignes et vergers. La recolonisation lombricienne, mais aussi celle de nombreux micro-organismes, tels les rhizobiums fixateurs d'azote, y est impossible ou très limitée en raison de ce métal toxique. La restauration des sols vers l'état initial est donc loin d'être certaine en toutes circonstances !

Les colonisations épiphytes

La vie terricole peut quitter le sol minéral pour coloniser la partie aérienne des écosystèmes en s'appuyant sur les végétaux, souvent transitoirement, parfois durablement.

Commençons modestement en ne considérant que les touffes d'herbes. Elles contiennent souvent de nombreuses feuilles mortes

1. Abdul Rida, A. M. M., et Bouché, M. B., 1995 – "The Eradication of an Earthworm Genus by Heavy Metals in Southern France", *Applied Soil Ecology*, 2, 1, p. 45-52.

qui restent coincées entre les pousses vivantes et se décomposent ainsi en l'air, au-dessus du sol. Évidemment, ces feuilles mortes attirent de nombreux organismes décomposeurs, dont des lombriciens épigés qui divaguent ainsi de touffes de graminées en bouses de vache.

Cette vie sur les végétaux, dans un milieu en décomposition porté par les plantes, prend une tout autre allure dans les pays tropicaux et équatoriaux. Dans ces milieux, les plantes laissent généralement pendre leurs organes morts sans séparation physique du support vivant dont ils sont issus alors qu'en pays tempérés les feuilles tombent en se séparant de la plante les ayant produites. Lorsque les organes restent attachés *post mortem* à leurs liens originels à la manière du foin des touffes de graminées, il y a constitution d'une nécromasse suspendue, telle celle des palmes mortes des palmiers.

En forêt tropicale, les débris végétaux enrobent les troncs et les enfourchements des branches. Des sols épiphytes (littéralement, "sols sur les plantes") se développent... et les lombriciens épigés y grimpent et s'y reproduisent. Tout se passe comme si l'activité vitale de décomposition montait au ciel grâce aux supports végétaux. En fait, en climat où alternativement (tropical) ou constamment (équatorial) il y a une atmosphère chaude et humide, la vie n'a plus aucune "raison" de s'abriter dans le sol. La photosynthèse fixe l'énergie et les décomposeurs l'utilisent en libérant les éléments nutritifs nécessaires à une nouvelle photosynthèse. Pourquoi descendre dans le sol minéral lorsque la vie peut se percher ?

Mais ces colonisations épiphytes peuvent, comme nous l'avons déjà vu en décrivant des comportements lombriciens au paragraphe "Le comportement connu des lombriciens" (p. 98), ne pas être induites par des raisons alimentaires. Par exemple, la migration des vers de terre conduits à se réfugier sur les saules têtards lors des inondations du Marais poitevin ou, à l'inverse, les lombriciens qui se laissent tomber en pluie sur le sol à la suite de l'assèchement des arbres dans le bassin de l'Orénoque au Venezuela.

Enfin, l'aptitude à l'ascension de certains épigés explique leur fréquente présence sur le toit des maisons !

RECYCLAGES EN TOUT GENRE

Cyclisme

Nous avons été amenés à décrire l'aptitude des écosystèmes à s'autoréguler. Sauf perturbations externes puissantes, les écosystèmes *tendent* à fonctionner par des échanges internes, selon divers circuits fermés revenant en boucle à la case départ. L'habitude a été prise de parler de cycle pour chaque élément chimique important, tels les cycles du carbone, de l'azote, etc., et peut-être de l'eau. C'est une manière de suivre ces éléments dans leurs changements de liaisons chimiques et de considérer en local les gains et les pertes de ces composants. Attention toutefois à cette présentation synthétique, elle n'est pas systémique : les roues de chaque cycle ne sont pas reliées entre elles : il n'y a aucun cadre de bicyclette, ni de tricycle ! Ce sont des monocycles, seuls considérés ici par réductionnisme en oubliant les écosystèmes vrais où ils circulent de façon disciplinée.

Enfin, pertes et gains dépendent de l'ampleur de l'écosystème considéré. Par exemple, si on le délimite localement (un bois, un champ de colza, une prairie), on considérera que le cycle du carbone est ouvert par la perte du gaz carbonique respiratoire compensée par le carbone gagné par la photosynthèse. Mais changeons d'écosystème et prenons le plus grand, l'écosphère qui englobe la Terre. Les pertes et gains décrits ci-dessus ne sont plus que des échanges internes à cette écosphère bien qu'il y ait des gains en carbone volatil, résultant notamment de la combustion de fossiles (charbon, pétrole, etc.), et des pertes par blocage de matières organiques dans des structures géologiques dévitalisées.

Les lombriciens participent massivement à ces cycles, soit directement, soit en en modifiant les modalités. Une présentation de ces participations dans chaque cycle est donc ici nécessaire, quoiqu'elle recoupe souvent ce qui a été déjà présenté dans cette deuxième partie de l'ouvrage ; en ces cas, il n'y aura qu'un bref rappel des présentations antérieures. Les cycles, étant nombreux et souvent peu connus, seront présentés d'abord en peloton, avec une simple énumération de ceux où les lombriciens jouent un rôle bien établi, puis seront développés plus particulièrement les cycles de l'azote et du carbone.

Le peloton

Les cycles se bousculent, roulent groupés et interfèrent dans les écosystèmes ; ils sont animés, comme présenté au chapitre IV, par la pesanteur abattant toutes choses par des chutes et les antipesanteurs surtout biologiques, telles les remontées de sève et de lombrimix décolmatant les sols.

Comme déjà décrit, grâce à la photosynthèse, les végétaux produisent des molécules qui sont l'entrée dans un écosystème local à la fois de l'énergie, du carbone, de l'hydrogène et de l'oxygène sous forme de matière organique. Tout est couplé par incorporation dans cette matière de divers éléments biogènes, notamment l'azote constitutif des protéines, le phosphore indispensable pour l'ARN, l'ADN, et bien d'autres éléments.

L'incorporation des éléments biogènes dans les molécules organiques réduit évidemment leur disponibilité hors de celles-ci, quoiqu'ils restent indispensables pour d'autres synthèses. Heureusement, à l'inverse, comme nous l'avons vu dès le paragraphe "L'acquisition des aptitudes terricoles", p. 55, les différentes formes de décomposition, dont la digestion, libèrent les éléments biogènes qui redeviennent ainsi réutilisables par les plantes. Toutefois, certains éléments trop rares sont des facteurs limitant l'amplitude des successions de synthèses et de décompositions.

On parle de cycle pour chacun des éléments et ces cycles diffèrent selon les propriétés chimiques, physiques et biologiques des éléments considérés. La description de ces cycles présente l'avantage de résumer notre savoir sur les parcours potentiellement possibles des divers éléments chimiques ; mais ce type de description a souvent l'inconvénient de n'être fondé que sur très peu de mesures effectuées directement dans les écosystèmes. Les beaux cycles des ouvrages sont d'abord des reconstitutions intellectuelles qui s'appuient sur l'observation de faits statiques, tels les dosages de différentes formes d'azote dans le sol, ou sur le nombre de germes potentiellement capables de fabriquer des nitrates. Dans les écosystèmes, on ignore souvent l'intensité des échanges réels au cours de chaque cycle. En quelque sorte, on ne sait pas à quelle vitesse les roues de ces cycles tournent.

D'autre part, il manque fréquemment dans les beaux cycles des ouvrages des portions aux roues, comme nous avons pu le constater en mesurant certaines vitesses du cycle de l'azote grâce à la méthode des sondes édaphiques lombriciennes décrite p. 133.

L'hémicycle de l'énergie organique

L'énergie organiquement gérée est essentiellement celle qui est captée par les plantes par photosynthèse.

Les éléments chimiques constitutifs des organismes, nommés éléments biogènes, sont libres dans les écosystèmes sous forme d'ions ou de petites molécules (tels l'azote N, sous forme d'ion ammoniaque NH_4^+ ou nitrate NO_3^-, le potassium K^+, le carbone en CO_2 ou méthane CH_4, le phosphore, le cuivre, le zinc, etc.). Ils circulent alors sous forme liquide (NH_4^+, NO_3^-, etc.) ou gazeuse (CH_4, CO_2, NH_3, etc.) et sont assimilés par les organismes producteurs qui créent des liens chimiques entre ces éléments grâce à l'apport d'énergie organique qui fait ainsi son entrée dans un hémicycle, ou cycle ouvert avec sortie. Ces liens chimiques permettent la formation des macromolécules, des tissus, des organes et des individus, et, après la mort, de la phoromasse du bois et de la matière organique se décomposant : la nécromasse (cf. p. 126-127).

L'énergie organique est piégée avec les éléments biogènes qu'elle lie dans les grosses molécules constitutives des plantes. Cette source initiale de matière organique est ensuite utilisée par les organismes consommateurs qui, n'ayant pas d'aptitude à la photosynthèse, se servent de cette matière organique comme carburant et source de constituants pour construire leurs propres organes.

Ce faisant, les consommateurs décomposent les composés organiques des plantes par des actions mécaniques essentiellement animales : broyage des mandibules, des dents, des gésiers, etc., par des moyens enzymatiques qui "dissolvent" les macromolécules en petites molécules assimilables. Pour ce faire, les animaux excrètent quelques enzymes, essentiellement dans leur tube digestif, mais les champions des excrétions enzymatiques sont les micro-organismes qui libèrent hors de leurs organismes dans le milieu une très grande variété d'enzymes capables de dissoudre en petites molécules assimilables la cellulose de la paille ou du coton, la kératine des ongles et cheveux, etc. Les petites molécules ainsi produites contiennent encore une partie de l'énergie organique et une grande part des éléments biogènes. L'assimilation de ces petites molécules par les animaux et les micro-organismes leur permet de se construire (cellules et organes).

À chaque étape de décomposition, d'assimilation et de reconstruction dans un organisme de la matière vivante, une part importante de l'énergie organique est dissipée sous forme de chaleur : c'est sa sortie de l'hémicycle. Ainsi, peu à peu, l'énergie fixée initialement par les plantes se dégrade en chaleur, mais permet préalablement un travail physique avant la dissipation finale. Parmi les mouvements des constituants des écosystèmes, il y a la dynamique du lombrimix résultant du travail des lombriciens, dont celui qui assure un mouvement ascendant par l'endentère, comme nous l'avons vu au paragraphe "Tenir le coup par l'autorégulation", p. 128, et p. 185-187.

Le lombrimix, un cycle à essieu gros-porteur

Considérer le lombrimix comme l'objet d'un cycle est iconoclaste en ce sens que ce cycle ne se rapporte pas à un élément chimique ou à une molécule comme l'eau, mais au cycle d'un substrat complexe. Le cycle du lombrimix entraîne des portions d'autres cycles mis en mouvement conjointement. Que ce soit ceux de l'énergie organique et des éléments biogènes de la nécromasse ou ceux des constituants minéraux, tels le calcium, le titane, le potassium, le silicium, etc., tous sont étroitement associés dans un même mouvement par la rotation ingestion-broyage-brassage-digestion-défécation-réingestion du lombrimix.

Le mouvement des centaines de tonnes brassées par hectare, chaque année, par les tubes digestifs lombriciens est largement un cycle du fait de la réingestion du lombrimix après sa fermentation en grumeaux. Ce mouvement joue un rôle global dans la stimulation de la décomposition de la nécromasse, accélérant les autres cycles des écosystèmes, et prévient la perte de fertilité en compensant les effets négatifs de la pesanteur.

Les conséquences de ce cycle gros-porteur ont été décrites p. 192-193.

Les fuites de fluides

Après avoir insisté sur l'importance pondéralement majeure du lombrimix garantissant un recyclage local quasi fermé, sans perte ou presque de nombreux éléments biogènes majeurs, décrire les frasques du cycle de l'eau totalement ouvert, c'est jouer sur les contrastes. Autant le lombrimix a un cycle localisé qui, en situations adverses, fait le dos rond et sauve l'essentiel, autant les parcours hydriques dans les écosystèmes sont aussi aléatoires qu'indispensables.

Le cycle de l'eau, avec ses pluies transportant des aérosols, ses évaporations et ses percolations dans les sols lessivant certains constituants, n'a pas à être traité en tant que tel dans ce paragraphe. Il l'a été au niveau du sol et du rôle des lombriciens dans les drainages et les percolations. Il le sera au chapitre suivant où l'homme intervient, à côté des lombriciens, et cause par exemple des érosions.

Les mouvements du vent ont aussi été peu évoqués, quoiqu'ils assurent des transports d'aérosols et aussi, par érosion éolienne, des déplacements entre écosystèmes.

Mieux connus concrètement, grâce notamment à l'intrusion permise au sein des écosystèmes par les sondes édaphiques lombriciennes, deux cycles, ceux de l'azote et du carbone, se détachent du peloton.

Le cycle de l'azote

Des idées aux faits

Des chercheurs ayant placé des lombriciens en aquarium ou sur des entonnoirs avaient constaté que ces animaux excrétaient de l'azote sous forme de mucus et d'urine. On a longtemps supposé que ces excrétions étaient marginales dans les écosystèmes, le cycle de l'azote, qu'on y décrivait et qu'on décrit toujours, ne portant, d'une part, que sur l'assimilation végétale observée dans des solutions artificielles en laboratoire et, d'autre part, ne portant que sur la décomposition microbienne de la matière organique libérant dans l'eau des formes d'azote assimilables par les plantes.

Comme décrit p. 132-133, la mise au point du marquage par coloration et du chargement des lombriciens en marqueur N^{15}, un isotope d'azote rare dosable dans la nature, a été le préalable à l'étude de la contribution des lombriciens au cycle de l'azote dans les écosystèmes. Pour co-marquer les lombriciens déjà colorés, il fallait leur donner des aliments N^{15}. La série d'expériences que nous fîmes, grâce aux talents de Gérard Ferrière et à la collaboration de l'université de Lyon (professeur René Bardin) ayant la possibilité d'effectuer des mesures extrêmement précises de N^{15}, nous a réservé une série de surprises qui se résume en une sentence : *toutes nos idées antérieures étaient fausses.*

Dès les études préparatoires au laboratoire, ce fut la stupeur car nous constations une vitesse d'assimilation du N^{15} inattendue. Il était incorporé rapidement par les lombriciens dans les molécules de leurs tissus (muscles, viscères, etc.). Puis les lombriciens, réintroduits dans leur prairie d'origine après avoir été co-marqués (coloration et N^{15}), ont confirmé que cette vitesse était très naturelle ; ces animaux excrétaient le N^{15} et assimilaient l'isotope habituel N^{14} avec les mêmes vitesses d'excrétion et d'assimilation.

Culturellement influencés par notre connaissance des pertes considérables d'azote apporté sous forme d'engrais chimique dans les champs labourés, nous pensions que nous ne retrouverions que très peu du N^{15} apporté puis excrété par les lombriciens co-marqués. Par acquit de conscience, nous avions néanmoins mesuré ce N^{15} dans le sol, les racines et les parties aériennes des végétaux de la prairie où les animaux co-marqués avaient été réintroduits. Et ici aussi, nous nous étions lourdement trompés : *il y avait transmission sans perte* de l'azote depuis les vers de terre vers les plantes !

Observation directe et quantitative de transferts d'azote

Après les travaux préparatoires décrits ci-dessus, des lombriciens furent transformés en sondes édaphiques (cf. p. 132-133) chargées de l'isotope d'azote N^{15} au lieu du N^{14} omniprésent dans les écosystèmes, et cela après remplacement de 98 % de l'azote corporel.

Ces lombriciens furent réintroduits dans leurs galeries, dans la prairie permanente de Cîteaux non perturbée depuis plusieurs siècles. Le jour de réintroduction, ils (L) contiennent avec leur endentère (E) les 1 000 ‰ d'azote N^{15} introduits dans l'écosystème (cf. fig. 23). Ensuite, leur métabolisme excrète, à travers la peau, mucus et urine, etc., vers le sol (S) tandis que le tube digestif excrète, vers l'endentère, mucus et enzymes, etc. ; l'endentère (E) est ensuite déféqué dans le sol (S) et les turricules (T). Ainsi, l'azote N^{15} quitte L + E pour S + T. Mais très rapidement les racines superficielles (Pr 1) et plus profondes (Pr 2 + 3 + 4) assimilent l'azote N^{15} directement pour l'ammoniaque et pour le reste après décomposition rapide des mucus par les micro-organismes. Cet azote N^{15} est transféré des racines vers les parties végétales aériennes (Pa).

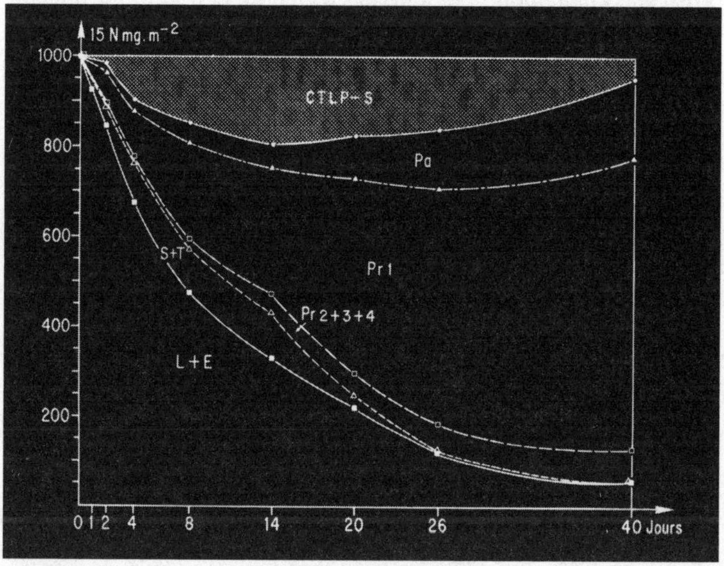

Figure 23.

Notons un phénomène *a priori* stupéfiant. Toute la portion d'écosystème observée perd jusqu'au quatorzième jour d'observation de l'azote N^{15} (CTLP – S) qui ne se retrouve pas dans les lombriciens, le sol, les turricules, les racines et la végétation aérienne. Normal, a-t-on pensé, il y a pour l'azote les célèbres volatilisations, notamment par dénitrification, bien connues en agronomie. Et puis, stupeur ! Après le quatorzième jour, lentement mais sûrement, l'azote N^{15} issu des lombriciens "revient" dans les fractions L, E, S, T, P… observées ! En fait, nous avions négligé les racines très profondes qui ont remonté l'azote déposé par les lombriciens au-dessous de 50 centimètres. Notre échantillonnage avait pour limite inférieure 50 centimètres et s'est, hélas, arrêté au quarantième jour, durée jugée initialement suffisante.

Conséquences

Cette expérience soulève un voile sur le fonctionnement réel des écosystèmes hors de toute théorie et de toute spéculation. Nous y voyons, vivant sous nos yeux, le fonctionnement de l'écosystème. C'est exceptionnel !

Ce suivi du transfert *via* le sol nous a appris bien des choses. Nous étions entrés, grâce aux sondes édaphiques lombriciennes, dans l'intimité du fonctionnement réel des écosystèmes, un fonctionnement très différent des modèles imaginés, lesquels ne représentaient dans les ouvrages de référence que *nos idées*. Ces modèles classiques ont buté sur la réalité observée et ont été invalidés. Ils omettaient notamment l'importante transmission d'azote *via* les lombriciens ! La répétition de cette expérimentation nous a permis d'étendre ce résultat surprenant à l'ensemble fonctionnel des anéciques et des épianéciques observés dans les prairies permanentes.

Nous avons résumé dans un travail collectif[1] les estimations mesurées dans les écosystèmes. Celles-ci sont rapportées à un peuplement de 100 grammes vifs par mètre carré (1 tonne par hectare) d'anéciques ou d'épianéciques, selon la moyenne standard observée en France. Elles ont été interpolées sur toute l'année grâce au coefficient d'activité d'animaux observés *in situ* sur plusieurs années. Ce résumé porte sur les mouvements d'azote depuis le sol ingéré par les lombriciens, puis sur le devenir de cet azote vers le sol et les plantes après digestion.

Ainsi, l'ingestion a pu être estimée à 235 grammes d'azote par mètre carré et par an (soit 2 350 kilos par hectare). On a pu établir qu'au cours de la digestion l'assimilation incorporait dans les lombriciens 58,3 grammes qui avaient ensuite trois destinées : excrétion par la paroi externe pour 55,8 grammes (urine, mucus…), excrétion *via* le tube

1. Bouché, M. B., Al Addan, F., Cortez, J., Heidet, J.-C., Ferrière, G., Mazeaud, D., et Samih, M., 1997 – "Role of Earthworms in the N Cycle : a Falsifiable Assessment", *Soil Biol. Biochem.*, 29, 3-4, p. 375-380.

digestif (2,5 grammes), élaboration de tissus lombriciens consommés par les prédateurs et décomposés à la suite d'autres causes de mortalité. En raison de notre méconnaissance en démographie, cette élaboration de tissus a dû être fixée empiriquement à 4,5 grammes, mais, de toute évidence, celle-ci pèse peu vis-à-vis des 235 grammes ingérés et des 58,3 grammes assimilés puis excrétés. Toutes ces mesures expriment des mouvements annuels du cycle de l'azote rapportés à 1 mètre carré.

Nous avons pu établir, grâce au marqueur N^{15}, que les 58,3 grammes excrétés dans le sol sont pratiquement totalement et rapidement assimilés par les plantes. Nous avons aussi pu établir que les 176,7 grammes d'azote déféqués étaient essentiellement de l'azote ingéré mais non digéré. Nous savons qu'environ la moitié de cet azote non digéré sera réingéré après une incubation de quelques mois dans le lombrimix.

Notons qu'il n'est malheureusement pas possible de raccorder ce savoir à l'ensemble du fonctionnement de l'écosystème car nous ignorons notamment ce qui se passe tout au long de l'année au niveau des plantes (assimilation totale réelle, sécrétion d'exsudats, production de tissus morts depuis les radicelles, les pétales, les desquamations, les feuilles, les racines, les fruits, etc.). De même, nous n'avons pas de connaissances annuelles précises relatives aux quantités d'azote gazeux (N_2, NH_3…) incorporé dans la matière organique ou perdu par l'écosystème (dénitrification, volatilisation). Notons toutefois que les quantités évaluées ici dans la portion de cycle sous contrôle lombricien sont considérables, surtout si l'on a à l'esprit celles qui sont apportées comme engrais en agronomie (environ 25 grammes). Le cycle réel, observé *in situ* grâce à la sonde édaphique lombricienne, est donc très différent de celui qui est couramment imaginé et présenté.

Après l'observation d'une importante portion du cycle de l'azote dans les écosystèmes non perturbés, on peut conclure d'abord que les modèles classiques sont des cycles aux roues voilées, car il y manque beaucoup de rayons, et ensuite que, si la rigueur scientifique se pratiquait dans les écosystèmes, on pourrait assurément faire de grands progrès. Moralité, il ne faut plus se contenter de dessiner des schémas théoriques de cycles, mais mesurer les débits effectifs des éléments biogènes *dans* les écosystèmes.

Carbone et cycles associés

Piqûre de rappel : le cycle du carbone commence par la photosynthèse qui fixe, à partir de gaz carbonique, d'eau et de lumière, les éléments biogènes dans la matière organique vivante, et se boucle avec la décomposition de cette matière. Par exemple, le cycle du carbone ultra-simplifié devient : CO_2 → (fixation chlorophyllienne) → carbone organique → (décomposition) → CO_2 → etc. Le carbone passe d'une forme gazeuse sans énergie organique aux diverses matières organiques avec énergie.

Ainsi, le cycle de chaque élément peut être étudié. Si le carbone, l'hydrogène et l'oxygène circulent sous forme gazeuse ou liquide, les autres éléments biogènes, azote, phosphore, potassium, magnésium, iode, etc., sont beaucoup moins mobiles et peuvent, s'ils deviennent rares, être des facteurs limitant l'activité biologique dans les écosystèmes.

En forêt, la vitesse des cycles des éléments dépend des types d'humus décrits ci-dessus. Les mulls, bénéficiant d'un labour biologique, ont une décomposition rapide des produits végétaux, libérant les éléments qui permettent une bonne fertilité, c'est-à-dire une excellente croissance végétale. À l'inverse, dans les mors, la production végétale morte s'accumule et bloque ainsi les cycles des éléments. Les mors se développent sous des plantes résistantes et croissant lentement avec très peu d'éléments biogènes, et leurs produits végétaux, pauvres, résistent, vivants, aux agressions des herbivores et des parasites. Après leur mort, ces produits, riches en polyphénols, continuent de résister à la décomposition car les micro-organismes et les rares vers de terre présents n'y trouvent pas les éléments biogènes propres à une vie décente et font donc ici le service minimal.

Ajoutons à ce tableau, complété p. 267-268, au sujet des humus des forêts, que les matières organiques mortes sont acidifiantes, ce qui facilite le lessivage des sols qui perdent ainsi de précieux éléments biogènes, surtout s'ils sont sableux.

Ainsi, dans les cycles, toutes les caractéristiques se tiennent. Est-ce l'œuf qui donne la poule… ou l'inverse? Les mors résultent de produits végétaux peu décomposables qui séquestrent dans les litières de rares éléments biogènes, ce qui entraîne la sélection des seules plantes résistantes qui produisent des végétaux peu décomposables… Nous avons vu au paragraphe précédent, en considérant l'*enfouissement*, qu'à l'inverse un sol à mull forestier, même sablonneux et lessivable, reçoit depuis la profondeur des déjections lombriciennes ayant remonté les éléments biogènes nécessaires et que la végétation produit une nécromasse bien plus décomposable et digeste que celle s'accumulant dans les mors, ce qui facilite les activités lombricienne et microbienne.

Est-ce la poule ou l'œuf? Il s'agit en fait de systèmes où tout coopère ou freine : type d'humus, lombriciens, minéraux, produits végétaux, animaux et disponibilités en éléments biogènes. Bref, des écosystèmes où tout est cohérent.

LA VIE DANS LES ÉCOSYSTÈMES

Une petite place, mais vitale

Les organismes n'occupent dans les écosystèmes que les places qui sont compatibles avec leurs besoins vitaux. Si quelques formes de résistance, tels les cocons de lombriciens, les graines ou les spores de bactéries, permettent de passer un cap difficile, la vie ne se pérennise qu'à condition de trouver dans les divers milieux des conditions permettant des échanges avec son environnement.

Comme décrit dans cette deuxième partie de l'ouvrage, les végétaux constituent la porte d'entrée de l'énergie organique qui se diffuse ensuite dans les écosystèmes sous forme de matières organiques mortes (phoromasse et nécromasse) relayées par les actions enzymatiques et mécaniques des micro-organismes et des animaux. Les cycles d'éléments biogènes ne tournent que si la température, la lumière et l'eau, qui véhicule les composants vitaux, sont compatibles avec la vie qui n'occupe, en conséquence, qu'une mince couche superficielle sur notre planète, mais s'épaissit vers le haut grâce aux structures végétales aériennes et vers le bas par l'activité vitale dans le sol.

La structuration végétale

Les plantes, en compétition pour l'accès à la lumière, créent elles-mêmes une structure essentiellement verticale. Elles produisent des organes au-dessus du sol, des feuilles évidemment, mais aussi des branches et des troncs, largement soutenus par une phoromasse morte. Ces parties bien visibles sont prolongées dans la terre par un investissement très important en racines qui stabilisent la partie aérienne, mais surtout participent au plexus écosystémique où micro-organismes, lombriciens et autres animaux assurent la décomposition.

La vie dans le sol

Que le sol soit essentiellement composé d'éléments non vivants, matières organiques mortes et minéraux, ne réduit pas l'importance de la vie à ce niveau souterrain de l'écosystème. Si la biomasse végétale, mal estimée d'ailleurs, semble égale en moyenne sur et dans le sol, l'essentiel des micro-organismes et des animaux vivent dans le sol, particulièrement dans le plexus écosystémique organominéral lié aux voies de pénétration des fluides et des êtres vivants : racines, galeries animales et très rares fissures (dans les écosystèmes non dégradés par l'homme).

On sait que les racines excrètent des exsudats, essentiellement des sucres, qui stimulent la vie microbienne au niveau des poils absorbants des jeunes radicelles. On parle de rhizosphère pour cette zone du sol où les micro-organismes bénéficient de ce nectar souterrain et, en retour, facilitent la vie des radicelles. L'importance des produits végétaux excrétés dans les écosystèmes est totalement inconnue quoiqu'on en soupçonne l'abondance.

Les racines vivent aussi en étroite symbiose avec des champignons aptes à décomposer et à transporter *via* leur mycélium des éléments biogènes vers les plantes. Ces agents de décomposition et de symbiose ne sont actuellement décrits que qualitativement. Mais chacun peut, en collectant les champignons, voir leur importance dans les forêts et les herbages… et beaucoup ne présentent pas de façon aussi spectaculaire leurs organes de reproduction.

Les racines entretiennent aussi des liens privilégiés avec des bactéries fixatrices d'azote. C'est le cas des légumineuses, mais aussi de nombreuses autres plantes, comme les filaos, les cycas, etc. Ces plantes ont des racines qui fournissent de l'énergie organique à des nodules raciniens où prospèrent des bactéries aptes à fixer l'azote depuis l'air. Le besoin en oxygène à l'extérieur des nodules est très important et il est fréquent de voir ces organes dans les porosités créées par les lombriciens, particulièrement dans leurs galeries. Ce n'est pas un hasard si le lombrimix, constitué d'anciennes déjections lombriciennes évoluant en grumeaux à la surface du sol, est souvent décrit comme étant le "mat racinaire" : une couche de sol entrelacée de multiples radicelles

En outre, les racines exploitent spécifiquement les galeries lombriciennes. Elles y croissent et se multiplient dans la lumière de ces galeries qui présentent les avantages d'une absence de résistance à la pénétration, d'une humidité de l'air élevée et d'une bonne oxygénation. En conséquence, en dehors des couches superficielles et des puissantes racines d'ancrage des arbres, la vie racinienne et ses associés s'y concentrent (cf. fig. 13, p. 164, et fig. 22, p. 190), et cela d'autant plus nettement que le sol est physiquement massif.

En association avec trois microbiologistes, Michèle Loquet, Jean Rouelle et Tal Bhatnagar, il fut possible de lier l'étude quantitative des galeries, décrite p. 175-176, à celle des micro-organismes de leurs parois dénombrés selon leurs groupes fonctionnels[1], tels celui des fixateurs d'azote libres qui augmentent l'azote disponible pour la vie dans les écosystèmes ou celui des dénitrificateurs faisant l'inverse.

Globalement, la microflore la plus riche est dans le lombrimix du cespe superficiel (0 à 6 centimètres de profondeur), soit 33 millions de germes observés dans chaque gramme de sol. Les turricules et la couche de 6 à 20 centimètres de profondeur sont moitié moins riches, tandis que le sol plus profond (– 20 à – 100 centimètres) est huit fois plus pauvre.

Cette étude nous a surtout montré que la vie microbienne est en profondeur essentiellement concentrée à la périphérie des galeries, qui représente seulement 1 % du sol mais concentre l'essentiel des germes intervenant dans le cycle de l'azote, et notamment beaucoup de protéolytiques (décomposeurs de protéines), ce qui, à l'époque, nous a surpris. Cela fut compris plus tard, lorsque l'abondance des excrétions des protéines du mucus des lombriciens fut découverte grâce au marquage N^{15} décrit au paragraphe précédent.

1. Loquet, M., Bouché, M. B., Bhatnagar, T., et Rouelle, J., 1977 – "Essai d'estimation de l'influence écologique des lombriciens sur les micro-organismes", *Pedobiologia*, 17, 6, p. 400-417.

Ainsi, en profondeur, végétaux (racines), micro-organismes (bactéries, champignons...) et lombriciens cohabitent dans un volume réduit, celui des galeries et de leurs parois où se concentrent de nombreuses interactions vitales. Il n'y a pas en ce lieu que les trois composants vivants majeurs des écosystèmes ; toute une microfaune utilise ces galeries, notamment les insectes collemboles et de très nombreux acariens. On note aussi qu'en hiver, ou sous l'effet de la siccité, les galeries sont des refuges et des voies de pompage de l'eau par les racines profondes.

En fait, les galeries lombriciennes sont précieuses pour la vie car fort peu d'organismes du sol se consacrent à creuser la terre. Bien moins que les vers de terre, les racines, les taupes et quelques insectes, dont les termites, s'y consacrent aussi.

La vie hors sol

Ce qui vient d'être décrit quant à la vie dans les sols échappe à la perception humaine des écosystèmes, qui privilégie les relations vitales visibles et donc évidentes. En négligeant l'essentiel – le plexus écosystémique –, on considère ainsi que les plantes sont consommées par les herbivores qui sont eux-mêmes la proie des carnivores. Cela permet, dans les livres d'écologie *(sic)*, des descriptions simplistes des transferts de l'énergie organique et des éléments biogènes depuis les plantes vers leurs consommateurs. Cela permet surtout de privilégier une image d'Épinal largement erronée.

Tandis que l'essentiel de la production végétale choit sur le sol (feuilles, pétales...) ou est excrété par les fleurs, les feuilles et les racines, seulement une faible partie de cette production est ingérée par les herbivores. Ces herbivores alimentent leur flore intestinale avant de pouvoir assimiler une modeste fraction de leurs ingestats, le reste étant déféqué. Quant aux carnivores, beaucoup ne se nourrissent qu'à la marge d'herbivores. Ainsi, le renard est un opportuniste consommant en quantité des fruits, des vers de terre et des déchets, et tout à fait marginalement les lapins des images d'Épinal.

Cela ne signifie pas que les observations naturalistes soient nécessairement fausses, mais elles sont fort insuffisantes pour décrire les écosystèmes où nous vivons. Perçues de façon schématique, elles conduisent à des interprétations erronées et à des opinions contestables. Par exemple, on a tendance à penser que les herbivores amputent les plantes et que les carnivores affectent les populations de leurs proies. Entre deux individus, c'est vrai mais, dans le fonctionnement écosystémique, c'est souvent faux car c'est souvent *à qui perd gagne.*

Ainsi, les bons pastoralistes des années 1930 à 1960 savaient fort bien que l'exploitation réellement raisonnée d'un herbage consistait à lui apporter un cheptel herbivore ni trop faible ni trop abondant. Pourquoi ? Trop peu pâturée, l'herbe produite se meurt sur pied et forme des touffes de feuilles essentiellement mortes, qui non seulement obscurcissent la lumière nécessaire aux jeunes pousses, mais, ne tombant pas sur le sol où les lombriciens les consommeraient, constituent un blocage des éléments biogènes. En broutant ces touffes, le cheptel dégage le terrain, fait une place au soleil aux jeunes pousses et accélère la remise à disposition des éléments nutritifs. Évidemment, le cheptel en excès effectue un surpâturage néfaste en rasant les herbes tendres qui captent l'énergie solaire et alimentent la vie souterraine du plexus écosystémique.

Ce qui est vrai de l'équilibre entre plantes et herbivores l'est pour celui entre herbivores et carnivores qui, comme le renard, ne sont pas si carnivores que cela. Beaucoup ont un rôle de charognard ou au moins éliminent d'abord les proies déficientes, malades, âgées. Les prédateurs accélèrent la sélection naturelle de leur proie tout comme les herbivores renouvellent la végétation de leurs herbages. Proies et herbages "bénéficient" ainsi de ceux qui les consomment par une optimisation de leurs rôles dans les écosystèmes, qui favorise les plus juvéniles et la sélection des plus aptes au niveau générationnel. Ainsi, ceux qui apparemment perdent instantanément au niveau individuel gagnent au niveau populationnel une meilleure place écosystémique par une efficacité accrue. Tout est matière d'équilibre.

Quelques rôles biologiques et gastronomiques des lombriciens

Nous avons amplement côtoyé dans cette partie de l'ouvrage le rôle essentiel des lombriciens dans le fonctionnement des écosystèmes où nous vivons, et vu que, qualitativement et quantitativement, c'est là que l'essentiel se passe. Mais évoquons en outre ici quelques-unes de leurs relations vitales particulières.

Hep ! Taxi

Les organismes relativement immobiles profitent des déplacements d'autres animaux faisant office de taxis. Nous avons vu que la masse la plus importante déplacée, celle du lombrimix véhiculant une myriade de micro-organismes, est transportée par les lombriciens. Mais le transport d'êtres vivants concerne aussi les vers de terre eux-mêmes. Bien des oiseaux les transportent sur quelques centaines de mètres… et les perdent avant de les avoir ingurgités. Leur présence sur le toit des maisons est présentée comme témoignant de ce transport par certains naturalistes qui négligent l'aptitude des épigés à gravir les étages, comme déjà évoqué au sujet des épiphytes. Toutefois, certaines colonisations locales pourraient bien trouver leur origine dans ce transport aviaire, quoiqu'il y ait peu de preuves crédibles de ce transport.

Mais, surtout, le taxi, ce sont les vers de terre eux-mêmes ! Certains organismes, comme des nématodes (minuscules vers en forme d'aiguilles), pénètrent dans les lombriciens, par exemple par leurs orifices urinaires et s'installent dans leurs vessies comme parasites, peut-être, mais assurément comme passagers ! Et ici le problème tient à la qualité du client pris en charge par le lombricien transporteur ; les passagers forment une incroyable cour des miracles. Il y a d'authentiques parasites en tout genre, qui ne sont que rarement néfastes aux lombriciens, mais qui profitent d'eux le temps d'un stade parasitaire : ils attendent que le lombricien soit gobé par un poisson, un oiseau ou un mammifère, dans lequel ils exprimeront tous leurs talents de nuisance. Eh oui, les lombriciens sont ainsi d'excellents vecteurs de parasites infectant moult vertébrés, dont l'homme.

Il y a aussi beaucoup d'autres clients dans le taxi lombricien ; la plupart semblent ménager le véhicule et ne l'emprunter que par simple facilité.

Un nec plus ultra gastronomique

Par leur biomasse, les lombriciens représentent environ 1 200 kilos de viande à l'hectare, ou si l'on préfère 120 grammes, soit un bifteck, par mètre carré. Cette biomasse n'est pas seulement abondante, elle est de qualité. Il y a dans cet aliment frais et vif 85 % d'eau, mais pour le reste, quel régime, crétois ou japonais, au choix ! En masse sèche, quelque 70 % de protéines dont principalement des acides aminés essentiels, 12 à 15 % de lipides dont la moitié d'acides gras insaturés bourrés des fameux oméga-3 dont les publicités nous rebattent les oreilles !

En s'alimentant, notamment des micro-organismes du sol (comme les poissons s'alimentant du plancton), les lombriciens ont tiré le meilleur parti des chaînes alimentaires de nos écosystèmes émergés. Rien d'étonnant si l'on remet en perspective leur longue évolution, développée au chapitre II, les ayant adaptés depuis leur origine marine aux écosystèmes terrestres, et si l'on se remémore leur penchant à sucer les bouillons de culture riches en algues décrits p. 153. La place majeure d'animaux des écosystèmes terrestres émergés était occupée par les lombriciens bien avant que l'homme ne se différencie en bénéficiant, dès son origine, des compléments diététiques apportés par les vers de terre et les poissons.

Il n'y a point d'ouvrage savant pour souligner leurs quantité et qualité nutritionnelles, qui attirent pourtant bien des amateurs tels des insectes, des mollusques comme certaines limaces, dont la testacelle, des sangsues, etc. Tous ces prédateurs ne sont connus que de façon anecdotique.

Les pêcheurs vous diront mieux que l'auteur que les vers de terre sont un appât de choix et bien des pisciculteurs s'en servent comme aliment "premier âge" pour leurs alevins.

Avec les conseils éclairés de Charles Fadat, spécialiste de la bécasse auprès de l'Office national de la chasse, Philippe Granval a fait une thèse sur ce gibier si apprécié dans la gastronomie. Maupassant lui consacra même un ouvrage pour décrire les mœurs de nos concitoyens bécassiers. Ils dégustent sur canapé le contenu intestinal de la bécasse, constitué essentiellement de lombriciens. Grâce à Philippe, je fus non seulement initié à l'observation de l'oiseau le jour et surtout la nuit, mais aussi invité à goûter ces fameux canapés, une élaboration gastronomique raffinée !

Mais quittons la table. Philippe Granval et Régine Aliaga ont fait l'inventaire des prédateurs de lombriciens[1]. Parmi ceux-ci, la taupe, une spécialiste qui, comme j'ai pu l'observer, ne peut capturer directement les lombriciens qui fuient devant elle quand elle creuse ses terriers. Ils sont avertis par les vibrations émises par les pattes excavatrices de ce mammifère. La taupe collecte les vers de terre piégés dans ses terriers. En outre, elle sait accumuler des réserves vivantes de lombriciens en leur amputant la tête ; sans cerveau, les anéciques entrent dans une léthargie traumatique, la paradiapause décrite p. 94.

L'inventaire des prédateurs dressé par mes collègues est précieux mais insuffisant car il ne signale les vers de terre que comme une proie… parmi d'autres. Une littérature aussi abondante que touffue décrit en ce domaine beaucoup de choses anecdotiques ou non (cf. fig. 24), dont les vers de terre carnivores signalés p. 81 et bien d'autres vers qui puisent dans la principale source carnée des écosystèmes. Impossible d'y connaître l'importance réelle de ces proies pour les prédateurs mentionnés. Il faut quitter les évocations naturalistes et quantifier, comme nous l'avons fait au chapitre V au sujet des lombriciens et de leurs rôles.

Figure 24. Un aliment diététique apparemment apprécié par les oisillons de cette grive musicienne.

1. Granval, Ph., et Aliaga, R., 1988 – "Analyse critique des connaissances sur les prédateurs de lombriciens", *Gibier et faune sauvage*, 5, p. 71-94.

Je dois à Philippe Grandval la mise au point d'une technique que j'avais conçue et qui faisait défaut. Elle permet d'estimer la quantité de lombriciens dans les jabots et les estomacs des oiseaux et des mammifères. Nos observations prouvaient que la digestion des vers de terre est quasi immédiate (inférieure à quinze minutes). Par exemple, dans un oiseau tué au fusil, il est possible de reconnaître la portion de lombricien restée dans le bec, mais non l'autre extrémité arrivée dans le jabot et digérée *post mortem.* Notre méthode, permettant une estimation des lombriciens ingérés et digérés, fut appliquée méthodiquement par Gérard Cuendet, biologiste spécialiste des populations animales, qui me fit découvrir l'importance alimentaire majeure des lombriciens pour les mouettes rieuses, aux mœurs prédatrices sophistiquées[1] (cf. fig. 25).

Figure 25. En offrant aux mouettes leur principal aliment sur les terres émergées, les labours mécaniques ont favorisé leur pullulation sur nos lacs et cours d'eau.

Finalement, quatre animaux : bécasse, mouette, sanglier et blaireau, furent suffisamment étudiés pour qu'on connaisse l'importance des vers de terre dans leurs régimes alimentaires. Ils participent pour plus de 90 % au régime de la bécasse, notre délice gastronomique, et pour seulement deux biftecks par jour à celui du sanglier !

Sous un angle gastronomique très différent, parlons de la truffe. Parmi les rares personnes s'intéressant à la vie intime des sols, Gabriel Calot, de l'INRA de Montpellier, me signala un lien possible entre les lombriciens et la truffe, ce qui a été confirmé par des études récentes. Cette information me rappela une autre coïncidence entre truffe et lombriciens, plus "sociale", celle-là. Je me suis fait jadis chasser comme un voleur, arme de chasse à l'appui, d'un terrain où je collectais des lombriciens… et qui était, ce que j'ignorais, une truffière !

1. Cuendet, G., 1979 – *Étude du comportement alimentaire de la mouette rieuse (*Larus ribibundus *L.) et de son influence sur les peuplements lombriciens,* thèse doct. fac. sci. de l'univ. Lausanne.

Beaucoup plus concrètement, des recherches ont montré qu'on pouvait utiliser les propriétés lombriciennes en trufficulture, comme nous l'évoquerons p. 271-272[1].

Pour être complet, il faut signaler un autre prédateur : l'homme. Nous n'avons pas de traces fossiles relatives aux lombriciens ou aux mœurs humaines les concernant. Le présent nous suffit. Tous les humains restés au stade de la chasse-cueillette en climats tempéré, tropical et équatorial consomment et apprécient les vers de terre. Les plus beaux sont, dit-on, réservés aux chefs des Aborigènes au Queensland en Australie, mais partout, de l'Asie aux Amériques en passant par l'Afrique, les lombriciens font partie d'un excellent régime qui, comme indiqué ci-dessus, est riche en protéines, en acides gras insaturés, etc. Ces peuples étant encore peu concernés par les "progrès" chimiques, il faut espérer pour eux que leurs aliments lombriciens ne sont pas trop contaminés par les polluants produits par l'*Homo œconomicus* – polluants que nous évoquerons en troisième partie de l'ouvrage.

Les lombriciens-aliments sont aussi appréciés comme médicaments. En Chine, les lombriciens sont toujours dans la pharmacopée… comme ils le furent en Europe encore récemment. Lors de la visite de vieilles officines en France, on peut voir des pots contenant les remèdes portant l'inscription : "onguent lombricien".

Pauvre démographie. Quelle production de chair ?

Nous considérons, depuis la page 148, que la biomasse vivante des lombriciens, quoique fort variable, est de l'ordre de 1 200 kilos en poids vif à l'hectare. Nous n'avons décrit que de façon anecdotique les prélèvements, nécessairement substantiels, effectués sur cet aliment de choix par des centaines d'espèces de prédateurs. Celles-ci appartiennent aux groupes les plus divers : mammifères, oiseaux, poissons, mais aussi à des groupes moins étudiés : tortues, serpents, nombreux insectes, limaces, sangsues, acariens, etc. – "etc." n'étant pas le moins important. Comme la biomasse des peuplements ne change apparemment pas sensiblement et que le prélèvement des prédateurs ne peut être négligeable, cela implique une aptitude des populations soumises à la prédation à se restaurer.

Ce constat rappelle une problématique de l'écologie "classique" des années 1960-1980 et qui prévaut encore aujourd'hui, assurément. C'est celle qui, orientant le Programme biologique international (1962-1973), réduisit les écosystèmes à des enchaînements de consommateurs entre proies et prédateurs, depuis les herbivores. En

1. Pargney, J.-C., Boumaza, O., et Toutain, F., 2008 – "*In situ* Micro- and Ultrastructural Ascocarp Development of *Tuber mesentericum*", in Mattia Bencivenga (dir.), *Atto di 3 congresso internat. di Spoleto sul tartufo*, univ. de Pérouse, p. 355-362.

clair, la production végétale va aux herbivores qui alimentent les carnivores, eux-mêmes consommés par des carnivores, etc. Cette vision, aussi théorique qu'académique et qui écarte l'écosystème lui-même en le réduisant à un jeu de passe-plats, motiva la plupart des travaux relatifs aux animaux. La question centrale était : quelle est la prolificité nécessaire à chaque espèce pour compenser les pertes subies du fait de la prédation ? Ainsi, les recherches relatives aux lombriciens, qui ont porté sur les dénombrements et les biomasses des peuplements, ont aussi tenté d'estimer les taux de remplacement générationnel.

Connaissant le nombre de cocons produits, de cocons éclos et les divers stades de croissance, l'auteur avait espéré parvenir à une reconstitution de la pyramide des âges et donc à une estimation des mortalités dues notamment aux prédateurs. Mais, très vite, le nombre d'hypothèses introduites, pour mimer les modèles démographiques inspirés de ceux appliqués à l'homme, a montré que, faute d'enregistrement des naissances et de cartes d'identité individuelles, ces modèles n'étaient que des jeux intellectuels. Il y eut toutefois deux exceptions à cet échec total.

Patrick Lavelle, de l'IRD de Bondy, qui a consacré de nombreux travaux de qualité aux lombriciens tropicaux, étudiant des populations de l'espèce *Millsonia anomala* observées dans une savane tropicale (saison sèche, saison humide) de type guinéenne en Côte d'Ivoire, a pu distinguer des variations pondérales en fonction des âges. En connaissant la mortalité des cocons de l'espèce réintroduite au terrain (3 % de survie au bout de quatorze mois), il a pu estimer les caractéristiques démographiques de cette espèce[1]. L'observation du poids des animaux a permis de reconnaître les générations successives de ces vers entre 10,3 mois et 6,9 mois d'âge moyen, selon que ces animaux sont en milieux humide de bas-fond ou plus sec de plateau ; certains de ces animaux avaient plus de deux ans. Il est exceptionnel que l'âge puisse être reconnu par le poids, peut-être faute d'études suffisamment denses et précises ailleurs.

En outre, nous avons amorcé en 1980 avec Denis Mazeaud aujourd'hui à l'Ademe, une tout autre approche, en développant le marquage de tous les lombriciens d'un peuplement dans le but initial de suivre leur migration après les avoir marqués puis relâchés. Cette migration s'est avérée modeste, mais, comme les animaux étaient casaniers, il fut possible de commencer à observer leur mortalité naturelle… et le renouvellement des générations *in situ*. Un travail prometteur, mais qui fut malheureusement sans suite[2].

1. Lavelle P., 1971 – "Recherches sur la démographie d'un ver de terre d'Afrique, *Millsonia anomala* Omodeo (Oligochètes, Acanthodrilidae)", *Bulletin de la Société d'écologie* 2, 4, p. 302-312.
2. Mazeaud, D., et Bouché, M. B., 1980 – "Introduction en surpopulation et migrations de lombriciens marqués" (Overpopulated Introductions and Migrations of Labelled Earthworms), in D. L. Dindal (dir.), *Soil Biology as Related to Land Use Practice*, EPA, *art. cit.*

Si nous savons que certains épianéciques vivent en laboratoire plus de dix ans, si nous savons que l'épigé *Eisenia fetida* y vit plus de mille jours… en se reproduisant pendant six cents jours à plus d'un jeune par jour, si j'ai pu déduire que des vers géants du genre *Scherotheca* "marqués" par les amputations des outils agricoles avaient plus de deux décennies, nous ne savons rien du taux de renouvellement des juvéniles, des adultes… et de la biomasse finalement produite comme chair consommable et comme cadavres dans les chaînes alimentaires des écosystèmes.

Et cela néglige le "broutage" des lombriciens, surtout anéciques, qui sont amputés de leur queue par des oiseaux voraces ou, comme j'ai pu l'observer dans la forêt d'Aïtone en Corse, par les porcs vagabonds qui en font leur repas journalier. Ces amputations, qui sont une production lombricienne de chair dans les écosystèmes, sont suivies de régénérations.

Comment connaître la production de chair par individu entier ou amputé, ou, si l'on préfère, le taux de renouvellement de la biomasse lombricienne ? Le paragraphe précédent, où des mesures directes sur le cycle de l'azote ont été présentées, montre que, si aujourd'hui nous savons, avec une bonne approximation, l'importance des lombriciens dans les cycles des écosystèmes, une incertitude persiste quant à leur taux de renouvellement corporel car l'objectif privilégié des recherches des années 1960 n'est toujours pas atteint !

ÉVOLUTION ET ÉNERGÉTIQUE DES ÉCOSYSTÈMES

La présentation des vers de terre a été faite dans la première partie de l'ouvrage en décrivant leur évolution depuis le Précambrien, concomitante à celle de leurs milieux successifs. Les étapes de cette évolution ont pu être retracées pour les lombriciens par la biopaléogéographie corrélée aux phénomènes géologiques datés de ces milieux. Dans la deuxième partie de l'ouvrage qui se termine ici, c'est l'ensemble lombriciens/milieu actuel, l'écosystème, qui est considéré en privilégiant ce que l'étude des lombriciens nous a récemment apporté sur la nature et le fonctionnement de cet ensemble.

La nature même des écosystèmes est constituée d'une myriade de composants minéraux, vivants et organiques morts étroitement intriqués, associés, interactifs et formant les éléments d'une horloge infiniment complexe, qui fonctionne sous le ressort de l'énergie solaire et par l'animation de ses constituants étroitement agencés en un mécanisme à la fois précis, polymorphe et largement autoentretenu. Ce fonctionnement, décrit ici particulièrement pour les sols des terres émergées, reste (ce que nous déplorons au chapitre IX) largement inconnu tant les diverses myopexpertises nous détournent de toute mise en place d'une véritable écosystémique, dévolue à l'étude effective des constituants et du fonctionnement de l'horlogerie évoquée ci-dessus.

On sait, même approximativement, que l'écosystème global de la Terre, l'écosphère, a évolué depuis un système n'ayant que des organismes non chlorophylliens vers les changements induits par des êtres vivants aptes à la photosynthèse libérant l'oxygène, source de l'ozone protecteur des organismes, et excrétant les constituants des roches sédimentaires carbonées (calcaire, charbon, pétrole…). Ces organismes modifient en permanence, mais pas seuls, la composition de l'atmosphère, de l'hydrosphère et des solides terrestres superficiels. Ces changements de milieux par rétroaction provoquent l'évolution des organismes. En conséquence, c'est l'ensemble des constituants des écosystèmes constitutifs de l'écosphère, éléments vivants et non vivants, qui évolue conjointement.

Quelle merveilleuse intrication en une horloge évolutive hautement complexe, fonctionnant depuis des centaines de millions d'années et qui perdure aux bouleversements tectoniques accompagnés d'émissions de gaz et de roches volcaniques, aux tremblements de terre avec tsunamis, aux variations d'amplitude des climats (glaciations, désertifications…), aux impacts météoritiques, etc. ! Pour comprendre la nature et la genèse de cette merveille, nul besoin d'évocation mystique ; il est seulement nécessaire d'en considérer l'*évolution d'ensemble*. Celle-ci nous oblige à prendre en compte simultanément tous ses constituants en ne nous noyant pas dans la pléthore des propositions évolutionnistes particulières.

Ainsi, des biologistes, constatant l'étroite coadaptation de certains organismes les uns par rapport aux autres, parlent volontiers de co-évolution des caractéristiques de lignées vivantes d'origines fondamentalement différentes et ayant toutefois développé des fonctions coopérativement complémentaires, tels les plantes offrant leurs nectars floraux nutritifs aux abeilles qui disperseront leurs pollens géniteurs ou les fruits attirant par exemple des oiseaux qui, après ingestion et digestion, vont disperser les graines contenues dans ces offrandes végétales attirantes.

Il s'agit de descriptions naturalistes portant sur quelques particularités, mais les écosystèmes incluent les conditions vitales des plantes, des animaux, etc. Ils nous obligent donc, par leur nature même, à sortir du cadre de la biologie. Considérer leur évolution, c'est prendre en compte tous leurs mécanismes, y compris et surtout ceux non biologiques. Pour cette prise en compte, il est d'abord nécessaire de considérer l'objet même de l'évolution : les changements des constituants écosystémiques apparaissant au cours du temps, sans les limites dues aux restrictions intellectuelles des spécialistes.

Revenons donc aux fondements des écosystèmes déjà évoqués. D'abord leur création, puis leur évolution depuis le Précambrien avec des organismes (algues, lichens et premiers Annélides) et des paléosols squelettiques ayant changé jusqu'aux sols à mulls modernes fertiles. Puis nous avons vu, dans cette deuxième partie, que les vers de terre modifient leurs milieux, physiquement (labour, aération, hydrodynamique...), chimiquement (cycles des éléments biogènes...) et biologiquement (nutrition des plantes et de leurs prédateurs, notamment). De fait, s'ils modifient bien les écosystèmes, ils se sont eux-mêmes constamment adaptés dans ces systèmes par sélection naturelle. Plus généralement, les sols, avec leurs organismes et leurs stocks organiques (humus...), ont évolué sous les effets simultanés de causes diverses, dont les apports (aérosols, dépôts sédimentaires...), les pertes (érosions variées) et les effets des changements climatiques (gels, forces capillaires dont les remontées de sels).

Il est notable que les craintes actuelles liées à notre futur énergétique omettent, pour l'essentiel, de considérer l'énergie organique produite par photosynthèse et la résorption des gaz à effet de serre (dioxyde de carbone, méthane...) effectuée par l'énorme capteur circumterrestre qu'est l'écosphère.

Les écosystèmes, constituants de l'écosphère, sont un ensemble cohérent interconnecté de capteurs chlorophylliens produisant non pas de l'électricité, mais de l'énergie organique transitoirement stockée ou immédiatement transmise (sève, eaux organiquement chargées, sang, méthane, chute de feuilles, endentères d'animaux, exsudats raciniens) aux effecteurs biologiques qui tendent, comme nous l'avons vu ci-dessus, à étendre la fertilité donc l'efficacité énergétique de chaque écosystème, en tout cas sa maintenance, voire sa restauration après dégradation (restauration des organes et remplacement des individus). Ces capteurs énergétiques s'autoentretiennent, voire s'optimisent, spontanément... tout en assurant l'importante fonction d'effacement des intermittences de capture et d'usages énergétiques jour/nuit et saisonniers du flux solaire. Ainsi, les formes de stockage de l'énergie biologique contrastent avec celles de l'électricité.

L'électricité n'est qu'un vecteur qui stocke mal : "Parmi les défis posés par la montée en puissance de l'éolien et de toutes les ressources d'énergies renouvelables, l'un des plus complexes est donc la gestion de l'intermittence[1]." Cette opinion de spécialiste ignore le principal capteur solaire qui est étroitement associé dans l'écosphère aux mécanismes de lissage des intermittences. Dans les écosystèmes, les stockages d'énergie prennent des formes extrêmement variées dans les organes vivants (sucres des cellules végétales, tissus adipeux) ou dans les parties abiotiques (litières, bois, cadavres, formes d'humus...) et jouent une fonction essentielle dans l'effacement, par un effet tampon, des intermittences de la capture énergétique.

1. Anonyme, 2012 – *Les Énergies de demain, La Recherche*, hors-série n° 47, p. 44.

Les intermittences "prises en compte" par l'évolution des écosystèmes depuis quelques milliards d'années gomment les variations nycthémérales (jour/nuit) de l'intensité du flux solaire, notamment grâce au transfert nocturne des sucres produits par photosynthèse depuis les feuilles vers la plante entière, dont les racines, ou encore par l'ingestion des algues, ayant crû le jour, par des anéciques noctambules, comme décrit p. 153. Les variations saisonnières d'efficacité du capteur végétal sont ainsi lissées, notamment par la production de feuilles mortes devenant litière et humus comme décrit ci-dessus. Pas de précarité, de carence énergétique, tout a été prévu par sélection naturelle des organismes et optimisation écosystémique.

Évidemment, on ne peut réduire l'écosystème au seul angle énergétique, les lissages des intermittences portant aussi sur les variations des éléments biogènes. Leur carence, entraînant un ralentissement des effecteurs écosystémiques que sont les décomposeurs biologiques (herbivores, lombriciens, micro-organismes, etc.), peut expliquer les accumulations d'énergie biologique dans (tourbe) et hors écosystème (pétrole, lignite, charbon, gaz…). De même, l'accumulation de bois est une propriété physique importante des forêts et très accessoirement un lissage énergétique. Il y a généralement dans les écosystèmes un bon couplage entre les captures énergétiques, leurs usages (lombrimixage, charpente végétale, etc.), les conditions de l'extension de la fertilité des écosystèmes et les décompositions recyclant les éléments biogènes. Les capteurs solaires organiques chlorophylliens couplés à leurs écosystèmes supportent très probablement (il faudrait des bilans multifonctions qui n'existent pas) la comparaison avec les autres capteurs solaires photovoltaïques, thermiques et éoliens (le soleil anime les vents)… sans leurs inconvénients environnementaux.

En l'état actuel, et comme nous allons le voir dans la troisième partie, les écosystèmes capteurs d'énergie solaire sont l'objet d'un "détournement" croissant, effectué par les hommes, de la matière organique qu'ils produisent. Ils assurent notre nourriture, une part non négligeable de l'énergie utilisée pour la cuisson et le chauffage (bois), la nourriture des animaux de trait et d'élevage, la production d'isolants dans la construction, etc. Il n'est pas envisagé[1] l'optimisation de l'usage énergétique des écosystèmes si ce n'est par celle de la "biomasse" *(sic)*, en fait une fraction de nécromasse collectée (paille, ligneux, déchets divers dont certains rejets particulièrement problématiques).

Au plan environnemental, pour la gestion et le stockage de l'énergie, les écosystèmes mettent en œuvre des réactions d'oxydoréduction et des bio-accumulateurs (humus, ligneux, etc.) qui n'impliquent pas les éléments chimiques toxiques des batteries comme le cadmium, le plomb, etc. Leurs rejets polluants sont normalement inexistants car, en

1. Anonyme, 2012 – *Les Énergies de demain*, *La Recherche*, hors série n° 47, p. 1-79.

conditions naturelles, les résidus sont recyclés spontanément, quoique l'emploi par l'homme de l'énergie organique ne soit pas exempt de problèmes, tels les polluants associés aux déchets organiques méthanisés pour produire du biogaz.

Enfin, et peut-être surtout, l'écosystème, premier capteur d'énergie solaire, absorbeur de gaz à effet de serre et d'éléments biogènes (nitrates), est souvent “hors service” du fait d'une agronomie conventionnelle détruisant ce capteur pendant des saisons entières (sols nus) et d'une exploitation ignorant son fonctionnement, et notamment celui du sol.

Ajoutons à ces considérations l'énormité des coûts énergétiques des actes humains physiques, chimiques, voire biologiques, liée à la destruction des fonctions écosystémiques spontanées grossièrement remplacées, par exemple, par le labour mécanique ou par la synthèse énergétivore d'engrais azotés ultérieurement largement gaspillés.

Comme nous l'avons résumé plus haut, ce que nous voyons des mécanismes écosystémiques est la résultante d'une énorme sélection spontanée ayant éliminé ce qui n'est pas optimal. Dommage que nous ne donnions pas priorité à l'étude de cette horlogerie optimisée pour nous inscrire dans ses rouages sans les détruire et en y ajoutant notre contribution à notre profit.

TROISIÈME PARTIE

LES LOMBRICIENS DANS NOTRE SPHÈRE ÉCONOMIQUE ET INTELLECTUELLE

Dans les deux premières parties de l'ouvrage, nous avons fait connaissance avec les vers de terre et leur cadre de vie, les écosystèmes, dont les autres composants, tels les sols ou les plantes, ont coévolué avec eux pendant une très longue histoire débutant avec la vie. En se différenciant au cours de ces coévolutions, les lombriciens ont su prendre une place majeure dans le fonctionnement de nos milieux, mais, à l'instar de Darwin, nous n'en connaissions que quelques manifestations superficielles. Au prix de développements techniques aussi inhabituels que fastidieux, nous avons utilisé les lombriciens comme sondes étendant notre vision sur l'intimité du fonctionnement des sols. Ces vers-sondes nous ont révélé l'animation permanente de la terre via *leurs tubes digestifs et l'étonnante efficacité du recyclage de l'azote, de l'usage de l'énergie du carbone biodégradable… Notre vision des écosystèmes s'est ainsi brutalement approfondie.*

Si, dans les deux premières parties, l'homme n'est jamais très loin, puisqu'il est à l'origine des savoirs limités qui sont présentés, il devient dans cette dernière partie de l'ouvrage l'acteur principal. Il entre en scène au chapitre VII *en s'affirmant avec force dans des écosystèmes dont il ignore la nature. Puis ces actions sont décrites au chapitre* VIII *en fonction de ses intentions de tenir compte, ou non, des lombriciens de nos milieux, soit en considérant certaines de leurs fonctions spontanées, y compris bio-indicatrices, soit en tentant leur usage direct comme animaux domestiques, par exemple pour la valorisation des déchets ou comme outils d'évaluations écotoxicologiques. Finalement, le dernier chapitre clôt l'ouvrage par une rétrovision. On y constate que, pour l'essentiel, les vers de terre sont marginalisés au plan académique et au plan technologique. Cela révèle notre inaptitude à gérer les savoirs relatifs à notre cadre de vie. Effacer les bornes de nos spécialisations est aujourd'hui indispensable et réalisable si nous voulons passer du slogan "développement durable" à une évaluation rationnelle de nos actions.*

VII

ET L'HOMME ADVINT

TARDIF, CAR SPÉCIFIQUE

Le titre du présent ouvrage est trompeur : *Des vers de terre et des hommes* traite en apparence des rapports entre deux groupes mis, en quelque sorte, sur un pied d'égalité, mais il y a un double déséquilibre. D'abord, à la différence des hommes, les vers de terre ne s'expriment pas et, quel que soit son effort, l'auteur ne peut réellement présenter ces non-humains sans une grave distorsion. Ensuite, à partir d'ancêtres attestés il y a 575 millions d'années, les vers de terre se sont différenciés comme tels depuis environ 290 millions d'années en une myriade d'espèces. Aujourd'hui, des milliers sont décrites, mais il y en a un beaucoup plus grand nombre et elles seront connues lorsqu'on aura les moyens de les étudier sérieusement. Les lombriciens constituent un ordre subdivisé en une multitude de familles comprenant de nombreux genres et une myriade d'espèces qui restent largement à découvrir. L'homme, lui, n'est qu'une espèce.

Nous avons vu au chapitre II, consacré à l'émergence et à la différenciation de la vie, l'incontestable avantage de la place écosystémique des Annélides diversifiés sur la terre ferme en lombriciens. Dans ce même chapitre, nous avons aussi brièvement évoqué les autres formes vivantes qui, au tournant du Précambrien-Cambrien, témoignent de l'existence de nombreuses lignées animales. Parmi celles-ci, les Vertébrés se sont différenciés en poissons, batraciens et reptiles dont ont dérivé les oiseaux et les mammifères.

Peu après que les Oligochètes sont devenus des lombriciens, les Vertébrés mammifères se sont différenciés parmi les reptiles. Parmi ces derniers, plus tard, peut-être au Crétacé (– 65 millions d'années), une lignée, les primates, va donner naissance à une multitude d'espèces : des lémuriens aux vervets, des orangs-outans aux hominiens. Dans cet ensemble, et parmi les rares fossiles d'hominidés apparus, semble-t-il, il y a quelque 7 millions d'années, s'est distingué le genre *Homo*, vieux d'environ 2 millions d'années, dont les paléontologues retracent peu à peu l'évolution étape par étape. Tout cela pour constater qu'il ne reste qu'une seule espèce d'hominidés actuelle : *Homo sapiens* – l'homme moderne –, mais quelle espèce !

L'HOMME S'INSTALLE

Initialement, l'homme survivait parmi d'autres espèces et n'occupait qu'une position marginale dans le grand groupe des mammifères qui eux-mêmes ne pèsent pas lourd dans le fonctionnement des écosystèmes.

Pour toute espèce, la tendance à la surpopulation est le moyen de profiter de toutes les opportunités qui se présentent pour accroître le nombre des congénères et donc assurer la survie de la population de ladite espèce. Donc, comme pour tous les êtres vivants, les populations humaines se reproduisent au-dessus de leur aptitude à assurer leurs besoins nutritionnels et le pauvre *Homo sapiens*, n'échappant pas à cette règle, trouve ses limites démographiques dans les famines… et quelques régulations accessoires comme les épidémies mortifères et les guerres.

À force d'innovations techniques, l'*Homo sapiens* va survivre et devenir l'homme moderne. Cette espèce, seule en son genre, passe ainsi de l'usage des cailloux (Paléolithique) à leur façonnage pour des applications pratiques (Néolithique), tout en organisant une vie sociale fondée notamment sur l'alimentation obtenue par la cueillette, la pêche et la chasse.

On imagine sans peine nos ancêtres cherchant leur nourriture par cueillette de fruits, d'herbes, d'escargots et de vers de terre, car des peuples ayant ce mode de subsistance existent toujours dans divers pays d'Asie (Papous), d'Afrique (Hottentots) et d'Amérique (Amérindiens d'Amazonie et de l'Orénoque). Comme nous le constatons aujourd'hui chez ces peuples, l'essentiel de la nourriture est ramassé par les enfants et les femmes, tandis que les hommes pêchent et chassent les pièces nobles de l'alimentation.

Au Paléolithique, comme les chimpanzés, les hommes utilisent certains outils, dont des pierres, et perfectionnent leurs techniques. Ce sont les étapes de ce perfectionnement technique qui vont modifier les rapports de force entre les lombriciens, pièce maîtresse des écosystèmes, et les hommes, initialement insignifiants.

Nous parlons ici de rapports de forces : force écosystémique spontanée, décrite p. 124-128, *versus* force technologique, mais aussi changements de vision et de compréhension exposés au chapitre III. L'homme portait, c'est certain, beaucoup plus d'attention qu'aujourd'hui aux lombriciens qu'il mangeait et utilisait comme appât, voire comme remède. Aujourd'hui, ces usages déclinent.

Il y a environ 10 000 ans, il y a eu sédentarisation au moins partielle d'éleveurs et des animaux s'agrégeant aux hommes avec bénéfices mutuels (chèvres, bœufs, moutons, chiens, porcs, etc.). L'augmentation des populations humaines a été permise par ces progrès techniques et en retour ceux-ci, par leur impact, ont commencé à modifier les paysages. Accompagnant le développement de l'élevage d'animaux domestiqués, les surfaces en herbe s'étendent sous l'effet des coupes de bois effectuées pour alimenter les foyers familiaux ou de feux intentionnels augmentant les surfaces broutées. Aujourd'hui, des peuples d'éleveurs du Kenya et du sud de l'Éthiopie vivent de chasse, de cueillette, de ponctions de sang, de traite de lait et de viande d'élevage. Ils nous montrent que ce mode de vie est encore viable.

Une étape supplémentaire fut ensuite franchie. Ne se contentant plus des cueillettes, chasse et pâturages dans les herbes folles, les hommes se mirent à pratiquer des cultures vivrières à coups d'outils comme la houe et l'araire, parfois tracté par un animal. Cette fois, ils modulent l'écosystème, y compris par le grattage du plexus écosystémique, cette couche superficielle qui est au cœur de la fertilité.

Plantes et animaux sont ainsi domestiqués et la diffusion technique et culturelle de l'agriculture va notamment s'étendre sur l'Europe, depuis le Proche-Orient et la mer Noire jusqu'au Bassin parisien, entre – 9 000 et – 5 000. Alors qu'on estime la population humaine européenne il y a 10 000 ans à quelques dizaines de milliers de chasseurs-cueilleurs, en conséquence de cette diffusion technique, cette population atteint au Néolithique danubien environ 2 millions de personnes. Avec ce changement technologique, il y a eu, selon Jean-Paul Demoule[1], une "irrésistible progression" de la population.

LA RURALITÉ, UN AVEUGLEMENT PONDÉRÉ

Quittons ici la préhistoire ; on sait la suite dans les grandes lignes. La comptabilité, la géométrie et l'écriture sont apparues dans les populations d'Asie, du Proche-Orient et d'Amérique qui, pratiquant une agriculture et un élevage de plus en plus efficaces, se sont considérablement accrues.

L'organisation sociale et l'écriture permettent une transcription et une conservation des savoirs et des croyances. Les connaissances, concrètement utilisées *via* les techniques associées, s'amplifient d'autant plus que l'écriture a été démultipliée par l'imprimerie. La caste des personnes sachant lire s'accroît surtout dans les villes, et, grâce à elle, l'agriculture, l'élevage, la foresterie et les transports progressent. La principale régulation des naissances reste néanmoins postnatale, par les maladies infantiles et surtout la famine.

1. Demoule, J.-P., 2001 – "Une irrésistible progression", *La Recherche*, 348, p. 33-35.

Dans le royaume de France, les défrichages et les déforestations, entreprises dès l'essor des civilisations méditerranéennes et ardemment poursuivies ensuite, ont atteint leurs limites. Toutefois, les canaux et plus modestement les voies routières royales réduisent les pénuries alimentaires en accroissant les transports. La famine recule lorsque le commerce des céréales est devenu possible entre les régions en disette, par suite d'aléas notamment climatiques, et les provinces en surplus agricole. Cela a eu pour effet d'accroître encore la population. Les famines prennent fin au XVIIIe siècle en France, mais persistent en Europe où les intellectuels constatent que les populations sont limitées par leurs ressources alimentaires. Pour les humains, ce constat est fait par Malthus en 1798 dans son *Essai sur le principe de la population*, mathématiquement formulé par Verhulst en 1838, puis généralisé aux organismes par Darwin en 1859 dans *L'Origine des espèces*.

Ces considérations académiques ne troublent pas les sociétés de cette époque et, aujourd'hui encore, les famines continuent d'être un mode de régulation du niveau de nombreux peuplements humains. Constatons néanmoins qu'au cours des cinq ou six millénaires où les pratiques, plus ou moins ménagées, d'élevage, de culture et de foresterie se sont développées, la population humaine s'est accrue grâce aux novations techniques augmentant les ressources alimentaires. Ces novations se sont appuyées sur beaucoup de croyances, quelques connaissances et beaucoup d'échecs qui, lorsqu'ils n'étaient pas irréversibles, servaient de leçons. Lent progrès car l'homme est aveugle : il ne voit pas le sol qui le nourrit. Toutefois, les expériences malheureuses lui apprennent, bon an mal an, à pondérer ses pratiques.

Ainsi l'agro-sylvo-pastoralisme est avant tout affaire d'expériences. D'expériences poussant à la prudence, voire à l'inertie, mais issues finalement du peu que l'homme sait faire pour s'inscrire dans les paysages où il vit. Ces paysages, disons approximativement jusqu'au milieu du XXe siècle, furent modelés et travaillés dans l'inquiétude constante de ne pouvoir faire la soudure, ce lien alimentaire entre la saison des récoltes et la longue période d'attente de celles-ci.

UNE GÉNIALE CÉCITÉ

Peu de mots ont été dits jusqu'ici sur la science moderne des hommes, cette connaissance conceptualisée comme devant être totalement explicite (compréhensible) et réfutable (critiquable pour pouvoir démontrer d'éventuelles faussetés partielles ou entières). Peu de mots sur la science, donc, d'abord parce qu'elle n'a concerné longtemps qu'un petit monde d'intellectuels… et n'a pas irrigué la société qui en ignore toujours aujourd'hui les contraintes. Ensuite, parce que la science rigoureuse a pris quelque temps à se dégager des connaissances vulgaires incluant les croyances qui sont son antithèse. Enfin, parce que l'incidence pratique de ces constructions intellectuelles n'est guère apparue, et très mollement, qu'au XIXe siècle, si l'on excepte quelques prémices antérieures. Mais ici, méfions-nous des intellectuels ; ils présentent bien, mais, par exemple, longtemps avant qu'ils ne les théorisent, la paysannerie avait mis en œuvre ses propres techniques.

Puis les choses ont graduellement changé à la fin du XIXe siècle et au début du XXe siècle, sans réellement faire basculer les attitudes jusqu'aux années 1950 qui marquent, de ce point de vue, une rupture. Les paysans, jusqu'alors prudemment réservés et réputés de ce fait ignares chez nombre de citadins, deviennent ingénieurs. Ils sont sommés d'être experts et sont abondés d'aides et de stimulations financières, devenant ainsi souvent porteurs d'une certaine idéologie du progrès. Agréable statut, pourquoi le refuser ?

À la même époque, la perception humaine et ses centres de décision ont changé. Les famines et autres calamités ont reculé dans les pays développés, comme ils se nomment. Pourquoi ? La science, s'étant dégagée des croyances, a peu à peu affirmé son existence, non seulement dans sa démarche intellectuelle qui n'intéresse pratiquement personne, mais surtout dans ses lucratives applications techniques, beaucoup plus attrayantes. La chimie, par les teintures, les engrais, les gaz de guerre, les pesticides… mais aussi la pharmacopée, a affirmé son omniprésence. La physique, *via* la fée Électricité, la maîtrise de l'énergie, la qualité des matériaux, l'électronique, etc., s'est imposée. La biologie, en comprenant mieux la complication des organismes, a apporté des progrès essentiels à la médecine et, ce qui est plus discuté, à l'agronomie car les organismes, génétiquement biomanipulés ou non, sont sélectionnés en ignorant l'écosystème où on les implante.

Ici, l'ignare n'est plus le paysan, mais le "savant". C'est la science académique, développant de nouvelles voies de synthèse de produits chimiques, défendant ou étudiant les ours ou les vers de terre, etc. C'est le technicien appliquant la dernière technique de production de fraises ou de gestion des friches. Tous sont ignares car bornés. Borné ne signifie ici qu'être limité par des bornes… et le spécialiste, grand savant Prix Nobel ou modeste technicien conseillant l'agriculteur, est borné par les limites de son savoir. Et ce savoir *exclut toujours l'écosystème* où nous vivons. Pourquoi ?

VIVE LA SCIENCE !… MALGRÉ UN PETIT PROBLÈME TECHNIQUE

Le comportement humain dans les écosystèmes, décrit p. 102-109, a déjà montré les limites scientifiques actuelles des hommes, tant pour évaluer nos écosystèmes que pour y agir. En conséquence, le progrès ne s'applique qu'aux systèmes où les spécialistes, quels qu'ils soient, quelle que soit la langue qu'ils utilisent, quels que soient le lieu ou le domaine de leur exercice, sont aptes à apporter leurs connaissances ou/et leurs pratiques limitées. Les systèmes simples et de plus en plus compliqués s'y prêtent… mais pas les systèmes complexes, dont les écosystèmes où nous vivons.

Ainsi, les chimistes ont maîtrisé les savoirs relatifs aux éléments chimiques et, parmi ceux-ci, la purification du silicium qui fournit aujourd'hui des plaques où sont gravés des circuits et où sont introduits des transistors. C'est la base des microprocesseurs, cœurs des ordinateurs, aux usages aujourd'hui omniprésents. Des milliers de spécialistes, “bornés” à leur seule compétence mais suffisamment habiles pour réussir, ont purifié le silicium, amélioré la gravure des circuits, écrit des lignes de programmes cumulés, développé des mémoires, etc. Chacun excelle en son domaine et, pris isolément, est incapable de concevoir, ni même de percevoir, le développement général auquel il participe et qui va bien au-delà de sa perception et de son aptitude.

Chaque usine, chaque fournisseur ou client d'usine est connecté à ces ordinateurs qui par ailleurs “conçoivent et commercialisent” le produit de l'usine ; disons un avion ou, plus banalement, une automobile ou un réfrigérateur. Tout se tient et les spécialistes, tous incompétents vis-à-vis de l'ensemble, apportent leurs savoirs relatifs à ces systèmes compliqués (ceux que je ne nomme surtout pas “complexes”). Et, sauf erreur bien humaine, cela marche. Cela marche même de plus en plus et nous progressons avec plus d'efficacité dans les systèmes simples et compliqués que nous concevons et donc maîtrisons – que nous maîtrisons dans la mesure où le silicium est assez pur, où le kérosène alimentant le moteur de l'avion est techniquement correct et où la connaissance gérant l'information obtenue par une IRM permet au chirurgien l'acte opératoire adéquat. Vive la Science !

Maintenant, regardons les limites de l'application de nos savoirs aux systèmes complexes que sont les écosystèmes. Nous avons déjà vu p. 103 et 107-108 que l'observation d'une motte de terre d'origine quelconque (tout écosystème terrestre émergé) pose actuellement deux limites. L'une relative à sa complexité, l'autre à l'absence de gestion des connaissances concernant celle-ci.

Pour la complexité, regardons bien la motte, chacun peut en observer la forme, d'ailleurs informe. Le physicien peut en mesurer la masse, mais celle-ci change à chaque instant par évaporation et désagrégation physique. Le chimiste peut, à grands frais, en extraire quelques vapeurs et jus seuls analysables avec ses outils car, à de rares exceptions électroniques près, il ne sait mesurer que depuis des extraits de sol liquides ou gazeux.

Les biologistes dont l'objet d'étude, les organismes, est omniprésent sont généralement absents pour l'étude de la motte, sauf rarissimes exceptions. Le botaniste ne peut reconnaître ni toutes les racines ni leurs parcours. Certes, il nous parlera du rôle des racines observé au laboratoire en milieux hydroponiques (il s'agit de sauces liquides). Mais quel rapport avec l'environnement microbien et lombricien qui prévaut dans le plexus écosystémique et le sol où les racines croissent ? Le zoologiste sera encore plus flou, car il ne reconnaît pas la majorité des espèces animales du sol que la science n'a pas encore eu les moyens de répertorier. Et de toute façon, les noms latinisés de ces animaux ne nous diront rien sur les raisons de leur présence, ni sur leurs rôles dans cette motte. Je fais ici grâce aux microbiologistes et autres virologues qui peuvent nous éclairer sur des aspects ponctuels, mais sont évidemment bien incapables de relier les rares mutants d'organismes qu'ils étudient avec leurs fonctions quantifiées dans la réalité de la motte de terre considérée.

Tous ces spécialistes sont compétents, nul doute. Mais aucun ne nous expliquera comment la motte de terre fonctionne avec ses réactions biophysicochimiques étroitement imbriquées que j'ai tenté de décrire dans les chapitres précédents. Car tous, y compris évidemment l'auteur, sont ou bien compétents, mais très focalisés sur de minuscules aspects du fonctionnement de cette motte sans en connaître l'ensemble, ou bien des baratineurs occultant leur incompétence par la faconde de leurs discours.

Oui, l'homme – à la différence de son aptitude relative à la purification du silicium des microprocesseurs fonctionnels inclus dans les ordinateurs gérant la connaissance explicite des systèmes simples et compliqués – est resté actuellement totalement désarmé et ignare devant une quelconque motte de terre. C'est un système complexe, ainsi nommé car ses nombreux composants ne sont pas créés, donc connus, par les technosciences humaines, à la différence d'un système compliqué, tel un avion, création artificielle humaine.

Pour l'absence de gestion des connaissances, relatives aux mottes de terre et donc à tout écosystème, faisons un constat élémentaire. Dans le cas des systèmes simples et compliqués, chaque spécialiste apporte son savoir dans une intelligence commune. Regroupée avec l'aide de l'informatique, elle est appelée l'intelligence artificielle, ce que d'aucuns peuvent percevoir comme péjoratif, mais qui ne signifie rien d'autre que des intelligences coutumières rassemblées par une technique synthétique. Cette intelligence artificielle utilise les puissants moyens de description des savoirs (mémoires et raisonnements) produits par chaque spécialiste et "mis en musique" pour chaque application particulière. Cela marche en gestion financière (même mal gérée) et industrielle, telle l'avionique, car ce sont des systèmes compliqués explicités par les spécialistes. Les savoirs sont ordonnés à l'image de ces systèmes.

Mais tout cela est inopérant actuellement pour les systèmes complexes. Ils n'ont pas été créés par l'homme qui ne sait pas ordonner dans l'ordinateur le savoir des spécialistes qui étudient des fractions de la motte de terre, de l'écosystème ou de l'écosphère que nous venons d'évoquer. De tels spécialistes ne manquent pas et leurs motivations pour améliorer nos connaissances ne sont pas en cause. Mais ces spécialistes sont quasi improductifs car leurs savoirs sont indisponibles faute d'être ordonnés rationnellement dans des systèmes informatiques (ou autres), cet ordonnancement ne pouvant se faire à l'image des objets décrits car ceux-ci appartiennent à des systèmes par trop inconnus.

Pire, les spécialistes, seuls ou associés en groupe, ont pris l'habitude d'évoquer l'environnement pour justifier l'intérêt de leurs apports ponctuels. Alors qu'ils sont rigoureux sur ce qu'ils étudient, ce qui est extérieur à leur objet d'attention ne les concerne pas, ce n'est pas leur spécialité. Pour mettre en valeur leurs travaux, ils abandonnent toute rigueur en tenant un discours environnemental bien intentionné mais hors de leur compétence (cf. p. 104-105). En conséquence, les connaissances acquises par ces spécialistes constituent des pièces disparates qui ne s'ordonnent dans aucun ensemble et ne peuvent être valorisées.

Ces spécialistes deviennent même, collectivement, contre-productifs. En effet, pour exister économiquement, ils sont conduits, pour "illustrer" les écosystèmes, à créer depuis leur imagination des représentions nommées "modèles", qui servent d'illusions et de tromperies collectives. Mais ces modèles ne "marchent" pas sérieusement car les savoirs concrets relatifs aux systèmes complexes réels évoqués ne s'ordonnent que par rapport aux imaginations modélisées portant sur des objets largement inconnus.

Ainsi, les contributions des spécialistes ne peuvent malheureusement pas s'intégrer dans une intelligence de nos milieux. Toutes les connaissances se perdent dans une littérature scientifique spécialisée qui ne se rattache pas au réel d'une motte de terre située dans un écosystème inclus dans l'écosphère. C'est l'échec permanent actuel.

On pourrait aujourd'hui, à l'aide d'une forme adéquate d'intelligence artificielle, rendre pleinement utilisable le savoir des spécialistes dans notre environnement, mais cela ne se fait pas. Bien au contraire, une démarche antiscientifique s'est en pratique implantée dans les institutions ayant trait à l'environnement. J'ai traité ailleurs de ce sujet, assez technique[1]. Je ne décrirai donc ici que quelques effets désastreux résultant de la virose antiscientifique qui contamine actuellement les applications de la science, et seulement ceux qui sont en rapport avec l'activité lombricienne dans les écosystèmes, décrite précédemment dans la deuxième partie du livre.

IGNORER SIMPLIFIE

Compréhensible, oui, mais très relativement!
Comme nous l'avons vu précédemment (p. 227-228), l'homme a constamment accru sa place sur notre planète par une capacité technique

1. Bouché, M. B., 2012 – *Pour un renouveau dans l'environnement, op. cit.*

croissante qui a permis aux populations européennes de passer de quelques dizaines de milliers d'individus vivant au Mésolithique à 2 millions au Néolithique et à 500 millions actuellement. Succès quantitatif certain, incontestable progrès permis par l'écriture, puis aujourd'hui par l'intelligence artificielle optimisant une aptitude technique chaque jour plus performante. L'homme ne peut que s'en féliciter.

Mais voilà, *il y a deux carences*, l'une congénitale génétiquement héritée, l'autre culturelle intellectuellement acquise.

Autant les vers de terre fuient la lumière pour se cacher à l'obscurité, autant l'homme est insensible à ce qui échappe à sa vue qui limite sa représentation des écosystèmes à la seule partie visible, la souterraine lui échappant. Cette *cécité* résulte de notre propre évolution biologique. Nous sommes des hémiplégiques des écosystèmes dont nous dépendons, mais que nous ne percevons qu'à demi ! Notre évolution intellectuelle, exceptionnelle dans le monde vivant, ne corrige pas, comme on pourrait le croire, notre cécité écosystémique, mais au contraire l'amplifie car notre aveuglement physique est *accru par notre carence intellectuelle à gérer nos savoirs relatifs aux systèmes complexes*. Nous avons augmenté considérablement la masse de nos connaissances et, de ce fait, notre pouvoir d'action sur les écosystèmes, mais nous n'avons créé, relativement à ces systèmes, que des portions de savoirs décrites dans un incroyable embrouillamini largement inintelligible. Nous avons pris l'habitude de ces deux carences essentielles et avons, tout simplement, fait l'impasse sur leur existence. Les ignorer nous arrange.

Si l'intelligence artificielle permet la mise en cohérence des savoirs, elle ne s'applique actuellement qu'aux systèmes compliqués et est totalement exclue (sauf modèles gadgets) des systèmes complexes que sont nos écosystèmes, y compris ceux qui sont soumis à de fortes actions humaines : les agro-écosystèmes.

Intellectuellement, rien n'a changé depuis les balbutiements de l'agronomie au Mésolithique. On constate si une technique (semer, par exemple) est satisfaisante par l'observation empirique des résultats souhaités : ici, la germination puis la croissance et la production agricole. On s'intéresse à ces résultats, mais on ignore dans cet exemple comment la plante fonctionne dans l'écosystème où elle a été implantée. Cet empirisme primaire a ainsi sélectionné les pratiques humaines appliquées à nos écosystèmes avec un succès indéniable au cours des derniers millénaires, et reste “la méthode” fondant le progrès agronomique actuel, *avec toutefois deux changements*.

Premier changement : la puissance

Au cours des XIXe et XXe siècles, les sciences et les techniques ont acquis, de façon exponentielle, un pouvoir d'action lié à des connaissances étendues. À l'amorce de cet essor, elles ont commencé à modifier le monde rural, puis l'ont bouleversé chaque jour plus profondément lors des soixante dernières années. Pour rester dans ce cadre rural, concernant initialement l'essentiel de l'humanité, les araires poussivement tirés par l'homme, l'âne, le dromadaire, les chevaux ou les paires de bœufs ont été remplacés par des charrues couplées à de puissants tracteurs qui remontent les couches profondes du sol, qui sont ensuite retravaillées pour obtenir un lit de semences. Ici, l'énergie solaire captée par photosynthèse et nourrissant les animaux de trait est remplacée par l'énergie fossile, le pétrole qui abreuve le tracteur.

Par ailleurs, les pratiques empiriques de la génétique ont sélectionné des plantes et des animaux de plus en plus productifs. Attention, la productivité énoncée ici est calculée par hectare pour les plantes et par tête pour les animaux ; il ne s'agit pas d'une productivité calculée par rapport aux diverses formes d'investissements effectués, y compris financiers. Les plantes et les animaux n'assurent de hauts rendements qu'à la condition d'être placés dans des conditions où engrais, pour les uns, et nourriture, pour les autres, ne sont pas des facteurs limitant la productivité attendue. La chimie assure, en consommant de l'énergie et des matières premières, la fourniture d'engrais apportés de préférence par fractions (mais non pas au fur et à mesure des besoins instantanés des plantes sélectionnées) pour en user avec le meilleur rendement possible à l'hectare.

Le mécanisme intime du passage dans le sol des éléments biogènes de l'engrais à la plante est ignoré. Qu'importe, cela pousse, même si une multitude d'organismes (insectes, champignons et autres germes dévastateurs) viennent spontanément se servir sur la culture de la plante performante. Qu'importe de nouveau, il y a des pesticides pour que ces ravageurs soient tenus en respect. À chaque problème : une solution. C'est simple à comprendre, simple à vendre, simple à utiliser… et à faire subventionner car à chaque problème, dûment identifié, correspondent apparemment une solution technique et, à défaut d'efficacité économique, une aide financière.

Ce qu'adviennent les engrais et les pesticides dans les champs est inconnu, mais cela indiffère. Quelles sont leurs conséquences sur le fonctionnement de l'écosystème n'est pas un souci. Un champ n'a jamais été considéré pour l'écosystème qu'il est, mais comme un capteur chlorophyllien d'énergie. Son rendement à la surface de réception solaire est seul pris en compte. Par exemple, 8 tonnes à l'hectare est un rendement meilleur que 6 tonnes à l'hectare, sans autre considération. C'est simple et c'est le seul point de vue qui a un sens dans cette agronomie moderne totalement intégrée dans les circuits industriels, financiers et commerciaux pour ses intrants (pesticides, machines, engrais, etc.) et ses produits, mais qui ignore les systèmes spontanés où cependant son activité s'inscrit.

Quant à l'élevage, il a largement déserté l'espace rural. Il s'agit le plus souvent d'une opération technique transformant en chair des mélanges industriels de produits végétaux obtenus depuis les capteurs chlorophylliens décrits ci-dessus. Les productions végétales, du maïs ou du soja par exemple, vont être transportées et malaxées, avec d'autres apports nutritifs et additifs, en aliments d'élevage. Ces aliments seront à leur tour transportés vers un transformateur animal, tel un porcelet qui deviendra un porc charcutier. Et cette transformation carno-industrielle s'effectue dans des élevages qui se font si possible hors sol et qui rejettent en excès dans les sols avoisinants les défécations devenues généralement toxiques après une putréfaction aberrante (cf. p. 293-295).

Second changement : la sophistication hyperspécialisée
Grâce à la sophistication des outils statistiques, à la précision des appareils de mesure, à la qualité des études sociales, économiques et de terrain, l'apport des spécialistes est constamment plus pointu et les divers acteurs tendent à optimiser leur position technique et socioéconomique de façon performante.

Pour ne rester ici que dans l'objectif d'une production végétale, l'industrie minière optimisera ses extractions de phosphates et de potasse tandis que les producteurs d'énergie fossile et nucléaire alimenteront la synthèse énergivore des engrais chimiques azotés. Par ailleurs, chaque ancienne famille de pesticides est retirée du marché, après le constat involontaire de ses effets éventuels nocifs, et est remplacée par une nouvelle famille plus sophistiquée et non encore dénoncée car n'ayant pas encore été suffisamment appliquée en conditions réelles pour permettre de remettre en cause la carence, de fait congénitale, des homologations de ces pesticides. Ainsi chaque vieille famille de molécules, devenue désuète et au prix soumis à la concurrence des génériques, devient-elle interdite au profit de petites jeunes brevetées, encore indemnes de critiques et fraîchement homologuées sur la base d'évaluations effectuées hors des écosystèmes où elles seront appliquées.

Pour compléter le tableau, la "biologie moléculaire" *(sic)* élabore des organismes génétiquement modifiés résistants à certains de ces pesticides. Tout cela va optimiser l'agrosystème, hors de toute évaluation dans l'écosystème.

Ces apports techniques, poussant le capteur chlorophyllien, vont permettre d'accroître la standardisation, la productivité à l'hectare et la production carno-industrielle qui s'ensuit *via* des élevages hors-sol.

À toutes les étapes, certaines précautions sont prises et respectent, sauf incident, des normes d'hygiène et de sécurité que la polyculture-élevage de nos espaces ruraux du début du XXe siècle ignorait. Tout cela est rigoureux, rationnel, optimisé. Plus besoin de vers de terre et de systèmes complexes, ils ne sont plus là. Seule une organisation rationnelle, même compliquée, s'impose.

Oui mais, tous ces développements se sont faits en ne tenant aucun compte de l'environnement, celui où nous vivons et dont nous dépendons *in fine*. Même si on vous dit le contraire, n'en croyez rien !

Nous savons ne pas tenir compte de nos milieux et nous nous masquons cette évidence de façon déplorable. En matière de connaissance et jusqu'à aujourd'hui, le simple ne se mélange pas avec le complexe, pas plus que l'eau avec l'huile.

AH ! L'ENVIRONNEMENT

La situation est grave

Depuis les années 1960, on nous sollicite, on nous presse, voire on nous agresse ! Nous, scientifiques, sommes soumis à une accusation "infondée", celle de détruire notre environnement. J'ai connu cela, j'ai partagé le désenchantement de la technoscience soumise aux critiques "irresponsables" d'écologistes qui nous parlent d'environnement, un concept alors nouveau. Indépendamment, dans la même période, j'ai laborieusement appris à connaître et à respecter les exigences incontournables de la démarche scientifique ; curieusement, celle-ci n'est jamais énoncée clairement ni enseignée. J'ai alors constaté la décapante impertinence du concept "environnement", qui non seulement remet en cause les pratiques prônées comme bases de la productivité, mais surtout souligne la solide inaptitude des technoscientifiques à *évaluer* leurs pratiques par rapport à nos milieux.

Après tout, certaines des innovations porteuses d'un "progrès" et commercialement promues ne sont pas forcément négatives. Mais nous n'avons aucun moyen de savoir les conséquences de ces innovations car nous n'avons aucune aptitude à évaluer celles-ci ! Par exemple, le fait que les pratiques de l'agriculture moderne ont été surimposées à des écosystèmes a été totalement ignoré car les composants de ces systèmes ne figurent pas sur les carnets de notes de l'agronome.

Considérons ici ce qui a trait à notre sujet, les lombriciens qui ont été écartés de toutes les observations quantitatives sur les effets des agrotechniques mesurés au terrain. Ici, je n'ignore pas qu'il existe une motivation réelle, notamment d'agrobiologistes, pour tenir compte du rôle des lombriciens et qu'une multitude d'études, de recherches, de mesures sont conduites en ce domaine. Mais il m'a fallu quarante ans pour apprendre que motivation et essais impliquent, pour avoir une validité au terrain, la mise en œuvre rigoureuse de méthodes d'observation qui ne s'improvisent pas et nécessitent, au-delà des moyens, du temps, tel que cela est décrit aux chapitres V et VI.

"La charrue est une des inventions les plus anciennes de l'homme mais, longtemps avant qu'elle existât, le sol était de fait labouré par les vers de terre et il ne cessera jamais de l'être encore." Cette conclusion que tirait Darwin en 1881 est très pertinente, à deux nuances près.

Premièrement, la charrue, surtout tractée de façon moderne, retourne la terre profondément (20 à 30 centimètres), sans la travailler finement, à la différence de ce qui est décrit p. 185-186. De plus, le labour mécanique soulève la terre sur plusieurs décimètres en s'appuyant sur le sol sous-jacent, donc en le tassant, alors que les lombriciens travaillent l'ensemble du profil du sol, en brassant finement les matières organiques et minérales, et cela de façon modérée en grande profondeur. Loin de le tasser, les lombriciens travaillent le sol sous-jacent de façon certes limitée mais efficace et adéquate, comme nous l'avons vu dans la deuxième partie de ce livre, notamment p. 175-176.

Deuxièmement, le labour des lombriciens a cessé d'être. Darwin vivait à une époque où la science était perçue comme porteuse de progrès, et dont on ne pouvait donc faire fi, mais l'agriculture moderne a négligé ses savoirs et, en détruisant les lombriciens, a cessé de bénéficier du lombrimixage régulier des vers de terre.

Nous avons déjà évoqué les remarquables adaptations physiologiques des lombriciens aux contraintes climatiques (froid hivernal et sécheresse estivale) et l'optimisation de l'activité des anéciques jouant sur les conditions thermohydriques prévalant dans les galeries qu'ils creusent et aménagent dans le sol dense, classiquement sur 1 à 2 mètres (cf. p. 176). Ces remarquables traits adaptatifs résultent de leur très longue évolution dans les écosystèmes, évolution simultanée à celles des autres composants (plantes, sols, micro-organismes) (cf. chapitre II).

Nous avons aussi montré p. 192-193 le rôle essentiel des lombriciens dans la structuration du plexus des écosystèmes. Si, en milieu forestier, les arbres par leurs arborescences et leurs racines ligneuses remplissent un rôle structurant complémentaire à celui des lombriciens, dans les espaces herbacés, labourés ou non, les organes des végétaux, dactyle, blé, maïs ou colza par exemple, ne jouent, à cet égard, qu'un rôle marginal et pratiquement seuls les lombriciens structurent.

En cultures intensives, les lombriciens ayant été éliminés à coups d'agrotechniques non évaluées, pratiquement plus rien ne structure le sol du fait que l'agro-écosystème n'est jamais pris en compte. Il a disparu, d'abord intellectuellement, les agronomes l'ayant ignoré dans sa nature exacte profonde, puis physiquement sous les coups aveugles des agrotechniques. Prenons un exemple rapporté par un journaliste, Matthieu Quiret[1], traitant la question "Pourquoi les rendements ne progressent-ils plus ?" Réponse :

> "Les agriculteurs vous répondront que c'est la faute de la PAC. Nos travaux montrent pourtant le contraire", tonnait Guy Riba, directeur général délégué de l'Institut national de la recherche agronomique. [...] Depuis le début des années 1990, les agronomes constatent, effarés, la stagnation des rendements des grandes cultures. Le blé tendre

1. *Les Échos*, 4 mars 2009.

> ne dépasse guère les 6-7 tonnes par hectare. "Depuis 2000, ils tendent même à baisser", s'alarme Guy Riba. [...] *À la recherche du suspect*, les biologistes ont d'abord vérifié que les agriculteurs continuaient bien d'utiliser les nouvelles variétés. [...] en ne considérant que l'effet du génotype, les rendements continuent bien d'augmenter [...]. Les généticiens ont ensuite passé la patate chaude aux économistes [...] Le gain de productivité de leur travail [des agriculteurs] a progressé de 2 % par an, bien mieux que l'industrie, notamment grâce à l'augmentation de la taille des fermes. [...] Les soupçons se sont logiquement tournés vers les agronomes et leurs analyses des pratiques culturales. [...] les besoins en azote n'ont pas augmenté depuis les années 1970 [...]. Le traitement des maladies n'est pas non plus une cause pertinente [...]. Au final, la liste des suspects ne comporte plus qu'un dernier candidat : le climat [...]. Ce travail d'expertise conforte les chercheurs dans la stratégie d'adaptation des pratiques et des semences au réchauffement climatique.

Bravo ! Ne sont pris en compte que les variétés cultivées, les rendements économiques, les engrais, les pesticides et le climat. Comme toujours, il n'y a rien sur le cadre des cultures – l'écosystème – et spécialement sur les sols dont la dégradation tant physique que biologique ne peut être envisagée par ces spécialistes qui n'ont aucune idée de l'agro-écosystème où ils agissent. Pas un instant il ne vient à l'esprit de ces agronomes myopexperts que le plexus écosystémique, présenté p. 188-193, a été lentement mais sûrement détruit dans les agro-écosystèmes. Le climat, échappant à toute prédiction sérieuse à long terme, a ici bon dos !

Simple suggestion, à défaut de toute étude, il m'a été donné d'observer une évidence : l'élimination des lombriciens anéciques, ceux qui structurent les sols fertiles. L'agronomie productiviste, ignorant totalement le fonctionnement normal des sols sur lesquels elle surimpose ses agrotechniques, a détruit les populations d'anéciques. Cette destruction est au début "bénéfique" car les cadavres des lombriciens libèrent en se décomposant des éléments biogènes, tels l'azote et le phosphore, au profit des plantes.

La structure des sols n'est pas immédiatement détruite par cet événement mortifère car elle résulte du travail des lombriciens, pas de leur survie, à la manière de la tour Eiffel témoignant aujourd'hui de l'œuvre architectonique de son auteur. Mais peu à peu, avec l'éradication des lombriciens responsables de la fertilité naturelle, les galeries, la porosité et les agrégats organominéraux des sols ne se renouvellent plus. À la différence de la tour Eiffel bien entretenue, ces structures subissent le bombardement incessant d'actes agronomiques incongrus et ne bénéficient plus de la restauration par les anéciques, ceux-ci étant morts au champ qui n'est pas d'honneur.

Peu à peu, le sol devient une pâte sans structure qui obstrue les galeries lombriciennes profondes du sous-sol. Ces galeries fossiles, non renouvelables du fait de l'extermination des anéciques, se bouchent de plus en plus alors que le sous-sol est induré par le poids des outils et des machines. À l'instar d'un béton vibré, le sous-sol devient compact et étanche dessous la sole de labour, et dessus cette sole devient une énorme piscine.

S'il pleut sur cette piscine, le sol se transforme en une couche constituée d'éléments physiques (argile, limon, sable) agités en surface par le travail des machines agricoles, montant ainsi en mayonnaise une boue fluante (cf. fig. 26) chargée d'eau. On ne peut plus entrer dans ces champs de boues mouvantes ; les tracteurs se plantent (cf. fig. 27, p. 238). Il faut donc attendre pour effectuer les travaux agricoles, même lorsque la saison les requiert impérativement.

Figure 26. La terre, devenue une boue fluante sur une sole de labour mécanique étanchéifiée, est entraînée, avec le ruissellement hors des parcelles qui ne conservent que la pierraille.

Par ailleurs, cette boue-mayonnaise, obstruant les galeries lombriciennes où les racines se développent (cf. fig. 28, p. 239), s'écoule assez souvent sur les routes et dans les fossés adjacents, et le champ perd ainsi sa couche arable tandis que l'eau de pluie ne peut s'écouler vers sa destinée naturelle, la nappe phréatique qui ne peut plus se recharger.

Poursuivons. Lorsque le climat devient moins humide, la végétation (blé, colza, tournesol, etc.) se développe dans une période de transition jusqu'à la première sécheresse sérieuse. Les racines ne peuvent quitter le sol superficiel, tant le sous-sol est induré, bétonné. Elles courent horizontalement sur ce béton à la recherche des galeries disparues. Puis la sécheresse s'affirme… et les rendements baissent inexorablement.

Figure 27 a et b. Observations impromptues de naufrages en agriculture intensifiée. Le sol boueux décrit figure 26 ne porte pas plus le petit tracteur se plantant au cours d'un épandage que celui, à chenilles et de meilleure portance, venu pour le désembourber. Dans l'arrière-fond, hors parcelle, les lombriciens non exterminés assurent drainage, labour biologique et, en conséquence, portance des sols.

De même, j'ai observé dans les vignes, ces plantes à l'enracinement habituellement puissant et qui autrefois pompaient à des mètres de profondeur l'eau nécessaire, la même inaptitude aujourd'hui acquise par l'élimination des vers de terre. Cette inaptitude que j'avais vue au Chili, pays où les anéciques n'ont jamais existé et où l'irrigation s'impose faute de sous-sol vivant et perforé (cf. p. 259-261), est aujourd'hui observable en France. On n'arrête pas le progrès… de cette régression.

La situation est toujours grave
Rien ne change donc dans l'étroitesse des raisonnements agronomiques où tout se conforme à l'adage de Paul Valéry : "Tout ce qui est simple est faux, mais tout ce qui ne l'est pas est inutilisable"… et l'aveuglement vis-à-vis des milieux, cultivés ou non, perdure. Il y a de fait indisponibilité de l'écosystémique par l'absence d'intégration des savoirs relatifs aux systèmes complexes.

Figure 28. La racine de vigne accède facilement aux couches profondes du sol en bénéficiant d'une galerie verticale et de son aération.

Les ingénieurs décrivent, en génie des procédés, les différentes opérations industrielles qui s'enchaînent pour réaliser les différentes pièces mécaniques, puis leurs combinaisons dans un montage, ou encore les différentes opérations qui se succèdent pour transformer le pétrole brut en énergie, gazole, produits destinés à la plasturgie, etc. Il y a généralement transport des produits entre chaque opération.

De même, l'agriculture est devenue totalement industrielle en séparant les cultures des élevages et en se spécialisant. Par exemple : un céréalier ne fait plus qu'une série d'opérations depuis le déchaumage jusqu'à la moisson. Ces opérations techniques se succèdent : travail du sol, semis, apports répétés d'engrais et de pesticides éliminant les intrus (végétaux, animaux ou microbes), récolte, déchaumage, travail du sol, etc. Chaque opération est précédée par des opérations industrielles antérieures de fourniture et de transport de carburant, d'engrais, de semailles, de pesticides. La succession des opérations du module céréalier est elle-même suivie d'opérations industrielles visant, par exemple, au transport pour fournir la matière première nécessaire à la fabrication de pâtes, de friandises. Il y a donc un réseau d'opérations industrielles avant, pendant et après les productions organiques agricoles effectuées par les capteurs chlorophylliens.

Le module des opérations agronomiques subit toutefois certains aléas climatiques et la dégradation du support des cultures : le sol. Dans la mesure du possible, ces aléas sont écartés par une intégration industrielle plus maîtrisée. Ainsi, les productions de tomates, de concombres, de fraises, etc., s'affranchissent largement du climat par des cultures sous serre, et totalement du sol en lui substituant, par exemple, de la laine de verre où circulent en flux continu les solutions nutritives nécessaires à ce mode de production. Même le soleil est suppléé par des lampes d'éclairage pour produire, par exemple, des orchidées ! L'écosystème n'est pas maîtrisé : il est exclu de ces unités de productions industrielles chlorophylliennes.

De même, des industries effectueront les opérations de mélange, broyage, malaxage, ajouts d'additifs divers, etc., pour formuler et fournir des aliments d'élevage. Ici l'agriculteur s'est spécialisé dans un élevage, par exemple de porcs, où va être effectuée une opération : celle de transformer en viande les aliments formulés par l'industrie. Cette opération étant suivie par celles de l'industrie charcutière.

Tout cela est organisé, rationnel, optimisé : l'énergie solaire a bien transformé le semis en récolte, et les aliments composés ont été réorganisés en porc. Nul besoin de la compréhension des écosystèmes qui sont de fait totalement ignorés. Oui mais, en ne considérant un champ que comme une surface chlorophyllienne de photosynthèse et une porcherie que comme une unité de transformation du soja, sorgho, etc., en porc, on oublie que ce champ et cette porcherie s'inscrivent dans un écosystème plus large que l'unité de production et que le champ, la porcherie, comme la serre produisant les tomates, fuient !

Les sols, ayant perdu la structure lombricienne de stabilisation des agrégats, se colmatent. Comme décrit ci-dessus, ils deviennent fluants sous l'impact d'agrotechniques non évaluées, et en conséquence ces sols s'érodent et s'écoulent dans les fossés et au travers des routes, voire dans les eaux de boisson *via* les nappes phréatiques qui se chargent au passage de polluants (azote, pesticides, etc.).

La porcherie écoule ses effluents excrémentiels dans une fosse où ceux-ci deviennent, par une putréfaction privée d'oxygène, des lisiers non seulement malodorants, mais toxiques pour les lombriciens. Les sols, considérés par des théoriciens comme des épurateurs, reçoivent ces lisiers mortifères et, n'ayant plus en conséquence ni porosité ni galeries lombriciennes, n'absorbent plus ces jus putrides… qui s'écoulent en surface vers les cours d'eau et la mer… Vive l'eutrophisation ! Vive les algues vertes ! Vive les eaux ex-potables ! Si le système (agro)industriel fonctionne, il fuit de toutes parts et de façon malsaine.

La situation est encore plus grave, mais n'est pas désespérée
L'auteur a par ailleurs démontré, dans *Pour un renouveau dans l'environnement*, que les évaluations des effets de nos actes dans notre environnement ne sont jamais effectuées, qu'il s'agisse des agrotechniques, des rejets dans nos milieux des divers déchets gazeux (fumées, gaz d'échappement ou fumets de putréfaction…), liquides (comme les eaux usées ou les lisiers décrits ci-dessus) ou solides (des terrils de mines aux ordures ménagères…). Cette évaluation est tout simplement impossible car la "méthode" actuelle concernant les diverses technosciences est fondamentalement antiscientifique ; les méthodes "d'évaluation" *(sic)* pratiquées, inverses de la véritable démarche scientifique, jouent un rôle négatif, contre-productif et coûteux.

Les lombriciens, menant à tout – à condition d'en sortir –, ont contraint l'auteur à élaborer une démarche nouvelle en ce sens qu'elle restaure la rigueur scientifique dans le domaine devenu antiscientifique des évaluations environnementales. Ce n'est pas ici le lieu d'exposer le nécessaire changement de paradigme qu'exige la crise environnementale actuelle. Ce thème a été développé dans l'ouvrage cité ci-dessus.

En revanche, ici est le lieu pour décrire les lombritechniques qui, parmi d'autres, permettront à l'homme de poursuivre son progrès en étant environnementalement responsable. Évoquons ces perspectives.

VIII

L'OUTIL LOMBRICIEN

UN CASSE-TÊTE POUR LES SPÉCIALISTES

Ce chapitre est consacré aux usages intentionnels des lombriciens, non pas comme source alimentaire ou médicamenteuse, depuis une cueillette dans notre environnement déjà décrite p. 212, mais comme moyen d'action utilisable par les hommes, les lombriciens s'inscrivant ainsi au nombre des moyens à la disposition de nos actes techniques. Il s'agit de montrer ici l'importance de ces animaux comme outil consciemment utilisé en agriculture, en pisciculture ou en technologies environnementales.

Disons d'emblée qu'il s'agit de moyens d'action difficiles à mettre en œuvre car ils dépassent l'aptitude des spécialistes ordinaires. Que ce soit les pédologues s'intéressant aux matière organique morte ou la structure des sols, les hydrologues concernés par les mouvements des eaux, les microbiologistes s'intéressant aux fermentations en milieux liquides, confinés et solides, ou les géodrilologues étudiant les lombriciens, tous sont fort désarmés devant l'absence de la technologie environnementale de gestion et d'usage optimal de nos milieux. Cette technologie, l'environique, tout comme la véritable écotoxicologie, reste, hélas, à fonder.

Ce chapitre va seulement exposer une série de technologies lombriciennes dont la mise en œuvre impliquerait souvent un développement associant non seulement les quelques spécialités énoncées ci-dessus, mais une véritable démarche ingéniériale et économique qui, en ce domaine, n'est souvent inscrite que dans le futur. D'une façon générale, il y a ici défaillance des sciences et des technologies car il n'y a tout simplement pas de démarche entrepreneuriale à la hauteur des enjeux évoqués ci-dessous.

C'est donc dans ce contexte carencé que les lombritechniques, employées comme outil ou moyen d'action dans notre environnement, vont être présentées selon trois volets.

Premièrement, leur utilisation comme moyen de contrôle par l'homme des usages de nos milieux.

Deuxièmement, leur usage direct effectif, ou envisageable, dans les systèmes complexes que sont les champs cultivés, les herbages, les forêts et les sols contaminés ou détruits par nos pratiques.

Troisièmement, l'utilisation des lombriciens comme outil technique d'action sera décrite soit pour des usages traditionnels, soit dans le cadre de procédés industriels contrôlés.

Finalement, nous reviendrons sur la carence fondamentale des technosciences vis-à-vis de tous ces usages novateurs des lombriciens.

LES LOMBRICIENS COMME MOYEN DE CONTRÔLE

Comment marcher sur la tête

Les lombriciens nous permettent d'avoir une perception directe de l'état des milieux où nous vivons, que ce soit dans des champs cultivés, des terrains pollués, des forêts, etc. Leur biomasse ne se maintient que si des aliments organiques sont disponibles en quantité et en qualité. Elle nous indique, sous un climat donné, le niveau de fertilité des milieux, sous réserve que cette biomasse n'ait pas été gravement affectée par des actions humaines.

Par ailleurs, la composition chimique des lombriciens reflète la biodisponibilité effective de nombreuses substances qu'ils incorporent et qui sont notamment des oligo-éléments et des toxiques effectivement échangés entre les milieux et les organismes. Ils nous offrent ainsi la possibilité d'évaluer l'état de nos écosystèmes, quoique cette évaluation ne soit pas effectuée en raison de l'absence de spécialistes compétents et du réductionnisme dominant, qui impose quasi exclusivement les études effectuées en laboratoire sans lien explicite et critiquable avec les situations concrètes.

Cette dérive en faveur des évaluations hors contexte est grave. Elle est aussi très néfaste du fait que les travaux, exclusivement conduits de façon abstraite et souvent sophistiquée, servent de justification pour éviter les études en situations concrètes. Les études de la réalité devraient être à l'origine des approfondissements souhaitables au laboratoire, mais c'est l'inverse de la pratique dominante qui prend usuellement les problèmes à l'envers ; des opinions théoriques inspirent des manipulations artificielles en laboratoire supposées avoir du sens par rapport à un environnement non étudié. *C'est marcher sur la tête* en donnant la primauté à l'abstrait et en ignorant le réel.

En 1962, Rachel Carson a décrit la disparition des chants familiers des oiseaux dans son livre *Printemps silencieux*[1]. Ceux-ci sont morts pour avoir ingéré des lombriciens agonisant à la surface de terres empoisonnées par des pesticides. Cette dénonciation écologiste a amorcé une

1. Carson, R., 1962 – *Silent Spring, op. cit.*

prise de conscience qui a obligé à entreprendre des recherches qui ont conduit, peu à peu, à une prise en compte toxicologique de quelques animaux usuellement négligés, dont les vers de terre, par des études de laboratoire. Celles-ci ont développé des méthodes d'analyses fines des lombriciens : chimiques, physiques (isotopes radioactifs ou non) et biochimiques (micropolluants, ADN dénaturés par des adduits, c'est-à-dire de petites molécules qui s'accrochent à l'ADN en le parasitant, etc.). Ces méthodes toxicologiques d'analyses pourraient s'appliquer aux lombriciens vivant dans les écosystèmes et permettraient de pratiquer une véritable écotoxicologie dans les champs, si d'aventure on s'intéressait à la pollution réelle de nos sols et si on acceptait ainsi d'avoir les pieds sur terre.

C'est pour cette raison technique d'ordre analytique que le développement concret de l'apport des lombriciens utilisés comme outil en toxicologie sera d'abord traité avant d'évoquer les perspectives, beaucoup plus importantes, ouvertes, grâce à ces techniques analytiques, en écotoxicologie.

Des lombriciens cobayes en toxicologie

Poussés par l'opinion publique, les États, indépendamment ou collectivement (tels ceux de la Communauté européenne), entreprirent à la fin des années 1970 une politique d'évaluation des risques liés aux produits chimiques que nous dispersons dans nos écosystèmes. Cet objectif politique a buté sur une considération technique. Comment faire ?

Il fallait observer les effets des substances sur les millions d'espèces vivantes peuplant nos milieux. Des commissions, conciliabules et autres réunions ont dû choisir quelques espèces d'animaux emblématiques, seuls retenus pour effectuer des tests à but environnemental portant sur la nocivité éventuelle des substances. Ainsi ont été considérés comme représentatifs un oiseau, un mammifère (en fait inutile car déjà inclus sous forme de souris, rats blancs, etc., dans l'évaluation des risques relatifs à l'homme), une "chaîne alimentaire" avec proie (des crustacés daphnies), source d'une bioaccumulation théorique vers un poisson également testé.

Surprise, dans cette sélection restreinte, les vers de terre ont été reconnus comme ayant de l'importance ! À ma connaissance, aucun géodrilologue (spécialiste des vers de terre) n'a participé à cette sélection initiale. Simplement, peut-être quelques écologistes se sont-ils souvenus de l'œuvre de Rachel Carson dénonçant l'extermination organisée de ces animaux dans son ouvrage cité ci-dessus. Il est peu probable que la biomasse lombricienne, dominant celle de tous les animaux et outrepassant de vingt fois celle des hommes, ait été prise en compte ! Mystère, toujours est-il que les vers de terre furent promus au rang des organismes dignes de contribuer à l'évaluation des substances susceptibles d'avoir des effets nocifs dans notre environnement.

Je fus invité par le comité adéquat de la Commission européenne, future Union européenne, à participer à l'élaboration d'un test d'écotoxicologie relatif aux lombriciens… et à entrer ainsi dans une danse dont les chorégraphes et les exécutants ne mesuraient ni la difficulté ni finalement les contretemps. Car dès le départ, dans les années 1980, il ne fut question que de tests d'écotoxicologie en laboratoire, qui n'avaient aucune relation avec les écosystèmes. Les participants à l'élaboration du test envisagé furent fort surpris en m'entendant donner la définition de l'écologie, une science exigeante. Ils me firent remarquer que nous élaborions un test qui se distinguait des tests toxicologiques classiques du fait qu'il portait sur un organisme non pris en compte précédemment. Prendre en compte l'*éco-* d'"écotoxicologique" retarderait les travaux.

Ce groupe de travail, unanime en toxicologie, ne concevait pas qu'une étude de terrain fût le préalable de l'écotoxicologie. Élaborer un test de laboratoire était "mieux que rien". J'eus la naïveté de le croire et ce test va servir pendant des décennies, sous le label "écotoxicologique", à une escroquerie environnementale, parmi de nombreuses autres il est vrai, qui va permettre d'entretenir l'illusion que "quelque chose est fait" et de masquer ainsi l'ignorance.

Revenons donc à la toxicologie, seule recevable alors, et dont j'avais beaucoup à apprendre. Contrairement à moi, les toxicologues présents dans notre groupe de travail étaient experts en la matière car ils savaient tirer parti de tout acquis observé en laboratoire sur les souris et rats blancs, pour ne pas parler des rares chimpanzés, soumis à des tests toxicologiques. Ils avaient une méthode rigoureuse et au point, notamment pour les tests de létalité (mortalité). Il s'agissait en définitive d'adapter cette méthode aux lombriciens en définissant les conditions d'un test de mortalité, seul initialement envisagé, qui soumettrait des vers de terre à des doses croissantes de substances potentiellement toxiques. Dès lors, un consensus s'est dégagé.

D'accord. J'accepte, n'étant pas statisticien patenté, d'abaisser de 20 à 10 le nombre des vers de terre soumis, comme des cobayes, à chacune des doses.

D'accord. J'accepte que ces substances soient les produits techniques utilisés, c'est logique.

Ma maigre expérience m'ayant appris que la mortalité ne peut être constatée qu'après un certain délai dû au fait que certains pesticides, tournant notamment des brevets, ont acquis un effet retard, j'obtins que la mortalité soit constatée non pas une semaine mais deux semaines après le début de l'exposition des animaux à la substance testée.

Et ici, les difficultés commencent ! Unique taxonomiste et écologue en lombriciens présent dans ce cénacle autoproclamé compétent, je fais remarquer que le ver de terre retenu est improprement dénommé *Eisenia foetida* et que cette prétendue "espèce" recouvre de fait un mélange d'espèces. Il faudrait en conséquence, faute d'études relatives à la définition d'une authentique espèce, irréalisable par manque de moyens, choisir une seule population de référence pour effectuer des tests toxicologiques comparables. Incompréhension totale ! Je n'étais qu'un taxonomiste faisant du zèle et qui retardait le "progrès environnemental". J'eus beau expliquer que cela revenait à mélanger l'équivalent de rats, de souris ou de cobayes sous l'étiquette de rongeurs, rien n'y fit. Il fut acté que nous travaillerions sans connaître l'espèce testée. Tout juste ai-je obtenu la correction de l'orthographe du nom : *Eisenia fetida*. Quant à savoir de quoi il s'agit... Aucune identification sérieuse ne sera requise dans le test ainsi normalisé *(sic)*.

L'absence de rigueur ne s'arrêtera pas là. Pour établir la relation mortifère dose/effet recherché, il faut diluer la substance chimique testée dans un substrat neutre pour obtenir une gamme de doses. Normalement, nous sommes ici maîtres ! Nous contrôlons. Nous savons la concentration du produit mêlé dans le substrat où les lombriciens sont testés. Quel avantage !

Mais, hélas, le substrat diluant qui fut proposé, et finalement retenu, est un mélange nullement neutre et de plus indéfini. Il s'agit d'un milieu artificiel composé de sable (aux multiples variantes, ultérieurement précisées comme siliceuses), de tourbes (dont les caractéristiques changent entre tourbières sur toute la Terre) et d'une forme d'argile, la kaolinite, aux caractéristiques diverses. La mixture, aux constituants de base indéfinis ainsi obtenue, a de plus des propriétés variant avec le mode et le temps de mélange, l'humectation, les modalités d'incorporation de la substance étudiée et d'introduction des lombriciens à tester. Dans ce mélange hétérogène, assurément très variable, les produits chimiques réagissent et deviennent éventuellement biologiquement indisponibles ; chaque dose effectivement testée reste de fait un mystère et est largement inconnue. Pour mémoire, signalons ici qu'un substrat précisément défini simple, neutre et critiquable fut proposé par l'auteur et ses collaborateurs, mais fut écarté sans aucune raison avouable !

C'est donc ce test qui est aujourd'hui homologué par les plus grands organismes de normalisation. Il met en œuvre des composants non normalisés (sable, tourbe, *Eisenia fetida*, kaolin) et des pratiques indéfinies (temps et mode de mélange). Cela montre qu'il y a souvent un énorme fossé entre les normes, qui ne sont que des conventions techniques, et la rigueur. Ainsi furent élaborés des tests écotoxicologiques *(sic)* sans rapport avec notre environnement, mais constituant aujourd'hui le fondement des autorisations phytosanitaires et environnementales.

Mon travail en tant qu'expert auprès de la Communauté européenne et de l'OCDE m'a donc laissé avec des questions en suspens. Pourquoi fallait-il absolument faire "mieux que rien" ? Pourquoi un sol artificiel rigoureusement reproductible, convenant aux lombriciens pour des tests, a-t-il été ignoré au profit d'une mixture aux propriétés indéfinies et se prêtant à des manipulations ? Pourquoi, en l'absence d'une étude sérieuse des espèces et de leurs variantes, n'a-t-on pas adopté une souche animale définie, relative à l'une des populations de la première masse animale de nos écosystèmes ? Pourquoi ?

Peut-être, rétrospectivement, la réponse tient-elle au constat que la quasi-totalité de mes alter ego européens dépendait directement ou par contrats des entreprises élaborant les produits phytosanitaires. Ils étaient probablement tous, ou en grande partie, involontairement ou non, en connivence intellectuelle. À cette époque, la misère de mon laboratoire me donnait une indépendance intellectuelle dont je n'ai pas alors compris la portée. Elle était de fait d'importance. *Elle m'a permis d'apprendre que, si on le voulait, on pouvait être rigoureux dans le domaine environnemental en choisissant l'indépendance intellectuelle, hors de dépendances financières inadéquates.*

Autres tentatives d'usages des lombriciens pour contrôles

Pour être complet sur les tentatives d'usages des lombriciens pour faire des contrôles dans nos milieux, hors écotoxicologie vraie, il faut présenter trois lignes de recherches dont seule la dernière et la moins développée ouvre des perspectives sérieuses. Ce sont les tests chroniques, les échantillonnages normalisés et la comparaison entre test et terrain.

Des tests chroniques

Aujourd'hui, pour obtenir une homologation, il faut soumettre les produits chimiques aux *tests aigus* de mortalité à court terme des lombriciens-cobayes sous deux semaines, selon la norme pseudo-écotoxicologique évoquée ci-dessus. Pour compléter l'évaluation des substances sur le long terme et avec le même mode de pensée écartant les études en situations réelles, un consensus s'est dégagé pour observer les effets délétères non *immédiatement* mortifères, c'est-à-dire apparaissant au cours du temps qui peut être long. Il s'agit d'élaborer des *tests chroniques.*

Cela suppose d'être apte à faire un élevage de lombriciens qui permet d'exposer longtemps les animaux aux différentes doses de la substance testée ; pour cela, il faut un apport alimentaire. Inutile de dire que le folklore des mélanges déjà mal définis des tests aigus normalisés se prête ici à une extension comique : les lombriciens soumis aux tests furent nourris avec de la poudre de bouse de vache… également indéfinie.

Dans mon laboratoire, nous avons essayé dans un sol artificiel neutre bien défini (silice pure + verre) de développer un test chronique en y créant un milieu nutritif. Ce milieu nutritif est une culture microbienne servant d'aliment pour les lombriciens. Des nutriments chimiquement purs ajoutés au sol artificiel permettent le développement de cette culture. Un tel milieu contrôlé pour test chronique a été mis au point. Mais, dans un test effectué dans ce milieu, qui peut distinguer l'effet de la substance testée sur les micro-organismes-aliments de celui sur les lombriciens, ou encore l'interaction entre ces deux effets ? Et pourquoi faire ce test ? Pas plus que les tests aigus, cela ne nous dit rien des risques réels. Tout juste peut-on établir une échelle de risques qui n'a de sens que calée sur des observations au terrain. Quel est l'intérêt de ces travaux ? Nul… c'est totalement artificiel, au sens péjoratif du terme.

Les échantillonnages normalisés

Au terrain, l'ignorance des écosystèmes va loin. On a cherché à constater l'effet des substances potentiellement toxiques dans des essais au champ en comparant, *via* des méthodes de mesures des peuplements lombriciens dites normalisées, l'état des populations vivant dans des parcelles traitées ou non. Ainsi, des normes arbitraires tentent d'être imposées contre les connaissances établies qui montrent la nécessité de varier les techniques à mettre en œuvre selon les peuplements, les sols et les climats pour mesurer les populations, comme cela a été décrit p. 138-148. Vouloir imposer un standard dans des sols et des peuplements lombriciens par nature toujours hétérogènes est utopique, dispendieux et inutile. Ces travaux arbitraires n'ont qu'une fonction de placebo tendant à faire croire qu'on évalue les risques alors que la rigueur, tant des raisonnements que des procédures techniques, est écartée.

La comparaison test/terrain

Il est toutefois possible, grâce aux vers de terre, d'effectuer une appréciation des substances à évaluer dans les écosystèmes. Si les substances sont déjà épandues dans les écosystèmes, c'est évidemment dans ceux-ci qu'il faut effectuer leur véritable étude écotoxicologique. Nous en verrons la faisabilité au paragraphe suivant.

Mais ces appréciations dans les écosystèmes ne sont pas possibles, ni souhaitables, pour les études de toxicité préalables à l'homologation d'une nouvelle substance car celle-ci ne peut être épandue dans les écosystèmes avant une autorisation.

Si nous pratiquons une méthode rigoureuse de test aigu actuellement disponible bien que non utilisée, où d'une part le milieu est défini et n'interfère pas avec la substance testée, et où d'autre part la souche biologique est contrôlée par son code ADN, ce qui est faisable aujourd'hui, il devient possible d'effectuer la comparaison des résultats toxicologiques entre molécules nouvelles et substances déjà épandues, et en principe évaluées dans les écosystèmes. Ainsi, une échelle des toxicités relatives pourrait être rigoureusement établie. Il faudrait évidemment, dans cette comparaison, prendre en compte les propriétés physiques et les modes de dispersion envisagés pour la substance à autoriser et ceux qui sont effectifs pour les substances déjà épandues dans les écosystèmes. C'est le seul moyen d'établir une prédiction des niveaux de risques d'une nouvelle substance à homologuer.

Évidemment, cela implique deux conditions : une rigueur opérationnelle au laboratoire et une connaissance préalable des effets écotoxiques dans les écosystèmes. Nous avons vu que la première est actuellement exclue et nous allons voir que la seconde, potentiellement réalisable, n'est que virtuelle, faute d'application.

L'écotoxicologie, l'inverse de la démarche institutionnelle

De la démarche

Nous quittons ici le terrain où l'auteur s'est un temps fourvoyé et où le gâchis organisé décrit ci-dessus se fait aux dépens de nos maigres moyens en recherche et développement consacrés à notre environnement. Envisageons ce qui pourrait se faire : l'inverse.

Nous venons de voir que la démarche à l'honneur donne priorité aux tests de laboratoire aigus (constats de mortalité) et considère ensuite la perspective de tests chroniques puis d'essais "normalisés" aux champs ; ces tests chroniques et essais étant impraticables. Ainsi, la démarche privilégiée et institutionnalisée reporte efficacement aux calendes grecques toutes les évaluations des substances à risques dans les lieux où elles sont dispersées.

L'écotoxicologie vraie s'écarte radicalement de cette impasse méthodologique en partant, tout simplement, des faits relatifs aux toxiques observables directement dans les écosystèmes. Cette fois, nous partons du réel par des observations concrètes effectuées *in situ* ou, si l'on préfère, au champ, en prairie, en forêt, en tas d'ordures, etc. Pour asseoir les constats, il faut se servir de l'outil lombricien qui informe alors sur divers aspects baptisés souvent "bio-indications". Nous n'en envisagerons ici que deux : d'abord la mesure de l'abondance et de la biomasse des diverses populations lombriciennes constituant l'*état du peuplement* examiné et ensuite la charge en toxiques incorporés dans les lombriciens. Cette charge est la *bioteneur mesurable* des *substances chimiques, génotoxiques* (adduits sur l'ADN) ou *ionisantes* (radioactives).

Des états des peuplements

L'état physique des peuplements lombriciens est constaté par des observations qualitatives et des mesures quantitatives.

Les observations qualitatives, effectuées par simples sondages à l'aide d'une fourche-bêche, permettent de noter la présence ou l'absence de diverses espèces de lombriciens, qu'on doit ici rapporter aux catégories écologiques. Sondage facile et parfois suffisant pour comprendre qu'il n'y a plus de lombriciens ou d'anéciques, qui peut être complété par l'observation du sol car nous constatons facilement que son plexus écosystémique a été détruit par les agrotechniques aveugles évoquées ci-dessus.

Si nécessaire, des mesures quantitatives de peuplements peuvent ensuite être pratiquées. Il faut ici tenir compte de l'état des connaissances techniques décrites p. 138-148 et s'écarter des normes trompeuses également indiquées ci-dessus. Ces mesures exigent des moyens et une rigueur méthodologique usuellement inexistants, les études sérieuses n'étant pas financées.

Tant les mesures quantitatives que les constats qualitatifs nous permettent de constater les états physiques des peuplements lombriciens en termes d'abondance (nombre d'individus), de biomasse et de diversité. Ces états résultent de situations climatiques, le froid et la sécheresse limitant depuis des millénaires les peuplements, comme de causes pédologiques. Citons des sols sableux, appauvris par la perte d'éléments biogènes, comme les sols de landes. Citons aussi l'excès en sel de certaines terres, dont celles exondées des mers depuis peu. On ne peut pas parler ici de toxicité d'origine humaine.

Mais l'observation des peuplements nous révèle aussi, et trop souvent, une intoxication directe ou indirecte des écosystèmes. Celle-ci est flagrante dans les sols à la texture limoneuse ou argilo-limoneuse, *a priori* fertiles mais intensivement cultivés et où il n'y a presque plus de lombriciens. On y observe quelques endogés survivants avec des biomasses ridicules de 20 à 50 kilos vifs à l'hectare, plus aucun anécique… alors que le bord de ces champs ou le terre-plein herbeux de la route adjacente présentent une faune lombricienne assez conforme aux sols fertiles (soit plus de 1 ou 2 tonnes à l'hectare avec 70 à 85 % d'anéciques).

Sauf exception, l'état dégradé des peuplements sous culture intensive ne peut être assigné à une seule cause. C'est notre aveuglement général vis-à-vis des pratiques agricoles se succédant sur ces aires productivistes qui en constitue la cause essentielle. Les pesticides mortifères agissent probablement, mais aussi des herbicides *a priori* inoffensifs, mais qui privent les sols des apports vitaux produits par les "mauvaises herbes" assurant une indispensable diversité nutritionnelle à la vie du sol. Ces plantes complètent, souvent sans aucune compétition flagrante avec la culture, l'efficacité de la photosynthèse de l'agro-écosystème ; elles ne nuisent généralement pas réellement aux rendements, mais gênent par leur présence (on aime une culture "propre") et interfèrent lors des récoltes par des moissonneuses-batteuses conçues pour les seules céréales.

L'état des peuplements lombriciens nous éclaire donc sur la dégradation de l'activité des organismes dans les agro-écosystèmes et sur le caractère contre-productif des agrotechniques mises en œuvre. Cet état constaté résulte de l'utilisation aveugle, car tout simplement non évaluée, de ces techniques sans pouvoir assigner une responsabilité particulière à chacune d'elles… faute précisément d'évaluation. C'est la somme des pratiques qui est toxique.

Pour être complet, signalons le cas des sols dont la stérilité est créée ou amplifiée par la gestion forestière favorisant les arbres résineux ou les *Eucalyptus* implantés sur des peuplements lombriciens inaptes à consommer les aiguilles ou les feuilles produites par ces végétaux, ou privilégiant une essence unique ; par exemple pour obtenir une hêtraie pure[1] (cf. p. 268-270).

Les bioteneurs lombriciennes et l'écotoxicologie pertinente

Rappelons que la toxicologie est la discipline qui étudie les effets éventuellement délétères de substances supposées toxiques pour les organismes et que l'écotoxicologie est la discipline qui étudie *dans les écosystèmes* les effets délétères des substances toxiques sur les organismes.

Il y a des millions d'espèces dans les écosystèmes… et des milliers de substances potentiellement toxiques dans ceux-ci. Ces substances sont largement réceptionnées par les sols, mais n'agissent pas nécessairement *via* les organismes[2]. Elles peuvent être abondantes dans le cœur d'un minéral insoluble ou dans un morceau de verre, et donc être non toxiques car ne concernant pas les organismes alentour.

En outre, les appareils d'analyse chimique ne mesurant qu'à partir de liquides ou de gaz, il faut presque toujours extraire en milieu liquide ou gazeux les substances du sol pour pouvoir les doser. Les extractions pratiquées sont d'efficacité et donc de signification variables. À cet égard, une impressionnante brochette de procédés d'extraction en milieux fluides des substances à mesurer depuis le sol a été présentée dans la littérature technoscientifique. Ils ont en outre assez souvent la prétention de mesurer la fraction "biodisponible" *(sic)*.

"Biodisponible" n'est qu'une lourde hypothèse qui suppose que les organismes sont assujettis aux toxiques dans la même proportion que celle des solutions (ou gaz) extraits par un moyen physicochimique. Comparer un organisme à un solvant liquide ou gazeux extracteur est gonflé. Il ne suffit pas d'ajouter "bio" à ces procédés non biologiques pour qu'ils aient une signification biologique !

Une tout autre approche est de respecter les écosystèmes, les éventuels toxiques et les organismes pour ce qu'ils sont : des constituants interagissant dans des systèmes complexes dont les propriétés sont largement inconnues. Ce qui nous intéresse ici, ce sont les substances qui sont en situation d'avoir un pouvoir toxique et cela ne peut s'apprécier que vis-à-vis des organismes, qui seuls peuvent être intoxiqués. On ne mesure pas l'effet des toxiques sur des pierres ou des cadavres, mais bien sur des êtres vivants.

Il est tout simplement possible d'aller mesurer *dans* les organismes prélevés dans les écosystèmes les substances toxiques. Au moins, les substances observées *dans* les organismes sont bien en situation d'être

1. Toutain, F., 1980 – "Les humus forestiers, structure et modes de fonctionnement", *Rev. forestière française*, 33, p. 449-464.

2. Le Baillon, R. C., Matera, V., Kohler-Milleret, R., Degen, C., et Gobat, J.-M., 2011 – "Earthworm Activity Alters Geogenic Arsenic and Soil Nutrient Dynamics", *Pedobiologia*, 54, 1, p. 193-201.

éventuellement toxiques puisqu'elles sont effectivement *dans* ces organismes. Fini donc les pseudo-biodisponibilités et observons directement les teneurs de ces substances dans les organismes : leurs *bioteneurs.* En chimie, on parle aussi de la concentration d'une substance, par exemple dans l'eau, mais l'expérience montre ici que le terme "bioconcentration" est compris comme une concentration effectuée par l'organisme, ce qu'en général rien ne prouve. "Bioteneur" est donc le terme retenu.

Logique, donc, d'observer les substances *dans* les organismes, eux-mêmes en place dans leur écosystème. Oui, mais dans un sol à étudier, il y a des millions d'individus appartenant à plusieurs centaines d'espèces. Comment établir la bioteneur d'un toxique en un lieu donné parmi cette myriade d'êtres vivants ? Ici, deux séries de considérations, techniques et écosystémiques, vont imposer une simplification.

Dans les milieux, la biomasse dominante est celle des plantes. Choisir une plante pour établir les bioteneurs fait *a priori* sens. Mais une bioteneur locale n'apporte rien par elle-même ; c'est à une série de mesures d'une bioteneur qu'on procède pour comparer les milieux, par exemple pour leurs bioteneurs en plomb. Or changer de milieu, c'est changer de végétaux car, sauf étude restreinte non généralisable, il y a peu de végétaux communs aux milieux étudiés. De plus, chaque espèce botanique a sa physiologie contrôlant ses substances constitutives.

Une deuxième difficulté est d'ordre technique : les plantes sont exposées aux apports aériens, parfois fugitifs, et aux stocks des polluants séjournant dans le sol. Quel organe faut-il alors choisir ? Pour quelle signification relative à l'état toxique de l'écosystème ? Ajoutons à cela la difficulté de séparer les racines à doser de la gangue terreuse qui les entoure et qui n'est pas l'objet de la bioteneur à estimer. Par ailleurs, la bioteneur racinienne peut provenir par la sève d'une origine aérienne.

Donc, *exit* les plantes et passons à la deuxième biomasse des écosystèmes qui est, pense-t-on, celle des micro-organismes : bactéries, levures, champignons, etc. Mais, à l'exception de quelques carpophores ("chapeaux") de certains champignons récoltables, locaux et temporaires, on ne sait pas séparer ces organismes du sol et donc en doser les bioteneurs.

Donc, *exit* les micro-organismes, passons à la troisième biomasse des écosystèmes, qui est animale. À nouveau, une extraordinaire diversité oblige à un choix. Celui-ci s'impose : les vers de terre, représentant 60 à 80 % de la masse animale totale. Ils sont omniprésents et intimement associés aux sols où ils vivent. De plus, il est facile de les capturer et de se débarrasser de leur contenu intestinal terreux. Les autres animaux sont généralement beaucoup plus mobiles et de présence aléatoire et saisonnière.

Cette sélection conclut au choix, finalement exclusif, d'effectuer l'évaluation des bioteneurs des substances écotoxiques dans les lombriciens. À ce choix technique s'ajoute aussi une justification écosystémique. Les lombriciens ingèrent les débris végétaux, les micro-organismes du sol et les substances toxiques présentes dans le sol réceptacle des polluants. Les vers de terre "échantillonnent" ainsi par leur propre assimilation les composants de l'écosystème effectivement biologiquement assimilables, et la mesure de leurs bioteneurs est *assurément le meilleur outil* lorsqu'on veut comparer les risques toxicologiques entre les sols.

En outre, il y a deux autres avantages, techniques cette fois. D'abord leur corps, de composition (protéines, lipides, etc.) très peu variable entre individus, permet de rapporter les bioteneurs entre elles sans avoir de biais. Ensuite, la mise en phase liquide ou gazeuse des polluants, préalable indispensable aux analyses, est infiniment plus facile que pour des prises de sol et pour de nombreuses plantes. Cet outil est quasi universel car il permet le dosage de pratiquement tous les types de polluants : radioactifs, comme le césium 137, les métaux lourds, comme le cadmium, les micropolluants indétectables à l'état de traces dans les sols, comme les pesticides prétendument dégradés, les PCB et les génotoxiques observés par la mesure des adduits fixés sur l'ADN.

L'outil lombricien est donc presque parfait. Il fait rarement défaut : en sols désertiques ou très intoxiqués. Dans ce dernier cas, il faut faire des dilutions artificielles pour établir le niveau d'intoxication du sol.

Reste à utiliser cet outil exceptionnel pour :

– établir le *niveau de risque écotoxicologique* des sols, tel celui des substances indétectables hors bioteneurs lombriciennes, comme les cancérigènes, y compris ceux relatifs aux pesticides "fantômes" des écosystèmes réputés inexistants et donc biodégradés *(sic)* dans ceux-ci depuis des dosages de sol inopérants ; ces fantômes semblent cependant agir, notamment sur les abeilles ;

– établir la *bioteneur létale chronique* de chaque contaminant en constatant l'absence de lombriciens au-dessus d'une certaine bioteneur maximale observée dans les écosystèmes ;

– évaluer le *risque alimentaire* concernant les nombreux prédateurs de lombriciens dont certains, comme la bécasse ou le sanglier, sont des mets de choix pour les humains. Certains ingèrent des doses de substances toxiques incroyablement plus élevées que ce que nous acceptons dans notre propre alimentation.

DÉTOXICATIONS ET DIVAGATIONS TOXICOLOGIQUES

Éclairage méthodologique

En bouclant cet ouvrage, mon attention a été sollicitée par une note, de la journaliste scientifique Cécile Klinger, relative à une "question d'éthique" selon le titrage de *La Recherche* (octobre 2010)[1]. Il s'agit d'un compte rendu qui relate la démarche ayant prévalu officiellement dans

1. Klinger, C., 2010 – "La saga du chlordécone", *La Recherche*, 445, p. 84.

les évaluations environnementales de deux pesticides concurrents : le chlordécone et le HCH (hexachlorocyclohexane) dont l'une des formes (isomère), le lindane, sera largement commercialisée.

Cette note ne fait que dénoncer un problème d'environnement parmi beaucoup d'autres restés ignorés. Elle a pour mérite de résumer, sans caricaturer, la "méthode scientifique" qui conduit à attribuer, à rejeter ou à suspendre les homologations d'usage des pesticides en l'absence de toute évaluation environnementale scientifique. Je ne connais, hélas, aujourd'hui aucune exception à cette "méthode". Cela ne se limite pas au cas évoqué ci-dessous, n'est pas rare et s'applique en pratique à toute évaluation environnementale. C'est la règle.

HCH, chlordécone et détoxication

> Connaissez-vous le chlordécone ? Interdit aux États-Unis dès 1976, cet insecticide fut intensivement utilisé en Guadeloupe et en Martinique de 1973 à 1993, pour lutter contre le charançon du bananier. Vingt ans plus tard, il contamine toujours les sols des bananeraies de l'époque, les eaux douces et certains produits alimentaires provenant des zones polluées. Et l'on estime que, sur les 80 000 personnes qui habitent ces terrains, environ 13 000 absorbent une quantité de chlordécone supérieure à la valeur toxicologique de référence[1].

La toxicité du chlordécone chez le rat (qui "représente" l'homme) est connue, tout comme sa persistance dans l'environnement, mais en 1972 la commission des toxiques accorde une autorisation d'usage. "Dangereux ou pas, persistant ou pas, le chlordécone apparaît comme le seul produit pouvant remplacer l'insecticide utilisé jusque-là, le HCH, dont l'interdiction aux Antilles est programmée pour 1973[2]."

Jadis et très fortuitement, l'auteur s'est intéressé au HCH sous sa forme agricole, le lindane : "En recherchant un équilibre du taux de bioaccumulation du lindane dans les lombriciens, connus pour leur aptitude à stocker les pesticides organochlorés, nous avons eu la surprise en conditions contrôlées (artisol) de constater une déconcentration rapide suivant la spectaculaire accumulation initiale. Cette dynamique s'apparente fort à un processus de détoxication métabolique induit après l'assimilation initiale du lindane. Ce point est important car il pourrait expliquer pour partie la résistance des lombriciens aux doses élevées de lindane mais aussi souligner leur contribution à la dégradation des pesticides dans les zones de sol biologiquement actives[3]."

1. Klinger, C., *ibid.*
2. Klinger, C., *ibid.*
3. Bouché, M. B., 1984 – "Écotoxicologie des lombriciens. II. Surveillance de la contamination des milieux", *Acta oecologica, Oecol. applic.*, 5, 4, p. 291-301.

Connaissant aujourd'hui les centaines de tonnes de la partie fertile du sol ingérée par les lombriciens, cette détoxication n'est certainement pas anodine et pourrait expliquer la "disparition" de ce pesticide dans les milieux. Pour en être sûr, cela impliquerait des études dans les écosystèmes des pesticides par une écotoxicologie, hélas, totalement écartée aujourd'hui (voir ci-dessus p. § 8.2).

On comprend que l'industrie chimique ne défende pas le HCH, un produit ancien, commercialisé depuis 1938[1], peu lucratif et aux brevets caducs. Elle laisse la convention de Stockholm envisager de l'inscrire sur la liste des polluants organiques persistants. Persistant ? Quelle preuve en est donnée ?

"En 2006, l'agence américaine pour la protection de l'environnement (EPA) a demandé l'abandon volontaire de tous les usages agricoles du lindane[2]." Précisons qu'il ne s'agit pas d'une interdiction, mais d'un encouragement à passer à d'autres toxiques. Rien à voir avec l'interdiction française de 1973, qui a assuré la promotion d'une molécule connue comme toxique au détriment d'une molécule aux inconvénients supputés et dont la persistance est douteuse (détoxication lombricienne) et nullement prouvée dans les écosystèmes.

En fait, une constante : le HCH n'intéresse plus l'industrie phytopharmaceutique et n'est pas "défendu", surtout là où les pesticides sont épandus. La méthode est antiscientifique : jamais les faits (mesures effectuées en milieux réels) ne sont présentés et interprétés de façon critiquable. Les "évaluations" qui, avec les démarches actuelles, ne peuvent se rapporter au réel sont éthérées.

Éthique ou tromperie ?

Cette note a l'avantage d'être un lumignon éclairant une infime partie du fatras obscurantiste des actuelles "évaluations environnementales" *(sic)*. En fait, chaque pratique humaine devrait être impérativement évaluée dans notre environnement… mais cet environnement est trop vaste, illimité et interactif. Passant outre à ce fait fondamental, nous avons depuis longtemps pris l'habitude de restreindre nos observations à quelques rares variables dans celui-ci, voire, lorsque c'est trop compliqué, hors de celui-ci dans des modèles (ici les tests toxicologiques de laboratoire). Il est infiniment plus confortable d'ignorer l'environnement. Pourtant, aujourd'hui, nous pourrions gérer massivement toutes nos connaissances sur notre environnement si nous le désirions. Mais qui s'intéresse à l'environnement dans son ensemble sans le réduire à des microdomaines parfois lucratifs ?

Pour avoir participé à une commission scientifique *(sic)* relative à l'écotoxicologie *(sic)* auprès de la Commission européenne, je sais

1. Wikipédia, "Lindane, insecticide", 13 septembre 2012.
2. *Ibid.*

qu'il ne s'agit en aucun cas, et de façon flagrante, d'une "question d'éthique", mais de myopexpertise collégiale. Le groupe de travail auquel je participais était constitué de spécialistes que je tiens pour l'essentiel pour honnêtes, mais qui se devaient d'aboutir à des conclusions. Devant mes multiples réticences, on me faisait valoir que nos propositions, en l'absence de toute étude sérieuse, étaient "mieux que rien" ; elles ont pris ensuite force de loi sans autre fondement. J'ai été long à comprendre que cette démarche institutionnalisée, élaborant des normes antiscientifiques, n'était pas l'exception mais la règle. Instinctivement et sans réellement comprendre la démarche fallacieuse institutionnalisée en cause, je me suis retiré des commissions, des groupes de travail, des comités de lecture, où j'avais eu l'honneur d'être invité. Cela était aussi honorifique que pervers. Le sous-titre de la note commentée ici, "Question d'éthique", est donc inapproprié : il s'agit d'une tromperie collective et institutionnalisée qui n'a rien à voir avec la lumineuse définition de l'éthique qui en est donnée par Jean-Claude Ameisen : "Pour moi, il y a entre éthique et morale la même distinction qu'entre la recherche et les connaissances. La recherche est une démarche de remise en question des connaissances acquises, dans l'espoir d'en découvrir de meilleures. De même, l'éthique remet en question la morale, les règles de conduite, les lois, dans l'espoir de trouver de meilleures modalités de respect de la personne[1]."

LES PRATIQUES AUX CHAMPS, SYSTÈMES COMPLEXES, ET LA FERTILITÉ SPOLIÉE

Nos paysages naturels et artificialisés

Comme décrit p. 223-225, l'homme, en s'établissant en Europe occidentale, et notamment en France, a profondément modifié nos paysages. On peut distinguer de façon schématique les activités humaines rurales *traditionnelles* et peu énergivores des pratiques *intensives*, surtout développées depuis la seconde moitié du XXe siècle grâce aux apports énergétiques, matériels (machines, intrants chimiques, etc.) et financiers.

L'intérêt pour l'activité lombricienne et son rôle dans la fertilité des sols s'est éveillé au cours du XIXe siècle de façon parcimonieuse et dispersée. Il s'agit d'œuvres académiques résumées par Darwin[2] en 1881, qui s'appuyait sur ses propres observations, effectuées surtout en herbage, et sur d'autres collationnées en de multiples occurrences, dont

1. *La Recherche*, 2013, 473, p. 78-81.
2. Darwin, C. R., 1882 – *Rôle des vers de terre dans la formation de la terre végétale, op. cit.*

celles, très précieuses, rapportées par Victor Hensen[1], ces dernières étant essentiellement fondées sur le rôle des lombriciens en jardin.

Au paragraphe "Dynamisation lombricienne des écosystèmes", p. 192-193, nous avons déjà vu que le rôle fondamental des lombriciens dans la structuration du plexus écosystémique assure la fertilité naturelle des écosystèmes, grâce notamment à leur travail utilisant l'énergie organique d'origine solaire pour notamment stimuler et structurer les sols. Nous avons aussi constaté, au chapitre VII, que l'émergence de l'humanité, très récente vis-à-vis à la fois des écosystèmes et des lombriciens, s'est initialement faite en cohérence avec ces écosystèmes. En climat tempéré, dans un espace originellement couvert de forêts à l'exception des herbages d'altitude ou de hautes latitudes et de petits espaces soumis aux turpitudes des cours d'eau, il s'est agi pour les hommes d'ouvrir le paysage par la déforestation accroissant les herbages et les cultures après un modeste travail du sol.

Schématiquement, nos paysages ont été ainsi divisés en parcelles labourées pour y effectuer des cultures vivrières, en herbages dévolus à l'élevage et en zones boisées. Ce triptyque est devenu grossier. Il masque aujourd'hui une diversité sous-jacente, telle celle des cultures fourragères destinées à l'élevage, des prairies artificielles labourées ou des friches des terres abandonnées qui se reboisent spontanément. Il sera cependant, ci-dessous, notre canevas, pondéré d'exceptions et nuancé dans le paragraphe relatif aux herbages, ces derniers étant en pratique pris en tenaille entre les cultures et les zones boisées.

Cultures et labours

Comme décrit p. 225-226, l'aménagement traditionnel de l'espace rural fut empirique et limité, en raison de la faiblesse physique des interventions humaines. Il fut d'abord l'objet de la polyculture-élevage qui a initialement maintenu une certaine diversité et une complémentarité des pratiques agricoles.

La puissance et la diversité des actions techniques récemment acquises ont permis de substituer, sur de grandes surfaces, aux pratiques traditionnelles celles de l'agriculture intensive illustrée notamment par des labours profonds, bouleversant le cœur de l'écosystème, et par l'importance des intrants énergivores (engrais, carburant, pesticides, etc.). Le labour profond, après avoir par sa répétition brûlé par oxydation le capital en humus des sols et bouleversé puis détruit leur structure avec l'aide de techniques mortifères, a probablement induit le fléchissement des rendements évoqués aux p. 232 et 235-236.

En caricaturant à peine, nous avons donc aujourd'hui, d'une part, des agronomes aveugles poussant, à coups d'agrotechniques mécaniques,

1. Hensen, V., 1877 – "Die Tätigkeit des Regenwurms (*Lumbricus terrestris* L.) für die Fruchtbarkeit des Erdbodens", *Zeitschrift f. wissen. Zool.*, 28, p. 354-364.

chimiques et biologiques, à une productivité où les champs sont réduits à l'unique rôle de support de cultures photosynthétiques et, d'autre part, des acteurs interloqués (agronomes trop bons observateurs du réel, tenants plus ou moins idéologiques du naturel et du "bio", etc.) qui cherchent par persuasion, par bricolage et par discours à modifier le cours des événements.

Constatons simplement que l'agriculture productiviste, intensive, qui se dit "raisonnée" et autres étiquettes, accompagnée des gestions technologiques forestières, de l'ingénierie des déchets, etc., est aujourd'hui (ce ne fut pas toujours le cas) riche en discours pro-environnementaux décalés, tandis qu'une frange citoyenne incrédule tente d'agir dans le désordre contre les pratiques destructrices de notre environnement. En corollaire, constatons que des millions d'hectares ont été, sont ou seront soumis aux technologies prônées par les myopexperts… et qu'à la marge des espaces sauvegardés laissent aux hommes le bénéfice des activités lombriciennes stimulant la fertilité essentielle.

Les utilisateurs modernes de l'espace agricole ignorent constamment la principale masse animale de nos milieux, mais peuvent accidentellement en découvrir l'existence. En général, cet "accidentel" relève de l'incident local et temporaire. Une remarquable exception, toutefois : le dispositif expérimental mis en place par la station phytotechnique de Gembloux, en Belgique, qui fut intentionnellement *maintenu pendant seize ans.* Il a mis en comparaison des parcelles labourées à – 30 centimètres et d'autres à – 15 centimètres avec celles non labourées, toutes recevant en rotation des cultures standards alternant betterave sucrière, céréale de printemps (avoine ou orge), légumineuse (féverole) ou maïs fourrage entier et enfin une céréale d'hiver : le froment. Cet essai fut initialement justifié par l'apparition d'un arsenal d'herbicides efficaces rendant inutile le labour comme moyen de désherbage. Dans cette expérimentation, le calendrier des agropratiques fut calé sur le seul bien connu, celui du labour profond, ce qui n'a pas permis de tirer tout le parti des deux autres pratiques. Les résultats agronomiques, décrits par Marc Frankinet et ses collègues[1], montrent que le labour n'est généralement pas indispensable. Pas un mot sur l'activité biologique des sols, mais celle-ci avait surpris les auteurs et il fut possible d'observer, avant l'arrêt de l'essai en 1983, l'état des peuplements lombriciens, ce qui permit de constater leur restauration relative. Selon Bernard Hennuy[2], le peuplement est maximal dans le non-labour (semis direct), réduit de moitié par le déchaumage (demi-labour) et au tiers par le labour. Ce travail, conduit sur une durée inhabituelle, nous montre

1. Frankinet, M., Rixhon, L., Crohain, A., et Grévy, L., 1979 – "Labour, demi-labour et semis direct en continu : conséquences phytotechniques", *Bull. rech. agronom. Gembloux*, 14, 1, p. 35-96.
2. Hennuy, B., 1982 – *Étude de l'influence des techniques culturales sur les peuplements de lombriciens*, trav. fin d'études, fac. sci. agronom. État, Gembloux, Belgique.

que le capital lombricien a pu se rétablir dans ce cas après une culture intensive avec assolement.

Pratiquer une agriculture aux agrotechniques permettant sa pérennité a été la préoccupation d'un agronome exceptionnel, Rattan Lal, qui a perçu très tôt, dans un contexte tropical étranger à l'auteur, l'importance des lombriciens par rapport à l'ensemble des agrotechniques mises en œuvre pour une utilisation adéquate des sols. Malheureusement, sa brillante synthèse[1] de 1989 est restée lettre morte : elle était irrecevable par les myopexperts de toutes obédiences.

Ainsi, çà et là, peu à peu, l'idée que le labour n'est pas (totalement) nécessaire fait son chemin chez certains agriculteurs. Cette "innovation" revient à solliciter, après l'avoir tant négligée, une activité biologique des sols où le non-labour est en fait un labour assuré par les lombriciens. Le lombrimixage respecte les plantes, les symbioses et les diverses coopérations biologiques qui se développent dans les structures complexes des sols avec leurs constituants solides, leurs solutions nutritives, leurs toxiques répandus en agriculture, etc. Bref, une structure que nous avons appelée la quintessence fonctionnelle des (agro-) écosystèmes et qui permet à moindre coût la fertilité spontanée de la production végétale. Il reste beaucoup de chemin à faire pour comprendre et optimiser au mieux cette production végétale spontanée, mais dès à présent, on peut choisir les agrotechniques afin de ménager une forte biomasse lombricienne pour bénéficier de la fertilité qu'elle induit[2,3]. Vu l'état actuel de certains sols profondément stérilisés par l'intensification, il n'est pas certain que la restauration de la fertilité essentielle puisse toujours se faire spontanément. Il n'est pas déplacé d'envisager de réintroduire des inoculums lombriciens dans les sols actuellement massacrés pour les restaurer.

Labour biologique, escroqueries et biostimulation des sols par introduction de lombriciens

De la biostimulation

La biostimulation des sols par l'introduction raisonnée de lombriciens dans des écosystèmes où leur activité fait défaut est une technologie d'avenir aux multiples applications. Deux causes sont associées à la carence d'activité lombricienne dans les sols potentiellement fertiles.

1. Lal, R., 1989 – "Conservation Tillage for Sustainable Agriculture : Tropics versus Temperate Environments", *Advances in Agronomy*, 42, p. 82-197.
2. Laissus, R., 1985 – "Re-semis de prairies permanentes sans labour préalable après l'emploi de désherbants à l'automne, favorisant l'action des lombrics pendant l'hiver sur la structure de sol", *C. R. Acad. agric. France*, vol. 71, 3, p. 229-240.
3. Granval, Ph., Lecomte, D., et Bouché, M. B., 2001 – "Adapter la technique de semis des prairies pour maintenir de fortes biomasses de lombriciens dans les sols normands hydromorphes", *Fourrages*, 165, p. 73-88.

La première est liée à l'inattention humaine, décrite dans le chapitre précédent. Quand l'homme advint, il prospéra et n'attacha qu'une attention marginale aux lombriciens (sauf pour leurs usages comme aliment, médicament et appât). Pire, il les a depuis ignorés dans ses pratiques en agronomie et en foresterie. Nous venons ci-dessus d'observer que cette carence, constatée *a posteriori* dans l'essai de Gembloux, pouvait s'atténuer en culture lorsqu'une souche lombricienne ayant survécu le permettait. Nous verrons plus bas, pour la même raison d'inaptitude intellectuelle, l'extrême lenteur de la prise en compte de la biostimulation dans les herbages et sa virtualité en forêt.

La seconde cause est liée à la diversité des aptitudes lombriciennes, résultant de leur histoire paléogéographique décrite au chapitre II ; leur répartition actuelle reflète largement l'évolution passée. Ici, un détail d'importance : les Lumbricina ne sont devenus des Lumbricidae très performants qu'en Europe et en Afrique du Nord (cf. fig. 5, p. 71), grâce à l'acquisition du postgésier qui a permis le plein développement des catégories écologiques anéciques et épianéciques. Après les déforestations, beaucoup d'espèces de ces Lumbricidae se sont bien adaptées aux herbages des éleveurs et à l'agriculture traditionnelle, mais cela n'est vrai que dans ces espaces et que pour certains Lumbricidae.

Depuis, l'homme moderne a colonisé la planète entière en défrichant, en labourant et en plantant dans les autres continents aux peuplements lombriciens fort différents. Il n'a fait, sauf exceptions très ponctuelles, que détruire des peuplements lombriciens autochtones inadaptés à la déforestation et au labour, car les autres lignées lombriciennes sont à gésier antérieur et n'ont donc ni anéciques ni épianéciques vrais.

Pour faire exagérément court, disons que les lombriciens les plus performants et les plus adaptables aux activités humaines, agricoles et autres, sont essentiellement d'origine ouest-européenne. C'est simpliste, mais cela permet de comprendre l'intérêt des lombriciens issus de cette région du globe pour les usages raisonnés, développés ci-dessous.

Précisons bien ici que la *biostimulation des sols* est la technologie qui introduit, dans les sols qui le nécessitent, les lombriciens adéquats et efficients (généralement anéciques, épianéciques, mais aussi certains endogés jouant un rôle complémentaire). Elle vise à corriger la carence d'activité lombricienne dans les écosystèmes considérés. Globalement, il s'agit, après un nouvel usage de l'espace (culture, pâturage, plantation d'arbres, etc.), d'introduire des lombriciens qui complètent par leur travail et leurs fonctions le nouvel agro-écosystème créé par les hommes. La biostimulation est d'autant plus intéressante que les lombriciens augmenteront les rendements des cultures, des herbages et des forêts sans solliciter d'intrants (engrais, pesticides, etc.), si ce n'est parfois un chaulage initial des sols acides du fait de la carence lombricienne antérieure. Les lombriciens biostimuleront le fonctionnement des agro-écosystèmes là où leur absence initiale a été dommageable.

La remise en état des sols dont la fertilité naturelle a été annihilée avec l'éradication des lombriciens, résultant de l'usage d'agrotechniques aveugles, pourrait aussi relever de cette technologie. Mais cela n'est pas toujours simple et sera traité à part, ci-dessous, avec la bio-restauration des sols.

Pour biostimuler des sols par introduction de lombriciens adéquats, il faudrait de toute façon disposer en agronomie, en pastoralisme et en foresterie de compétences en géodrilologie (science des vers de terre), en écologie vraie, en environique et en écosystémique. Comme nous l'avons vu, ces compétences sont quasi inexistantes. C'est la limitation réelle des écotechnologies décrites ci-dessous : elle est d'abord intellectuelle !

Des escroqueries

La carence généralisée de l'enseignement dans les matières énumérées ci-dessus laisse libre cours aux escroqueries qui se répètent d'autant plus facilement que l'ignorance en ces matières est entretenue avec constance par les institutions en charge de l'enseignement supérieur et de la recherche.

Aujourd'hui, des démarcheurs vendent des vers de terre miracles présentés, sans aucune compétence technique, à des clients d'autant plus facilement dupés qu'il suffit d'évoquer l'intérêt bien réel de certains vers de terre, que j'ai regroupés sous le nom d'anéciques, pour vendre à prix d'or des vers de fumier, c'est-à-dire des épigés n'ayant aucune des propriétés évoquées. J'ai souvent le déplaisir d'apprendre que mes travaux sont ainsi utilisés par des margoulins.

Je partage cependant cet honneur avec Darwin. En 1949, un certain Barret, après avoir lu l'ouvrage que Darwin consacra en 1881 aux lombriciens, lança le fameux "ver rouge de Californie". Barret, qui savait parfaitement que les vers de fumier qu'il commercialisait ne prospéraient que dans les composts, décrivit une "innovation" effectuée, selon ses dires imaginés, par une tierce personne défunte, donc plus de témoin ! L'"innovation" évoquée portait sur la création d'un ver "hybride", ayant toutes les aptitudes contradictoires des anéciques et des épigés. Ce serait l'équivalent d'un hybride résultant du croisement d'une souris avec un cheval. Cette escroquerie du ver miracle fut et continue d'être commercialisée. Je suis honoré d'être en bonne compagnie avec Darwin. Mais que faire contre ces escrocs, si ce n'est d'essayer ici de prévenir ?

Ces ventes de vers de terre miraculeux ne doivent pas nous empêcher d'envisager sérieusement les usages raisonnés de lombriciens, car il y a des applications ponctuelles et sérieuses de la biostimulation des sols par l'introduction d'animaux correctement choisis dans les herbages et les forêts. La biostimulation par l'apport de lombriciens constitue un outil d'optimisation des agro-écosystèmes simultanément productiviste et environnementalement compatible. Cela peut être, au sens exact, un outil du développement socioéconomique durable, c'est-à-dire sans risque pour la pérennité du nouvel écosystème enrichi de la présence de lombriciens introduits de façon adéquate.

Herbages, pastoralisme et biostimulation

Décrire quelques interactions connues entre les hommes, les herbages et les usages des lombriciens nécessite de qualifier d'abord élevage, herbage et pastoralisme.

Les herbages sont des surfaces couvertes d'herbes, c'est-à-dire ayant une végétation non ligneuse, donc sans branches ni troncs persistants. Ils recouvrent d'importantes surfaces, près du tiers de la France. Ils sont pris dans l'espace en tenaille entre les cultures vivrières, industrielles et fourragères, d'une part, et, d'autre part, les zones boisées d'arbres, d'arbrisseaux et d'arbustes sous lesquels les herbes croissent mal, peu ou pas.

L'élevage est un terme générique regroupant les activités humaines de production de viande, de lait et de maintenance des animaux de trait et de loisir (chevaux, dromadaires, ânes, etc.). Ces trois objectifs peuvent être complémentaires comme l'élevage de vaches à deux fins (viande et lait) ou de chevaux (loisir et viande). Il faut y ajouter les élevages de lapins, volailles, porcs, etc.

Le pastoralisme est l'usage direct des herbages pour l'élevage par fenaison, pâturage, transhumance, nomadisme, etc.

Revenons aux herbages nourrissant les animaux. Ils peuvent être bucoliques et extensifs, comme dans les alpages où se pratique un pastoralisme avec transhumance. À l'autre extrême, les aliments consommés par les animaux sont cultivés en prairies artificielles, en luzernières, en champs de sorgho, de maïs, de soja, etc., et résultent en partie, ou souvent en totalité, de l'agriculture intensive produisant les matières premières destinées à compléter, ou à suppléer totalement, la nourriture des animaux à viande, à lait, à œufs, etc.

Ajoutons ici que, si la distinction entre cultures et herbages comme source alimentaire animale n'est pas tranchée, la limite entre les élevages en herbage et en forêt n'est pas tranchée non plus, comme nous le verrons plus bas. Par exemple, les porcs vagabonds s'alimentent librement d'herbe et, dans les bois, de glands, et partout et abondamment de vers de terre. Car partout, en herbage et en forêts fertiles, il y a des vers de terre.

Disons que le cœur des métiers exploitant les herbages est celui des pasteurs qui conduisent ou parquent leurs troupeaux sur des prairies naturelles. Celles-ci sont d'anciennes surfaces herbeuses où le couvert forestier ne peut s'établir, comme les alpages, et des espaces qui ont été déboisés par l'homme.

Après déforestation et moyennant quelques adaptations démographiques, les lombriciens non seulement se sont maintenus, mais ont probablement prospéré lors des modifications de la végétation induites par les hommes. En Europe, le déboisement a entraîné l'élimination des lombriciens spécialisés vivant dans et depuis les litières des feuilles mortes des arbres, à l'exception de quelques espèces qui se sont reconverties dans la consommation et l'élimination des excréments des herbivores. Ainsi, certaines prospèrent dans les bouses de vache et jouent un rôle essentiel, nous évitant le "drame des mouches australiennes" évoqué ci-dessous (p. 266-267). En raison de la carence totale des études écosystémiques, il est difficile de savoir si, pour les lombriciens anéciques et endogés, la déforestation leur a été favorable ou défavorable ; constatons que certaines espèces prospèrent fort bien après celle-ci.

L'auteur a tendance à "croire" (donc sans preuve ni valeur scientifique) que la biomasse herbacée est au moins égale à la biomasse authentique des forêts, même si l'on ne sait pas ce qu'est la biomasse forestière puisqu'on y adjoint généralement par erreur la phoromasse (le bois et l'écorce biologiquement morts, donc non-biomasse) qui supporte les enveloppes vivantes habillant les arbres (cf. p. 126-127). Surtout, la biomasse herbacée semble se renouveler plus vite en produisant une nécromasse favorable à la fois aux lombriciens et aux micro-organismes. En attendant de savoir, il constate que c'est sous les herbages que les plus belles biomasses lombriciennes s'observent (3 à 5 tonnes par hectare, y compris le cas biaisé des lombriciens en vermières d'arrière-mangrove décrites p. 168-170 : 7 tonnes par hectare).

Mais attention à cette comparaison entre biomasses lombriciennes des écosystèmes herbacés et forestiers ; les meilleures terres ont été dédiées à l'agriculture puis, secondairement, aux herbages et le reste aux forêts. Les forêts sur sols riches sont donc rares et, en outre, leurs peuplements lombriciens y sont peu étudiés.

Assez curieusement, c'est peut-être dans le domaine pastoral que les praticiens ont le mieux perçu l'importance des lombriciens dans la fertilité de nos milieux. Par exemple, André Voisin[1] a comparé de façon critique les divers modes d'utilisation des pâtures et il relie ces modes aux activités des vers de terre. Il reconnaît leur importance, notamment en faveur des plantes légumineuses dont l'activité fixatrice d'azote dépend de l'aération du sol permise par le travail lombricien.

À peu près à la même époque, pendant la Seconde Guerre mondiale et en Grande-Bretagne, la pénurie alimentaire, résultant du quasi-blocus des importations maritimes du fait de la guerre sous-marine, avait poussé à pratiquer le labour des prairies naturelles. Avantage immédiat

1. Voisin, A., 1960 – *Dynamique des herbages*, La Maison rustique, Librairie acad. agric., Paris.

souhaité : une augmentation de la production alimentaire qui se faisait au détriment des réserves en humus de ces prairies. L'urgence dictait cette pratique affectant à terme le patrimoine des sols.

Après cette guerre, des agronomes aux idées simples, constatant l'accroissement des rendements obtenus grâce au labour, ont prôné en France une révolution herbagère. Portés par le développement du machinisme, ils démontrèrent, dans des parcelles expérimentales de Normandie, tous les mérites de ces pratiques révolutionnaires proposées à un monde paysan incrédule. Jeune aide de laboratoire et participant à ces démonstrations, je fus surpris par le scepticisme d'un paysan observant les comportements étranges des "Parisiens" qui introduisaient cette révolution dans un paysage où sa pratique coutumière, ne pas labourer, était seule jusque-là mise en œuvre. Je fus incapable de mesurer sa remarque initiale : "Elle est bien belle, votre herbe !", et, suivant mon encouragement naïf du style : "Alors, faites pareil", sa réponse fut : "Mais les vaches ne peuvent pas entrer dans ce champ… et puis c'est trop cher !" Incontestablement, le sol labouré de cette prairie de démonstration n'assurait pas la portance des animaux en raison du labour profond, et les semis de plantes sélectionnées pour leur productivité, les traitements pesticides contre des insectes ravageurs tels les taupins pullulant dans ces herbages artificiels, l'apport d'engrais, etc., sont, pour permettre cette révolution, aussi nécessaires que coûteux. La révolution herbagère, comme bien des révolutions, fut un cruel fiasco, sauf quelques applications en prairies artificielles qui perdurent et s'inscrivent dans le jeu des subventions financières. De fait, la vache pâturant de l'herbe spontanément poussée en prairie permanente et allaitant son veau est "mal informée" : ne connaissant pas le jeu des aides, subsides et subventions, elle ne bénéficie d'aucune aide tangible. L'artificialisation est subventionnée tout au long des chaînes agricoles et industrielles de production, mais pas, ou fort peu, la quasi-spontanéité des pâturages en herbages naturels.

Les prairies permanentes, ne faisant l'objet que d'études accidentelles, fonctionnent en effet de façon quasi spontanée. Je fus associé à une étude comparant des prairies permanentes exploitées de manière soit conventionnelle (intensive), soit biodynamique (biologique) : il y avait dans les premières carence de diversité et probablement d'oligoéléments, et dans les secondes sélection contre-productive des plantes par les herbivores. La végétation, le sol, les lombriciens, les rendements et les bilans économiques furent étudiés. Incontestablement, les hauts rendements en herbe, en lait et les fortes biomasses lombriciennes étaient obtenus en prairies conventionnelles. En revanche, la diversité, tant végétale que lombricienne, et d'une certaine façon la robustesse (rareté des problèmes vétérinaires) étaient de l'autre. Quant au bilan économique, il est partagé. Les gains de productivité en prairies conventionnelles compensent juste les frais en soins vétérinaires et en intrants (énergie, engrais, pesticides, etc.), qui sont tous réduits en biodynamique. Ainsi, les agricultures intensive et "biologique" sont renvoyées dos à dos, mais, d'après l'auteur principal, "elles sous-entendent des attitudes très différentes de la part de l'exploitant[1]".

La prairie permanente subit d'une façon générale une dérive floristique en ce sens que les animaux qui y paissent consomment de préférence certaines plantes et de ce fait favorisent le développement des plantes délaissées. Ressemer la prairie avec des plantes intéressantes est alors souhaitable, mais le labour, comme les autres travaux du sol, affecte sensiblement la population lombricienne et remonte en surface les couches profondes avec leur résosol stérile et leurs cailloux, normalement inexistants en surface car enfouis sous les turricules et le cespe.

Une critique intelligente des suites de la révolution herbagère évoquée ci-dessus a conduit René Laissus[2] à régénérer la flore des pâtures sans travail du sol. Il utilise à l'automne le désherbage chimique, puis pleinement l'activité lombricienne enfouissant les débris végétaux et produisant pendant la saison froide, en surface du sol, ce qu'il nomme un lit de semence constitué de lombrimix (turricules et grumeaux), enfin il sème au printemps les espèces végétales souhaitées. Ici, l'agronome non seulement n'ignore pas le rôle des lombriciens, mais, fait exceptionnel, *se sert de ces animaux* comme outil dans son calendrier technique.

On doit à un fermier, A. S. Ashmore de Raetihi (île septentrionale de la Nouvelle-Zélande), la mise en œuvre concrète de la biostimulation des sols d'herbages qu'il a pratiquée avec succès dès les années 1920. Cet agriculteur fut intrigué par une tache d'herbes vertes au milieu de ses herbages desséchés comme un paillasson, cette tache s'accroissant d'ailleurs tous les ans. Bon observateur, il nota que cette tache, caractérisée par une remarquable augmentation de la croissance végétale, était associée à un sol considérablement plus "spongieux et humide" que le sol environnant, tassé et sec, et que… des vers de terre étaient responsables de cet état de choses.

Impressionné par cet effet bénéfique, M. Ashmore entreprit de transposer, depuis sa source initiale, des vers de terre, puis des mottes de terre les contenant, introduisant ainsi ces animaux en de nombreux points. Il nota qu'il fallait deux à trois ans pour que les vers de terre s'établissent dans les sols antérieurement dépourvus d'activité lombricienne. Cette innovation fut ensuite reconnue par des agronomes locaux qui la signalèrent en 1945[3]. Ultérieurement, des techniciens

1. Porret, M., 1978 – *Comparaison d'écosystèmes de prairies permanentes exploitées de manière conventionnelle et biodynamique*, Veröffentlicht. Geobotanischen Institut. der techn. Hochschule, Zurich, p. 65.
2. Laissus, R., 1985 – "R-esemis des prairies permanentes sans labour préalable", *art. cit.*
3. Hamblyn, C. J., et Dingwall, A. R., 1945 – "Earthworms", *N. Z. J. Agric.*, 71, p. 55-58.

puis des chercheurs agronomes se penchèrent sur ce phénomène étonnant dans le contexte néo-zélandais où la connaissance, très déficiente en Europe, de l'activité des lombriciens dans le plexus écosystémique était nulle. Grâce notamment à S. M. J. Stockdill[1], un bilan fut établi. Il en ressort que, dans les espaces déboisés et transformés en pâtures de la Nouvelle-Zélande, les espèces de vers de terre indigènes ont disparu ou sont très inefficientes. En conséquence, les sols sont tassés et couverts d'un épais tapis de débris végétaux formant une couche organique acide qui bloque les éléments biogènes, favorisant la pullulation d'un ravageur des herbages, le ver blanc *Castelytra zaelandica*, et hébergeant un champignon urticant responsable de l'eczéma facial du mouton.

Avec l'apport de lombriciens initialement introduits accidentellement depuis l'Europe et selon la pratique empirique du fermier Ashmore, trois à quatre ans plus tard, le tapis organique disparaissait, la litière végétale étant incorporée dans le lombrimix, et conjointement disparaissaient aussi les vers blancs ravageurs et les champignons urticants. En outre, la biostimulation du cycle des éléments biogènes permet une augmentation de la production végétale de l'ordre de 70 %, soit directement dans les sols spontanément riches mais antérieurement bloqués, soit après chaulage, voire après semis de plantes, tel le trèfle, qui bénéficient des lombriciens comme dans les bonnes pâtures d'Europe. Il y a eu ainsi localement, peu à peu, prise de conscience et optimisation des opérations d'inoculation de lombriciens, aujourd'hui mécanisées et accompagnées ou non d'amendement du sol.

On trouvera dans l'ouvrage de Kenneth E. Lee[2] beaucoup d'informations sur les étapes des tâtonnements, parfois médiocres, qui accompagnèrent la mise en place de cette biotechnologie aujourd'hui bien établie en Nouvelle-Zélande. L'ironie veut que Kenneth E. Lee, géodrilologue néo-zélandais compétent, écrivît cet ouvrage à temps perdu alors qu'il poursuivait sa carrière dans un organisme de recherche australien qui a mis la priorité sur l'étude des insectes coprophages pour éliminer les asticots à l'origine des nuées de mouches qui, par milliards, agrémentent la vie australienne. À l'origine de ces mouches, leur pullulation dans les excréments des animaux d'élevage (vaches, moutons, etc.) introduits par l'homme moderne. À la différence des observations concrètes et pragmatiques de M. Ashmore, un scientifique spécialiste des insectes orienta les recherches exclusivement sur des insectes coprophages, des bousiers européens à l'action certes spectaculaire en été en France, mais qui ne contribuent que marginalement à la résorption des excréments. Myopexpertise d'un spécialiste entomo-

1. Stockdill, S. M. J., et Cossens, G. G., 1966 – "The Role of Earthworms in Pasture Production and Moisture Conservation", *Proc. N. Z. Grassland Assoc.*, p. 168-183.
2. Lee, K. E., 1985 – *Earthworms. Their Ecology and Relationships with Soils and Land Use*, Academic Press, Sydney.

logiste qui ignorait que les lombriciens, non étudiés de ce point de vue, font l'essentiel de cette résorption. En attendant que cette bévue soit reconnue, les asticots continuent de pulluler et des nuées de mouches vous accueilleront en Australie. *Welcome!*

Forêts, fertilité et biostimulation

Des forestiers attentifs

Nous avons vu ci-dessus que l'importance du labour biologique en terre cultivée, voire en herbage, est, sauf l'exception ponctuelle de la Nouvelle-Zélande, aujourd'hui ignorée ou très sous-estimée par les praticiens, malgré les inconvénients d'une telle ignorance. En revanche, c'est en forêt et en milieu boisé en général, où l'action mécanique des hommes sur les sols est quasi nulle, que très tôt des forestiers *praticiens* se sont intéressés aux vers de terre, comme déjà développé p. 194-195. Ainsi, Darwin rapporte qu'"en France, près de Nancy, le sol des forêts de l'État est couvert, sur l'étendue de plusieurs hectares, d'une couche spongieuse composée de feuilles mortes et d'innombrables éjections [...] le professeur d'aménagement des forêts, faisant une leçon, signale à ses élèves ce cas comme un « magnifique exemple de culture naturelle du sol ; car, plusieurs années de suite, les matières rejetées en haut couvrent les feuilles mortes, d'où il résulte un riche humus de grande épaisseur[1] »".

Rappelons aussi qu'à la même époque un forestier, Peter Erasmus Muller, se fondant sur des études effectuées dans de multiples forêts en Europe occidentale, publie en danois deux contributions successives (1878, 1884) qui constituent une œuvre essentielle, caractérisant les types d'humus forestiers. L'édition française les regroupa en un seul ouvrage publié en 1889[2]. La distinction fondamentale entre un type d'humus dénommé mull, où l'activité lombricienne anime le plexus écosystémique, et le type mor, où cette activité est marginale, montre que ces deux types d'humus résultent de la végétation forestière, de la roche mère accouchant du sol, du climat, mais aussi des lombriciens. Ce travail reste toujours aujourd'hui fondamental même si bien des précisions s'y sont greffées. Par exemple, entre le mull, où l'activité lombricienne est motrice, et le mor, où elle est très faible, s'est glissé le moder où certains invertébrés (mille-pattes, acariens, etc.) jouent un rôle limité d'ingestion et de digestion des matières organiques, mais sans mélange avec les minéraux.

De fait, entre ces humus mulls, biologiquement très actifs selon des modalités récemment bien comprises et décrites p. 204, et les milieux

1. Darwin, C. R., 1882 – *Rôle des vers de terre dans la formation de la terre végétale*, *op. cit.*
2. Muller, P. E., 1889 – *Recherches sur les formes naturelles de l'humus et leur influence sur la végétation et le sol*, Berger-Levrault, Nancy.

où le plexus écosystémique est sous-développé, bien des modalités existent. Dans les forêts, sous climat froid et tempéré, il y a une distribution spatiale très précise selon les types de végétation. Comme déjà décrit p. 194-195, j'ai ainsi observé une mosaïque des deux types d'humus fondamentaux. Une seule plante herbacée suffit parfois à faire une tache de type mull dans un fond de mor ! Cette variation dans l'espace se retrouve, comme nous le verrons ci-dessous, dans le temps.

Hêtre ou ne pas hêtre

L'équipe de l'IRSTEA (ex-CEMAGREF) de Grenoble, animée par Jean-Jacques Brun, a montré que les peuplements lombriciens, et particulièrement les anéciques, diminuaient au cours de l'évolution forestière des hêtraies. Cette essence est bien connue pour se développer en réduisant l'accès de la lumière au sol, ce qui défavorise les espèces végétales herbacées du sous-bois, mais aussi les jeunes pousses d'arbres.

Tout se passe comme si la diversité végétale de la litière de la hêtraie, diminuant avec le temps du fait de la pénombre croissante en sous-bois, entraînait, selon un phénomène déjà observé expérimentalement au terrain, un appauvrissement de la diversité nutritionnelle. En conséquence, une telle forêt, en vieillissant, tend à réduire fortement la diversité alimentaire de la litière accessible aux lombriciens qui deviennent beaucoup moins actifs ; les peuplements lombriciens, initialement épanouis, s'étiolent. De ce fait, la litière non ingérée s'accumule et le type d'humus dérive du mull vers le mor en s'acidifiant.

A contrario, qu'une tempête advienne, en abattant les arbres elle ouvre l'espace à la lumière et des herbacées, des ronces, etc., exploitent cette opportunité et produisent une litière diversifiée, plus riche en éléments biogènes, qui favorise, comme je l'ai observé à Fontainebleau, les anéciques, lesquels restaurent alors un mull.

D'autres causes que diététiques peuvent être évoquées. Dans une autre hêtraie des Vosges, également relativement "pure" et fermée, un collègue forestier, François Le Tacon, a mis en place un essai comparant des parcelles recevant ou non divers engrais ou amendements. Quelques décennies plus tard, François Toutain et ses collaborateurs du Centre de pédologie biologique du CNRS de Nancy constatent une intense activité lombricienne dans les parcelles ayant reçu au moins un chaulage corrigeant l'acidité du sol[1]. Remarquons le temps : quelques décennies. En observant attentivement les lombriciens en cause, ils notent que ceux-ci sont faiblement présents dans toutes les parcelles, mais ne se sont multipliés que dans celles ayant reçu ce traitement qui leur permet d'exprimer toute leur activité écosystémique.

1. Toutain, F., Dingue, A., et Le Tacon, F., 1988 – "Possibilités de modification du type d'humus et d'amélioration de la fertilité des sols à moyen terme", *Rev. forest. franç.*, vol. 40, 2, p. 99-107.

Gestion forestière

Si les forestiers ont reconnu très tôt les différences d'activité des sols observables grâce aux types d'humus qui caractérisent les forêts qu'ils gèrent, ils n'ont que très partiellement pris en compte les conséquences de leur gestion forestière sur le potentiel lombricien et, en conséquence, sur la fertilité des sols forestiers. La gestion forestière implique le choix des essences qui, seules ou en mélange, produisent les litières nourrissant le plexus écosystémique. Cette gestion tend, pour des raisons économiques, à la simplification.

Simplifier, c'est tendre à n'avoir qu'une essence végétale dominante, ce qui est facilité en certains milieux par la propension des végétaux eux-mêmes, comme nous venons de le voir pour le hêtre. Simplifier, c'est aussi le choix du forestier qui, pour obtenir une productivité rapide et une facilité d'exploitation, ne va planter qu'une seule essence à croissance très rapide (pins, sapins, eucalyptus, etc.). Ces essences ne produisent que des aiguilles ou des feuilles résistantes peu propices à l'activité biologique des sols. La litière s'accumule alors et devient souvent très inflammable. Le forestier est ainsi conduit à choisir entre une forte productivité, avec une production plus aléatoire car inflammable, souvent au détriment de l'écosystème, et une croissance relativement faible avec une forêt diversifiée plus ignifuge, constituée d'arbres à croissance assez lente (chênes, merisiers, etc.), à flore variée et à usages multiples (bois, gibier et autres aménités).

Les options en gestion forestière ne se limitent pas au seul choix des essences, comme ce bref énoncé peut le faire penser. Par exemple, les modalités des usages, des exploitations et des régénérations varient. Rien n'est simple ici comme ailleurs. Si les forestiers ont très tôt compris l'importance des lombriciens dans les écosystèmes boisés, ils n'ont pas, notamment à cause de la totale absence d'écologues et de géodrilologues, envisagé un seul instant qu'ils pouvaient agir, *via* les lombriciens et quelques amendements, pour corriger les tares des milieux qu'ils gèrent : acidification des sols, inflammabilité, faible productivité, monotonie paysagère, biodiversité réduite donc rareté du gibier, etc. Cela est cependant possible, probablement facile et souhaitable en de nombreuses circonstances.

Biostimuler pour fertiliser et ignifuger

Nous venons de voir, dans "Hêtre ou ne pas hêtre", p. 268, que l'apport d'un amendement, accompagné ou non d'engrais, a réveillé une population lombricienne anécique très réduite, qui a repris son activité dans l'humus d'un plexus écosystémique déficient qui bloquait les éléments biogènes. Ici, le lombricien anécique nécessaire survivait "en sentinelle", selon la belle expression de François Toutain, et ne demandait qu'à reprendre du service pour stimuler un mull actif (cf. p. 156-157).

Mais en général il n'en est pas ainsi… Il faut non seulement penser amendement mais biostimulation des sols en introduisant des lombriciens adéquats, comme dans les prairies aujourd'hui fertiles de Nouvelle-Zélande. Tout le développement technologique et mental, qui a pris soixante ans pour ces herbages et s'est limité à ce pays, reste à faire en forêt. J'en ai jalonné les premières étapes.

En effet, l'amélioration des interprétations biopaléogéographiques, décrites p. 52-54, m'a conduit à concevoir l'intérêt d'effectuer des introductions rationnelles de lombriciens dans les écosystèmes forestiers là où la fertilité naturelle semble déficiente en raison de l'histoire de nos écosystèmes européens, particulièrement ceux qui se sont rétablis après la dernière glaciation du Quaternaire (cf. p. 77-78). Il est en effet classique de constater que les forêts de conifères (pins, sapins) spontanées et objet de beaucoup de reboisements artificiels produisent une litière d'aiguilles résineuses très inflammable, peu décomposable, acidifiante et privée des lombriciens structurant le plexus qui fertilise les écosystèmes. J'ai partout constaté cela, sauf une fois. J'effectuais alors des collectes ponctuelles de lombriciens sur toute la France, et notamment en Corse. Face à la maison forestière d'Aïtone, j'observai, en découvrant une nouvelle espèce pour la science, que le sol sous des pins laricios était labouré… par les groins de porcs vagabonds et de sangliers. Trop occupé par mes captures et n'ayant à cette époque encore rien compris à la biopaléogéographie, je ne fis alors que le constat de ce labour, puis, au laboratoire lors de la dissection des vers de terre, je notai le fait que l'espèce nouvelle ingérait les aiguilles de pin mortes.

Bien plus tard, j'eus l'occasion de travailler dans le cadre d'un programme de recherche forestière visant à réduire les causes des incendies de forêts dans le midi de la France. J'envoyai alors un jeune chercheur à Aïtone (Corse) pour capturer vivants les lombriciens consommateurs d'aiguilles de pin afin de les introduire, de façon ponctuelle, dans plusieurs boisements de conifères résineux du continent. Entre-temps, j'avais compris que le peuplement observé initialement l'avait été dans le seul emplacement où mon échantillonnage, limité à la France et à la Belgique, m'avait permis d'observer un peuplement végétal où des lombriciens adaptés aux conifères au cours du Tertiaire avaient survécu aux glaciations du Quaternaire grâce à une migration verticale de quelques centaines de mètres jusque sous l'actuel niveau de la mer Méditerranée. Dans les limites de cet échantillonnage, cela était impossible ailleurs.

Finalement, sur les dix introductions effectuées sur le continent, deux lots de lombriciens survécurent pendant les deux ans suivant l'essai qui ne prévoyait pas, hélas, de correction des sols par amendement, comme cela est pratiqué volontairement dans les prairies néozélandaises biostimulées et fut fait sous hêtraie.

Je n'obtins pas les moyens de poursuivre cette recherche exploratoire qui ouvrait pourtant à un bel avenir. L'acidification des sols et l'inflammabilité sous conifères continuent actuellement. Mais le potentiel des introductions lombriciennes visant à réduire les litières inflammables et à créer de plus une biostimulation fertilisante des sols demeure et s'appliquera le jour où l'on s'intéressera au fonctionnement des écosystèmes à conifères (sol et lombriciens compris). Qui est apte à comprendre cette nouvelle biotechnologie ? Personne actuellement car elle est intrusive : comme tout intrus, comme tout cheveu dans la soupe ainsi gâtée, elle oblige à se remettre en cause profondément, comme décrit p. 296-297.

Invité à professer dans les cours nordiques d'écologie à Jyväskylä (Finlande), j'ai constaté dans ces contrées froides les mêmes phénomènes de faible activité biologique des sols par absence d'anéciques, mais cette fois sous des arbres à feuilles caduques, des bouleaux notamment. Nous sommes sur des sols acides "récemment" libérés des glaciations. Je pense alors aux aptitudes de l'anécique adapté aux sols acides, comme décrit ci-dessus p. 268, qui s'est réveillé après un chaulage en jouant pleinement son rôle de stimulation des sols. Sachant que cette espèce ne peut en aucun cas avoir colonisé vers le nord de l'Europe après le réchauffement postglaciaire, je propose de l'introduire en Finlande dans des sols à activité biologique faible. L'année suivante, deux introductions furent faites dans deux sols différents. Les animaux introduits périrent dans le plus acide, mais prospèrent et se développent toujours aujourd'hui dans l'autre[1].

Oui, ces esquisses montrent que les lombriciens pourraient être un outil adéquat pour biostimuler des écosystèmes forestiers en mal de mull actif et présentant, du fait de l'accumulation de leur litière, des appauvrissements et des risques d'inflammabilité.

Une odeur de truffe

L'étude du micro-environnement de la truffe dans le sol a pu être faite sur des coupes de sol en lames minces à différentes échelles en micro- et ultramicroscopie[2]. Elle montre que les lombriciens dispersent les spores de truffes et favorisent les jeunes champignons, notamment par le développement du mycélium dans les déjections lombriciennes et par l'aération créée autour des truffes. Il s'agit d'une biostimulation des truffières par les lombriciens.

Nous en sommes là… mais tout indique que plusieurs perspectives s'ouvrent pour optimiser intelligemment cette relation dans des écosystèmes aussi particuliers que mal connus, si l'on tient compte

1. Haimi, J., 1993 – "Effects of an Introduced Earthworm *Aporrectodea velox* on Nutrient Dynamics of Forest Soil", *Biol. Res. Reports* univ. Jyväskylä, 32, 5, p. 1-10.
2. Boumaza, O., Toutain, F., et Pargney, J.-C., 2002 – "Apport de l'observation des lames minces à l'étude de *Tuber mesentericum* et de son environnement édaphique", *Bull. Acad. sci. Lorraine*, vol. 41, 3-4, p. 105-114.

simultanément du sol, des plantes potentiellement trufficoles, des lombriciens et, évidemment, des truffes.

Réparer nos dégradations

Nous avons considéré ci-dessus les usages des lombriciens, spontanés ou volontaires, pour la biostimulation de sols plus ou moins profondément modifiés par les actes humains. Ce dernier paragraphe, relatif aux systèmes complexes, va traiter de trois types de matériaux fortement artificialisés par nos activités et nécessitant un traitement spécifique où les lombriciens pourraient jouer leur rôle.

La réhabilitation de milieux, une belle carrière en perspective

Il s'agit ici, dans des espaces devenus essentiellement minéraux, de tendre à reconstituer un écosystème avec sol, végétaux, matière organique morte et lombriciens. C'est le cas des surfaces libérées et découvertes après l'exploitation des carrières, mines à ciel ouvert, sablières… et des rejets des mines souterraines (terrils). Normalement, la terre d'origine, dite "végétale", a été décapée et déposée en tas très massifs qui ont perdu leurs aptitudes vitales initiales, sauf à la superficie de ces tas où l'activité biologique se maintient, nourrie d'herbes folles.

La réhabilitation de ces surfaces libérées après exploitation est un travail visant à cicatriser la plaie paysagère créée et si possible à lui donner une destinée économique (forestière, herbagère, touristique). Pour ce faire, les reliefs minéraux peuvent être remodelés puis recouverts de la terre "végétale" issue du décapage initial, si elle existe. Il s'agit d'une terre de qualité souvent très médiocre, améliorable par des apports de matières organiques peu coûteuses, tels des boues d'épuration, des composts urbains, etc. Si les micro-organismes s'y développent spontanément, cette terre doit être en outre inoculée d'organismes qui ne recolonisent pas spontanément, essentiellement des végétaux herbacés, des plants d'arbres et des lombriciens.

Tant le choix des modalités de mélange de la terre décapée avec la matière organique apportée que les techniques d'implantations végétale et animale relèvent d'un art encore peu développé. Ce choix supposerait à la fois une sélection pertinente des végétaux et des lombriciens, et un suivi corrigeant les éventuels déséquilibres apparaissant dans le développement du milieu reconstitué, tels le désherbage autour de jeunes plants d'arbres en concurrence avec les herbes, voire leur arrosage pour assurer leur reprise.

Évidemment, l'emploi de produits intoxiquant les lombriciens est proscrit. Rappelons qu'ici les lombriciens ne doivent pas être issus des lombricultures ne produisant que des épigés inadéquats (voir les escroqueries décrites ci-dessus), mais de prélèvements raisonnés depuis des sols sains.

La bioremédiation des substrats intoxiqués

La bioremédiation vise à faire intervenir dans des sols pollués des lombriciens en coaction avec des micro-organismes spontanés, pour dépolluer ces sols *in situ* ou à la manière du lombricompostage décrit ci-dessous (p. 284-285). C'est particulièrement le cas des sols contaminés par les hydrocarbures en principe décomposables. Comme ils sont souvent génotoxiques, donc fréquemment cancérigènes, l'enfouissement de ces hydrocarbures ne peut être qu'une solution transitoire. Il est donc souvent suggéré de mélanger ces substrats toxiques avec des matières organiques non polluées (comme des feuilles d'arbres, du papier à recycler, de la sciure, etc.) et d'y ajouter des lombriciens chargés de biostimuler la microflore afin d'obtenir la décomposition digestive et enzymatique souhaitée, éliminant les toxiques par biodégradation. Tout cela pour obtenir un produit final dépollué.

Les lombriciens permettraient en outre, dans les sites de traitement, l'évaluation en continu de la diminution effective, ou non, des génotoxiques (cf. p. 253). Cette propriété n'est pas évoquée dans ces projets, mais elle n'est nullement absurde car, si l'on veut accélérer la décomposition de ces polluants, il faut aussi se donner les moyens d'assurer leur biosurveillance. À la connaissance de l'auteur, aucune réalisation sérieuse n'a vu le jour en ce domaine prometteur.

La biorestauration : rêvons d'un sol meilleur

L'auteur est souvent sollicité pour donner des conseils afin de restaurer, à l'aide de lombriciens réintroduits, la fertilité naturelle de sols ayant été massacrées. Très souvent, cette sollicitation résulte de l'illusion entretenue par des imposteurs proposant des lombriciens épigés inaptes à résoudre les multiples problèmes résultant de la dégradation des sols soumis à l'agriculture intensive (voir ci-dessus, p. 261). Nous sommes ici devant plusieurs difficultés.

Comme nous l'avons vu, l'agriculture emploie des agrotechniques non évaluées vis-à-vis des écosystèmes où elles sévissent. Vouloir réparer des sols cultivés et dégradés par la simple réintroduction de lombriciens peut être fait, mais ils seront tués ensuite par l'utilisation d'agrotechniques mortifères.

Deuxième difficulté, le sol dégradé conserve nombre de toxiques tel le cuivre utilisé abondamment pour lutter contre des champignons phytopathogènes (mildiou dans les vignes, tavelure dans les vergers, etc.). Si les apports actuels en cuivre des fongicides modernes se sont apparemment réduits, ils restent élevés dans les traitements traditionnels conservés en agriculture biologique. D'autres apports de cuivre sont dus à la pollution générale, tels les épandages de lisier de porc qui participent à cette charge en cuivre des sols. Finalement, le cuivre, très peu mobile, s'accumule année après année dans la couche arable au point d'être toxique pour les lombriciens, les *Rhizobium*, etc.

Il y a aussi probablement une mémoire : celle des structures superficielle et profonde du sol, lentement détruites par l'agriculture intensive. Ici, les preuves directes manquent faute de la moindre étude : il faut de dix à vingt ans pour perdre la structure du plexus fonctionnel des agro-écosystèmes, les galeries et les structures profondes étant longues à se combler. Toutefois, une preuve nous est fournie lorsque l'élite de l'agronomie déplore, comme vu p. 235-236, la baisse des rendements agricoles en blé et en colza après une période d'accroissement continu sur des sols ayant longtemps bénéficié des structures laissées par les lombriciens *post mortem*, ce bénéfice s'estompant au rythme de la dégradation des sols. Dans l'aveuglement actuel, les lombriciens retrouveront difficilement leur place bénéfique après leur extermination et ce n'est pas en tentant de corriger la carence en matière organique humifiée par des composts polluants (cf. fig. 29, p. 279) qu'on peut corriger ces tares.

Une troisième difficulté a été clairement identifiée par un agronome exceptionnel, qui regarde l'état des champs et aide les exploitants à prendre en compte le fonctionnement des sols de leurs exploitations. Le temps de reconstitution des populations d'anéciques est problématique. Comme indiqué p. 212-214, nous n'avons pas de véritable connaissance démographique. Une durée de vie de plusieurs années, voire décennies, pour des adultes anéciques nous indique qu'une faible progéniture suffit à maintenir normalement les populations, et en conséquence, après la réduction drastique de leur population, le rétablissement sera lent. Peut-être pourrait-on rechercher les espèces les plus prolifiques parmi cette précieuse catégorie écologique pour accélérer la biorestauration des sols. Mais cela est actuellement exclu par la suppression de toute recherche géodrilologique en agronomie, résultant de l'ignorance institutionnalisée du rôle de la première masse animale active dans nos espaces ruraux, et par le refus actuel de toute écologie.

Certes, une hirondelle ne fait pas le printemps, mais cet agronome exceptionnel s'échine à protéger, voire à restaurer, la fertilité naturelle des sols. Comme l'agriculteur Ashmore en Nouvelle-Zélande dans les années 1920 (cf. p. 265-266), Antoine Delaunois, de la chambre d'agriculture du Tarn, s'efforce d'attirer l'attention des praticiens sur l'intérêt du patrimoine vivant de leurs parcelles. À cet effet, il a produit un fascicule commode de diagnostic des sols à l'usage des professionnels[1].

Pour une agronomie intelligente et réparatrice

Achevons ce paragraphe dédié aux contributions des lombriciens à la fertilité des champs. Ces contributions sont d'autant plus importantes

1. Delaunois, A., 2009 – *Un guide pour une observation agronomique des sols, destiné aux agriculteurs et aux agronomes*, Journées d'études des sols, Strasbourg, chambre d'agriculture du Tarn.

que les agroécosystèmes sont restés essentiellement spontanés. Cela s'applique beaucoup moins à ceux qui ont été profondément détruits et dont la restauration est d'autant plus problématique que les parcelles ont subi une kyrielle d'agrotechniques d'"intensification".

Ces agrotechniques intensificatrices sont superficielles au double sens du terme. D'abord en ne considérant les effets des intrants de toute nature (énergies, engrais, machines, pesticides, etc.) que vis-à-vis de rendements rapportés à l'hectare, ensuite en ignorant totalement l'épaisseur des agroécosystèmes, notamment celle des sols. Elles pavent une voie royale enseignée, promue, subventionnée, détaxée et encadrée souvent par voies réglementaires et normatives. Sortir de cette voie royale, c'est essayer, comme nombre d'exploitants, de mieux tirer parti des mécanismes spontanés des écosystèmes et tenter, à contre-courant, de réduire les intrants coûteux et souvent nocifs (pesticides, carburants, engrais…). C'est aussi, très souvent, partir d'une situation dégradée, telle celle de sols ayant largement perdu leur autorégulation, dont le labour biologique profond. C'est entrer en concurrence avec des produits agricoles, même médiocres, commercialisés à bas prix car subventionnés à de nombreuses étapes de leur production. Enfin, c'est souvent s'écarter d'agrotechniques possiblement utiles mais pernicieuses pour ne pas avoir été réellement évaluées dans des parcelles cultivées.

Il peut paraître dommage d'écarter les fongicides modernes en agriculture biologique. Ils présentent peut-être moins d'inconvénients que les épandages de cuivre se fixant dans les sols. Mais c'est prendre le risque d'entrer dans l'incurie de la commission des toxiques décrite p. 244-247. Tout médicament contient des principes actifs, donc non neutres. À la différence des pesticides, leurs usages sont réglementés, évalués et, si nécessaire, remis en cause par pharmacovigilance. Pour les pesticides, les engrais, les bouleversements mécaniques…, les patients que sont les écosystèmes ne sont pas surveillés et sont maltraités.

Achevons ici par une considération totalement utopique : celle d'une agronomie intelligente fondée sur les savoirs, *tous les savoirs*, traditionnels, empiriques et hyperspécialisés. L'accès à ces savoirs serait aujourd'hui facile, mais est présentement impossible, ces savoirs étant séquestrés par absence de prise en compte par les institutions technoscientifiques de la spécificité de leur gestion intégrée par intelligence artificielle.

Utopie donc, les institutions agronomiques prendraient en compte sérieusement la problématique environnementale dans l'enseignement et la recherche (au singulier ; il ne s'agit pas d'un inventaire à la Prévert de problèmes).

Utopie rendant possible et disponible auprès des praticiens, des consommateurs, du public, etc., l'évaluation des agrotechniques en écartant les positions dogmatiques, favorisant ainsi les démarches réparatrices qui permettraient, autant que faire se peut, la restauration des sols des écosystèmes et une optimisation réelle des actes agronomiques.

Nous avons vu dans ce paragraphe que des agronomes ou des praticiens ont ouvert la voie, par des appréciations empiriques, à des pratiques de labour, de semis, de fertilisation et d'usage des lombriciens qui ne demanderaient qu'à être valorisées et améliorées si ces avancées étaient relayées, soutenues et simplement prises en compte dans une intelligence simultanément agricole et environnementale.

Utopie évidemment actuellement, mais nous verrons au chapitre suivant que la situation pourrait changer.

USAGES EN SYSTÈMES CONTRÔLÉS

Pour voir clairement dans le clair-obscur

Nous quittons ici les usages des lombriciens dans les champs, systèmes complexes, pour décrire leurs diverses utilisations dans les systèmes artificiels sous contrôle humain. Ce ne sont plus principalement des anéciques ou des endogés qui sont utilisés dans ces systèmes, mais plutôt des bêtes très prolifiques, sélectionnées parmi les épigés et pratiquement sur un nombre très restreint d'espèces. C'est en effet du travail à tâche qui est demandé à ces lombriciens, et chaque fois la tâche est différente.

Ici, les lombriciens interviennent sous la conduite humaine dans des opérations visant à utiliser leurs propriétés à la manière de celles des soldats dans une opération militaire, non pas en les considérant comme des généraux conduisant l'opération, mais bien comme des exécutants l'effectuant. Comme dans les champs, ils ne méritent pas le qualificatif d'"ingénieurs", qualificatif franglais qu'une intelligentsia leur attribue parfois depuis une dégradation linguistique états-unienne de l'anglais. Non, les lombriciens, comme nous l'avons vu au chapitre II, vivent et se maintiennent à la première place des animaux en terres émergées grâce à leur longue coadaptation avec les autres constituants des écosystèmes. Je me vois mal expliquer à des ingénieurs mettant en œuvre les procédés décrits ci-dessous que les vers de terre utilisés sont des "ingénieurs", selon ce franglais états-unien. Puisqu'ils effectuent les opérations qu'on attend d'eux, et pour être clair, nommons ces lombriciens, opérant comme outils en systèmes contrôlés, des opérateurs, des lombropérateurs si l'on veut, ceux effectuant sous notre contrôle des lombropérations.

Lorsque 3 + 1 = 1

On exploite l'aptitude des épigés de *trois* manières qui visent chacune *trois* objectifs socioéconomiques bien distincts, mais techniquement conjoints et simultanés. Il faut toutefois impérativement les distinguer, ce qui souvent n'est pas fait clairement, la tendance étant de vendre les trois aptitudes potentielles sans tenir compte qu'aux plans technique, opérationnel, financier, environnemental, réglementaire et commercial, les obligations de leurs mises en œuvre varient. Il faut donc ici bien distinguer premièrement l'aptitude des lombriciens épigés à se reproduire abondamment, deuxièmement le fait que leurs actions digestives permettent de fabriquer un excellent humus et troisièmement qu'ils sont des agents à notre service pour l'élimination-valorisation de déchets. Enfin, quatrièmement et cerise sur le gâteau, ils servent d'*outil pédagogique*, tant pour les adultes que pour les enfants, notamment pour illustrer leurs rôles dans les cycles naturels depuis des débris organiques.

Considérons d'abord l'aptitude des lombriciens épigés à se reproduire abondamment, à pulluler, pour exploiter ce cheptel à la démographie galopante. Il s'agit de la *lombriculture* qui vise *d'abord* la production de lombriciens. On utilise alors pour leur alimentation de riches matières organiques qui peuvent être des déchets ensuite transformés en produits secondaires.

Considérons ensuite le *lombricompostage* qui vise *d'abord* l'obtention d'un produit : le *lombricompost*, un amendement organique précieux. On utilise ici les aptitudes digestives des lombriciens aptes à triturer et à transformer par digestion, en coaction avec les micro-organismes, des matières organiques qui sont éventuellement des déchets, mais pas seulement, pour élaborer d'excellents humus fertilisants. Dans cet objectif socioéconomique précis sont accessoires les lombriciens en tant que produit ou en tant que moyen d'élimination-valorisation des déchets.

Considérons enfin leur rôle dans l'*élimination*, accompagnée ou non de la *valorisation*, de *nos déchets* (ordures, excréments, eaux usées, etc.). En permettant l'*élimination-valorisation de déchets liquides, solides ou pâteux*, les lombriciens sont dans ce cas d'abord des outils environnementaux. On utilise ici leur aptitude à sélectionner parmi les déchets les matières organiques qui, triturées, transformées et réduites par digestion en coaction avec les micro-organismes, sont transformées et séparées de la masse initiale.

Ici, en systèmes artificiels, les conditions vitales des lombriciens sont sous contrôle humain. Pour conduire ces systèmes artificiels complexes, une réelle intelligence des conditions à créer s'impose et sera d'abord décrite.

La quadrature d'un cercle vertueux

Le lombricompostage, comme la lombriculture et tout autre usage sociétal des lombriciens d'ailleurs, exige une compréhension de ce qui se passe dans une lombropération appliquée à des matières organiques plus ou moins putrides, où des phénomènes aux effets contradictoires existent.

Les lombriciens épigés, seuls utilisés ici, exigent un milieu aérobie, c'est-à-dire avec suffisamment d'oxygène provenant de l'air pour vivre, ce qui au passage garantit l'absence de mauvaises odeurs émanées depuis les milieux putrides. Ces épigés ont une activité optimale dans un substrat à 25 °C ; au-dessous de cette température, leur activité ralentit. L'oxygène se dissout mieux à basse température dans le film d'eau qui imbibe le substrat humide où les épigés utilisés doivent être maintenus. Contradiction, plus la température monte, plus l'activité biologique consomme d'oxygène et moins l'oxygène se dissout dans l'eau qui enveloppe les lombriciens. En outre, l'eau en abondance occupe les pores où l'oxygène de l'air ne diffuse plus facilement. Enfin, en absence d'oxygène, une fermentation anaérobie, malodorante et toxique pour les lombriciens, se développe. Conclusion : au-dessus de 30 °C, c'est la fuite de ces animaux ou bien leur mort.

Par ailleurs, les lombriciens, conjointement avec les micro-organismes, apprécient des substrats alimentaires riches ; cela se comprend. Oui, mais en conséquence, l'activité biologique des lombriciens et des micro-organismes consommant ces aliments utilise beaucoup d'oxygène ; on étouffe alors avec un gosier trop plein !

Il y a donc une équation favorable pour tendre à créer des milieux riches, humides, à microflore abondante et à température proche de l'optimum. Mais ceux-ci ont pour limite des besoins en oxygène qui doivent être satisfaits.

La conséquence pratique de ce constat exige une attention intelligente des réalités qui est souvent mise en défaut. L'attention doit porter en toute circonstance sur l'observation critique de la porosité dans laquelle diffusent de façon spatialement concurrente l'eau et l'air et sur l'alarme produite par les mauvaises odeurs issues des décompositions anaérobies. Savoir humer l'humus en formation est alors essentiel et permet une réponse technique, notamment en améliorant la porosité pour l'aération des substrats. L'incompréhension des phénomènes contradictoires d'accroissement de température et d'activité biologique consommatrice d'un oxygène diffusant moins en milieu saturé d'eau est à l'origine de bien des échecs dans les lombropérations.

La qualité des produits issus des lombropérations

La qualité des lombriciens produits en masse par lombriculture dépend de leur propreté externe et interne. Externe, en nettoyant bien les individus du lombricompost auquel ils adhèrent ; ils ne doivent pas être souillés, notamment lorsqu'ils sont destinés à être des lombrimets (aliments vifs ou lombrifarine). Interne, par vidage de l'endentère (contenu du tube digestif) selon la qualité souhaitée du lombrimets et assurément pour toute analyse corporelle des diverses bioteneurs.

Pour évaluer la qualité des lombricomposts et de leur produit dérivé, le lombristimulant liquide, la difficulté tient dans le mot *analyse*. Analyser, c'est choisir d'étudier seulement quelques caractéristiques physiques, ou certains éléments chimiques, ou par ailleurs quelques propriétés biochimiques, par exemple des phytohormones, ou certains peuplements microbiens, ou ceci ou cela, mais pas le reste qui est non analysé, comme les propriétés résultant des diverses interactions se produisant entre la myriade de composants des lombricomposts. Ici, l'analyse privilégie quelques caractéristiques qui ne peuvent seules expliquer les propriétés des lombricomposts et lombristimulants, et l'opinion des utilisateurs souvent très favorable à leur égard.

Effectuer un bilan des procédés d'élimination et de valorisation des déchets par les lombriciens se fait actuellement par comparaison avec les autres procédés. Cette méthode d'évaluation est extrêmement grossière et souvent biaisée car elle est normalisée à partir des pratiques préexistantes telle celle du compostage d'ordures ménagères répandues dans les champs au prétexte d'un "apport de matière organique" (cf. fig. 29). Les normes sont généralement inappropriées aux innovations, comme nous le constaterons p. 296-297. Ce constat d'absence de toute véritable évaluation sera, hélas, généralisé au chapitre IX.

Figure 29. Sol-ordure résultant de l'apport au champ de la "matière organique" (sic) *d'un compost de déchets urbains.*

La lombriculture. Qu'ils grouillent!

Exercice comptable

Sachant qu'un *Eisenia andrei*, en conditions optimales, deviendra adulte après son éclosion en un mois et qu'il produira alors tous les quatre jours un cocon qui prendra un mois pour éclore, libérant en moyenne

1,2 jeune par jour et par cocon, combien d'adultes, de cocons et de jeunes en croissance seront issus du cocon initial un an plus tard ?

Ne cherchez pas ! Laissez vos calculettes. Cela ne marche jamais comme ça car l'optimum, c'est beau, mais c'est théorique et sa réalisation coûte cher. Cette présentation permet toutefois de dire que, si l'on s'approche de ce maximum théorique, cela grouille par milliers de descendants, et c'est vrai (cf. fig. 30). On m'a même signalé que certains de ces lombriciens épigés, ayant l'âme vagabonde, ont parfois quitté leur milieu d'élevage où ils sont en surpopulation et se sont écoulés, en un flux d'individus agglutinés, à la manière d'un ruisseau qui, une fois au moins, inonda une cuisine ! Comique, anecdotique, répugnant peut-être, mais démonstratif. Plus sérieusement, regardons l'intérêt d'obtenir une production de masse de ces animaux.

Figure 30. Déchets urbains accueillant des Eisenia andrei *pullulant dans ce riche substrat organique.*

Ça mord

Non, ce ne sont pas les lombriciens qui mordent, mais les poissons. La lombriculture produisant des appâts pour la pêche est une activité lucrative, quoique exercée par un artisanat diffus et quelque peu occulté. Certains chômeurs la pratiquent et vendent de petites boîtes d'appâts sans facture. Cela coexiste en marge d'une activité plus structurée, distribuant ses produits dans des commerces spécialisés et en supermarchés.

Les pêcheurs amateurs, qui n'ont pas de bêche pour capturer eux-mêmes leurs appâts ou ne peuvent le faire en saison sèche ou froide, se fournissent ainsi en "petits rouges" (*Eisenia fetida* ou *Eisenia andrei*), en "moyens rouges" (*Dendrobaena veneta*, élevé séparément), en "gros rouges" (*Lumbricus*, épianécique) et en "gros à tête noire" (anéciques). Ces deux dernières catégories, ne pouvant être élevées de façon rentable, sont capturées dans la nature ; elles font l'objet de stockages en élevages temporaires et d'un commerce international.

Et ça se mange : pisciculture

Non, ce ne sont pas des poissons pêchés qu'il s'agit ici, mais des lombriciens qui sont des aliments très appréciés dans la nature par de nombreux prédateurs, y compris les populations humaines au stade technique de la chasse-cueillette. Leur qualité diététique est remarquable car leur composition corporelle est étonnamment riche en protéines (70 % en masse sèche), en lipides (15 %) dont de nombreux oméga 3, en oligo-éléments, etc.

Cela a conduit, à la suite de McInroy[1] et de Chaudonneret[2], à envisager la lombriculture comme source d'aliments pour les animaux et pour les hommes. Après contrôles pharmacologiques, l'équipe du professeur Ana Luisa Medina, de la faculté de pharmacie de Mérida (Venezuela), a effectué, à l'échelle expérimentale, la réalisation de galettes enrichies de farine de lombriciens distribuées à des enfants souffrant de malnutrition[3]. Cette même équipe s'intéresse beaucoup aux usages zootechniques, surtout en pisciculture, pour laquelle une recherche-développement est en cours.

Antérieurement, beaucoup d'essais de laboratoire furent pratiqués sur des animaux, quelques mammifères, des volailles et des poissons. L'important potentiel offert par les lombriciens fut même à l'origine d'un coûteux programme britannique aidé par la Communauté européenne. Il fut entrepris pour utiliser en entrée de lombriculture des déchets agricoles comme aliments et pour obtenir en sortie une production lombricienne importante et utilisable industriellement.

À partir d'échantillons triés à la main, ce programme a assuré la préparation d'une farine de lombriciens dont les qualités diététiques se sont avérées être égales aux meilleures farines de poisson. De telles farines sont aujourd'hui rares et coûteuses, d'où l'intérêt de trouver un substitut, des lombriciens, pour les fabriquer. Néanmoins, ce projet fut un échec technique car la séparation, en fin d'élevage, d'une part des lombriciens propres et d'autre part du lombricompost issu des déchets organiques n'avait pas été abordée de façon techniquement efficace. La solution de ce problème technique est connue de l'auteur.

1. McInroy, D. M., 1971 – "Evaluation of the Earthworm *Eisenia foetida* as Food for Man and domestic animals", *Feedstuffs*, 43, p. 36-47.
2. Chaudonneret, M. B., 1977 – *Quelques données sur la composition biochimique des vers de terre, aliment éventuel du bétail et de l'homme*, rapport INSA, Lyon.
3. Vielma-Rondon, R., Ovalles-Duran, J. F., León-Leal, A., et Medina, A., 2003 – "Valor nutitivo de la harina de lombriz *(Eisenia foetida)* como fuente de aminoácidos y su estimación cuantitativa mediante cromatografía en fase reversa (HPLC) y derivatización precolumna con o-ftalaldehído (CPA)", *Ars pharmaceutica*, 44, 1, p. 43-58.

Elle permettra d'aboutir à un processus industriel de production qui compensera ainsi la rareté des farines de poisson disponibles pour les piscicultures, les élevages de crustacés, voire de volailles, de porcs, etc. L'aquaculture, tant des poissons que des crustacés, reste malgré ses progrès dans une impasse. L'alimentation de ces animaux d'élevage exige un minimum d'acides gras insaturés qui ne sont présentement fournis que par les déchets de poissons et surtout par la pêche minotière – une pêche dédiée à fournir les usines de farine de poisson indispensable aux rations d'élevages aquacoles. C'est le poisson qui se mord la queue ; pour satisfaire à la demande croissante de poissons, l'aquaculture… consomme des poissons.

À ce sujet, un débat a été présenté dans *La Recherche*[1], où le tenant de l'aquaculture constate que "toutes les espèces de poissons […] se différencient […] par leur besoin […] en acides gras *spécifiques du milieu aquatique*". Myopexpertise oblige, il ignore que les lombriciens des milieux terrestres satisfont aux besoins diététiques (y compris en acides aminés) des poissons et des crustacés. Ces lombriciens pourraient être produits massivement par lombriculture sur déchets organiques ; leur lombrifarine est une alternative de qualité à la farine de poisson. Une telle industrie, concevable et réalisable, est institutionnellement bloquée car elle est une innovation intrusive.

L'usage des lombriciens comme aliment zootechnique se pratique aussi de façon très artisanale et constitue un complément de revenu pour des paysans, souvent pauvres. C'est le cas des *cafeteros* qui, en Colombie, sélectionnent à la main les cerises de café, puis séparent la pulpe de ces cerises de leurs noyaux : les grains de café. La pulpe, très abondante, constitue du fait de son accumulation un déchet organique polluant, sauf si elle est traitée par une lombriculture artisanale. Cet élevage produit un lombricompost, utilisé comme fertilisant, et des lombriciens qui sont consommés par des volailles (poulets, canards…) se nourrissant directement dans le lombricompost.

Les lombriciens cobayes

On ne peut terminer de traiter de la lombriculture sans évoquer la production de lombriciens utilisés, à l'instar des cobayes, en essais de laboratoire, non seulement pour les tests toxicologiques de produits chimiques déjà décrits ci-dessus, mais aussi pour des tests plus exotiques, telles l'appréciation de l'irritabilité de produits cosmétiques ou des études de réponses immunologiques. Hélas, les lombricultures conduites pour produire ces cobayes ne se fondent toujours pas sur une identification précise des animaux utilisés… et bien des résultats divergents découlent très probablement de cette carence fondamentale.

1. N° 466, 2012.

Compost, lombricompost et gaz à effet de serre
Avant de décrire des lombropérations s'appliquant au traitement des matières organiques mortes (déchets agro-industriels, ordures, etc.), il faut cadrer celles-ci par rapport à nos activités et à nos écosystèmes.

Ces matières organiques contiennent évidemment l'énergie solaire captée initialement par la photosynthèse des plantes et transformée par voies industrielles, tel le papier issu des arbres, par voies agrotechniques, tels le marc et les rafles de raisin, par voies sociétales, telle leur participation à 50 % de la masse des ordures ménagères, ou par voies zootechniques, tels les excréments et lisiers d'élevages hors-sol de canards, porcs, vaches laitières, etc.

Entendons-nous bien, il ne s'agit pas ici de détourner les matières organiques mortes qui se recyclent spontanément au champ, notamment grâce aux lombriciens, comme décrit ci-dessus (cf. p. 216 et 256-259), au prétexte de produire du compost ou du lombricompost pour satisfaire à la demande croissante de ces produits par les particuliers, les bio-agriculteurs et autres personnes préoccupées par l'état des sols. Il est par ailleurs évident que nos besoins en matières organiques fertilisantes ne peuvent être satisfaits en raison de la dégradation des capteurs d'énergie solaire végétale (telles les céréales privées de leurs plantes compagnes par des herbicides) ou de leur annihilation (sols nus).

Il existe toutefois d'énormes accumulations de matières organiques, souvent des déchets polluants, résultant des activités humaines. Ces accumulations d'ordures, de lisiers, d'eaux usées, d'excréments, de rejets de scieries, etc., doivent impérativement être traitées de la meilleure manière possible pour obtenir une valorisation de ces matières, justifiant leur recyclage associé à leur richesse en éléments biogènes et en énergie organique.

Remarquons qu'au cours des compostages et lombricompostages, à la différence des décompositions s'effectuant au champ où les lombriciens convertissent l'énergie organique en travail du sol, il y a perte partielle de cette énergie au cours de la maturation (putréfaction) des résidus soumis à traitement. Cette perte s'accompagne d'émanations de gaz à effet de serre, dans les deux procédés de gaz carbonique et dans les compostages de méthane à l'effet climatique beaucoup plus sévère.

Précisons encore que certaines accumulations putrides nécessitent une étape d'hygiénisation pour éliminer les germes pathogènes. Cela sera décrit ci-dessous dans l'alinéa relatif à la lombripolytechnique (p. 289-292).

De toute manière, il nous faut traiter au mieux les accumulations putrides issues de nos pratiques socio-industrielles et les transformer en de bons composts et lombricomposts, une manne utile notamment par le recyclage des éléments biogènes assurant une bonne croissance végétale. Dans les lombricompostages, l'énergie organique dégradée n'est pas perdue car les lombriciens y travaillant calibrent les matières organiques, permettant une séparation ultérieure des résidus inertes indigestes, tels les cailloux, débris de plastiques, etc. Cette propriété est importante en général et essentielle pour les déchets hétérogènes, telles les ordures ménagères.

Par rapport au compostage, le lombricompostage est contraignant car il nécessite le respect de conditions thermiques et d'aération strictes. En contrepartie, le lombricompost est de qualité excellente (maturation, absence d'inertes) et est obtenu sans odeur et beaucoup plus vite qu'en compostage. Traiter les déchets socio-industriels pourrait être optimisé grâce à l'usage intelligent des lombriciens selon diverses modalités, comme développé ci-dessous. Mais n'oublions pas qu'ici comme ailleurs nous manquons d'évaluations intégrées, comme cela sera décrit au chapitre IX.

Bien humer l'humus : le lombricompostage

Très semblable en apparence à la lombriculture, le lombricompostage vise explicitement à transformer divers déchets organiques pour obtenir depuis ceux-ci un lombricompost qui est un produit organique bien humifié (c'est-à-dire bien décomposé, ni trop, ni trop peu) et suffisamment stable pour être commercialisable. Il constitue un amendement de qualité, assez coûteux, souvent destiné aux plantes d'appartement souffrant d'un terreau épuisé.

À la différence de la lombriculture, le lombricompostage n'est pas conduit pour obtenir un maximum de lombriciens qui ne sont ici considérés au mieux que comme des sous-produits. On recherche d'abord la valorisation en lombricompost de matières organiques (tels les fumiers) ou de déchets organiques (les boues d'épuration, les excréments, etc.). La qualité d'un lombricompost dépend évidemment de la qualité du substrat initial utilisé, mais aussi de la conduite du lombricompostage lui-même qui exige une compréhension précise des exigences de cette technique.

Du facile à l'artistique

Faire un lombricompost avec un fumier, généralement équilibré et de manipulation aisée, c'est techniquement jouer sur du velours, mais dans une étroite marge économique. Bien d'autres substrats initiaux peuvent être traités par lombricompostage, généralement en mélangeant des déchets organiques pauvres en azote mais poreux (papier, rafles de raisin, etc.) avec des apports riches en éléments biogènes qui, pris seuls, seraient rapidement mortifères par le défaut d'oxygène qu'ils induisent si la maîtrise de l'aération par la porosité n'est pas bien réalisée. Pensez, par exemple, aux déchets semi-liquides des abattoirs, au sang très riche devenant très vite putride ! Maîtriser la quadrature du cercle vertueux, décrite ci-dessus, est alors le travail d'un artiste connaissant bien sa partition. Il doit être considéré comme un maestro s'il est capable de réussir avec brio la difficile valorisation lucrative par le lombricompostage des déchets organiques polluants et malodorants.

Valoriser un produit noble

Sous climat tempéré, le lombricompost roi est incontestablement celui qui est obtenu en utilisant comme substrat initial du fumier. En principe, ce dernier est directement valorisable comme engrais organique, mais la spécialisation des exploitations en zones géographiques différenciées fait qu'il n'y a souvent plus de cultures dans les zones d'élevage, où le fumier se valorise mal et doit être exporté à un coût de transport non négligeable. Le lombricompostage, en transformant ces fumiers en lombricompost de valeur, de moindre masse et de qualité très supérieure, trouve ici une application sous réserve que des produits vétérinaires n'aient pas empoisonné le fumier.

En conditions tropicales, des applications du lombricompostage ont été présentées par Eduardo Aranda et ses collaborateurs[1]. Elles font, à juste titre, la part belle à la valorisation de la pulpe de café déjà évoquée p. 282. Celle-ci est pratiquée à grande échelle au Mexique.

C'est juteux

Pour être complet, signalons un troisième produit. Les dispositifs de traitement des déchets organiques produisent des jus résultant des excès d'eau s'égouttant sous les installations de lombricompostage ou/et de lombriculture. Ces jus sont un éventuel sous-produit. Ainsi, le pédologue Jean-Marie Étier m'a signalé qu'au Venezuela ces jus sont collectés, conditionnés et commercialisés avec succès car ils sont appréciés par une clientèle qui les utilise en tant que stimulant liquide pour arroser des plantes. Leur richesse en éléments biogènes, mais aussi en petites molécules organiques, germes et antibiotiques spontanés, pourrait expliquer la satisfaction de cette clientèle pour ce *lombristimulant liquide*.

Se débourber

Les boues issues des stations d'épuration des eaux usées, dites aérobies ou à boues activées, appartiennent à deux catégories. D'une part, les boues d'épuration ordinaires, représentant la masse principale, qui résultent de la décantation de matières putrides qui ne peuvent être traitées dans ces stations. D'autre part, les boues grasses, qui ne sont qu'une petite fraction issue des corps gras flottant sur les bassins de traitement des eaux ; elles seront évoquées p. 287.

1. Aranda, E., Barois, I., Arellano, P., Irisson, S., Salazar, T., Rodriguez, J., et Patron, J. C., 1999 – "Vermicomposting in the Tropics", in P. Lavelle *et al.*, *Earthworm Management in Tropical Agroecosystems*, CABI Publishing, Wallingford (Grande-Bretagne), p. 253-287.

Les boues de décantation sont malodorantes, volumineuses et initialement quasi liquides (98 % d'eau). Elles peuvent être très partiellement asséchées par divers traitements (80, 70, 60 % d'eau). Elles deviennent ainsi transportables pour s'en débarrasser par épandage dans les champs, les forêts, etc. Cette pratique fréquente est toutefois souvent problématique en raison des polluants chimiques que ces boues contiennent. Le coût de leur élimination, si elle est correctement effectuée, est alors élevé. J'ai constaté que de multiples proclamations, descriptions de dispositifs et d'installations de lombricompostage de ces boues avaient en commun d'ignorer les contraintes vitales des lombriciens. L'absence de porosité des boues garantit l'asphyxie des animaux introduits, et la technique du lombricompostage s'est très souvent embourbée.

Une autre catégorie de boues est issue des stations d'épuration anaérobies (méthanisation). Les boues méthanisées sont de même asphyxiques et riches en molécules toxiques formées lors de leur fermentation, mais de plus elles sont pauvres en nutriments organiques assimilables. L'échec de leur lombricompostage direct est évidemment la règle.

Il faut toutefois noter que l'impasse technique n'est pas totale. Certaines municipalités auraient mêlé des boues aérobies aux déchets issus des espaces verts. Cela pourrait effectivement créer une porosité du mélange et permettre un lombricompostage satisfaisant de l'ensemble. Je ne connais pas la validité effective de cette pratique qui permettrait un lombricompostage correct de ces déchets en maîtrisant la quadrature du cercle vertueux énoncée ci-dessus.

La lombrirésorption

Une application originale du lombricompostage a été développée par une entreprise, Écosphère Technologies[1], qui applique cette technologie à la résorption tant des odeurs que des urines et des fèces collectées dans des toilettes sèches. Il s'agit de toilettes publiques installées dans des sites isolés ne disposant ni d'eau courante ni d'un raccordement à un réseau électrique, tels des lieux d'aisances implantés sur des parcours touristiques en montagne ou dans des pays en développement. Ces toilettes ont un fonctionnement autonome et ne nécessitent que très peu d'interventions de maintenance en raison de la résorption des fèces par les lombriciens. Cette société appuie son activité sur une recherche-développement pragmatique visant à étendre les domaines d'application, par exemple en très haute montagne en repoussant par des innovations (choix de souches lombriciennes, adaptation des abris-toilettes) les limites qu'imposent les conditions climatiques.

1. 26110 Saint-Ferréol, France.

Dégraisser les cadres
Les boues grasses des stations d'épuration des eaux usées, présentées ci-dessus, sont de masse limitée, mais sont une peste environnementale dont on ne peut pas se débarrasser, si ce n'est dans des décharges contrôlées spéciales ou par incinération. Le coût de ces opérations est très élevé.

Je fus averti de l'existence à Toulouse d'un lombricompostage réussi de ces résidus graisseux. Je suis allé le visiter et fus agréablement surpris de voir que ces boues étaient effectivement lombricompostées avec succès. Heureusement, je pus longuement discuter avec l'ouvrier qui, très attentif, avait empiriquement et à peu de frais réglé les problèmes d'aération et d'équilibre alimentaire nécessaires par un mélange intelligent de substrats poreux et un ajout de boue de décantation aux boues grasses. Surtout, cet ouvrier suivait avec attention l'état de son cheptel de lombriciens épigés, *Eisenia andrei*. C'était sa fierté.

Ce succès, levant un réel problème environnemental, fut communiqué par l'ingénieur responsable de la station de traitement à d'autres ingénieurs qui "décrivirent" et publièrent la technologie sans avoir daigné prêter attention à la réalisation concrète élaborée par l'ouvrier innovateur. Puis ces ingénieurs, pratiquant l'observation distante de ces déchets putrides, "transposèrent" ce procédé avec un échec assuré car ils n'avaient pas pu comprendre les exigences empiriquement satisfaites par l'ouvrier attentif aux besoins des lombriciens. Les ingénieurs firent du faire-savoir sans savoir-faire et cet excellent procédé est orphelin !

Du culturel au social
Outre l'utilisation de lombriciens pour l'élimination-valorisation des déchets et la production d'appâts, de lombrimets et de lombricomposts, s'est développé récemment un intérêt plus socioculturel qu'économique pour ces animaux. La prise de conscience de nos responsabilités individuelles et collectives vis-à-vis de notre cadre de vie, souvent animée dans un cadre associatif pro-environnemental, a promu l'intérêt du *lombricompostage domestique* visant à traiter, au niveau de chaque foyer, la fraction organique des déchets ménagers sélectionnée manuellement.

Cela a pour conséquences l'obtention d'un lombricompost, excellent engrais organique pour le jardin, et la réduction sensible des déchets jetés à la poubelle, celle-ci ne recevant théoriquement plus les fractions organiques décomposables (environ la moitié de la masse des ordures). En outre, cela réduit le coût des transports vers les "traitements" inadéquats habituels, telles l'incinération ou la mise en décharge.

Mais, surtout, cette activité citoyenne a une fonction sociale comme passe-temps et comme créateur de lien entre amis, notamment dans des cadres associatifs. Elle a une valeur éducative tant pour les adultes, qui apprennent les règles à respecter pour bien conduire un petit cheptel de lombriciens domestiques, que pour les enfants qui observent avec intérêt ces curieux animaux et s'initient au fonctionnement des écosystèmes et aux règles sociales respectueuses de l'environnement. Ainsi, en certaines circonstances, le traitement de déchets par le lombricompostage et la valorisation de matières organiques ont une fonction culturelle qui illustre la relation entre les matières d'origine végétale, l'action lombrico-microbienne et la formation d'un humus comme source nutritive de nos écosystèmes. Des démonstrations, à valeur pédagogique, sont ainsi reprises dans certaines écoles.

Le lombricompostage domestique, qui a été fortement diffusé aux États-Unis par Mary Appelhof, s'est largement répandu dans le monde et s'accompagne de brochures parfois médiocres, mais aussi assez souvent très intéressantes. Voir par exemple, et parmi les plus récentes, l'ouvrage de Jean-Paul Collaert[1].

Les ordures : savoir en sortir

Par "ordures", plus élégamment nommées "déchets urbains", il faut entendre les déchets ménagers et ceux résultant d'activités commerciales et artisanales ; elles sont collectées dans les zones urbaines, rurbaines et rurales. Cela exclut les déchets industriels et ceux évacués par leurs producteurs en déchetteries. La masse des déchets urbains est considérable : en France, elle représente 1,3 kilo par habitant et par jour.

Premier acte : constat préliminaire et gâchis technocratique

Mon intérêt pour le traitement des déchets urbains remonte à 1976, année où je pus entreprendre des essais au laboratoire sur des ordures préalablement broyées soumises à l'activité de lombriciens épigés. À cette époque, presque tout ce qui était collecté était évacué en décharge ou composté tel quel, produisant alors des composts apportés dans des sols-ordures (cf. fig. 29, p. 279).

Je fis alors trois observations. D'abord, que les lombriciens consommaient tour à tour toutes les matières organiques : la viande autour des os, les mégots de cigarettes, les épluchures, puis les papiers, puis les cartons. Seuls, parmi les matières organiques, les gros morceaux de bois échappaient à leur gloutonnerie. Ensuite et surtout, je notai qu'après digestion ils produisaient une matière organique lombricompostée, calibrée à la taille de leur lumière intestinale et déféquée, sous forme de boulettes fécales, parmi les déchets non ingérés qualifiés d'inertes (verres, plastiques, piles, cailloux, etc.). Il devenait possible d'écarter ces inertes et de ne pas produire des composts d'ordures broyées transformant ultérieurement la terre des champs en sol-ordure (cf. fig. 29, p. 279). Enfin, je compris que, dans ce cas, il fallait être très circonspect quant à l'utilisation des lombriciens comme aliment (par exemple, dans les élevages de poissons), leurs bioteneurs en toxiques

1. Collaert, J.-P., 2009 – *Lombricompost pour tous*, Éditions de Terran, Aspet.

étant, pour cet éventuel lombrimets, une épée de Damoclès. L'application du lombricompostage semblait donc possible, mais les débouchés du coproduit lombricien étaient problématiques.

Après avoir été approché par un industriel et avoir visité et observé attentivement les possibilités et les très grandes limites des procédés de traitement des déchets urbains pratiqués (surtout décharges, incinérateurs, quelques compostages et de très rares méthanisations), je fus conduit à concevoir un projet de recherche-développement pour passer des observations de laboratoire au lombricompostage industriel des ordures.

Les constatations initiales permettaient en effet de conclure que, grâce à la digestion lombrico-microbienne et au calibrage des boulettes fécales, il devenait possible d'effectuer une séparation de la matière organique (50 % environ de la masse initiale des ordures) après séchage et criblage du lombricompost obtenu. Mais ce projet de recherche-développement, conçu dans une institution publique, ne pouvait déboucher qu'après l'approbation et le soutien de la hiérarchie. Celle-ci s'y engagea sous une forme si aberrante et malhonnête que je me retirai d'un programme devenu grotesque. Pour moi, c'était fini. Je refusai de saboter une innovation d'avenir en la ridiculisant moi-même.

Deuxième acte : la lombripolytechnique

Les années passèrent et j'appris beaucoup entre-temps dans des domaines connexes, celui de la toxicologie notamment. Mon statut de fonctionnaire-chercheur évolua alors que j'étais détaché au CNRS où je pouvais dorénavant, après accord contractuel, consacrer un cinquième de mon temps pour un travail de recherche et développement dans une entreprise privée.

Je fus alors sollicité par le patron d'une PME active dans le domaine de la collecte des déchets urbains, qui cherchait à développer son entreprise par une activité complémentaire à la collecte : le traitement des déchets par lombricompostage. S'engagèrent alors des travaux, avec des moyens certes très modestes, mais mis en œuvre dans le cadre industriel concret où ils devaient s'appliquer. Je pouvais, en triant sur un tapis roulant le contenu d'un camion de ramassage, étudier les ordures effectivement collectées, et non plus percevoir les déchets urbains à travers les statistiques ressassées par des ingénieurs en cravate, et appréhender concrètement les difficultés techniques relevant de l'incroyable chaos que constituent les ordures. Rouleaux de fil de fer barbelé, moteurs de motocyclette, chiens crevés, bouteilles d'éther et bidons d'essence parsèment un fond de déchets domestiques plus prévisibles, généralement non problématiques mais parfois préoccupants, telles les piles d'autant plus dangereuses par leur contenu toxique qu'elles sont petites.

Quelques essais en unités-pilotes bricolées dans l'entreprise permirent d'établir des dimensionnements techniques essentiels, et le passage à l'échelle industrielle fut promptement décidé car il n'était pas question, dans le budget serré d'une PME, d'entretenir une danseuse, le stade pilote n'étant qu'un coût pour l'entreprise. Une usine de traitement fut donc conçue en tenant compte des divers procédés préexistants, compatibles avec et complémentaires au lombricompostage proprement dit, et en tirant bénéfice des multiples visites critiques que j'avais faites dans de nombreuses installations européennes pendant trente ans.

J'ai assuré la conception générale et souvent très précise sur des points techniques critiques de l'usine conçue selon *quatre modules* où les déchets étaient successivement traités. En revanche, je ne pus m'impliquer dans la réalisation de l'usine faute de temps (présence), d'aptitude (ingénierie industrielle) et de capitaux (financement).

Un premier module, de réception des ordures et de tri-calibrage initial (cf. fig. 31, ci-contre), permettait de sélectionner un quart des déchets entrant dans l'usine pour être directement recyclés. M. Bégnaud, de l'Agence nationale pour le recyclage des déchets (ANRED, devenue aujourd'hui ADEME), fut surpris de l'efficacité de ce tri initial. À l'époque, on obtenait au mieux 6 % de recyclables initiaux, et là 27 % selon les mesures effectuées par son équipe venue valider le premier module[1].

Puis les déchets calibrés allaient au *deuxième module* où un compostage accéléré par un procédé original d'aération du substrat était pratiqué pour obtenir une hygiénisation (antibioses et chauffage spontané à 75 °C dû à la fermentation), puis une température finale compatible avec le module suivant. Un procédé de traitement de l'air évacué de ce module a permis de supprimer les mauvaises odeurs habituelles du compostage[2].

Le *troisième module*, celui du lombricompostage (cf. fig. 32, p. 292), produisait un lombricompost brut, c'est-à-dire un mélange composé d'une part de boulettes fécales, témoignant de la transformation des 50 % de matière organique initiale en un engrais organique, et d'autre part d'inertes non valorisés au premier module, tels les éclats de verre, les cailloux, les petits plastiques, les piles toxiques par leur contenu, etc.

Ce lombricompost brut aurait dû être traité dans un *quatrième module*, celui d'affinage, permettant d'obtenir un lombricompost de qualité car débarrassé des inertes. Ces derniers, devenus propres après lavage, auraient été séparés en catégories techniques définies, tels les piles usagées, les gravats et débris de verre utilisables vraisemblablement comme granulats dans les travaux publics, les matières plastiques plus ou moins déchiquetées et énergétiques donc incinérables, etc.

1. Bégnaud, B., 1994 – *Usine SOVADEC de traitement des ordures ménagères de La Voulte-sur-Rhône. Expertise de l'installation ; rapport final*, ADEME.
2. Vincent, N., et Bouché, M. B., 1997 – "Practical Implementation of a Biofilter in a Composting/Vermicomposting Plant : Failures and Solutions", in S. Roussos *et al.*, *Advances in Solid State Fermentation*, Kluwer Acad. Publ., Dordrecht (Pays-Bas), p. 121-131.

Figure 31. Première étape avec l'ouverture des sacs, visibles au fond, suivie du tri-calibrage des ordures ménagères dont l'essentiel est promis au compostage, puis au lombricompostage, et enfin à l'affinage. Seule une très faible fraction du nombre des éléments traités, supérieure à 16 centimètres et visible au premier plan, relève du tri manuel.

J'ai pu travailler à l'échelle pilote à partir du lombricompost brut produit par le troisième module pour concevoir ce quatrième module en définissant les modalités des diverses séparations et valorisations des produits décrits ci-dessus. Cela a conduit à un bilan d'ensemble exprimé en pour-cent des masses initiales apportées à l'usine. Le procédé permet, à partir des déchets urbains totaux collectés sans tris individuels antérieurs, d'en éliminer 25 % par décomposition et d'en recycler, sous forme de produits à valeur faible ou élevée, entre 55 et 75 % (selon la valeur des produits), dont 25 % de lombricompost propre et 20 % de granulats potentiellement utilisables, notamment du fait qu'au plan géotechnique les granulats issus de carrière sont en épuisement progressif, mais restent nécessaires aux constructions, notamment routières ou de lignes à grande vitesse[1].

Figure 32. Troisième étape de la lombripolytechnique : le lombricompostage en tours aux parois aérées permet d'obtenir un lombricompost brut qu'il faut ensuite affiner.

Le quatrième module n'ayant pas été construit, l'unité de traitement n'a pas été terminée. L'usine inachevée a cessé de fonctionner, les lombricomposts bruts, seuls produits, n'étant pas valorisables. Les perspectives du procédé ont été présentées[2].

Troisième acte : à bon entendeur…

Finalement, j'ai constaté que, si nous avions conservé l'expression "lombricompostage des déchets urbains" pendant la conception et la réalisation partielle de l'usine, le terme était impropre car il ne décrivait pas le procédé effectivement développé. J'avais combiné de nombreuses techniques physiques (magnétique, par gravité, aérologique, etc.), manuelles et biologiques (compostage, lombricompostage) dans ce qu'il faut appeler en conséquence, et plus correctement, la *lombripolytechnique*.

1. Dubreucq, Th., 2013 – "Des déblais de chantier pour la construction", *La Recherche*, 471, p. 30.
2. Rida, A. M. M., 1994 – "Les vers de terre et l'environnement", *La Recherche*, 263, p. 260-267.

Cette *lombripolytechnique*, irréalisable à l'échelle d'une PME isolée, n'en reste pas moins la seule technique qui traite les déchets urbains dans leur ensemble, avec maîtrise des effluents liquides et gazeux, et avec surveillance toxicologique intégrée. Son bilan est connu[1] et sa mise en œuvre est à notre portée si nous voulions abandonner les pratiques actuelles largement insatisfaisantes (décharge, incinération, compostage, méthanisation et tri sélectif domestique). Le traitement complet et satisfaisant des ordures est possible, et très probablement à un moindre coût que celui de ces pratiques actuelles. À bon entendeur…

Laver plus blanc : la lombrifiltration

Les eaux usées ont été, et sont encore largement dans de nombreux pays, rejetées directement dans les rivières et les sols. Cela se pratique encore en France sous forme de millions de mètres cubes, notamment par l'épandage de lisiers d'élevages. Toutefois, une fraction grandissante des eaux usées, surtout celle issue des communautés urbaines, est soumise à un traitement dans des conteneurs ouverts à l'air (aérobie) ou non (anaérobie, méthanisation), ce qui a pour effet de détruire les germes pathogènes et de réduire la matière organique issue de nos vaisselles, toilettes, etc. Ce traitement est suivi de la séparation de l'eau considérée comme dépolluée et de la boue organique résiduelle. Cette boue malodorante et très problématique est souvent dispersée dans les champs, les forêts, etc., et exceptionnellement brûlée, à grand renfort d'énergie fossile, dans des incinérateurs. J'ai déjà évoqué ci-dessus ces boues au sujet du lombricompostage qui pourrait s'appliquer à certaines d'entre elles. Toutefois, une nouvelle lombritechnique permet aujourd'hui l'épuration *sans boue*, ce qui résout le problème à la source, expression adéquate ici.

Épurer l'eau sans produire de boue

Pourquoi y a-t-il une production abondante de boue dans les stations de traitement des eaux domestiques, alors que dans la nature les matières organiques se décomposent à plus de 999 ‰[2] ? D'abord et simplement parce que la décomposition de toute la matière organique prend du temps, surtout certaines fractions récalcitrantes (ongles, cheveux, etc.). Ensuite, la décomposition génère elle-même une masse organique microbienne qui à son tour sera lentement dégradée par étapes. Enfin et surtout, parce qu'il n'est pas possible d'accumuler les volumes

1. Bouché, M. B., et Nougaret, M., 1997 – "Use of Earthworms for Reintroducing of Organic Matter from Towns : a Restoration of Natural Cycle by a New Technology. Features and Efficiency of the First Industrial Unit", in S. Roussos *et al.*, *Advances in Solid State Fermentation, op. cit.*, p. 541-555.

2. Bouché, M. B., Di Gangi, D., Lay-Son, M., et Sotto, P., 2001 – "Pourquoi les boues ? C'est évitable", C. R. colloque "Quel devenir des boues urbaines", Montpellier, agro., 17 mai 2000, p. 21-23.

d'eaux usées dans les bassins de traitement au-delà de deux à quatre semaines. Il faudrait des années pour supprimer les matières organiques récalcitrantes qui constituent les boues : c'est impossible.

La lombrifiltration est un procédé novateur, appliqué au traitement des eaux usées de Combaillaux (Hérault) et validé par les services de l'Union européenne[1] ; ce procédé est très simple dans son principe et dans son application. Les eaux usées sont d'abord débarrassées de leurs gravillons et éléments grossiers (de taille supérieure à 2 millimètres), puis aérées pour les oxygéner et supprimer les odeurs. L'eau est ensuite pulvérisée sur un lombrifiltre (cf. fig. 33). Ce lombrifiltre a une structure constituée de divers sous-produits de la forêt (écorce, sciure) ; il permet le filtrage de l'eau en quelques minutes. Elle est débarrassée de ses déchets organiques, dont les pathogènes, retenus par ce filtre. Dans le lombrifiltre, les micro-organismes stimulés par les lombriciens et avec leur aide décomposent les matières organiques polluantes arrivées avec les eaux, y compris les fractions récalcitrantes. Les lombriciens assurent en outre leur travail structurant usuel, qui revient ici à déboucher les éventuels colmatages du lombrifiltre.

Figure 33. Les eaux usées urbaines sont, après tamisage et aération, pulvérisées sur un lombrifiltre organique qui les épure en quelques minutes par filtration et adsorption physique. Le lombrifiltre décompose graduellement, au cours des mois suivants, les polluants organiques qu'il a retenus.

1. Programme Recyclaqua, LIFE03, ENV/F000257.

Cette technologie est maîtrisée, achevée et environnementalement satisfaisante. Son tort essentiel est de ne pas être adossée à un grand groupe industriel et d'être économique. Aujourd'hui, tout se passe comme s'il fallait tuer dans l'œuf une poule aux œufs d'or trop concurrente. La lombrifiltration, qui prévient la formation des boues, n'est appliquée qu'aux eaux usées domestiques, mais pourrait potentiellement s'appliquer à toutes les eaux organiquement polluées, moyennant évidemment une adaptation au contexte, par exemple aux eaux de papeteries, d'abattoirs, etc.

La fin des lisiers

Dans les élevages porcins classiques, on accumule les effluents d'élevage (urine, excréments, eau de lavage) dans de grandes citernes privées d'oxygène où se forme un lisier fort malodorant. On se débarrasse des lisiers généralement par épandage dans les champs, procédé coûteux, nauséabond, mortifère pour les lombriciens et donc colmatant pour les sols. Cela favorise le passage direct (ruissellement du lisier sur les sols intoxiqués) ou indirect (pollution nitrique des nappes phréatiques) de leur potentiel polluant dans les cours d'eau atteignant les rivages où, en conséquence, les algues vertes prospèrent.

Une deuxième application de la lombrifiltration parachève sa phase de recherche-développement grâce aux travaux animés par Paul Robin (INRA, Rennes) et validés en prototype à la station de recherche porcine de Guernevez (Finistère).

La lombrifiltration appliquée à la porcherie supprime d'emblée la formation du lisier, qui est le produit de la fermentation putride en absence d'oxygène des effluents d'élevage accumulés en citernes étanches. Ces effluents sont ici directement tamisés pour valoriser les solides des excréments par (lombri)compostage, tandis que la fraction liquide est pulvérisée sur un lombrifiltre. L'eau lombrifiltrée est recyclée pour assurer, dans les élevages, l'évacuation des excréments et de l'urine de porc à l'aide d'une chasse d'eau.

La chaleur dégagée par le métabolisme des porcs induit une importante évaporation d'eau qu'il faut compenser par un apport d'eau propre. En conséquence, il n'y a plus de rejet aqueux dans le milieu[1]. C'est la fin des lisiers, de la pollution des nappes phréatiques, rivières, lacs et mer depuis les élevages. Ici encore, cette innovation est intrusive, c'est-à-dire, comme précisé ci-dessous, non conforme aux connaissances orthodoxes, et elle n'est donc pas épaulée par un groupe industriel.

1. Li, Y. S., Robin, P., Cluzeau, D., Bouché, M. B., Qiu, J.-P., Laplanche, A., Hassouna, M., Morand, P., Dappels, C., et Callarec, J., 2008 – "Vermifiltration as a Stage in Reuse of Wastewater. Monitoring Methodology on an Experimental Farm", *Ecologica Engineering*, 32, 4, p. 301-309.

L'AVERSION INSTITUTIONNELLE AUX INNOVATIONS INTRUSIVES ET ENVIRONNEMENTALES

En achevant ce chapitre consacré à l'utilisation consciente des lombriciens en environnement, on ne peut que constater les effets désastreux du refus des institutions à prendre en compte les innovations *intrusives*. Les institutions savent évaluer des innovations *conformes* à une évolution de ce qui préexiste, par exemple une pratique nouvelle de l'informatique, de l'automatique ou de la génomique appliquée à un nouveau domaine, mais elles sont inaptes à apprécier une innovation *exotique* : une *intruse* qui nécessite un œil neuf, une modalité d'estimation hors mode, totalement renouvelée et surtout *spécifiquement adaptée* à la proposition innovante. Loin des raisonnements formatés sur des pratiques industrielles préexistantes, les innovations intrusives obligent à faire l'effort de découvrir des faits, des démarches et des raisonnements radicalement nouveaux ; l'orthodoxie institutionnalisée bloque ici tout progrès.

Les innovations décrites dans ce chapitre s'appuient notamment sur une science, la géodrilologie, celle des vers de terre. Elles sont d'autant plus difficilement compréhensibles par l'intelligentsia institutionnelle que cette discipline ne dispose sur la Terre entière d'aucun laboratoire ni enseignement dédié et souffre d'une occultation ingéniériale systématique, notamment du fait d'une méconnaissance fondamentale que tout cet ouvrage illustre et dont j'ai décrit les racines, très profondes, dans mon ouvrage *Pour un renouveau dans l'environnement*. L'émergence des lombritechniques est de ce fait actuellement freinée, pour ne pas dire bloquée, alors que leurs développements, ainsi différés, sont pourtant inévitables.

En raison de leur carence fondamentale décrite dans cet ouvrage, ces institutions n'ont pas pris en compte *la* problématique environnementale. Unique, celle-ci exige que nos actes et nos techniques appliqués à nos milieux soient *évalués* de façon rationnelle (cf. p. 299-300). Ce n'est pas leur prétention à aborder une multitude de problèmes d'environnement qui nous permet d'évaluer chacun de ceux-ci. Seul le regroupement de nos intelligences en une intelligence artificielle nous donnerait accès aux connaissances relatives aux systèmes complexes où s'exercent notamment l'agriculture, la pêche, la foresterie et l'aménagement du territoire.

Impossible d'évaluer rationnellement (cf. p. 300-301), impossible de développer des technologies environnementales obligeant, à chaque étape de leur mise en œuvre, à une évaluation (par exemple les modalités de formation, de collecte, des multiples traitements de valorisation et de recyclage des déchets).

Pour achever ce chapitre consacré aux usages des lombriciens, on ne peut que souhaiter que les institutions privées ou publiques prennent conscience de l'énorme potentiel qu'offrent ces animaux comme moyen pour l'homme d'assurer son développement socioéconomique de façon *durable*. Il s'agit d'optimiser nos relations, aujourd'hui très conflictuelles, avec les milieux où nous vivons en tenant pleinement compte des rôles et des aptitudes de la première masse animale cohabitant avec l'homme. Nous verrons à la fin du dernier chapitre que cela est devenu possible au prix d'un changement méthodologique profond.

IX

UNE LEÇON POUR NOTRE DÉVELOPPEMENT DURABLE

Les lombriciens, qui ne sont pas de grands intellectuels, nous donnent cependant des leçons fondamentales sur notre environnement et nos comportements. Ou plus exactement leur étude – ô combien partielle et marginalisée – nous obligerait à nous remettre en cause sur de nombreux plans si nous tenions compte du savoir ainsi acquis au profit de notre développement sans détruire durablement l'environnement dont nous dépendons tous.

Il n'est pas du tout évident, pour un chercheur formé à une orthodoxie et partageant une pensée conforme avec ses collègues, de se remettre en cause. Mais le compagnonnage de l'auteur avec les lombriciens[1] l'a obligé à reconnaître des évidences gênantes, jusqu'alors occultées, et descriptibles selon trois volets.

D'abord, notre inculture écologique fondamentale, l'écologie véritable n'étant ni enseignée ni pratiquée, comme en témoigne le portail de l'Agence nationale de la recherche (ANR) qui classe cette science, à la définition exigeante et précise, dans les sciences de la vie, en antithèse à sa définition. Reconnaître cette ignorance crasse pourrait se faire au prix d'un aggiornamento.

Ensuite, notre inaptitude à poser et à résoudre les problèmes environnementaux, tous relatifs à des systèmes complexes que nous ne concevons même pas de décrire. Pourtant, cette description est devenue possible.

Enfin, notre refus d'évaluer sérieusement nos actes dans notre environnement. Cependant, et aujourd'hui pour la première fois, nous avons la possibilité d'évaluer réellement nos actes dans nos milieux, donc de fonder notre développement de façon *durable*. Cette possibilité est notre chance et ne dépend plus que du jour où les institutions

1. Bouché, M. B., 2003 – "Les vers de terre, de Darwin à nos jours. Un révélateur heuristique", *Bull. Acad. sciences et lettres*, Montpellier, nouvelle série, 34, p. 135-149.

technoscientifiques se pencheront rigoureusement, et non en l'éludant, sur la problématique environnementale.

Revenons tour à tour sur ces trois volets.

LES LOMBRICIENS RÉVÈLENT NOTRE INCULTURE ÉCOLOGIQUE

Présenter les lombriciens dans nos milieux ne pouvait se faire sans y constater l'activité humaine. Mais l'inverse n'est pas vrai. Nous n'avons pratiquement aucune aptitude pour nous représenter leurs rôles dans les écosystèmes. Nous pouvons parler de nous, mais fort peu intelligemment de nos milieux spectaculairement si différents de notre perception spontanée.

Les lombriciens sont une partie prenante majeure de nos écosystèmes terrestres auxquels ils participent activement. À l'image d'une automobile, ils en sont le moteur, l'animant notamment physiquement, alors que les plantes en assurent le carburant. L'homme, en position marginale, n'exploite les milieux que par effraction et en se plaçant, au moins intellectuellement, hors de ceux-ci car ses discours académiques n'entretiennent que l'illusion d'un savoir humain relatif à ces milieux. Ces discours jouent surtout un rôle de *placebo*.

Pour preuve, si réellement nos technosciences avaient eu l'humilité d'accepter d'effectuer des études quelque peu sérieuses sur les milieux terrestres où nous vivons, elles n'auraient pas pu omettre celle de la première masse animale avec laquelle nous partageons ces milieux! Ces études auraient donné une suite à l'œuvre de Darwin relative aux vers de terre.

Rien de cela : cette carence grossière est spectaculairement révélatrice de notre ignorance profonde des écosystèmes émergés, dans lesquels nous ne sommes que des agents perturbateurs. Du haut de sa superbe, l'homme a érigé, pour traiter des milieux, une démarche dévoyée de la science produisant une logorrhée fallacieuse digne de Diafoirus! Loin de partir des faits observés sur le réel et de leurs interprétations critiquables, ce sont, à l'inverse, des théories imaginées qui sont mises en avant en excluant les faits concrets, généralement peu congruents à ces belles élucubrations.

Exclure les faits de la réalité se fait selon trois modalités.

D'abord, éviter d'étudier, de connaître les faits. Cela explique notamment l'absence, sur l'ensemble de notre planète Terre, de toute équipe constituée permanente se consacrant à l'étude des lombriciens *dans les écosystèmes*.

Ensuite, disperser les savoirs dans des communications scientifiques littéraires. Presque personne ne lit ces textes disparates, et les moteurs de recherche ne permettent pas d'accéder aux – ou de réunir les – lambeaux de savoir perdus dans cette gigantesque littérature où se bousculent des élucubrations relatives aux “traits fonctionnels” des organismes contribuant aux “services des écosystèmes”! Quant aux véritables connaissances (faits initialement observés et interprétations réfutables de ceux-ci), elles sont tenues hors des amoncellements textuels qui ne peuvent recevoir le flux des savoirs factuels acquis. Ils sont donc égarés car il y a absence d’une gestion intégrée des connaissances relatives aux écosystèmes, tous complexes.

Enfin, écarter ou feindre d’ignorer les faits qui bousculent les théories fallacieuses à l’honneur et les noyer dans un maelström hypermédiatique. Loin de nos représentations imaginaires, la réalité n’est pas toujours photogénique, telle celle des lombriciens, des mottes de terre et des racines. Ces derniers objets, qui sont réels et dont l’étude est importante, voire essentielle, pour notre vie, ne peuvent esthétiquement rivaliser à la télévision avec les dauphins et les aras. On mesure ici le gouffre qui sépare les images spectaculaires diffusées d’alligators, de léopards, de boas, d’aigles, etc., et la description du plexus écosystémique si laborieusement entrevu dans ce livre, notamment grâce aux lombriciens. Ces modestes animaux nous apprennent que *leur rôle est aussi fondamental que discret et qu’à l’opposé des élucubrations il peut être mesuré.*

L’étude des lombriciens dans leurs milieux et l’écoute de diverses demandes sociales relatives à notre environnement ont conduit l’auteur à conclure, sans nuance ni exception, que l’instauration de la rigueur technoscientifique tant en écologie que vis-à-vis de la problématique environnementale reste *totalement* à mettre en œuvre. Ce ne sera pas facile car *c’est l’inverse* des pratiques actuelles, mais cela est inévitable!

LES LOMBRICIENS ET NOS DIFFICULTÉS OPÉRATIONNELLES

L’étude des rôles écosystémiques des lombriciens et surtout de leurs utilisations, plus ou moins élaborées, en agronomie, foresterie, toxicologie, écotoxicologie, traitement des déchets (ordures, eaux usées, etc.) a permis de constater la médiocrité, voire le non-usage, des savoirs disponibles.

Partout, il y a une inaptitude technique des hommes à agir devant la complexité, que ce soit celle des écosystèmes ou celle de matériaux comme les ordures. De toute façon, il est plus simple et confortable de faire des manipulations au laboratoire ou de pianoter sur son ordinateur. Pourquoi perdre son temps dans une décharge d’ordures ou dans une prairie où l’on ne voit rien… car on ne sait rien y voir?

D’une façon générale, nos intellectuels ne s’intéressent pas à nos déchets ; c’est indigne de leur rang! Des éléments statistiques suffisent et, lorsqu’il s’agit de déchets complexes, la frontière entre la réalité et les discours relatifs à ceux-ci est un rideau de fer. Le mieux pour l’ingénieur est de se contenter, depuis son bureau, de compiler et d’élaborer un rapport clair et lumineux, mais écartant la complexité qu’il devrait appréhender. Rien d'étonnant qu'il y ait une irréductible rémanence des problèmes environnementaux. Les ingénieurs en charge de ces problèmes ne considèrent ceux-ci que textuellement.

À l'inverse, les lombriciens, en nous ramenant sur terre, voire sous terre, nous obligent à nous pencher sur nos milieux et sur leur fonctionnement. Si leur étude est si parcimonieuse, c'est que le bureau est plus confortable que le terrain et qu'exprimer une riche information en système complexe est un casse-tête. Tant pis pour la réalité de nos écosystèmes et l'évaluation effective de nos actes dans ceux-ci !

Il en est, hélas, ainsi, et cela d'une façon institutionnalisée. Mais cela pourrait être évité si l'on s'adonnait à l'étude des écosystèmes. Nous avons vu qu'avec un peu de rigueur les lombriciens nous ouvrent des connaissances insoupçonnées sur le milieu dans lequel nous vivons et nous permettent de lancer des sondes édaphiques pénétrant le sol sans le désorganiser ou de détoxiquer des sols.

POUR SE RÉCONCILIER AVEC L'ENVIRONNEMENT

Oublions ici, avant d'y revenir plus bas, les bornes qui limitent la perception de chaque spécialiste à son seul domaine de compétence, minuscule par rapport à notre environnement.

Les lombriciens viennent de nous promener à travers l'espace géographique et temporellement sur des millions d'années. Non seulement l'ancienneté de l'évolution et de l'adaptation de ces animaux est interprétable à partir de leurs caractéristiques, mais les interprétations de cette évolution sont validées grâce à la biopaléogéographie. Leur incroyable ancienneté s'explique par le fait que les lombriciens ont occupé très tôt une fonction originale et quasi exclusive dans nos écosystèmes : l'aptitude à ingérer, digérer, mélanger, modeler intimement les minéraux avec les produits issus des organismes vivants. Et leur travail du sol a structuré de façon colossale, constante et subtile la partie invisible à l'œil humain des écosystèmes émergés : le sol.

Cela a pour conséquence de compléter d'importants pans de connaissance, tel celui relatif au cycle de l'azote, présenté jusqu'à aujourd'hui de façon gravement tronquée. L'étude au terrain de la contribution des lombriciens à ce cycle nous a montré que l'écosystémique vraie, c'est-à-dire fondée sur des études effectuées dans les écosystèmes eux-mêmes, est possible, notamment lorsque ces animaux sont utilisés comme sondes édaphiques. Cela concerne des milliers de spécialistes *devant* observer et étudier nos milieux.

Les lombriciens se sont, par ailleurs, prêtés à des manipulations nous informant sur l'état des écosystèmes, cultivés ou non, notamment sur leurs teneurs écotoxicologiques, tandis qu'ils nous servent de cobayes en toxicologie. Leur utilité en bien d'autres domaines a pu être explorée et fut en chaque cas, pour l'auteur, une opportunité de travailler avec des politiques, des ingénieurs et des scientifiques de toutes obédiences.

Expérience précieuse car l'information acquise a été gérée en suivant la rapide évolution de l'informatique. Ainsi, l'enregistrement en cartes perforées par mécanographie permit aux lombriciens, devenus des vedettes, d'entrer dans des mémoires successives, jusqu'à celles des appareils actuels. Mais cette gestion des connaissances n'a pas seulement eu trait aux données relatives aux lombriciens. En fait, elle s'est appliquée aux composants des écosystèmes étudiés par divers spécialistes, depuis leurs perceptions étroites. Des acquis originaux ont été mis en commun, contribuant ainsi à corriger la myopie des interprétations.

Eh oui, les lombriciens mènent à tout. Ils m'ont conduit à fusionner les données initialement observées dans nos milieux pour ensuite les interpréter de façon clairement critiquable. C'est l'inverse de la démarche dominante qui part d'idées imaginées et puis recherche secondairement d'éventuels faits qui, dénaturés, sont abusivement sollicités ! À l'opposé de cette démarche imaginée, il est devenu possible de décrire, en intelligence artificielle, le savoir complètement objectivé par chacun des spécialistes depuis les données initiales observées sur le réel et les interprétations explicites critiquables de ces données. *Rien de plus naturel que l'intelligence artificielle des systèmes complexes* ; elle n'est que la compilation intégrée des intelligences naturelles des spécialistes et ne peut accueillir que les faits observés et interprétés sans aucun modèle imaginaire.

Dans cette intelligence artificielle dédiée aux systèmes complexes, les lombriciens ont rejoint, comme prototype, leur place : la première animale en terre émergée. Comme indiqué ci-dessus, *leur étude nous a montré que l'écosystémique vraie, c'est-à-dire fondée sur des études effectuées dans les écosystèmes eux-mêmes, est possible.* On peut dès lors mobiliser tous nos savoirs objectifs acquis en systèmes complexes, c'est-à-dire mettre en place une évaluation rationnelle critiquable des divers actes humains dans nos milieux. C'est aussi la fin de l'incommunicabilité entre spécialistes et entre ceux-ci et la société.

Merci, les lombriciens, de m'avoir poussé à élaborer cet outil, l'*intégrologie*, qui ne peut, comme leurs rôles et leurs potentiels d'applications, être "réduite" à une discipline. C'est évidemment l'avenir pour notre environnement, surtout le jour où les apparatchiks de la science, actuellement essentiellement occupés à se peindre en vert, s'intéresseront vraiment à la problématique environnementale. Ils comprendront alors que, pour chaque problème d'environnement, les technosciences doivent fournir des *estimations* fondées sur des faits concrets observés et soumises à des critiques scientifiques *effectives* et à des *appréciations* sociales permettant d'obtenir de réelles *évaluations* de nos actes dans nos milieux.

Pour assurer notre développement de façon *durable*, nous devrons inévitablement évaluer nos actes dans nos milieux[1].

1. Bouché M. B., 2012 – *Pour un renouveau dans l'environnement*, *op. cit.*

INDEX DES PRINCIPAUX TERMES

Les termes utilisés avec une *signification particulièrement rigoureuse* sont en *italique*. Les folios en **gras** renvoient aux passages où les termes sont définis.

TABLE DES FIGURES

TABLE DES ENCADRÉS

CRÉDITS DES ILLUSTRATIONS

Gérard Cuendet : p. 211
Antoine Delaunois : p. 99, 154, 171, 173, 174, 239, 279
Yves Ferrié : p. 84
Philippe Granval : p. 210
Marcel Koken : p. 102
Patrick Lavelle : p. 170
François Toutain : p. 158, 185
Les autres illustrations sont de l'auteur.

TABLE DES MATIÈRES

Sur le même thème

Aux éditions Actes Sud :
David Dellas, *Arbres et arbustes en campagne*, 2010
Francis Hallé, *Du bon usage des arbres*, 2011
Terre et Humanisme, *Le Manuel des jardins agro-écologiques*, 2012
Geneviève Michon, *Agriculteurs à l'ombre des forêts tropicales* (à paraître)
Bruno Sirven, *L'Arbre, sans la forêt* (à paraître)

Aux éditions du Rouergue :
Éléa Asselineau et Gilles Domenech, *Bois raméaux fragmentés : de l'arbre au sol*, 2007
Jeff Lowenfels et Wayne Lewis, *Collaborer avec les bactéries et autres micro-organismes. Guide du réseau alimentaire du sol à destination des jardiniers*, 2008
Christian Cogneaux, *Plantes des haies champêtres*, 2009

"Arbres en campagne"
Collection dirigée par Alain Canet et Bruno Sirven

La collection "Arbres en campagne" a été créée par deux généralistes et praticiens de "l'arbre hors forêt", un terme qui désigne par défaut tous les arbres des villes, des jardins, des bords des routes et des rivières, et surtout des prés et champs.

Si la thématique de l'arbre recoupe à l'évidence celle de la forêt, l'univers de l'arbre non forestier, ou "arbre champêtre", est tout autre car il s'inscrit au sein même de l'espace de vie des hommes et non en sa périphérie. Placé au cœur d'une économie quotidienne, il est l'arbre domestique, l'arbre paysan, l'arbre urbain et l'arbre vivrier… une réalité autrefois familière, que nous avons perdue de vue. À tel point que nous assistons à un "désarbrement" massif, moins spectaculaire mais plus sournois que la déforestation, et tout aussi regrettable sur les plans écologique, économique, culturel et humain.

Si nous avons pu durant quelques décennies nous passer des services de proximité que nous prodiguent les arbres champêtres, il nous faut désormais leur redonner une parole, croiser et changer les regards que nous portons sur eux.

L'arbre champêtre s'impose à nous par sa gratuité et sa grande polyvalence. Il est au cœur des défis que la nature nous assigne de relever (eau, air, sol, biodiversité, climat, carbone, énergie…), et s'impose comme un moyen d'aménagement et de développement incontournable, et transversal à tous les secteurs de nos économies et de notre existence : développement, agriculture, urbanisme, aménagement, territoire, paysage… qui se doivent d'être durables. Il est temps de redécouvrir la grande diversité de ses formes et de ses paysages, des valeurs et des usages qu'il véhicule, mais aussi de nous réapproprier ses utilités, les savoirs et les techniques qu'il a inspirés, comme d'en imaginer et d'en découvrir de nouveaux.

C'est pourquoi la collection "Arbres en campagne" se propose de donner une tribune aux chercheurs, aux aménageurs, aux agriculteurs… à tous ceux qui agissent dans le secret des laboratoires et des territoires pour qu'ils transmettent avec simplicité toute la complexité d'un sujet aussi vaste, et qu'ils partagent leurs idées, leurs expériences, leurs découvertes, leur enthousiasme avec le spécialiste, le décideur ou le simple curieux.

OUVRAGE RÉALISÉ
PAR L'ATELIER GRAPHIQUE ACTES SUD
REPRODUIT ET ACHEVÉ D'IMPRIMER
EN DÉCEMBRE 2014
PAR NORMANDIE ROTO IMPRESSION S.A.S.
À LONRAI
POUR LE COMPTE DES ÉDITIONS
ACTES SUD
LE MÉJAN
PLACE NINA-BERBEROVA
13200 ARLES

DÉPÔT LÉGAL
1RE ÉDITION : AVRIL 2014
N° impr. : 1404964
(Imprimé en France)